KLAUS HYMPENDAHL

SEGELN ÜBER DEM VULKAN

KLAUS HYMPENDAHL

SEGELN ÜBER DEM VULKAN

MEINE JAHRE UNTER SEGLERN UND ABENTEURERN

DELIUS KLASING VERLAG

Die Deutsche Bibliothek – CIP-Einheitsaufnahme

Hympendahl, Klaus:
Segeln über dem Vulkan: meine Jahre unter Seglern
und Abenteurern / Klaus Hympendahl. –
Bielefeld: Delius Klasing, 1995
ISBN 3-7688-0879-3

ISBN 3-7688-0879-3

Fotos: Klaus Hympendahl, A. Oelerking (Nr. 1),
Patrik Hympendahl (Nr. 7), Leni Riefenstahl (Nr. 34),
Philipp Hympendahl (Nr. 8, 31), Rodriguez Garcia (Nr. 20)
Umschlaggestaltung: Buchholz/Hinsch/Hensinger, Hamburg
Druck und Bindung: Clausen & Bosse, Leck
Printed in Germany 1995

Für meine Mutter und meine Söhne,
die viel Geduld mit mir hatten.

Inhalt

Nichts ist phantastischer
als die Wirklichkeit.

(Egon Erwin Kisch)

1.

Wo hat alles begonnen? Im Kanal von Marennes, als ich zum ersten Mal die SARASIN sah, die zwölf Meter lange Segelyacht, dunkel und schön wie eine Sarazenin? Oder Wochen später, als das Schiff uns gehörte, als es einen neuen Namen hatte und wir es in La Rochelle ausrüsteten? Oder hatte die Reise bereits vor vielen Jahren begonnen, als ich das Buch von Joshua Slocum über seine erste Weltumseglung mit einer Yacht las, er allein, Kapitän und Crew zugleich. War ich damals bereits infiziert? Was war mit dem plötzlichen Entschluß, ohne äußeren Anlaß, völlig aus dem Leeren, mitten im Winter, als ich mich als junger Mann für einen Segelkursus anmeldete? Oder war es in der Zeit als Kind, als ich meinen Vater am Reißbrett beobachtete, wie er an endlosen Wochenenden den Spantenriß seiner Yacht zeichnete, die er nie bauen würde?

Begann meine Reise noch früher, bei den Erzählungen von Kapitän Theo an meinem Krankenbett? Er war mein Onkel, von dem ich Begriffe wie Maracaibo, Aruba und Bahrain behielt – nicht aber seine Gesichtszüge. Wieso studierte ich vor meiner Einschulung, in der Zeit, als ich schon lesen konnte, den Weltatlas meiner Großmutter und konnte damals bereits jeden Erwachsenen im Spiel „Stadt-Land-Fluß“ schlagen? Weshalb deutete ich als Zweijähriger als erstes zum Erstaunen und danach zum Entzücken meiner Familie auf das winzige Segel eines Alpensee-Bildes über dem Sofa meiner Großmutter und sagte: „Segelboot“? Hatten mich bereits die Gutenachtgeschichten meiner Oma inspiriert, als sie von den Abenteuern ihres Vaters berichtete, der als Steuermann unter der Flagge des Norddeutschen Bundes bis nach Japan segelte und dessen japanische Pfeife ich noch heute besitze? Vielleicht übernahm ich auch den Traum meines Vaters, den er nur in Linien am Reißbrett umsetzen konnte, als er an den langen Wochenenden sein Boot zeichnete. Vielleicht sollte ich für ihn mitsegeln. Ich glaube, meine Reise hatte viele Anfänge!

Atlantik

2.

Sie war wie eine Sarazenin, dunkelhaarig, dunkelhäutig und dunkeläugig. Chantal Leroy war zierlich und temperamentvoll – mehr spanisch, mehr andalusisch als französisch. Sie kam aus Poitiers, einer Stadt, die ich nur als Doppelnamen kannte: Tours und Poitiers. Karl Martell schlug hier die Sarazenen, Europa bekämpfte hier die Araber. Hätte Karl nicht gesiegt, wären wir aus einem arabischen Land abgesegelt, mit einem arabischen Boot unter der Säbelflagge, nach arabischer Navigation, nach Beteigeuze und Deneb, den Aldebaran im Magreb.

Hervé entsprach auch nicht dem Prototypen eines Franzosen. Er wirkte eher wie ein Flame, blond und kräftig. Er sprach mit viel Zurückhaltung. Sein Auftreten war leise und passiv. Ich mußte mich stets vorbeugen, um ihn besser verstehen zu können. Er wußte mehr über sein Schiff, als er sagte. Ich hatte immer das Gefühl, er behalte ein Geheimnis für sich. Wer wenig weiß, der redet – wer viel weiß, der schweigt. Es war Chantal, mit der wir redeten, die Englisch sprach und unsere Fragen besser beantworten konnte als Hervé.

Wir saßen zu viert um den Salontisch. Vor mir ein Zettel mit den vielen Fragen, die ein Bootskäufer zusammengestellt hat, der seit zehn Jahren plant, um die Welt zu segeln. Wäre der Tisch aus lackiertem Mahagoni gewesen, mit polierten Messingscharnieren, mit Deckchen und Sets – womöglich mit maritimem Geschirr voller Signalflaggen, Windjammern und Seemannsknoten, dann wäre vielleicht alles anders gekommen. Aber dieser Salontisch war aus kernig wildgemustertem Kiefernholz und nur ganz leicht matt lakkiert. Zwei Teile des Tisches waren an den Seiten zum Herunterklappen, so daß man erkennen konnte, wie stark die solide Platte war. Chantal rastete die Seiten hoch, stellte den Teller mit Käse, das Baguette, vier Messer, vier Gläser und zwei Flaschen Bordeaux vin de table auf diesen Tisch. Es gab keine Teller, es gab kein Schneidebrett. Sie hatten Heimrecht, und wir fühlten uns hier heimisch.

Die Krümel und die roten Tropfränder gehörten schnell zum Tisch, zu Chantal und Hervé und zum Boot.

Was als Frage- und Antworttreffen geplant war, gedieh zu einer Art Bistro-Atmosphäre. Mein Schulfranzösisch wurde mit jedem Schluck Bordeaux besser. Hervé erzählte von SARASINS großer Reise über den Atlantik, vom Sturm und davon, wie Chantal ihn dabei aus dem Niedergang mit Leckereien versorgte, als er naß und frierend am Ruder stand. Die Grenzen zwischen Käufer und Verkäufer verwischten sich. Milda erzählte von ihren Segelanfängen, ich von meiner Atlantiküberquerung, von der ich gewollt hatte, daß sie nie aufhören sollte. Wir entdeckten, daß wir Gemeinsamkeiten hatten, die außerhalb des Segelns lagen. Ich dachte, so wie der Tisch wird das ganze Boot sein. Solide, ehrlich stabil und zuverlässig.

Zwei Tage vor diesem Treffen hatte ich das Boot gesehen. Es lag im Kanal von Marennes, der zu den berühmten Austernbänken führt, deren Name die Lippen jedes Gourmets feucht werden läßt. Stundenlang hatte ich auf der Kaimauer gesessen und sah unter mir das Schiff bei Flut näherkommen und sich bei Ebbe wieder entfernen. Ich nahm die Details des schwarzen Rumpfes auf, als ob ich ihn mir für den Rest des Lebens einprägen müßte. Das Schiff war nackt. Keine Segel waren angeschlagen, die Schoten lagen irgendwo in einem Schapp. So kamen das breite Flushdeck, die Robustheit des Stahlrumpfes und die Stämmigkeit der Linien noch stärker zum Ausdruck und dadurch seine schiffige Ästhetik. Ich hatte mich verliebt und kämpfte gegen diese Liebe so lange, bis Milda kam und Ja sagte.

Ich wußte, daß Hervé und Chantal gute Segler waren; denn wer segelt schon ohne Sprayhood über den Atlantik, ohne Schutz vor Regen und Gischt. Auch die Plexiglas-Kuppel im Schiebeluk, die eine Marotte der Franzosen ist, kann den nötigen Schutz nicht ersetzen. Sie gibt nur emotional viel her, erinnert an weite Reisen unter schlechten Bedingungen und ist dann nützlich, wenn man unter der Kuppel sitzend den zweiten Innensteuerstand betätigen kann. Aber die SARASIN hatte keinen zweiten Steuerstand.

Ich ging auf die andere Kanalseite und setzte mich ins Gras.

Wieder betrachtete ich die Yacht, diesmal nicht aus der Vogelperspektive. Die Seitenansicht zeigte die starke Verstagung, das Kutterrigg, das hohe Freibord, die wichtigen Maststufen, die robuste Aufhängung der Aries-Windfahnensteuerung und vieles, was auf die richtige Ausrüstung zum Fahrtenschiff deutete. Ich war schon eins mit dem Boot, bevor ich es überhaupt betreten hatte, und fragte mich, ob das Schiff vielleicht für mich gebaut worden war. Hatte ich es nicht gesehen, als ich mich nach meiner Atlantiküberquerung bei der Werft A.C.G.B. in der Normandie nach einem neuen Schiff umschaute? Ich weiß es nicht. Aber ich war zur Bauzeit da, das war klar. Es gibt keine Zufälle – was wir als Zufall bezeichnen, „ist uns zugefallen". Kam ich zu jener Werft, weil dort zur gleichen Zeit 1982 dieses Boot gebaut wurde, oder wurde das Boot dort gebaut, und ich mußte deshalb hinfahren?

Als es kühl wurde, fuhr ich in den verschlafenen Austernort, rief Milda an und bat sie zu kommen. Danach genoß ich im Hotel mein Menü auf anscheinend solch französische Art, daß mich andere Gäste um Rat bei der Speisenauswahl baten. Am nächsten Tag besichtigte ich mit Hervé und Chantal das Boot von innen, und am zweiten Tag kam Milda mit dem Zug angereist.

Hervé war arbeitsloser Architekt. Chantal machte Interviews für ein Marktforschungs-Institut. Als Milda auch einverstanden war und sagte: „Ja, wir kaufen das Schiff", hatte Hervé Tränen in den Augen. Wieder saßen wir um den Salontisch, und schon lange stellte ich keine technischen Fragen mehr. Wir waren uns auf eine merkwürdige Art einig. Sie mußten das Schiff verkaufen, und wir waren mit ihnen traurig. Den Betrag, den sie verlangten, zahlten wir. Chantal wickelte die Zahlungsmodalitäten mit uns ab, während Hervé zwischen abwesend und hellwach die Vereinbarungen überwachte. Wir versprachen, uns zu schreiben und die SARASIN zu ehren. Zum Abschied küßten wir uns.

Jetzt saßen wir allein am Krümeltisch. Ich mußte an Menschen denken, die Krümel auf dem Tisch lassen, die nicht gleich nach dem Essen das Geschirr abräumen und auch keine Untersetzer unter die Gläser legen – an ihren Tischen hatte ich die besten Gespräche geführt und am längsten und liebsten gesessen. Dieser

Tisch sollte nun für Milda und mich viereinhalb Jahre zum Mittelpunkt, Schwerpunkt, Kernpunkt unseres Lebens auf knapp zehn Quadratmetern Wohnfläche werden. Von nun an saß Milda auf der Steuerbordseite und ich auf der Backbordseite, Gäste mittschiffs. Abgeräumt wurde erst, wenn die Gäste von Bord waren. Decken und Sets gab es keine.

Wir segelten die SARASIN ins nahe La Rochelle, rüsteten sie hier aus und tauften sie dort auf den Namen AFRICAN QUEEN. Schließlich war sie nicht mandelfarben – wie eine Sarazenin – sondern schwarz, wie eine Negerin.

3.

Darf man einem Schiff einen neuen Namen geben? Bootsnamen zu ändern bringt Unglück. Aber auch grüne Schiffe bringen Unglück oder Pfaffen und Frauen an Bord. Man wusch niemals die Nationale, keiner durfte pfeifen, bei jeder Flasche Rum wurde erst einmal ein Schluck für Neptun über die Reling geopfert. Wehe, wenn bei einer Schiffstaufe eine Sektflasche nicht platzte, Geschirr falsch 'rum lag, am Freitag, dem 13., ausgelaufen wurde. Und dann der Spuk mit der Äquatortaufe, bei der der Aspirant gesäubert wird, um Neptun auf der Südlichen Halbkugel rein und sauber entgegenzutreten.

Das neue technische Denken hat die modernen Seefahrer von Aberglauben und alten Mythen entfernt. Die neuen Mythen heißen Satelliten-Navigation, Global-Positioning-System, Single-Side-Band-Kommunikation, Tele- und Wetterfax. Aberglauben findet nur noch am Freitag, dem 13., statt.

4.

Keine Bucht, keine Ria ließen wir im Norden Spaniens aus. Wir spürten die Veränderung bei uns, die den Unterschied ausmacht zwischen einem Touristen und einem Reisenden. Wir fühlten uns wie Lord und Lady auf einer mehrjährigen Bildungsreise. Einmal ankerten wir in einer kleinen Flußmündung. Ich saß an Deck, rauchte Pfeife und wartete darauf, daß das Wasser stieg, um an Land zu rudern. Vor mir lag das kleine Dorf. Am Ufer schlängelte sich die Straße entlang, so daß man von Kap zu Kap immer denselben Wagen aus den Buchten auftauchen sah.

Zum ersten Mal sah ich mich einer Vorstellung aus meinen Bürojahren nahe, einmal den ganzen Tag in einem iberischen Straßencafé in einem kleinen Ort am Meer zu sitzen. Vom frühen Morgen, wenn die Fischer ihren Carajillo trinken, über die Zeit der Mittagshitze, wenn der Rioja seine stärkste Wirkung ausübt, bis hin in die Abend- und Nachtstunden, wenn Fernsehen und Neonlicht im Wettbewerb stehen. Zu beobachten, wie der Tag vorbeizieht; nicht aus der Retrospektive, wie abends nach einem arbeitsreichen Tag, sondern als Zeuge. Hier saß ich an Deck und spürte die Muße, die lange Weile, nach der ich gesucht hatte.

5.

Weshalb hatten wir unsere Weltumseglung ausgerechnet auf vier Jahre angesetzt? Weshalb nicht auf drei, fünf oder zehn Jahre? Ich nehme an, weil ich diese Reise gedanklich bereits so durchgeplant hatte, weil ich ahnte, daß ich die erste Reise nur unternahm, um beim zweiten Mal zu wissen, wohin segle ich nicht und wo bleibe ich länger. Schon nach einigen Wochen auf dem Schiff war die Zeit keine Maßeinheit mehr, wie ich sie noch an Land kannte.

Ich erlebte die Zeit neu. Zum einen als Präzisionseinheit, die ich für die Navigation benötigte. Hierbei gebrauchte ich sie mehr als mathematisches Hilfsmittel, so wie ein Pluszeichen. Viel wichtiger wurde der zeitliche Ablauf durch die Natur. In Nordspanien ersetzte ich das Wort Zeit durch den Begriff Tide. Früher einmal gab es nur diesen Begriff, aus dem sich dann das Wort Zeit entwikkelte, wie wir es heute kennen. Jetzt hatten Flut und Ebbe diese Begriffe für mich wieder vereinigt, denn nun hieß es, wann können wir über die Barre segeln, wieviel Wasser haben wir bei Ebbe noch unter dem Kiel, wird unser Dingi nach dem Landgang trocken fallen? Später, in den Tropen, waren es die Tag- und Nachtgleiche, die frischen Morgenstunden gleich nach dem Sonnenaufgang. Danach die frühen Tagesstunden, die noch eine körperliche Arbeit zuließen; dann die heißen Stunden mit der Sonne im Zenit, denen die samtene Atmosphäre des späten Nachmittags folgte, und dann die kurze, gefürchtete Periode der Mücken, Moskitos und Sandfliegen während der Dämmerung. Wir erlebten das Gefühl, ohne Zeiteinteilung zu segeln.

Mit dem Zeitbegriff änderten sich auch andere Begriffe. Wir waren nicht mehr Segler, sondern Fahrtensegler. Vorher kannten wir ja nur die Wochendtörns und die Törns im Urlaub. Damals hieß es, wann sind die Staus, wann macht der Hafenmeister auf, wann die Hafenkneipe zu, wann kommt der Wetterbericht, und wann müssen wir ankommen? Der Begriff Zeit kam jetzt weniger aus der Uhr als aus der Natur. Ich hatte mehr Zeit und merkte, daß ich die Ausrüstung länger und kritischer betrachtete, daß ich mehr auf die Details am Boot achtete, die Navigation sorgfältiger anging, kreativer wurde bei Verbesserungen am Schiff, mir Optionen bei Änderung offenhielt, wo ich früher nur einen Lösungsweg gekannt hatte.

6.

Wir verließen nach einigen Monaten eines der schönsten Segelreviere Europas, den Nordwesten Spaniens. Unser letzter Hafen vor der portugiesischen Grenze war Bayona. Immer ist es der gleiche Ablauf beim Einlaufen in einen unbekannten Hafen. Vorab habe ich mein Handbuch und den Hafenplan studiert, habe mir den Hafen wie auf einer inneren Mattscheibe eingeprägt. Alle Daten sind gespeichert. Je näher wir dem Ankerplatz kommen, desto mehr neue Informationen erkenne ich, die ich dann auf meiner imaginären Karte abhake. Das Einlaufen in einen neuen Hafen ist wie das Betreten einer Rednerbühne. Man ist leicht erregt, konzentriert sich auf das Gelernte und ist gespannt auf das, was dann kommen wird.

7.

Der Ankerplatz in der Bucht von Bayona war gut belegt. Um die 20 Yachten ankerten oder lagen an den Muringtonnen. Ein Boot war anders als alle anderen. Ich hatte es noch nie gesehen, wußte dennoch, wer der Skipper war. Das erste Mal traf ich ihn in Cuxhaven bei dem Jahrestreffen des Trans-Ocean-Vereins. Der Saal war voll, es gab Labskaus, Bier und Korn. Jemand hielt eine Laudatio. An meinem Tisch saß ein Mann mit viel zu vielen Abzeichen an seinem Revers. Sein Bart war gestutzt wie der eines englischen Spitfire-Commanders. Utz Müller-Treu sprang mitten in der Rede auf, als das Wort „Motor“ fiel, und brüllte in den voll besetzten Saal: „Das heißt nicht Motor, das heißt Eiserne Genua!“

Als ich ihn zum zweiten Mal, hier in Bayona traf, drehte der zweimalige Weltumsegler die Welt auf den Kopf und vollendete vor der feudalen Bar des Königlichen Yachtclubs einen Kopfstand aus dem Lotussitz. Vorher legte der eitle Einhandsegler sorgsam sein Monokel und seinen australischen Outback-Hut zur Seite. Nun, er brauchte nicht viel Kraft, um seinen zierlichen Körper – Beine hoch – in die Luft zu drücken. Verblüffender war jedoch, mit welcher Geschicklichkeit er nach all den Brandys seinen Körper noch beherrschte.

Ich weiß, daß sein Etat für die dritte Weltumseglung klein, sehr klein war. Er besaß noch so viel, wie manch andere Bordkasse in zwei Monaten ausgibt. Wir trafen uns oft in der Altstadt-Kneipe bei Schinken und Rotwein und endeten nach Mitternacht an der Bar des stilvollen Yachtclubs. *One for the road*, einen für den Steg und den letzten fürs Dingi. Für Utz Müller-Treu war eine Nacht noch nicht beendet, nur weil eine Bar schloß. „Auf einen Käpten's Drink bei mir", befahl er dann; so wie alles, was er sagte, apodiktisch klang, im Feldwebelton. Utz ließ niemals Zweifel an seiner Meinung aufkommen. Er ließ auch keinen Raum für andere Ansichten. Nie würde er den Konjunktiv verwenden. Was er sagte, das galt. Was er vorschlug, das mußte befolgt werden.

Jetzt war er auf seiner dritten Weltumseglung. Doch dieses Mal wartete er hier auf seinen Kumpel Hermann, einen Arbeitskollegen von derselben Schicht aus Ochtum bei Bremen. Wir tranken auf FRAUKEN seine Käpten's Drinks aus warmem Wasser, braunem Zucker, Limonensaft und Karibik-Rum. Nichts weiß ich mehr von dieser Nacht und auch nichts vom nächsten Tag. Es ist mir aber nichts verloren gegangen, denn Utz wiederholt Gott sei Dank seine Geschichten. So erfuhr ich später, wie er vor 30 Jahren bei Bergen ein offenes Fischerboot kaufte und dieses in Ochtum zur Yacht ausbaute. Er erzählte, wie er beim Bau des klassischen Schoners für den amerikanischen Sänger Bob Dylan in der Karibik das zu kurz gelieferte Rigg durch Spleißen um 150 cm verlängerte, eine Kunst, die kaum noch jemand beherrscht. Immer wieder betonte er, daß er Seemann sei und kein Segler. Wie, um es sich zu beweisen, schneiderte er seine Hosen aus dem gleichen Material, aus dem er auch seine Segel geschnitten hatte. „Segelstoff muß weich sein, damit man ins Tuch greifen kann." „Ein Schiff kann niemals zu viel Segel führen. Gute Seemannschaft bedeutet, rechtzeitig zu reffen und zu bergen." „Ich fahre unter meinem Passatsegel noch Wassersegel, das kennt keiner mehr." Utz weiß mehr übers Segeln, über Bootsbau und Seemannschaften als viele Fachautoren. Aber sein Wissen wird nicht mehr gebraucht, da man keine Drähte mehr spleißt, keine Wassersegel mehr fährt und in Segeltuch nicht mehr reinfassen muß, denn Segel werden bald nur noch aufgerollt. Utz Müller-Treu wurde 70 Jahre zu spät geboren.

Im Hafen von Puerto Rico auf den Kanarischen Inseln saßen wir im schönsten Salon, den sich ein Segler vorstellen kann, an Bord der SITTING BULL von Heidi und Theo. Es war spät nachts, und Theo spielte Gitarre und sang. Lieder, die wir kannten, sangen wir mit. Die Kajüte war voll, und auch Utz war dabei. Mitsingen, ein anderer an der Gitarre, nein, das war nicht seine Sache. Wenn schon singen, dann er allein, und alle hören ihm zu. Utz verzog sich wie der einsame Wolf, der zu spät zu seiner Futterstelle kommt – ein anderes Rudel hatte bereits abgeräumt.

Was wir später von ihm hörten, waren Geschichten von Mißgeschick, Unfällen und Havarien. In Huahine, mit seiner breiten Passage, ging FRAUKEN aufs Riff. Später, in Whangarei, sahen wir sie aufgebockt und am Kiel ramponiert auf dem Trockenen liegen. Utz hatte als Crew auf einem Norweger angeheuert und ließ FRAUKEN allein zurück. Später verlor er in der Tasman See vor Australien den Mast. War FRAUKEN müde, wollte sie nach 30 Jahren nicht mehr, oder war er müde?

Mein Onkel, Kapitän Theo Hympendahl, hatte vor vielen Jahren zwei Namen fallen lassen, deren phonetischer Wohlklang mit meinen frühen Fernweh-Empfindungen übereinstimmte. Es waren Aruba und Maracaibo. (Bitte schließe die Augen und sprich langsam die Worte *Aruba* und *Maracaibo* aus). Worte von schönstem Silbenfluß und Wortgenuß. Nun liegen die Insel Aruba und die Stadt Maracaibo nicht allzu weit auseinander, der Golfo de Venezuela trennt sie.

Wir segelten von Venezuela zuerst nach Aruba, dem A der A-B-C-Inseln. Hieße die Insel Islanova oder Freeport, wäre auf dies Eiland außer einigen Ingenieuren der Ölraffinerie kein Besucher gekommen. Aber sie heißt nun einmal Aruba, und tausend Amerikaner im kalten Norden lesen den Namen in ihren Reisebüros und jetten dem Traum entgegen. Aruba, das Synonym für Sehnsucht nach tropischen Nächten, Palmen und weißen Stränden. Ich glaube, daß Utz Müller-Treu auch auf die Silben *Aruba* reingefallen ist und seine Kompaßnadel ihn hinter diesem Namen „open-air-bars“ unter Palmenhainen vermuten ließ. Er muß bei der Annäherung an die Insel voller Erwartungen gewesen sein, die Gedanken waren womöglich bereits an Land und nicht auf die Navigation gerichtet – ich weiß es nicht. Utz und FRAUKEN gingen auf das Riff, das Boot mußte runtergezogen werden. Die cleveren holländischen Insulaner ließen sich die Bergung gut bezahlen, Utz war pleite. So jedenfalls die Geschichte, von der wir abseits aller Routen hörten.

Wir waren enttäuscht von meiner Jugendtraum-Insel Aruba und unterwegs zu dem anderen Traumort Maracaibo. Auf dem Weg dorthin machten wir in Punto Fijo fest. Es wäre wohl bei der Kapbezeichnung Punto Fijo geblieben, wenn nicht zwei Ölraffinerien in der Nähe gebaut worden wären und ein Ort entstanden wäre, mit einem winzigen Yachtclub für die kleinen Motorboote einiger Ingenieure, die am Wochenende zum Fischen rausfahren, um danach ihr geliebtes *cevice* zuzubereiten: In Limonensaft marinierter, roher Fisch. Wir ankerten hier, erholten uns von der Hitze und genossen venezolanische Gastfreundschaft. Man erinnerte sich, daß vor vielen Jahren schon mal ein *aleman* hiergewesen war, jedoch solo. Er hatte eine Havarie in Aruba und kam hier ohne Geld an. Es sei um die Weihnachtszeit gewesen. Man lud ihn zu verschiedenen Familien ein, denn man mag *alemanes*. Der Mann fragte nach Arbeit, aber danach fragen viele. Arbeit fand er dann im Club-Restaurant, wo er einige Monate Teller wusch, bis er damit genug verdient hatte, um sich seine Grundlebensmittel für die Weiterreise nach Westen kaufen zu können.

Utz Müller-Treu mit FRAUKEN trifft man nicht auf entlegenen Ankerplätzen. Man trifft die beiden in den großen Häfen, wo Segler einklarieren, wo man sein Boot verproviantieren kann, wo an Booten gearbeitet wird und wo es gute Hafenkneipen gibt. Martinique ist so ein Treffpunkt. Hier sollte unser Schiff aus dem Wasser und neue Unterwasserfarbe erhalten. Utz brauchte Geld. Er arbeitete an einem norwegischen Boot und wollte uns danach helfen. Er war in Hochform, denn beim Bootsbau kannte er sich aus. Das war sein Terrain. „Klaus, bring mal anständige Drahtbürsten.“ „Klaus, kauf nur Farben von Hempel.“ „Milda, ich brauch'nen Kaffee.“ Die ersten Tage forderte er, danach befahl er; und dann trennten wir uns. Einst war er ein liebenswertes Original, das jetzt nicht mehr liebenswert war.

8.

Aus unseren zerbombten Häusern in Hamburg und dann in Rotenburg retteten meine Eltern wenig. Ein Buch, das beide Angriffe überstand, war: „Dirk III“ von Hans Domizlaff. Als Kind war es ein Bilderbuch für mich, heute ist es ein ganz besonderes Buch unter den Segelbüchern. Der erste Satz im Vorwort – er nennt es Betrachtungseinstellung – lautet: „Es wird häufig behauptet, daß der Wettkampf eine unerläßliche Voraussetzung für den Sport sei. Dann ist die Fahrtensegelei kein Sport, denn sie kennt keine Gegner.“

Wenn Patrice auch keine Gegner auf dem Wasser suchte, so war er unter all unseren Freunden der sportlichste. Viel hätte wohl nicht gefehlt, dann wäre er ins Lager der Regattasegler eingestiegen. Er war der Linksaußen unter uns, der einzige, für den die Weltumsegelung einen sportlichen Aspekt hatte. So sportlich, wie er seine OF THE DUKE, eine Swan 38, segelte, so ehrgeizig war er auch beim Angeln mit der Schleppangel. Extra für diese Reise hatte er sich viele rechteckige, beigefarbene Lederlappen mit einer Längskantenlänge von 60 mm zuschneiden lassen. Die zog er über eine bestimmte Hakengröße, wobei das Leder eine exakt vorgeschriebene Wölbung werfen mußte. Mit diesem Geschirr und anderen Tricks war er bei weitem der erfolgreichste Hochseeangler unter uns. Wie andere sich als erstes in einem neuen Hafen eine Gastlizenz als Amateurfunker besorgten, so ging er zu den Fischern und fragte, mit welcher Köderfarbe sie in ihrem Revier die besten Erfahrungen hätten.

Patrice wirkte eher wie ein stets gut gelaunter Kalifornier als wie ein Makler aus Nizza. Hinter seinem Lächeln verbarg sich eine große Bedächtigkeit, mit der er alles anging. Er plante eine Weltumsegelung, und um sich selber besser kennenzulernen, segelte er zuvor von Frankreich nach Panama, dann entlang der südamerikanischen Küste, durch die Magellanstraße – und zwar in die richtige Richtung, also den logischen Weg, mit dem Wind im Rücken. Über Argentinien segelte er nach Norden. Auf der Rückreise verliebte er sich in Brasilien in Amelia und nahm sie mit nach Frankreich. Schon nach wenigen Monaten machte er sich mit ihr auf den Weg zur eigentlichen großen Fahrt um die Welt.

Sportlich und schnell, so wie er lebte und segelte, war uns Patrice immer voraus. Wir trafen auf seine Spuren in Gästebüchern und Erzählungen und wußten, daß er zwei Monate vor uns auf Guadeloupe war, neun Monate vor uns auf Bora Bora, ein Jahr zuvor in Russell/Neuseeland und über ein Jahr voraus im kleinen Yachtclub-Restaurant von Djibouti, wo das Bier sieben Mark kostete.

Amelia und Patrice waren die ersten auf dieser Reise, bei denen wir feststellten, daß zum Fahrtensegeln das Abschiednehmen von Freunden gehört. So stehen auf der ersten Seite unseres Gästebuches ihre portugiesischen Worte der Freundschaft, hinter denen mehr steckt, als diese Sätze ausdrücken können. Segler sind Romantiker, das hält sie zusammen, jedenfalls in der Erinnerung.

9.

Mit einer selbstverursachten Langsamkeit bewegten sich Marion und Reinhold Edmunds aus Köln. Zwei Kinder und ein schönes Stahlschiff hatten sie. Ihre Lebensjahre und die ihrer Kinder hätten nicht ausgereicht, die Welt zu umsegeln, so langsam waren sie. Ihr Konzept könnte man ökologisches Segeln nennen. Er kam aus einer Kölner Bäckerfamilie, wurde städtischer Beamter bei der Müllabfuhr, bekam eine Allergie, ließ sich vorzeitig pensionieren und ward gesund genug, fortan auf dem Schiff zu leben. Als wir sie kennenlernten, waren sie überzeugte Vollwertköstler und mahlten ihren Weizen an Bord selber. So ganz ohne Beibrot konnten sie nicht segeln, dazu langte die Kölner Apanage nicht. Also inserierten die hübsche Marion und der alerte Reinhold in Bio-Zeitschriften, um Gleichgesinnte als Chartergäste zu finden. Ob er nun für vier oder sechs Personen die Körner mahlte, das machte den Hafer auch nicht fett. Ihr Erfolg war eindrucksvoll, denn immer hatten sie Menschen an Bord, mit denen sie auf gleicher Welle lagen.

Weshalb segelten diese Bio-Dynamiker nun so langsam? Reinhold war ein konsequenter Mann, der nicht nur über der Wasserlinie ökologisch dachte. Statt die umweltfeindliche, giftige Antifoulingfarbe auf sein Unterwasserschiff zu streichen, wollte er es besonders gut machen. Wie in alten Zeiten schmierte er Teer drauf. Der hielt den Bewuchs von Muscheln und Algen nicht ab, sondern schien ihn anzuziehen. Ihre CASA DEL MARE hatte einen langen, grünen Bart, wie man ihn manchmal an Tonnen sieht, die vor einem Abwasserkanal verankert sind. Für unsere Weiterfahrt hatte Marion uns noch einen Buchtip gegeben: Helene Danner „Biologisch Kochen und Backen“. In Portugal gab es das Buch natürlich nicht; und von da an erübrigte sich dieser Ratgeber, denn das Essen wurde für uns von Meile zu Meile frischer, gesünder und vollwertiger.

10.

Wenn nichts mehr geht, wenn man sich nicht auf den Namen des neuen Schiffes einigen kann, wenn sie „Mucki" und er „Zigeuner-Lady" will, dann kommt es aus dieser Pattsituation oft zu skurrilen Ergebnissen. Die Vornamen werden zusammengeworfen und daraus schustert man einen Schiffsnamen. So mag es wohl Werner und Eva ergangen sein, als sie ihr Boot WEREVA tauften. Wir liefen in den öllachigen Hafen von Las Palmas ein und suchten eine Lücke für unser Boot. Da scholl es wie aus einem Bahnhofslautsprecher: „Langer, komm hier längs!" Es war Werner, die erste Silbe von WEREVA. Wir hatten uns flüchtig auf Madeira kennengelernt. Erst jetzt erkannte ich, welches Stimmvolumen in diesem kleinen, kräftigen Mann steckte.

Werner war muskulös; er war wie ein Amboß. Der Vergleich war naheliegend, denn er war Hufschmied. Nein, mit dem Beschlagen von Pferden kann man sich keine Yacht erlauben. Werner sattelte um und bohrte nach Wasser, er wurde Brunnenbohrer. Vielleicht bohrte er so lange, bis er auf Salzwasser stieß? Er ist einer der wenigen, die nicht eine, sondern gleich zwei goldene Hände besitzen. Sein ganzes Leben, seine sieben Sinne, seine Phantasie, sein Tun und Handeln kreisen nur um ein Thema: Wie kann ich das anstehende technische Problem schnellstens lösen?

Ein Schiff ist schwieriger zu bauen als ein Einfamilienhaus. Ein Haus besteht aus rechten Winkeln. Das Material kann man vorgefertigt kaufen, und Tips und Hilfe gibt es an jeder Ecke. Eine Yacht hat überall Winkel, Radien, Schrägen. Jedes Teil muß extra gefertigt und zugeschnitten werden, und guter Rat ist selten. Wer baut schon in Porz am Rhein ein Schiff? Wozu andere sieben Jahre brauchen, benötigte Werner zwei. Hätte ich in Barbados nicht beobachtet, wie er unsere festgefressene Ankerwinsch mit seiner angeborenen Pfiffigkeit schnell gangbar machte, ich hätte ihm die zwei Jahre Ausbauzeit für ein zwölf-Meter Stahlschiff nicht abgenommen. Nun war ihm eine kaputte Ankerwinsch nicht genug. Er wollte mehr Arbeit. Ob ich noch was hätte? Es sind 33 Grad in der Kajüte. wir ankern im türkisfarbenen Wasser in der Carlisle Bay. Der Postkartenstrand liegt direkt vor uns, dahinter die Palmen und darunter die Bar des Barbados Yacht Clubs – und er fragt mich nach mehr Arbeit! Er kann den Amboß nie mehr vergessen. Er ist der Typ des ewigen Schiffbauers. An einer Zwischenbemerkung von Eva, der Frau Hufschmiedin, merkte ich, daß er in Gedanken bereits das nächste Boot plante.

Wenn Werner in Barbados Bier bestellte, dann auf deutsch. Wo sollte er auch Englisch in seinem pommerschen Dorf gelernt haben. Wenn er redete, dann laut wie ein Grieche, denn wer redet schon in einer Schmiede leise? Und wenn er mit seiner Eva sprach, dann mit einer polternden Herzlichkeit wie ein frisch verliebter Polier. Mit der Mathematik und bestimmt mit der Astronavigation war er nicht vertraut. In seiner Ungeduld, stets selbst das Problem lösen zu wollen, mußte er sich im Hafen von Las Palmas in das abstrakte Denken der Astronavigation versenken. Ich weiß nicht, ob er die Zusammenhänge verstanden hatte. Wir konnten uns nur vorstellen, wie die beiden mit schlotternden Knien ihre täglichen Standortbestimmungen gemacht haben. Zwei Jahre lagen sie zuvor im Hafen von Alcudia auf Mallorca. Seine Hilfsbereitschaft machte ihn dort beliebt und bekannt. Dann erhielten sie durch die angekündigte erste Regatta über den Atlantik, das ARC-Race, Schlepphilfe und segelten zum Start nach Las Palmas. Selbst auf der Fahrt über den Atlantik, in einem Feld von über 200 Yachten, hielten sie sich an dem fest, was sie mit dem Land verband: dem Mikrofon ihrer Funkanlage.

Wie erleichtert muß Werner gewesen sein, als er wieder handwerklich gefragt war. Niemals würde er sich eingestehen, daß der große Ozean nicht sein Revier ist, sondern der Hafen, der Ankerplatz, da, wo es einen Schraubstock gibt. Jeder wußte, daß hinter seiner Derbheit der Wunsch stand, anderen sein großes Talent anzubieten. Heute glaube ich, daß Werner und Eva ihr Schiff nicht aus einer Patt-Situation Wereva genannt haben, sondern um zu zeigen, daß sie sich ergänzen.

11.

Joseph Conrad schrieb: „Die See hat keine Galerie.“ Es gibt jedoch Galerien, die liegen ganz nah am Meer. La Coruña ist solch ein Platz, Galerie und Mutterschoß der Biskaya-Segler zugleich. Von hier aus wird beobachtet und hierhin kehrt man durchschüttelt und durchnäßt zurück oder sucht hier sein Heil vor den Stürmen der Biskaya. Olaf und Annie Terman kamen in La Coruña mit ihren beiden Kindern an, um Geborgenheit nach einem großen Sturm zu finden.

Der hohe Kajütaufbau mit den großen Fenstern, die bei den Küstenkreuzern in den Sechzigern so beliebt waren, paßte so gar nicht für eine Sturmfahrt. Ein Segel war zerfetzt, die Rettungsinsel von Bord gefegt, der Anker verloren, die Reling verbogen. Annie hatte die Kinder ins Vorschiff gesperrt, sich im Salon eingekeilt und gebetet.

Die Angst hatte sie ihre übliche Seekrankheit völlig vergessen lassen. Als wir sie Tage nach ihrem Sturm trafen, war diese Angst noch nicht aus ihrem Gesicht gewichen. Auch der zweijährige Christopher schien sich an die schrillen Sturmgeräusche noch gut zu erinnern, wenn er hochfrequentig, wie Oskar Matzerath in der Blechtrommel, schrie. Ich hatte Angst um alle Gläser auf der ANTARES, als Christopher Oskar imitierte.

Olaf ist einer von den stets positiv gestimmten Menschen. Den Sturm hatte er abgetan und vergessen. Die Schraube, die ihm bei der Arbeit am Motor in den Luftansaugkanal des zweiten Zylinders gefallen war, tat er ebenfalls mit einem grinsenden Achselzucken ab. Auch das wenige Geld, das noch in der Kasse war, konnte seine Stimmung nicht beeinflussen. Bis in die Karibik langte der Optimismus einer einzigen Person, um drei andere Menschen, ein widerspenstiges Boot und die Unberechenbarkeit des Meeres seinen Plänen unterzuordnen. Olaf war vor Jahren nach Australien ausgewandert. „Ich liebe Australien, aber ich mußte diesen Standpunkt einmal im Leben überprüfen. Ich wollte die Welt bereisen, um festzustellen, ob Brisbane für mich der Mittelpunkt der Welt sein kann, und ich habe vieles riskiert. Ich überredete meine Frau, unser Haus zu verkaufen, habe meinen Job und mein *suburban life* aufgegeben. Nur die Kinder brauchte ich nicht zu fragen, die waren noch zu jung."

Er machte sein Amateurfunker-Zeugnis und war später ein beliebter Gast auf dem deutschen Netz, auf 14,313 kHz, mit seinem australischen VK-Zeichen (Eselsbrücke VK = Viele Känguruhs). Sie flogen nach Deutschland, und er kaufte seinem Bruder die alte Yacht ab. Weil nicht genug Geld für alle anstehenden Arbeiten vorhanden war, fing Olaf an – wie viele andere auch – zu improvisieren. Für ihn gab es ab Wilhelmshaven nur noch eines: Wegsegeln!

In St. Martin in der Groot Bay trafen wir ihn später wieder. Er überstrahlte wiederum seine Familie. Annie ist ein Typ Mensch, der zu früh zu viele kleine Falten bekommt. Sie hatte sich verändert, war älter geworden und machte wie stets gute Miene zu Olafs Spiel. Der kleine Christopher schrie noch höher in der Frequenz, während der achtjährige Michael ruhiger geworden war, zu ruhig für sein Alter. Es schien mir, als ob sich vier Menschen in entgegengesetzte Richtungen entwickelt hatten und nicht aufeinander zu. Auch Olaf schien dies erkannt zu haben, denn kurz darauf verkaufte er das Boot in Florida. Er war klug genug, aufzugeben. Es blieb gerade noch so viel Geld übrig, um die Tickets nach Brisbane zu kaufen und dort einige Wochen bis zum neuen Start zu leben. Für ihn war nun klar: Brisbane ist sein Mittelpunkt der Welt!

12.

Die Sache mit dem Mittelpunkt der Welt ist so selbstverständlich, daß man schnell drüber hinweg liest. Als ich meinen Urlaub noch in Irland, Colorado oder Friesland verbrachte, stand fest, daß mein Mittelpunkt da ist, wo ich wohne, wo meine Familie und Freunde leben, also zu Hause. Anders wurde dieses Gefühl auf unserer Reise. Ich hatte Firma, Wohnung, Auto und viele Möbel verkauft, mich abgemeldet und – das Wichtigste – die Versicherungen weitestgehend gekündigt. Mein neues Zuhause war das Schiff, meine Postadresse irgendein Trans-Ocean-Stützpunkt oder ein fremdes Postamt. Jetzt war der Mittelpunkt der Erde gleich dem Punkt, an dem ich mich gerade befand.

Die Probleme unseres Schiffes, die lokalen Ereignisse – zum Beispiel einer Insel, vor der wir gerade ankerten –, das war jetzt der Kernpunkt meiner Interessen. Je weiter wir segelten, je mehr Zeit verging, je ferner die Erinnerungen an die alte Adresse „Dominikerstraße 23" zurücklagen, desto mehr wurde mir klar, daß der Mittelpunkt der Erde für mich da ist, wo ich mich befinde. Und wenn ich am Strand stand oder im lauen Wasser einer Lagune schwamm, ganz allein war, Milda und das Schiff in der nächsten Bucht wußte, dann war *ich* der Mittelpunkt der Welt.

Ich spürte meinen Körper, mein Bewußtsein, meine Präsenz. Ich wußte, daß nur ich hier Entscheidungen fällen und Veränderungen durchführen konnte. Ich war hier nicht wie zuvor einer unter anderen. Mir war natürlich klar, daß es Milliarden von Mittelpunkten gab. Bewußt und einzigartig habe ich es nur dann gespürt, wenn ich allein war; und wann kam das schon in meinem Landleben vor? „Das Sein bestimmt das Bewußtsein."

Karibik

13.

Peter Frey war ein genauer Beobachter: „Die Karibik ist ein Friedhof menschlicher Sehnsüchte. Träume enden hier, Pläne erweisen sich als falsch, und manche Ehe und Freundschaft, die noch an Land hielten – einzig durch die Perspektive vom Leben auf dem Wasser –, brechen hier auseinander. Nein, nicht weil den beiden das Segeln unter der Sonne nicht mehr gefällt, sondern weil ihre Schwierigkeiten oft weit in der Vergangenheit lagen und sie jetzt auf 10 Quadratmetern Wohnfläche offen auftreten. Auf einem Boot muß man sich stellen. Es gibt kein Verstecken vor dem anderen oder hinter den eigenen Hobbies, hinter dem Skatabend, dem Aerobic-Kurs oder, wie so oft, das Verbergen vor sich selbst hinter dem Beruf. Einige europäische Segler schaffen es gerade noch nach Gibraltar, die nächsten scheitern auf den Kanaren, und viele eben in der Karibik. Die Hitze, die Enge, den fehlenden Komfort ertragen, die Kunst üben, sich mit sich selbst zu beschäftigen, die Gabe, den Partner so zu akzeptieren, wie er ist, auch wenn er furzt, schnarcht, schwitzt und rülpst – das kann nicht jeder." Sein Schlußsatz zum Leben an Bord: „Wenn du jemanden richtig kennenlernen willst, dann mußt du mit ihm segeln oder mit ihm erben."

Er sprach aus seiner zehnjährigen Karibik-Erfahrung und zum Teil auch von seinem eigenen Schicksal. Auch seine Reise endete hier in der Karibik, obwohl er weiter wollte. Erst blieb er viele Jahre auf Barbados. Dann schaffte er noch die 120 Seemeilen nach Westen, bis zur Insel Bequia.

Er sah so gar nicht aus wie jemand, der mit zarten Händen und feinem Sinn winzige Gravuren in Walfischzähne schnitzte und damit seit Jahren sein Geld verdiente. Groß und kräftig war er, mit etwas zu viel Rundungen an Hüften und Schultern. Ich traf den Fünfzigjährigen zur *Happy Hour* beim *Sundowner* auf der Terrasse des Sunny-Carribean mit seinem Sohn Bajan im Arm. „Der Name Bajan geistert mir seit vielen Jahren im Kopf herum", meinte er frohgelaunt. „Ein ungarischer General hieß so. Komisch, meine

Frau ist Französin, ich bin Deutscher. Wir haben uns in England kennengelernt, auf Martinique geheiratet und leben auf St. Vincent and the Grenadines, und unser Sohn hat einen ungarischen Namen.“ Bajan war eines der Kleinkinder, die niemals quengeln und stets strahlen. Auch Carol strahlte vor Mutterglück, so daß ich den Eindruck hatte, das Leben der Familie Frey schien sich zufrieden und glücklich abzuspielen. Peter gab mir seine Karte, und ich las die exotischste aller Adressen:

Peter et Carol Frey
Yacht ESCAPE
Frangipani
Bequia – Saint Vincent
West Indies

Wir sind beide Hamburger. Unsere Bekanntschaft näherte sich schnell einer Freundschaft. Ich beobachtete ihn beim Gravieren der Srimshaws, Milda fotografierte die Familie. Er bringt uns einen harpunierten Fisch, wir laden sie zum Essen an Bord ein. Carol ist schüchtern, ihr Deutsch schlecht und ihr Englisch solala, das durch ihr ständiges *„comme on s'appelle“* nicht flüssiger wird. Peter ist ein begabter Geschichtenerzähler. Er berichtet vom Hurrikan, als er in Martinique vor Anker lag. Dabei verlor er sein Schiff, sein Hab und Gut. Was ihn am meisten schmerzte, war der Verlust seiner antiken Srimshaw-Sammlung. Oder er berichtete von seinem Autounfall auf einer Straße im Dschungel von St. Vincent, wo man ihn am nächsten Tag fand. Er war kaum überlebensfähig. Sechs Monate lag er im Krankenhaus, ohne Geld, Familie und Freunde. Ärmer als der ärmste Neger. „Vom schwarzen Pfleger mußte ich mir Geld leihen“, erinnerte er sich an seine dunkelste Zeit. „Vor zehn Jahren lag ich in Falmouth mit meinem ersten Boot MARIA. Ich war auf dem Weg in die Südsee. Neben mir lagen Franzosen mit einem häßlichen Entlein an Bord“, er zeigte auf seine Frau. „Ein tiefer Blick des Teenagers, ein flüchtiger Kuß. Mit diesen Erinnerungen lebte ich; dazwischen ein, zwei Briefe. Nach meiner Genesung schrieb ich ihr. Sie kam in die Karibik, und kurz drauf heirateten wir.“

„Ich habe mich rechtzeitig mit Walzähnen eingedeckt", fährt er fort. „Andere Künstler in Nantucket und Kalifornien mußten bereits aufgeben oder schnitzen Kamelknochen", dabei schüttelt er sich vor Lachen. „Ich habe noch Zähne aus Australien und, ein Geheimtip, aus Fiji."

Jeden Abend erzählt Peter neue Geschichten beim *Sundowner*. Die Zeit zwischen fünf und sechs Uhr vergeht schnell. Die Nacht kommt. Wir rudern dann zu unseren Booten in die gleiche Richtung. Danach kann ich Abend für Abend beobachten, wenn er allein an Land pullt, um sich seinen Honig, wie er sagt, zu holen. Es ist Rum. Carol meinte, es sei nach seinem Unfall schon mal schlimmer gewesen.

Peter fliegt in die USA, um seine Schnitzereien zu verkaufen und neue Walzähne aus seinem Versteck mitzubringen. Unsere Boote lagen jetzt in Martinique vor Anker. Nach 14 Tagen kam er zurück. Noch nie habe ich auf einem Kartentisch so viele harte Porno-Hefte gesehen wie auf der ESCAPE.

Uns zog es nach Norden, und sie wollten im Nachttörn nach Bequia zurücksegeln. Einer langen Abschiedsnacht folgten in den nächsten zwei Jahren zwei Briefe von mir, die nicht beantwortet wurden. Peter ist kein Schreiber. Zwei Jahre später hörten wir in Neuseeland: Die ESCAPE wurde vor einer venezolanischen Insel von einem amerikanischen Handelsschiff gefunden. Der Skipper war allein an Bord. Er hatte sich im Rigg erhängt.

14.

Auf dem Weg von unserem Ankerplatz in der Carlisle Bay von Babardos zum Dingi-Dock lag ein deutsches Boot, besser gesagt eine richtige Yacht. Sie hatte das, was man unter klassischen Linien versteht. Einen schönen negativen Sprung, leichte Überhänge an Bug und Heck und vorn einen verlängerten Bugspriet. Die BAJA-

DERE war eine der wenigen Yawls, denen man noch begegnet. Vom ersten Tag an machte ich mir Gedanken, wie alt das Schiff wohl sei und auf welcher Werft es gebaut worden war, denn es gab nicht viele Werften, die vor fünfzig Jahren Yachten aus Stahl bauten. Daß sie aus Stahl war, sah man. Rostspuren liefen nach ihrer Atlantiküberquerung am Rumpf, unter den Speigatten, runter.

Was heißt BAJADERE? Vor der Abreise hatten wir uns einen fünfbändigen Brockhaus gekauft und der sagt: Indische Tempeltänzerin. Wir steuerten mit unserem Dingi und unserem alten Johnson-Außenborder auf die BAJADERE zu. Es war schon heiß, und die beiden waren in der Mittagshitze dabei, die Roststellen zu entfernen. „Wie gehts Eurer Tempeltänzerin? Wir sind Milda und Klaus", rief ich rüber. „Och", nölte der Bärtige ganz langsam zurück, „wir liften die Lady leicht an. Ab fünfzig muß man der Dame schon mal öfter eine zweite Schicht Puder geben. Andreas heiße ich und das ist Sabine. Aber woher wißt ihr, was BAJADERE heißt, löst ihr Kreuzworträtsel?" Ich sah, daß er sehr bei der Arbeit schwitzte und ihm Tropfen am Kinn herunterliefen. Ich witzelte zurück: „Wir haben eine Wahlverwandtschaft. Unsere AFRICAN QUEEN hat direkten Zugang zum Indischen Hochadel." Die ebenfalls schwitzende Sabine antwortete: „Na, dann könnt ihr uns ja ein paar Schwarze aus eurem Hofstall schicken. Die vertragen die Arbeit in der Hitze besser als wir." Ich erkannte, daß die beiden den Rost nicht übermalten, sondern mit einem Lösungsmittel – vermutlich verdünnter Oxalsäure – einpinselten. Die Säure wirkt auf den Rost so, daß man ihn nach wenigen Minuten mit Wasser abwaschen kann. Ein Trick, der auf jedem Stahlschiff als „Augenwischerei" bekannt ist.

Als wir uns später in der Boatyard-Bar trafen, erkannte ich, welches Schwergewicht der Bootsbauer aus Lübeck ist. Auch Sabine war groß, mit langen, glatten Haaren und einem offenen Gesicht. Sie ließ niemals Zweifel aufkommen, daß sie genau das sagte, was sie meinte. Sabine hatte eine sehr gute Figur, bei der ich durch das tief ausgeschnittene T-Shirt an den Film „Bitterer Reis" erinnert wurde. Milda sagte mir später, sie hätte einen schönen Busen. Das hatte ich auch gesehen.

Wenn ich einem Segler in den Tropen begegne, dann erkenne ich mehr vom Menschen als in unseren Breiten. Ich sehe ihn mit Haut und Haaren, mit seinen Falten, mit seinem Bauch. Wenig wird verdeckt, und vieles wird gezeigt. Der Körper ist Mittelpunkt. Nicht wie bei uns, wo man nur Gesicht und Hände betrachten kann, alles andere ist verkleidet. Bei uns machen Kleider Leute. In den Tropen macht der Körper Menschen. Bei uns muß man erst den Scheffel Salz mit dem Fremden essen, um ihn kennenzulernen. In den Tropen sieht man schnell, wen man vor sich hat.

Sabine und Andreas Oelerking segeln die 50 Jahre alte BAJADERE, als sei sie eine moderne Yacht. Dabei ist es unvorstellbar hartes Arbeiten, die Schoten mit den Winschen dicht zu holen, das alte Rigg zu bedienen oder das Ankergeschirr mit der riesigen, schlecht gängigen Ankerwinde hochzuholen. Die beiden verließen Deutschland wie Millionen vor ihnen, um ins „Gelobte Land“, die USA, zu gehen. Es ist ein Phänomen, wieviele Segler alte Schiffe besitzen, deren renovierungsbedürftiger Zustand diametral zu ihrem Vermögen steht. So lebten auch Sabine und Andreas vom letzten Ersparten, und es wurde Zeit, daß sie den Fuß auf amerikanischen Boden setzten. Wir segelten mit ihnen bis zu den US Virgin Islands, wo die Arbeitsplätze auf den Bootsbauer Andreas zu warten schienen, denn in der Charlotte Bay auf St. Thomas liegt die größte Charterflotte der Welt.

Als ich vier Jahre später bei ihnen in Connecticut anrief, sprachen sie Deutsch mit amerikanischem Akzent. Ihre Yawl hatten sie immer noch nicht verkauft. Anscheinend interessierte es keinen Amerikaner mehr, daß sich der italienische Botschafter in Deutschland dieses Boot 1939 für seine Lustfahrten hatte bauen lassen.

15.

Die Charlotte Bay gehört zu den *Meeting Points* für Weltumsegler, so wie einst der Strand von Goa oder die Fonda Pepe auf Formentera Treffpunkt für die wandernden Hippies der Sechziger war. Hier findet der Segler alles, was er vergeblich in der Karibik gesucht hatte, wie passende O-Ringe, das richtige Koax-Kabel oder das ersehnte V4A-Blech. Und er findet hier seine Freunde. Ich traf all die, die nach Norden zu den Bahamas und später in die USA wollten. Und ich traf die Neuen.

Hans Mastmeier, der hier seit Jahren den Anker nicht mehr hoch bekam und ein Geschäft eröffnet hatte. Erst der Hurrikan „Klaus“ war stärker und zog Anker, Kette und Boot aufs Land. Das Boot war ein Wrack. Was blieb, war das Geschäft. Ich traf Karl, den Deutsch-Amerikaner, der mit seinem Schiff jahrelang am Rhein, nicht weit von meinem Haus lag und bei einem Freund als Schreiner arbeitete – hier sah ich ihn zum ersten Mal. Hier trafen wir auch Holger Strauss und Christa Rosien, die seit neun Jahren segelten. Es war wohl ihre Hochzeitsreise, denn kaum waren sie wieder in Berlin, haben sie geheiratet.

Paare können zu Begriffen werden. „Holger und Christa“ ist so ein Begriff. Keiner würde sagen, Christa und Holger. Fred und Nan, Jürgen und Helen – es ist immer das gleiche Muster. Der Macho wird zuerst genannt. Nur wir waren die Ausnahme: „Milda und Klaus“.

Die Amerikaner haben durch ihre starke Präsenz und Sprache die Sitten auf dem Wasser geprägt. Ein amerikanisches Paar trifft ein anderes Paar, z. B. uns. Dann stellt sich der Amerikaner mit seinem vollen Namen vor und gibt mir die Hand. Ich sage meinen vollen Namen, worauf der Amerikaner den Vornamen seiner Frau sagt und ich Milda per Vornamen vorstelle. Weder gibt der Amerikaner Milda die Begrüßungshand, noch schütteln die Borddamen sich die Hände. Die Frau ist bei Amerikanern noch ein Appendix.

„Ick jeb noch ’ne Runde aus“, so lernen wir Holger Strauss in der

Hafenbar, direkt neben dem Dingi-Steg von Fort de France auf Martinique kennen. Seine Freundin Christa kannte ich aus Deutschland. Er feierte einen seiner Jobs, den er gerade angetreten hatte und der guten Verdienst versprach. Holger Strauss ist erstens Berliner und zweitens Ingenieur. Er war auf anderen Yachten als Spezialist für Diesel-Maschinen begehrt. Da er keine Arbeit unter 100$ am Tag antrat, taufte ich ihn Mr. 100-Dollar. Der Name gefiel ihm, und er schien ihn in den nächsten Jahren zu kultivieren. Vielleicht besaß er sogar Visitenkarten „Mr. 100-Dollar"?

Wochenlang sah ich ihn aus den Rümpfen eines amerikanischen Katamarans rausschauen, in die er zwei überholte Maschinen einbaute, nachdem der Kat vor Roseau, der Hauptstadt der Insel Dominica, im Sturm gesunken war. Trotz Öl, Schmiere und Dreck sah Holger immer sauber angezogen aus, als käme er gerade aus einem Fortbildungskurs für Schiffsingenieure. Sein Lieblingshemd war ein weißes Kapitänshemd mit Brusttaschen und Epauletten. Er wirkte nie wie ein Maschinist, sondern immer wie der Chief, der Erste Ingenieur. Erst später wurde mir klar, daß er der Erste Ing. an jedem Ankerplatz und in jeder Gruppe von Fahrtenseglern sein wollte.

Holger Strauss besitzt viele technische Kenntnisse, und weil die Technik an Bord oft das Thema einer jeden Runde ist, führte er oft das Wort. Ohne groß seine Lippen zu bewegen, berlinerte er auf einer für eine Männerstimme etwas zu hoch gelagerten Alt-Tonlage von seinen technischen Vorstellungen. Immer hatte er gute Zuhörer, denn als Segler kann man gar nicht genug Kenntnisse von Elektrik, Mechanik, von der Hochfrequenz, der Elektrolyse oder der Elektronik haben.

Wenn Holger Strauss einmal schwieg, dann nutzte seine Freundin Christa Rosien die Chance, sprang in die Lücke und redete. Vergleichbar mit ihm hatte auch sie eine hohe Stimme. Erstaunlicher war jedoch ihr Wechselspiel. Offensichtlich war es Holger, der Erste Ingenieur, der auf dem Wasser das Sagen hatte. Später, als wir uns mehrfach an Land wiedertrafen und dann befreundet waren, war es umgekehrt. Sie beherrschte das Gespräch, und in den Pausen kam nun er zu Wort.

Nur vier Jahre hat es die beiden an Land gehalten, um das Schiff zu präparieren und sich selber neu zu motivieren für die nächste große Reise. Als ich an diesem Kapitel schrieb, traf ich Christa und Holger Strauss in Berlin. In vier Wochen soll es zur zweiten großen Reise losgehen. Das Schiff lag am Wannsee. Holger umarmte mich zum Abschied und sagte: „So'n richtigen Drive hab ich nicht. Am liebsten hätte ich diesen Job bei dem Bezirksamt in Tempelhof angenommen. Ich habe Zukunftsangst. Wir haben beide keine Altersversorgung."

Mit einer Fräse und einer Drehbank im Motorraum, neuen weißen Epauletten-Hemden wird er seine Kenntnisse wieder auf den großen Treffs der Blauwassersegler anbieten. Wenn man ihn dann irgendwo in einer Kneipe berlinern hört: „Ick jeb noch 'ne Runde aus", dann weiß man, Mr. 100-Dollar hat einen neuen Job in einem Motorraum. Ob er dann noch dem Job im Bezirksamt nachtrauern wird?

16.

Hugh Cownie war ein Gentleman. Ein pensionierter Beamter aus dem Foreign Office. Er sprach das Englisch der Upper Class und liebte das Understatement, was mir schnell an seinem Vornamen klar wurde, denn man spricht nur die ersten beiden Buchstaben aus. „Hu" besaß vollendete Contenance sowie eine Art von ständig dargestellter Selbstzufriedenheit. Er war immer ansprechbar, lächelte stets und gab einem das wunderbare Gefühl, als hätte er nichts anderes im Kopf, als sich ausschließlich auf dich zu konzentrieren – auch wenn gerade sein Anker nicht hielt. Er hatte die helle Haut vieler höherer Verwaltungsbeamten und weiße Haare, als Zeichen, daß seine Pensionierung berechtigt war. Leider gibt es den Begriff Gentlewoman nicht, denn zu seiner Frau Susan Cownie hätte er gepaßt.

Susan und Hugh sind wir oft begegnet. Zuerst in Bayona, später in Pineche, in Cascais, auf Madeira, in Las Palmas und in der Karibik. Sie hatten als Küstensegler begonnen und kannten dabei nur Tagestörns in ihrem englischen Revier. Niemals hätten sie sich eine Reise zu zweit über den Atlantik zugetraut, wenn nicht Jimmy Cornell 1986 die erste Regatta über einen Ozean für Fahrtensegler gestartet hätte – das ARC (Atlantic Rallye for Cruisers). In einer Gemeinschaft, so meinten sie, segelt es sich besser. Der eine motiviert den anderen, die Angst oder Besorgnis verteilt sich. In den Vorgesprächen unter Gleichgesinnten vor dem Start absorbieren sich Befürchtungen, die man – so Hugh – alleine nicht eliminieren kann. Die Cownies wußten, daß sie draußen allein segeln mußten, daß sie zwar Freunde um sich herum hatten, sie aber nicht sehen würden; eventuell konnten sie mit einigen funken. Mit den anderen Seglern verband sie eine Kameradschaft. Vor ihnen brauchten sie ihre aufkommenden Bedenken nicht zu verbergen, sie konnten sie mit ihnen teilen; das half.

In den Wochen der Vorbereitungen auf diese Rallye lagen wir im Hafen von Las Palmas, nicht weit von den Cownies entfernt. Die Arbeit des Tages war getan, und wir hatten die beiden zum Tee eingeladen. Sie bewunderten Mildas Tee-Service aus feinstem, dünnwandigen Porzellan aus England, das zu meinem tiefsten Unverständnis an Bord gekommen war, aber eine Freude für alle unsere Besucher wurde. Während des Gesprächs bekam Milda plötzlich einen Schluckauf. Sie konnte keine Unterhaltung mehr führen und schon gar keinen Tee mehr aus ihrem feinen Service trinken. Der Schluckauf wurde heftiger und die Intervalle kürzer. Ich beobachtete Susan und sah, wie sich ihr Gesicht im Nu völlig verändert hatte. Ihr verbindlicher, gelockerter Gesichtsausdruck verschwand und wich einem strengen, konzentrierten Blick. Viel zu ernst für dieses lächerliche Intermezzo fragte sie Milda: *„Do you have a hick-up?“* Statt einer Antwort schluckte Milda wiederum, lachte und zuckte mit den Schultern, als ob sie sagen wollte: „Liebe Susan, das siehst und hörst du doch.“ Susan schien gar keine Antwort zu erwarten und fuhr fort: *„You don't have a hick-up.“* Dabei beugte sie sich leicht vor, und blickte, nein starrte Milda direkt in die Augen. Wie eine Hypnotiseuse saß sie ihr gegenüber und wiederholte ständig den eindringlichen Appell: „*You don't have a hick-up.*" Alles an Susan wirkte überzeugend: ihre Körperhaltung, ihre Sprache und ihr Ausdruck. Diese Überzeugung übertrug sich direkt auf Milda, die den Appell aufnahm. „*You don't have a hick-up*", dabei wartete Susan gar nicht mehr auf den nächsten Schluckauf, sie ignorierte ihn. „*You don't have a hick-up.*" Einige Minuten hatte diese Séance vielleicht gedauert, dann war Milda erlöst. Sie hatte die Befehle, die Susan ihr auferlegte, empfangen, akzeptiert und befolgt. Der Schluckauf war weg. Unser Gespräch konnte sich wieder dem Thema zuwenden: Gehört nun ein dünnwandiges Teeservice auf eine Yacht oder nicht?

17.

Fahrtensegler müssen logisch denken, denn sonst beherrschen sie nicht die Astronomische Navigation, und sie müssen vernünftig sein, sonst akzeptieren sie nicht die Gesetze der Seemannschaft. Sie sind aber auch intuitive und irrationale Menschen, denn sie unternehmen Reisen, die sich dem Verständnis ihrer Freunde und der Mehrheit der Menschen entziehen.

Als ich Heidi und Theo das erste Mal traf, ankerten wir 1980 mit vier deutschen Yachten in der Marigot Bay: Zwei stählerne Joshuas, meine erste AFRICAN QUEEN, ebenfalls ein Doppelender aus Stahl, und Heidi und Theo mit einer sauberen, weißen, unscheinbaren Kunststoffyacht, von denen es so viele gibt. Acht Menschen, acht Deutsche, die gerade zum ersten Mal den Atlantik überquert hatten. Wir feierten diesen Anlaß, tranken alle viel zu viel Planter's Punch und erzählten viel zu viele Geschichten. Hätte Theo nicht besonders viel in dieser Nacht erzählt, besonders laut gelacht und besonders lange Gitarre gespielt, dann wäre er mir kaum im Gedächtnis geblieben, denn wie gesagt, sein Boot war nicht auffallend. Sechs Jahre später trafen wir uns in Puerto Rico auf Gran Canaria wieder. Wir mit einer neuen stählernen African Queen und Heidi und Theo mit der Sitting Bull, der schönsten, altmodischsten, romantischsten und unvernünftigsten Yacht, die ein Segler kaufen kann. Bombigher, ein französischer Yacht-Konstrukteur mit Zigeuner-Vorfahren, hatte diese Yacht konzipiert und – was das ganz Besondere an diesem Boot war – er hatte auch alle Details wie Blöcke, Handläufe, Klampen, Bullaugen sowie die Materialien, aus denen das Boot und auch das gesamte Zubehör bestehen sollten, vorbestimmt. Darüber hatte er ein 400 Seiten langes Buch geschrieben. Er konstruierte seine Boote nach dem Vorbild der amerikanischen Schoner, die das ästhetische Verständnis im Yachtbau so eindringlich beeinflußt hatten. Monsieur Bombighers Schoner waren so schön wie möglich und so zeitgemäß wie nötig. Er machte keine Kompromisse! Die Sitting Bull hatte leicht nach achtern geneigte Masten, was für den Nichtsegler so störend und für die Liebhaber der Klassiker so stilecht wirkt. Anstatt einer Reling besaß sie ein hohes hölzernes Schanzkleid mit großzügigen Speigatts. Das Freibord war nicht besonders hoch, so daß man das Gefühl haben kann, sie läge durch Überladung zu tief im Wasser, was wiederum zum Stil des klassischen Schoners paßte. Auf dem negativ geneigten Deck standen zwei Aufbauten, wie kleine separate Einheiten, vorne der Bereich für die Crew oder die Gäste und dann der große Aufbau mittschiffs mit dem Raum, den man berechtigt als Salon bezeichnen kann, der aber auf den meisten anderen Yachten nichts mit diesem Begriff zu tun hat. Am eindrucksvollsten war das Rigg, das im klassischen Stil ausgelegt war, mit einem überdimensionalen stehenden und laufenden Gut, das ausschließlich über Blöcke und Taljen geführt wurde.

Die Sitting Bull erinnerte an die Zeiten, als Schiffe noch aus Holz waren und Männer noch aus Stahl. Viele Menschen kamen zu unserem Steg, an dem die beiden Schiffe wochenlang nebeneinander lagen. Sie stellten sich mit dem Rücken zu unserem Schiff und betrachteten ehrfurchtsvoll das schönere, die Sitting Bull. Ich kannte bald alle ihre Kommentare, und während ich die Gunst nutzte und ungestört und ungefragt an unserem Boot arbeitete, um es für die Atlantiküberquerung vorzubereiten, mußte Theo die immer wieder gleichen Fragen beantworten.

Theos Winschen kamen. So nannten wir seine Gäste, die bei den Segelmanövern das laufende Gut bedienen mußten, denn Theo und Heidi konnten ihr Schiff nicht allein bedienen. Vier „Winschen" hatte er für die Reise nach Brasilien eingeplant. Aus war es für die beiden mit dem Segeln zu zweit; vorbei die Jahre, als ihr Schiff noch klein und unscheinbar, aber dafür leicht von ihnen zu bedienen war. Vorbei die Zeiten, wo man 24 Stunden zusammen war, Tag für Tag, Nacht für Nacht, Woche für Woche. Monate und Jahre auf wenigen Quadratmetern so eng zusammenlebte wie in einer Zelle. Die Enge, die Hitze, Reparaturen, schlechtes Wetter, die langen Flauten, Moskitos und der oft unterbrochene Schlaf bringen eher zusammen, als daß sie trennen. Nichts bleibt einem verborgen, keine Eigenart, keine Unart. Man muß sich besser kennenlernen und den anderen besser akzeptieren. Es gibt keinen Rückzug vor einem Problem. Was bleibt sind Konfrontationen, die im Kompromiß enden, oder ein Aufhören, ein Aussteigen.

Ich saß einmal mit meinem englischen Freund Robert an der Bar des Royal Suva Yacht Clubs, als wir über dieses Thema sprachen. Ein englischer Nichtsegler fragte ihn, ob er bei dem engen Zusammenleben mit seiner Frau nicht schon mal an Scheidung gedacht hätte. Worauf Robert schmunzelte: „An Scheidung einmal in der Woche, an Mord nur einmal im Monat."

Noch bevor Heidis und Theos Gäste kamen, waren wir viele Nächte mit ihnen zusammen. „Wo gesungen wird, da laß dich ruhig nieder, böse Menschen haben keine Lieder." Seinem Repertoire nach zu urteilen, war Theo ein sehr guter Mensch. Bald kannten wir all seine Lieder, lernten seine Refrains auswendig, wußten, wann er seine Gags brachte und wann ihm am frühen Morgen die Lust an der Gitarre verging. „Tages Arbeit, abends Gäste, saure Wochen, frohe Feste, sei dein künftig Zauberwort." So verbrachten wir Boot an Boot, Woche für Woche unsere Zeit. Wir hatten uns angefreundet und erlebten zum ersten Mal die Freiheit der Entscheidung: Segeln wir mit ihnen nach Brasilien oder allein Richtung Karibik?

18.

Je weiter wir uns von Deutschland entfernten, desto angesehener wurden die Deutschen. In Portugal war ein Deutscher bereits beliebter als in Spanien und in Spanien lieber gesehen als in Frankreich. In Süd- und Mittelamerika merkten wir zum ersten Mal so etwas wie eine nationale Sympathie. Und wenn ich nachfragte, was sie denn so über Deutschland wüßten, dann war es noch nicht einmal die deutsche Dreifaltigkeit: Fleiß, Zuverlässigkeit und Genauigkeit, sondern es waren banale Produkte, die uns beliebt machen: Bosch-Bohrer, Stihl-Baumsägen, Vaillant-Durchlauferhitzer, wassergekühlte Deutz-Motoren und Rostfrei Solingen. Diese Beliebtheit steigerte sich im Pazifik und später in Asien.

In der Stadt Homiara auf den entfernten Salomon-Inseln hörte ich folgende Geschichte: Die Engländer und die Deutschen lagen kurz vor dem Ersten Weltkrieg beim Erobern ferner Märkte im harten Wettbewerb. Solingen gegen Sheffield – wer stellt die besseren Macheten her? Der deutsche Vertreter ließ sich den stärksten Mann des Dorfes zeigen. Ihm gab er erst die Machete aus Sheffielder Stahl und danach die aus Solinger Stahl in die Hand. Damit sollte er so kräftig wie möglich auf einen Felsen einschlagen, so, als sei es eine Kokosnuß. Die Machete aus Sheffield zerbrach, die aus Solingen hielt, der Stein war gespalten. Wahr, halbwahr, Legende oder Werbung? Ich weiß nur, daß mir ein Engländer diese Geschichte erzählte, die drei Generationen überlebte.

Auch bis ins letzte Dorf der Welt hatte es sich inzwischen herumgesprochen, daß es zwei neue, noch bessere Produkte aus Germany gab: Steffi und Boris. Sie hatten Mercedes, AEG und BMW verdrängt, sie wurden zum neuen „Made in Germany". Boris und Steffi waren Weltmeister und dadurch unsere Produkte auch – basta! Ein Dorfvorsteher in Amor Amor auf Lombok begrüßte uns mit dem Ergebnis des letzten Grand Slam-Turniers. Und ein Lehrer auf Sumbawa rief zu unserem Boot rüber, als er die deutsche Flagge sah: „*Steffi number one.*"

Wir hatten deutsche Pässe und fuhren unter deutscher Flagge. Auf der Fahrt sprachen wir mehr Englisch als Deutsch. Unser Boot kam aus Frankreich, der Motor aus Schweden, der Außenborder aus Japan, die Segel aus Hongkong, der Herd aus Skandinavien, die Seehandbücher aus England, die Navigationstafeln aus den USA, die Signalpistole aus Italien und das Bettzeug aus Spanien. Ich sprach mit den Holländern auf Curaçao über ihre Separationspläne vom Mutterland, mit den Venezolanern über die Bestechlichkeit ihrer Politiker und in Französisch Polynesien über die wirtschaftlichen Überlebenschancen nach der Loslösung von Frankreich. Mit den Maoris in Neuseeland redete ich über ihr Vorgehen gegen den „Landtausch" im letzten Jahrhundert – eine Bucht gegen eine Flasche Rum – und mit den Fijianern über die Willkür der Engländer, die Tausende von indischen Arbeitern ins Land geholt hatten, so daß hier inzwischen mehr Inder als einheimische Fijianer leben. Wir besuchten all diese Länder als Reisende, waren Zuhörer und Beobachter ihrer Sorgen. Und ihre lokalen Probleme beschäftigten uns mehr als die Ereignisse in Deutschland. Unser Alltag fand nicht in der fernen Heimat statt, sondern auf unserem Schiff und drum herum. Unser Paß war ein nüchternes Stück Papier geworden, das wir zur Identifikation brauchten. Und die Flagge? Flaggen zeigen an, wen man in welcher Sprache anspricht. Auch mit Norwegern und Spaniern sprachen wir Englisch; lediglich bei Dänen, Holländern und Belgiern versuchten wir es mit Deutsch. Um sie zu erkennen, brauchten wir die Flaggen. Die Leinen nach Deutschland waren inzwischen ganz dünn geworden. Hic Rhodus, hic salta.

19.

Peter und Monika Fischer kommen aus dem Appenzeller Land in der Schweiz. Es heißt, die Skandinavier seien die besten Segler, die Engländer hätten die ollsten Kähne, die Amerikaner die meisten Antennen am Schiff, die Franzosen die meisten Menschen an Bord, die Deutschen die saubersten Schiffe und die Schweizer? Verwechslungen, Vorurteile; auf See zeigt sich: Stärker als nationale Eigenarten sind individuelle Eigenschaften, charakterliche Konturen und menschliche Eigenwilligkeiten. Nirgends ist mir der Nationalcharakter, der vermeintliche und oft verzerrte, so nichtexistent erschienen wie unter den Seglern auf Großer Fahrt. Immerhin, die Fischers hatten ein sehr sauberes und gepflegtes Boot, so, wie es in das Schweizer Klischee paßt. Aber das allein sagt noch nicht aus, daß die Fischers typische Schweizer sind.

Peter „Malou“ war auch Schweizer. Er war Einhandsegler und seit zwölf Jahren manchmal mit exotischen Begleiterinnen unterwegs. Sein Schiff war das ungepflegteste Boot, das sich die Phantasie vorstellen kann. Er kultivierte diesen dreckigen Look. Peter, der einst im Stresemann-Anzug in den Rezeptionen großer, internationaler Hotels arbeitete, er war jetzt der schmuddelige Eigenbrötler, um den die meisten einen Bogen segelten.

Wir trafen Peter und Monika Fischer zum ersten Mal in Bequia. Für Weltumsegler waren sie noch jung. Sie eine Sekretärin, er Computer-Ingenieur. Wenn sie miteinander sprachen, verstand ich kein Wort. Wenn sie mit uns sprachen, mußte ich über ihr charmantes Schwyzerdütsch innerlich lächeln.

Unser Transceiver war kaputt. Ich hatte keinen Schaltplan und auch nicht das Handbuch des Drake T-7 dabei. Als ich Peter von dem Defekt erzählte, kam er früher, als wir verabredet waren, zu uns rübergerudert. Sofort machte er sich an das komplizierte elektronische Gerät heran. Seine Behutsamkeit entsprach seiner angelernten Sorgfältigkeit, die so gar nicht zu seinem sprachlichen Temperament passen wollte. Immer wiederholte er, daß ohne das

Handbuch nichts zu machen sei. Dabei nahm er beinahe genüßlich immer wieder neue Teile auseinander. Wieso machte er nach vier Stunden nicht mit dem unmöglichen Unternehmen Schluß? Wollte er seinen schweizerischen Uhrmacher-Instinkt an unserem Elektronik-Gerät befriedigen? Oder nahm er nur die Gelegenheit wahr, endlich von seinem Boot gehen zu können, das Dingi zu nehmen und ab und weg von der bekannten engen Umgebung? Ich glaube, er war froh, daß ich kein Handbuch besaß, so hatte er Zeit, mir während der Zerlegung des Gerätes ausführlich und mit gutturalem R das Leben von Peter und Monika Fischer zu erzählen.

Weshalb weiß ich nach vier Stunden mehr über den Segler Peter Fischer als nach zwölf Jahren von meinem Wohnungsnachbarn an Land? Peter erzählt vom Bauernhaus der Eltern und vom IBM-Institut in Zürich, wo er gearbeitet hatte. Eindringlich wie ein Missionar berichtet er über zwei neue Nobel-Preisträger für Physik aus seinem Institut. „Kollegen von mir." Peters Schwyzerdütsch erhält eine musikalische Betonung, und während er immer weitere Teile auseinandernimmt, erzählt er von seiner Arbeit als Techniker. Ich schwitze und denke an Monika, die auf ihn wartet und sich ohne Dingi wie eine Gefangene auf ihrem Boot fühlen muß. Peter und ich sitzen uns leicht bekleidet, leicht entspannt und leicht schwitzend gegenüber. Fahrtensegler duzen sich sofort, sie sind unprätentiös und nicht eitel. Wie von einem inneren Drang angetrieben, erzählen sie, was sie an Land gemacht und wie sie es geschafft haben, sich diese Reise zu ermöglichen. Als ob die Zeit besonders kostbar sei, wird von dieser Kernaussage wenig abgeschweift. Der eine braucht drei Minuten für seine Geschichte, der andere drei Abende. Dann aber weiß man, wer der andere ist.

Die Fischers aus der Schweiz begegneten uns auf vielen Ankerplätzen. Auf den Islas Testigos, auf Bonaire, bei den Las Perlas Inseln. Wir blieben über SSB-Funk in Verbindung, bis sie in Australien waren und wir in Neuseeland. Danach schrieben wir uns. Monikas Briefe hatten mehr Inhalt und Aussage, als wenn wir uns unterhielten. Sie gehört zu den Menschen, die sich in Briefen offenbaren und sich darin tiefer ausdrücken können. Ihr Innenleben war intensiver als ihr Außenleben. Vielleicht lag es daran, daß sie sehr viele Bücher las.

Bücher spielen auf Fahrtenyachten eine große Rolle. Zum Lesen gehört Zeit, und die hatten wir. Der Stauraum für Bücher ist jedoch auf einem Boot begrenzt, und so ist es beliebt, seine Bücher zu tauschen. Der Tausch ist ein unkonventioneller Ritus. Wenn ein Fremder sich einem Boot mit dem Dingi nähert, dann gibt es drei Möglichkeiten: Er will sich vorstellen, er braucht ein Werkzeug oder er will Bücher tauschen.

Wir hatten unsere Bücher in vier Kategorien eingeteilt. Schlechte Bücher, gute Bücher, Lieblingsbücher sowie die Navigationsbücher. Letztere und unsere Lieblingsbücher wurden nicht getauscht. Der Büchertausch ist unter Seglern deshalb ein Ritual, weil es die leichteste Art ist, den anderen kennenzulernen. Der Akt des Büchertauschens kann oft ein Vorwand sein, um den anderen Menschen kennenzulernen, und er hat den Zusatznutzen, den anderen am Geschmack seiner Bücher sofort einschätzen zu können. Es kam schon mal vor, daß ich nach vielen Monaten, am anderen Ende eines Ozeans, meine eigenen Bücher wieder angeboten bekam: Ich wußte dadurch, daß wir gewisse geschmackliche Überschneidungspunkte hatten. Das war gut zu wissen.

Monika Fischer war eine äußerst schwierige Buchtauschpartnerin. Die Gründe dafür waren recht vielfältig. Für diejenigen, die sich vorab über einen Buchinhalt informieren möchten, gibt es den Klappentext oder hinten einen Kurzinhalt. Das hat Monika niemals befriedigt. Um zu entscheiden, ob das Buch für sie richtig sei, las sie grundsätzlich die letzten zwei, drei Seiten. Erst wenn ihr der Schluß gefiel, fing sie vorne mit dem Lesen an.

Gefielen ihr die letzten Seiten nicht, hätten auch Bücher wie „Siddharta“, „Der Mann ohne Eigenschaften“ oder „Stiller“ keine Chancen bei ihr. Für Monika spielte es keine Rolle, daß sie durch ihre Prüf-Methode den Mörder bereits kannte oder wußte, ob sich das Paar am Ende des Buches bekam. Ich sehe sie noch bei unserem ersten Buchtausch im Cockpit unter unserem Sonnendach sitzen, Buch für Buch – ähnlich einer Japanerin – hinten aufschlagend, um die letzten Seiten zu lesen.

Die andere Marotte von Monika Fischer machte es für sie noch schwieriger, an neue Bücher im Tausch zu kommen. Dazu muß man wissen, daß auf beinahe allen Yachten in den Tropen Kakerlaken leben. Auf manchen Booten mögen nur wenige sein. Auf anderen Booten machten die Segler abends das Licht an, und der Pantry-Bereich wimmelte vor kleinen, dunkelbraunen, ungiftigen und harmlosen Käfern, die wir durch den Begriff Ungeziefer rassisch diskriminiert haben.

Sie kommen in den Tropen mit Bananenstauden, Zwiebeln oder Gemüse an Bord. Ihre Eier legen sie gerne unter Etiketten oder Papiere. Wir hatten zwei Jahre Kakerlaken an Bord und bekamen besonders viele auf den Galapagos-Inseln hinzu. Zuerst bekämpften wir sie noch einzeln und gezielt mit einem speziellen Spray, dann gingen wir zu Borax und dem amerikanischen „Roach Motel" über. Der Slogan *They check in but they never check out* hatte uns beeindruckt. Der flache Karton wird aufgeklappt, am Boden liegt das Gift, und richtig, wie der Motel-Gast im Film „Psycho", chekken die Kakerlaken auf der einen Seite ein und checken nie wieder aus. Fatalerweise liegen aber die befruchteten Eier woanders, und neue Brut entsteht.

Die Jagd auf die kleinen Krabbeltiere ist sehr kompliziert, die einzelnen Methoden sind abendfüllende Themen. Sie sind so unterschiedlich wie das Wetter in der Biskaya. Als nichts mehr zu nutzen schien, gingen wir im Pazifik zum Nahkampf über und töteten sie mit der Hand. Es war sinnlos, und wir wußten es, denn an die Eier war nicht heranzukommen. Schon seit Beginn unserer Reise hatte sich der Satz manifestiert: Nur Kakerlaken überleben den Supergau. Als dann auch noch ein Amerikaner in einem wissenschaftlichen Buch nachwies, daß *the German cockroach* die am schwersten zu vertilgende sei, bekam das strapazierte Thema noch eine Art Nationalzuweisung, es wurde absurd. Erst als wir von einer amerikanischen Yacht eine Packung „Combat" mit zwölf kleinen, schwarzen Plastikfallen erhielten, konnten wir den Kampf der Giganten für uns entscheiden. Sie krabbelten in diese Container, wurden mit dem Gift kontaktiert und infizierten sich und ihre Brut damit.

Natürlich ist das beste Mittel gegen *la cucaracha*, erst gar keine an Bord zu haben. Das war Monika Fischers Rezept. In ihrer Anti-Kakerlaken-Manie riß sie jeder Dose das Etikett herunter, wusch die Dose, trocknete sie, beschriftete sie neu mit einem wasserfesten Stift, und erst danach durfte die Dose an Bord. Obwohl Obst schneller verdirbt, wenn es gewaschen ist, wusch sie alles ab; Kartons hatten keine Chance an Bord zu kommen. Mehl, Reis und Zucker wurden bereits am Strand in Plastikbehälter gefüllt. Jedes Ersatzteil, jedes Wäschestück unterzog sie einer Hygienedusche mit dem Erfolg, daß es auf der CALISTO keine Kakerlaken gab. Unglücklicherweise vermutete Monika das Ungeziefer auch in der Bekleidung Fremder, und deshalb waren Gäste auf ihrem Boot persona non grata. Mit Monika konnte man keine Bücher an Bord der CALISTO tauschen. Es geschah an Land, da sie wußte, daß Bücher der bevorzugte Nistplatz von Kakerlaken sind. Wie eine Kriminologin nahm sie mit spitzen Fingern jedes Buch in die Hand, drehte den Rücken nach oben und schüttelte die Seiten so, als ob nun gleich die Eierchen dutzendweise herausfallen sollten. Danach inspizierte sie wie ein Buchbinder den Buchrücken, als wollte sie genauestens wissen, wie die Konkurrenz ein Buch bindet. Mit Monika Fischer Bücher zu tauschen, machte keinen Spaß.

20.

Denis und Niclas waren zwei Negerjungen aus Bequia. Sie hatten keinen Tropfen weißes Blut in ihren Adern und waren sozusagen schwarz-schwarz, was man nur noch von knapp fünf Prozent der amerikanischen Neger sagen kann. Wir ankerten zweimal für mehrere Wochen in der Admiralty-Bay, einer von zwei Ankerbuchten dieser Walfängerinsel. Als ich vor Jahren das erste Mal hier war, waren die beiden gerade geboren, und es gab auch noch nicht die Frage *„Hey skip, I watch your dingi?“* Jetzt stand die schwarze

Dorfjugend am Dingi-Dock des Frangipani-Hotels und fragte jeden Skipper, ob sie sein Dingi bewachen könnten, was auf einer solch kleinen Insel gar nicht nötig war, denn wer wollte am hellen Tag ein Dingi klauen, es verstecken und womöglich benutzen? Denis war zu klein für seine zwölf Jahre und Niclas viel zu groß für seine dreizehn. Bei ihm schienen die riesigen Füße und Hände eher einem ausgewachsenen Fischer zu gehören. Sie gaben ihm etwas Amphibisches. Die ersten Tage paßten sie sinnloserweise auf unser altes Dingi mit dem alten Johnson Outborder auf, dann säuberten sie es, und nach ein paar Tagen liehen wir ihnen das Dingi, um Besorgungen für uns zu machen. Sie kamen täglich wieder, und Milda gab ihnen Limonade und Kekse. Bald waren sie zweimal am Tag bei uns und wollten gar nicht mehr von Bord gehen. Am liebsten saßen sie im Boot und hörten meine einzige Reggae-Kassette von Bob Marley an. Er war ihr Idol. Wenn es mittags zu heiß wurde, entdeckten sie ihren größten Luxus: Sich unter das Sonnendach ins Cockpit auf unsere weißen Kunststoffkissen zu legen und Siesta zu machen. Als Milda unter ihre schwarzen Köpfe je noch ein weißes Kopfkissen schob, lächelten sie mit einer Zufriedenheit, die rührte.

Bald wußten Denis und Niclas, wo mein Werkzeug lag, wie man den Tisch deckte, wie genau ich den Knoten an dem Dingifestmacher haben wollte oder mit welchen Hebelstellungen unser alter Außenborder zu starten war. Behutsam, wie weiße Kinder selten sind, gingen sie an technisch Neues heran. Vielleicht deshalb, weil sie mit der Vorsicht erst einmal die Distanz zu dem neuen Gerät überwinden wollten, während ein weißer Junge, der das Gerät vom Anblick her kennt, glaubt, dieses auch sofort beherrschen zu können und es deshalb forsch und längst nicht so behutsam zu bedienen versucht. Es machte großen Spaß, sie zu beobachten, wenn sie selbst beobachteten.

Als dann zu Ostern die „Bequia Fun Week" begann, mit Reggae-Band, Tanz, Kokoskrabben-Wettlauf, Hula-Hoop-Wettbewerb, Tanz der besten alten Mummys, Biertrinker-Wettstreit, Regatta der Kokosnuß-Boote, der Modell- und Fischerboote und der Yachten, luden wir die beiden ein, bei uns als Crew mitzumachen. Mit dabei war auch der Schweizer Einhandsegler und Laser-Physiker Martin. Denis und Niclas waren noch niemals gesegelt. Wir gingen mit dreißig Yachten an den Start Rund-Bequia. Unser Start hätte schlechter nicht sein können. Bis zu dem Kanal zwischen St. Vincent und Bequia hatten wir zwar zum vorderen Viertel aufgeschlossen, aber hier – aus Unkenntnis des Reviers – gerieten wir mit einem viel zu langen Kreuzschlag in den starken W-Strom, während die meisten Yachten nahe am Land, trotz mehrerer Kreuzschläge, den starken Gegenstrom vermieden und mehr Luv machten. So segelten wir im Mittelfeld mit, ließen Denis und Niclas viel ans Ruder und brachten ihnen einiges bei. Bei dem folgenden Halbwindschlag und dem Raumwindkurs gab es wenig zu taktieren. Spinnaker sollte nicht gefahren werden, da viele der Fahrtenyachten keine besaßen. Mir schien, die beiden hatten gar nicht den erwarteten großen Spaß am Segeln und sie hätten viel lieber vor Anker liegend auf den weißen Kissen gelegen und Bob Marley zugehört.

Denis und Niclas schienen nicht zum Fischer geboren zu sein. Das Meer war nicht ihr Element. Also blieb noch die Arbeit in den Plantagen übrig. Aber auch die interessierte sie nicht. Sie gingen nicht mehr zur Schule, und sie arbeiteten auch noch nicht. Ihre Tage verbrachten sie am liebsten am Dingi-Dock. Hier war für sie der Mittelpunkt der Insel, denn von hier aus sieht man, wer reinkommt und wer die Insel verläßt. Hier konnte man ein paar Dollars verdienen. In den Plantagen gäbe es keine Arbeit, Fischen täten nur die Älteren, andere Arbeit war nicht da. Das war ihre Perspektive.

Eines Tages erzählte ich ihnen, wie sie besser, leichter und beständiger Geld verdienen könnten. Ich malte ihnen meine Vorstellung aus: Viele Charterboote mit Gästen kämen nach Bequia. Dazu noch all die Fahrtenyachten, die sich hier jährlich treffen. Nur wenige hätten die hübsche Flagge der Insel, die einen schwarzen Wal auf weißem Hintergrund zeigt, unter ihrer Steuerbordsaling gehißt. Sie könnten, so mein Vorschlag, diese Flagge, die im Geschäft 30 Biwis kostet (ca. 30,– DM), selber herstellen und verkaufen. Ich erzählte ihnen, wie sie es anfangen könnten, gab ihnen Tips, wie man den Stoff bedruckt und näht, und ich rechnete ihnen vor, wieviel Geld damit zu verdienen sei. Nein, Denis und Niclas wollten meinen Vorschlag nicht verwirklichen. Sie hatten kein Interesse an dieser Arbeit. Viel lieber wollten sie am Wasser sein, um zu beobachten, was passiert. Sie suchten keine Arbeit in den Plantagen, sie wollten nicht fischen, keine Flaggen bauen, und sie hatten auch kein Verständnis für meine Fragen nach ihrer Zukunft.

Ich hatte einen Fehler gemacht, den ich später bei mir, bei anderen Seglern und Weißen immer wieder beobachtete, wenn es um gut gemeinte Ratschläge ging. Ich hatte mich nicht in die Situation von Denis und Niclas versetzt, mir nicht die Haut eines Eingeborenen übergezogen und versucht, ihre Gedanken zu denken. Mit meiner westlichen Logik hatte ich versucht, das Beste für sie zu erreichen, aber was für mich als das Beste erschien, war noch lange nicht das Richtige für Denis und Niclas. Ich hatte es gut gemeint. Jemand hatte mir einmal gesagt, die Steigerung von schlecht ist gut gemeint.

Mein Fehlurteil erinnerte mich an eine Anekdote: Ein reicher Mann fährt mit seiner Limousine morgens an der Uferstraße entlang. Wie schon an den Tagen zuvor, sieht er am Strand einen Fischer, der auf seinem kleinen Boot sitzt und aufs Meer schaut. Der reiche Mann bittet seinen Chauffeur anzuhalten und geht zum Strand, auf den Fischer zu. „Was machst Du hier, Fischer?“ fragt er den Mann. „Ich schaue aufs Meer und genieße den Tag“, antwortet der Fischer. „Sag, Freund, weshalb fährst Du nicht wieder raus? Der Tag ist noch jung, und wenn Du zurück bist, hast Du doppelt so viel im Netz.“ „Und dann?“ erwidert der Fischer. „Dann kannst Du Dir ein größeres Boot kaufen“, meint der reiche Mann. „Und dann?“ kommt die knappe Frage des Fischers. „Mit einem größeren Boot fängst Du auch mehr Fische, dann kannst Du Dir später zwei Fischerboote kaufen“, sagt der reiche Mann. „Und dann?“ fragt der neugierig gewordene Fischer. „Wenn Du zwei Boote hast, dann hast Du auch bald vier Boote und noch mehr, dann kannst Du Dir irgendwann eine eigene Fischfabrik kaufen“, ereifert sich der reiche Mann. „Und dann?“ fragt ungeduldig der Fischer. „Ja, mein

Freund, wenn Du all das erreicht hast, dann kannst Du Dich an den Strand setzen, aufs Meer schauen und den Tag genießen“, so die Antwort des Millionärs.

Wir wollten unseren jungen Freunden Denis und Niclas ein besonderes Geschenk machen. Ich hatte meinen Sohn Philipp in Deutschland gebeten, mir einen Walkman zu schicken, der zwar am Gehäuse einen leichten Knacks hatte, aber noch perfekt funktionierte. Natürlich war der Versand zu einer winzigen Insel in der Karibik mit erheblichem Aufwand und hohen Nebenkosten verbunden. Bei unserem zweiten Besuch auf Bequia war dann auch unser Päckchen angekommen. Wir verzollten es, gaben Denis und Niclas Bescheid, uns zu besuchen und öffneten das Paket feierlich im Cockpit auf den weißen Kissen. Es sollte eine Überraschung sein. Als sie sahen, was wir ihnen schenkten, wurden ihre Augen so groß, daß ich Angst hatte, die Augäpfel fielen raus. Der große Niclas fing an zu weinen, was er immer dann tat, wenn er sich besonders freute. Er lachte danach über sich und sein Glück. Vielleicht hatte noch nie ein schwarzer Junge auf Bequia etwas Vergleichbares geschenkt bekommen. Jedenfalls war es für uns verständlich, daß die beiden im Moment so erfreut waren, daß sie an ein Wort des Dankes nicht dachten. Es kam kein „Thank you“. Damals nicht und auch nicht später. Denis und Niclas nahmen den Walkman, gingen an Land und kamen viele Tage nicht mehr zum Dingi-Dock. Wir sahen sie nur noch aus der Ferne. Ein Walkman für unseren Abschied.

Später lernte ich, daß es in vielen Kulturen ein gesprochenes Dankeschön nicht gibt. Die Polynesier und Melanesier bedanken sich nicht mit einem angelernten Wort. Manchmal bedanken sie sich mit einer Naturalie, einem Fisch, einer Bananenstaude, durch ihre Hilfe beim Bau des Kanus oder beim Bau der Hütte. Und manchmal gibt es nicht einmal ein anerkennendes Nicken. Dann beinhaltet das Schenken des einen das Dankeschön des anderen.

21.

Auf der Visitenkarte von Christobal Rodriguez steht: Servicio Diesel, Yachting Club Caraballeda, La Guaira. Er leitet die Werkstatt des exklusivsten Yachtclubs Venezuelas. Hier liegen meist große amerikanische Motoryachten. Zum Club gehört auch ein Golfkurs oben in den kühleren Hügeln. Im Hafen ist es meist um die 40°C heiß bei annähernd 100 % Luftfeuchtigkeit. Die großen Motoryachten haben alle Klimaanlagen. Aber in der Werkstatt von Christobal – mit der Betonung auf der zweiten Silbe – stand die Hitze. Dennoch hatte Christobal Rodriguez jeden Tag ein viel zu enges T-Shirt an. Dadurch zeigte sich deutlich sein Bauchansatz, der vom vielen „Wikki“ kam- wie die Venezolaner den Whisky, ihren Lieblingsdrink, nennen. Oft mußten wir um 09.00 Uhr unser Boot verlassen, weil es zu heiß war. Wir suchten dann Kühlung im gegenüberliegenden Sheraton Hotel am Pool oder in den klimatisierten Räumen. In der Marina gab es keinen Windhauch. Hätten wir vor der Einfahrt im Meer geankert, dann hätten wir die leichte, kühlende Seebrise während des Tages gespürt.

Christobal Rodriguez' Eltern waren aus Spanien eingewandert. Er hielt nicht viel von den Venezolanern. „Die sind alle faul und bestechlich“, war sein unerschütterliches Urteil. Er mochte uns. Vielleicht, weil wir auch zur See fuhren wie er, als er als junger Mann auf Fischerbooten fuhr. Es mußte sich dort schnell herumgesprochen haben, daß er bei den Reparaturen der Dieselmaschinen besser war als andere, und so kam es, daß er sich später an Land als Mechaniker selbständig machte. Seine Werkstatt hatte einen guten Ruf. Die Reichen des Clubs mochten Christobal. Sie kamen aus ihren klimatisierten Räumen und besuchten ihn in seiner heißen Werkstatt. Es schien mir, als ob sie seine Umgebung suchten. Christobal hatte eine Direktheit, die dem umständlichen Charme der Südamerikaner diametral entgegenstand. Er war mittelgroß, mittelstark gebaut, hatte schwarze Haare, dunkle Augen und die leicht bräunliche Haut des Südspaniers. Äußerlich war an ihm nichts Außergewöhnliches. Was ihn jedoch unterschied, waren seine schnellen Augen, sein provozierend direkter Blick und das leicht ironische Lächeln, mit denen er Menschen und Gesprächsinhalte bedachte. Sein Lächeln erinnerte mich an das Richard Widmarks. Er wirkte immer beherrscht, sein Kopf beherrschte sein Temperament. Die Fischer im Vorhafen betrachteten Christobal als etwas Besonderes, und die Reichen des Clubs schienen ihn fast für ihresgleichen zu halten.

Seine Freunde wußten, daß Christobals Erfüllung nicht in der Werkstatt der Marina lag. Jedem erzählte er, wofür er arbeitete. Sein Traum liegt abseits des heißen, hektischen Clubs, einige Autostunden entfernt, in einem Dschungel-Tal, durch das sich ein klarer Fluß schlängelt. Dort besitzt er eine Farm, auf der ihn nur diejenigen besuchen, die er mag. Wir kannten uns erst einige Tage, als er uns fragte, ob wir ihn nicht zu seiner Hazienda begleiten wollten. Das muß eine Ehre gewesen sein, denn er erwartete nichts als ein Ja.

Drei Stunden fuhren wir in seinem *Four Wheel Drive* zuerst am Meer entlang und dann in die Berge hinein. Die Männer in den beiden Budenläden unterwegs im Dschungel kannten ihn gut. Schon als sie seinen Toyota sahen, mußten sie nach dem Sixpack Polar-Bier gegriffen haben, denn als der Wagen hielt, reichten sie ihm schon grinsend das Bier hin. Wir gingen in den Schatten und tranken schnell jeder eine Dose aus. Im Moment des Trinkens schwitzte ich schon alles wieder aus. Ich fand den Namen „Polar“ für ein Bier, das ich im Dschungel trank, sehr passend.

Christobal Rodriguez fuhr zweimal in der Woche den langen Weg in die Berge zu seiner Farm. Er brachte seinen Landarbeitern Essen, für das Haus Baumaterialien, für die Generatoren Diesel, für die Felder Setzlinge und neues Saatgut. Draht gegen die Vögel, Fallen gegen Ratten, Impeller für die Bewässerungspumpen, Gift gegen die Termiten, Medizin gegen Tropenkrankheiten. Nur gegen die Fledermäuse, die nachts seine Hühner anfielen und ihnen das Blut aussaugten, hatte er kein Mittel. Der Bau dieser großen Hazienda im Dschungel war ein Unternehmen, das er neben seiner Werkstatt betrieb. Eigentlich verlangte es eine Handvoll Männer vom Kaliber Christobal Rodriguez. Das wußte er wohl auch, denn er verzettelte sich nicht wie viele in Caraballeda, die sich neben ihrer Frau eine Freundin halten. Die Señora für die Kinder, die Küche und den Kirchgang, die Señorita für den Ausgang.

Das Unternehmen „Ich baue mir eine Hazienda im Dschungel" war für mich genauso unvorstellbar wie für ihn mein Unternehmen „Ich segele um die Welt". Vielleicht brachten diese unvergleichlichen Vorstellungen zweier ungleicher Männer uns beide zusammen. Wir konnten uns nur mühsam verständigen, denn mein Spanisch ist schlecht. Jedenfalls wußten wir beide, daß wir andere Berufe, Begabungen und eine andere Vorstellung vom Leben hatten. Und dennoch war der eine vom anderen angetan. Ich frage mich im nachhinein, ob wir uns deshalb mochten, weil wir das Andere beim anderen bewunderten?

22.

Ich las gerade einen dieser ungemein spannenden Thriller, die im englischen Sprachraum eine angesehene Literaturform bilden, bei uns aber weit unter Wert als Krimi abgetan werden. Ein Buch mit dem Titel „The Red Fox". Die Handlung spielte in Kanada, USA und der UdSSR. Es ging um die fiktive Geschichte der Tochter der Zarentochter Anastasia. Der Autor war Kanadier, genau wie Steve Philips und Marlene Rice, die wir mit ihrer Yacht GALATEA vor der Insel Tia Tupu ankernd trafen. Wir kamen nach einer Sechs-Tage-Fahrt von Aruba und warfen vor dieser ersten der San Blas-Inseln, vor der Küste Panamas, unseren Anker. Tia Tupu gehört zu der kleineren Inselgruppe Hollandes Cays, auf der Breite 9°,35' N und Länge 78°,40' W. Die San Blas-Inseln nannte ich die I-Tüpfelchen-Inseln, weil sie klein wie Fliegendreck vor der Küste verstreut liegen. Aus der Vogelperspektive betrachtet böte sich ein anderer

Name wie zum Beispiel „Grüne Spiegeleier-Inseln" an, da sie meist rund sind, im Innern der grüne Palmenhain und außen herum der weiß-gelbliche Strand.

Genau genommen ankerten wir nicht neben den beiden Kanadiern, sondern reichlich weit entfernt, so daß ich gerade noch im Fernglas das rote Ahornblatt in ihrer Flagge erkennen konnte. Wir hatten bei der Anfahrt der Insel Glück. Zwar stand die Sonne bereits gegen uns im Westen, als wir durch die breite Riffpassage segelten, aber noch nicht zu tief. So hatten wir bei blauem Himmel keine Schwierigkeiten, an den flachen Inseln und den vorgelagerten großen Korallenbänken vorbeizusegeln, um dann rechtzeitig vor der Dämmerung den Anker fallenzulassen. Ein Dorf oder Häuser sahen wir nicht. Nur das Kanu, ein Einbaum, das sich vom Ufer löste und auf uns zuhielt. *„Mi nombre es Robinson"*, grüßte er uns mit seinen lückenhaften Zähnen und reichte uns als Geste des Willkommens eine Trink-Kokosnuß und zwei Bananen. Das tat gut. Robinson wies uns einen neuen und besseren Ankerplatz über einem vermeintlichen Sandflecken an. Den Sandboden konnte ich in sechs Meter Tiefe erkennen. Wir warfen erneut den Anker, bedankten uns mit einem Gegengeschenk, und Robinson verschwand mit seinem Kanu in der Dämmerung.

Die Fahrt entlang der Kokain-Küste Kolumbiens, die Ansteuerung an die flachen San Blas-Inseln und die Riffnavigation hatten uns müde gemacht, und wir verschwanden – wie meist in den Tropen – früh im Bett. Ich erinnere mich noch, daß ich besonders tief und fest geschlafen habe. Früh um sechs Uhr wachte ich auf, ging raus, um zu pinkeln, und schaute mich routinemäßig erst einmal um. „Au weh", durchzuckte es mich. „Hier haben wir doch gestern nicht geankert!" Schnell erkannte ich, daß wir in der Nacht des tiefen Schlafs ca. 300 Meter weit bei nicht haltendem Anker über den Korallengrund gedriftet waren. Es muß so gewesen sein, daß unter dem Sandboden harte Koralle lag und unser 45 lbs CQR-Anker auf der dünnen Sandschicht nicht gehalten hatte. Wir verlegten uns neben die Kanadier, mit denen wir uns später gut anfreunden sollten. An diesem frühen Morgen sagte der grimmige Blick von Steve, der offensichtlich von dem frühen Wecken und unserer schlechten Seemannschaft nicht viel hielt, daß er keine freundlichen Gedanken hatte.

Marlene war Krankenschwester und Steve Bootsbauer. Sie war leicht pummelig und immer gut gelaunt, er ging immer leicht nach vorne gebeugt wie ein Denker. Steve besaß einen Humor von der Art *„extra dry, made in England“*. Er plante, Geologie zu studieren. Marlene wollte nach Saudi Arabien, um dort mehr Geld als in Vancouver zu verdienen. Beide haben ihr Vorhaben später auch ausgeführt. Sie hatten das schönste Boot unter allen Yachten, die wir trafen. Eine ehemalige Rennyacht aus den dreißiger Jahren, getakelt als Yawl und an der Westküste Kanadas gebaut. In vielen Jahren hatte Steve nach Feierabend das heruntergekommene Holzboot stilvoll ausgebaut, oder, wie man heute sagt, saniert. Er suchte passende Bronzebeschläge, Holzblöcke aus Eiche und alte Pelikan-Haken für die Backstagen. Er fand antike Bullaugen, und da eins fehlte, baute er dieses nach. Mich störte nicht, daß die GALATEA an Deck überbepackt war. Ihre Linien litten dadurch nicht. Sie wirkte auf angenehme Weise bewohnt. Die schönen Überhänge, die das Auge zwar betören, aber Fahrtenseglern wenig Stauraum lassen, gaben diesem Schiff eine Grazie, die Boote späterer Baujahre nicht mehr besitzen.

Bevor ich Yachten liebte, war ich vernarrt in Autos. Mein erster Wagen war ein Ford Eifel Cabriolet, Baujahr 1938, der zweite ein BMW 327. Ich war 21 Jahre alt und der BMW auch. Mein dritter Wagen wurde ein rechtsgesteuerter MG-TD aus dem Jahre 1953. Als die Fords, BMWs, MGs und all die anderen keine Kotflügel mehr hatten, da erlosch auch mein Interesse an Autos. Ihre Schönheit war der Funktion gewichen. Ähnlich ist es bei Booten. Die Zeiten sind vorbei, da die Engländer noch Yachten nach dem Motto bauten: *„If she looks good, she sails good.“*

Wochenlang ankerten die GALATEA und die AFRICAN QUEEN nebeneinander. Ich sah so mehr von der Schönheit ihrer Linien, als wenn ich selber bei ihr an Bord gewesen wäre. Wieder einmal ankerten wir neben ihnen in der Naturbucht Snug Harbour. Hierhin kamen bereits vor hundert Jahren die amerikanischen Schoner, um Kokosnüsse zu tauschen. Man erzählt sich, daß die Kokosnüsse der San Blas-Inseln die besten der Welt seien. Heute kosten für Segler drei Stück 1 US-$.

Eines Morgens rief Steve ganz aufgeregt: „*Come over, quick! We have a rat.*“ Ich pullte halbnackt zur GALATEA. Steve hatte aufgepaßt und sah, daß sich die Ratte unter einem Seesack am Mast versteckt hatte. Marlene schloß blitzschnell alle Luken. Steve hatte eine Winschkurbel in der Hand und gab mir die Stange der Ankerwinde. Wie Großwildjäger verteilten wir die Rollen. Ich dachte noch: „Nur nicht zu hart losschlagen, sonst hat das Holzboot ein Loch.“ Wir schlichen auf den Segelsack am Mast zu. Plötzlich stampfte Steve mit dem Fuß aufs Deck, und unter dem Sack schoß die Ratte raus. Viel Raum hatte sie nicht. Ich stand ihr nahe, sprang hinterher, sah sie am Schanzkleid und schlug zu. Der erste Schlag hätte genügt. Auf Yachten ist die Angst vor einer Ratte im Boot größer als vor einem Sturm!

Steve und ich hatten vieles gemeinsam, u. a. den gleichen Bootsgeschmack, wenn er auch das schönere Boot besaß. Aber etwas ganz Grundsätzliches trennte uns. Dabei weiß ich bis heute nicht genau, was es war. Vielleicht waren es unsere magnetischen Felder, vielleicht eine unsichtbare Aura, vielleicht aber auch nur ganz banal unser Körpergeruch. Eines Tages, es hatte vormittags heftig geregnet, verabredeten wir, den Müll am Strand einer der I-Tüpfelchen-Inseln zu verbrennen. Milda und ich holten ihn mit dem Dingi ab, und vollgepackt mit angestautem Müll ruderten wir zum Strand. Obwohl das Holz naß war, gelang es uns, mit Papier und dem Außenborder-Benzin ein Feuer zu entfachen, so daß es qualmte. Bevor es jedoch so weit war, hatte ich mich beim Holzsammeln durch Tausende kleiner Stechmücken (Nonos) attackiert gefühlt. Ich mußte das Holz fallenlassen und flüchtete ins seichte Wasser. Von dort aus sah ich, daß Milda zwar auch gestochen wurde, sich aber mit Shorts und Bluse wesentlich besser schützen konnte, während Steve und ich nur in der Badehose waren. Sie wehrte sich, konnte jedoch beim Holzsammeln und Verbrennen des Mülls mitmachen. Auch Steve war von unzähligen Mücken umschwärmt. Ich konnte vom Wasser aus die Nono-Schwärme deutlich erkennen.

Aus meiner Liegeposition sah ich Steve das Feuer schüren und unseren Müll verbrennen. Ganz bedächtig ging er der Arbeit nach. Er witzelte über mich, der ich immer wieder den Versuch unternahm, an Land zu gehen – vergeblich. Mir juckte der ganze Körper von all den Stichen, die ich in der kurzen Zeit erhalten hatte. Steve war schließlich eine halbe Stunde an Land, umzingelt von beißwütigen Mückenschwärmen, aber keine hatte ihn gestochen. Ich weiß nicht was, aber irgend etwas Besonderes war an Steve Philips.

Wir segelten viele hundert Meilen zwischen den San Blas-Inseln und dem panamesischen Festland miteinander gen Süden bis kurz vor die kolumbianische Küste und dann wieder gemeinsam nach Norden. In Colon, der kriminellsten Stadt unserer Reise, feierten wir Weihnachten und motorten danach gemeinsam durch den Panama-Kanal. Wir erblickten mit ihnen den Pazifik, trafen uns wieder auf den Las Perlas Inseln im Golfo de Panama und segelten als erste Yachten der Welt – so erzählte man uns – gemeinsam mit der Yacht LARGO in das weite Mündungsgebiet des Rio Tupio. Wir tuckerten kleine Dschungel-Nebenflüsse hoch bis zu den Lagern der Choco-Indianer, die hier noch mit Pfeil und Bogen und dem Einbaum auf Jagd gehen. Danach mußten die beiden nochmals nach Panama-City zurück, um ihren Freund abzuholen. Er sei Schriftsteller, russischer Herkunft, und obwohl sie sehr eng befreundet waren, hatte er ihnen nicht erzählt, an welchem Thriller er seit langer Zeit schrieb – es sei eine kanadisch-russische Handlung. Uns war bald klar, daß ihr Freund der Autor des Buches über Anastasias Tochter sein mußte, das wir inzwischen alle vier gelesen hatten. Von da an nannten wir ihn „The Red Fox", obwohl Milda und ich ihn nicht kannten. Selten ist wohl über einen abwesenden Menschen so viel Skurriles, Abwegiges und Imaginäres gesprochen worden wie über „The Red Fox", den engsten Freund von Steve und Marlene, den vermeintlichen Autor des gleichnamigen Buches, den wir nie zu Gesicht bekamen.

Die Cuna-Indianer auf den San Blas-Inseln sind ein besonderes Volk. Früher lebten sie auf dem Festland im Dschungel. Wegen der Anopheles-Mücke zogen sie auf die malariafreien San Blas-Inseln. Ihre starke, enge Bindung an Tradition, Sitten, Mythen und ihre

Religion haben sie für das Konsumleben des weißen Mannes nicht anfällig gemacht. Sie leben autark und abseits auf Inseln, auf denen es kein Erdöl, kein Gold und keine „Goldkarte" gibt. Die Cuna-Indianer dürfen offiziell ausländerfeindlich sein, denn laut Gesetz muß jeder Fremde bis zur Dämmerung die I-Tüpfelchen-Inseln verlassen haben. Politisch haben die Männer das Sagen, aber die Frauen besitzen hier ganz besondere Rechte. Ähnlich wie bei den Minangkabaus auf Sumatra vererben sie ihr Land und die wichtigen Palmen an ihre Töchter weiter. Das Fischen besorgen die Männer, um das Land mit den Palmen kümmern sich die Frauen. So nachlässig wie sich die Männer anziehen, so schön kleiden sich die Frauen. Man könnte meinen, sie seien gerade auf dem Weg zu einem Volksfest. Sie befestigen ihren goldenen Ring an der Nase, ziehen sich vertikal einen feinen Strich über Stirn und Nase, schminken die Wangen rot und tragen eine Bubikopf-Frisur, wie sie auch bei uns von Zeit zu Zeit en vogue ist. Die Zusammenstellung ihrer farbigen Blusen und Wickelröcke ist von einer Buntheit, bei der es keine Farbtabus gibt. Als Brust- und Rückenteile nähen sie sich bunte Molas in ihre ebenfalls bunten Blusen. Meist stimmen Brust- und Rückenteil überein, jedoch wählt jede Frau ihr eigenes Motiv wie Fische, Porträts von John F. Kennedy oder Jesus, Dschungelbilder, Orchideen bis hin zu tanzenden Ratten. Die Molas werden aus verschiedenfarbigen Stoffschichten hergestellt, wobei die ausgeschnittenen Teile das Muster ergeben. Die geschäftstüchtigen Cuna-Frauen, mit denen schwer zu handeln ist, verkaufen diese Molas an Touristen auf der Hauptinsel Porvenir, in der Großstadt Panama-City oder an die Gäste der vielen Passagier-Schiffe, die den Panama-Kanal durchqueren. Der Lotse unseres Bootes nannte diese Passagiere *„They are nearly wed or nearly dead"* (noch nicht verheiratet oder noch nicht tot).

Am zweiten Weihnachts-Feiertag, zur Zeit der *„Happy Hour"*, saßen wir mit Steve und Marlene an der Bar des überfüllten Panamal-Canal-Yacht-Clubs in Colon. Hinter der ersten Reihe an der Bar bildeten sich die zweite und dritte Reihe, so daß die Gäste aus der ersten Reihe mehr damit beschäftigt waren, Wechselgeld und Bier in die dahinterliegenden zu befördern, als zu ihrem eigenen

Drink zu kommen. Neben uns saß der Lauteste der Bar. Steve gefiel ihm, und Chuck, der gesprächige, amerikanische *lockmaster* (Schleusenwärter) sah in unserem kanadischen Bootsbauer Steve Philips den Prototypen eines Ex-Hippies. Er war fasziniert von seiner eigenen Idee, Steve sei ein Easy-Rider-Typ, bestellte Runde um Runde und genoß es, mal mit Leuten zusammen zu sein, die nicht aus dem Kanal-Ghetto kamen. Er sprudelte über von Geschichten, Anekdoten und Witzen. Auch wir fanden es erfrischend, einen Menschen kennengelernt zu haben, der nicht vom Segeln sprach.

Chuck hatte am nächsten Tag frei und lud uns zu sich in seine Kanalzonen-Wohnung ein. Sein Domizil lag in einer kleinen Siedlung für Angestellte der Kanal-Gesellschaft. Bei vielen solcher Wohnungen in den Tropen führt eine Treppe außen am Haus empor. Große Veranden liegen an beiden Seiten vor den Zimmern, getrennt durch Fliegengittertüren und -fenster. Auf der Eingangsveranda saß ein plappernder Papagei in einer großen, hölzernen Voliere. Chuck machte Licht im Flur. Mitten im Raum stand eine Harley Davidson Electra Glide. Dahinter der passende Wandschmuck. Für diesen Schmuck hatte Chuck wohl die Frauen eines Cuna-Dorfes monatelang beschäftigt. Mola neben Mola dekorierte die breite Wand des Flurs hinter der Harley. Vielleicht hingen da an die 80 Stück, und alle hatten dasselbe Motiv: Das Markenzeichen von Harley Davidson. Chuck lachte so laut über unsere verdutzten Gesichter, daß der gezähmte Leguan sich verstört in die Ecke verkroch. Er holte einen Sechserpack Budweiser aus seinem überdimensionalen Kühlschrank und fragte erst gar nicht, ob jemand etwas anderes als Bud trinken wolle. Dann legte er alte Platten von Steppenwolf, The Doors und Crosby, Stills and Nash auf und erzählte aus der Zeit als Jimi Hendrix, Jim Morrisson und Janis Joplin noch lebten. Er wurde sentimental, offensichtlich durch Steve an seine eigene Hippie-Zeit erinnert. Natürlich rauchte er Marihuana. Immer wieder bot er uns einen Joint an. „Ohne das Kraut hält es doch kein Arsch in der Kanalzone aus“, meinte er. Gut angekifft erzählte er von seinem Leben in dieser Zone und von seiner zweiten Frau, die ihn verlassen hatte. Einige Sechser-Pakkungen hatten wir bereits getrunken, es wurde hell, und Chuck wurde immer aufgedrehter, bis wir dann in den Morgenstunden alle in unseren Sesseln einschliefen.

Wir haben keine Joints geraucht. Segeln und Kiffen paßt nicht zusammen. Die Reise war unser Trip, der mehr Farben, größere Dimensionen, mehr Sensitivität als ein paar gute Züge bringt. Selten wurde uns unter Seglern ein Joint angeboten, aber oft von Einheimischen in der Karibik, in Amerika und besonders in Neuseeland. Nur einer hatte sich mit einem beträchtlichen Vorrat an Kokain in Ecuador eingedeckt. Er ankerte meist abseits, war tagelang nicht an Deck, tauchte vor Inseln auf, wo ihn keiner vermutete, oder verließ eine Bucht, wenn andere noch schliefen. Ein grantiger Einhand-Segler mit einem viel zu großen Boot und einer überflüssigen Ladung.

1

2

1 Die AFRICAN QUEEN von der BAJADERE aus fotografiert – hundert Meter weiter, und wir hatten einen Wal zwischen beiden Booten.

2 Niclas und Danny von der Walfänger-Insel Bequia.

3 Die Cook's Bay von Moorea.

4 Vorbereitung zum *umo*-Essen auf Tonga.

5 Auf der San-Blas-Insel Tia Tipu.

6 Auf der BOUNTY im Hurrikan „Harry".

3

4

5

BOUNTY

7 Die deutsche KANGA MUSSA in der Lagune von Bora Bora – von unserem Masttopp aus fotografiert.

Pazifik

23.

Als wir den Pazifik zum ersten Mal erblickten, trank ich ein kleines Glas Rum, in memoriam Somerset Maughams. Ich erinnerte mich an Zeilen aus seinem Buch „Südsee-Romanze“, in dem er schrieb: „... Whisky war der Ruin des Pazifischen Ozeans. Wenn man bei Rum und Segelschiffen geblieben wäre, stünde es hier heute besser.“

Bevor Paul Gauguin auf Tahiti und später auf Hiva Oa lebte, plante er eine Reise nach Madagaskar, um dort zu malen. Aber diese Reise trat er nie an. Ich traf in Panama auf seine Spuren. Er half hier als einfacher Arbeiter beim Bau des Panama-Kanals – wohl mehr, um das Geld für seine Rückfahrt nach Frankreich zu verdienen; denn von seiner ersten Trauminsel Taboga, im Golfo de Panama, war er so enttäuscht, daß er schon nach drei Wochen die Insel verließ, ohne dort auch nur ein einziges Bild gemalt zu haben. Erst später fuhr er zuerst nach Tahiti und dann nach Hiva Oa, wo er starb. Nach seinem Tod wollten Männer aus Europa und Amerika ein ähnliches Inselleben im Südpazifik führen. Man nannte sie *„banana men“*.

Auch wir waren von Taboga enttäuscht; weder die Insel noch der rollige Ankerplatz inspirierten uns, länger hier zu bleiben. War auch Gauguin auf der Suche nach seinem tropischen Refugium von dem wunderschönen Namen Taboga angezogen worden, ähnlich den vielen Touristen, die nach Aruba fahren und in die Namensfalle laufen?

Wir segelten weiter zu der ersten der Las Perlas-Inseln, die ebenfalls einen betörenden Namen hat: Isla Contadora (Insel der Eroberer). Die Insel, auf der der vertriebene und kranke Schah von Persien einige Monate lebte und die 1982 den Contadora-Staaten Mittelamerikas ihren Namen gab. Vielleicht war es auch die Insel, vor deren Stränden vor vielen Jahren die berühmte große, schwarze Perle gefunden wurde, die einst Richard Burton seiner Frau Liz Taylor schenkte. Die Isla Contadora ist die einzige Insel der Las

Perlas mit einem Hotel für die Reichen Panamas und Mittelamerikas, mit vielen Villen und Landhäusern der Privilegierten. Wir umsegelten die Hotel- und Villeninsel und legten uns in Lee vor Anker. Nicht weit entfernt ankerte eine kleine französische Holzyacht mit zwei am Heck befestigten Dingis.

Milda war nach der zweitägigen Panama-Kanaldurchfahrt krank geworden. Sie hatte Fieber, war schwach, appetitlos und ständig müde. Bei Udo und Christa Beume in Panama-City, den Stützpunktleitern des Trans-Ocean-Clubs, konnte sie sich ins Gästezimmer legen, ruhen und sich verwöhnen lassen. Hier bekam sie kalte Umschläge, kühle Säfte und brauchte nicht unter der ewigen Schaukelei des Schiffes zu leiden. So, wie ich es an Bord erlebte, wenn im Yachtclub Balboa, keine hundert Meter neben den ankernden Yachten die Ozeanliner, die zum Kanal fuhren, alle Boote in wildes Querschaukeln brachten. Damals tippten wir auf eine tropische Viruserkrankung und brachten sie ins Krankenhaus von Panama-City. Milda wurde gründlich untersucht, getestet, befragt. Das Ergebnis war, daß sie physisch gesund war. Der untersuchende Arzt war ein kluger Mann, er diagnostizierte schließlich: „Sie haben nichts. Sie brauchen nur Ruhe. Dann wird alles gut." Wir befolgten den Rat des Arztes und segelten aus der feuchten, tropischen, lauten Panama-Kanalzone ab.

Als wir vor der Isla Contadora ankamen, war Milda immer noch schwach. Sie ruhte im Schiff, und ich ruderte zu den französischen Nachbarn rüber, um sie zu begrüßen. Sie kämen direkt von Australien, sie verkaufe Schmuck im Hotel. Milda sei krank – so näherten wir uns – ich vom Dingi aus, sie an der Reling hockend. „Komm doch rauf", meinte Daniel, „trink mit uns einen Tee." Emanuelle räumte Draht, Zangen, Schnüre und die langen violetten Stacheln des pazifischen Seeigels vom Tisch, aus denen sie phantasievollen Halsschmuck fertigte. Wie schön kann manchmal Kunstgewerbe sein – und wie herablassend wird der Name Kunst-ge-werbe oft benutzt! Wenig Platz war in dem kleinen Holzboot, das einst auch Heim für Daniels Frau und Kind war, bis beide ihn verließen, weil kein Geld mehr in der Kasse war. Daniel Laumône sprach mit sehr sanfter Stimme. Er sah mit seinem Bart eher wie ein Jesuitenpater aus als wie ein sportlicher Segler. „*I'm a healer*", meinte er, und weil er meinen ungläubigen Blick sah: „*I can heal with my hands.*" Heilen durch Handauflegen, durch Magnetismus – davon hatte ich gehört. Ich spürte, daß seine Worte Milda galten und verstand den Hinweis. Mir war sofort klar, daß es wiederum kein Zufall, sondern Bestimmung war, Daniel und Emanuelle hier getroffen zu haben.

Emanuelle hatte die gleiche Sanftheit in ihrer Stimme wie Daniel. Äußerlich paßten die beiden nicht zusammen. Sie war einen Kopf größer als er, eher extrovertiert, während Daniel stets in sich verschlossen blieb. Was sie verband, war die Suche nach einer intensiveren Erfahrung ihrer selbst. Mehrmals täglich praktizierten sie Selbsthypnose und sensibilisierten damit ihre Gefühle. Beide lebten völlig auf sich bezogen.

Emanuelle Larcher war eine große, attraktive Frau. Die langen, leicht ergrauten Haare konnte sie auf viele Arten stecken, und mit ihren wenigen, selbstgemachten Pareos und dem ebenfalls selbst hergestellten Schmuck verblüffte sie uns jeden Abend aufs neue, wie variationsreich sie sich kleiden und schmücken konnte. Abends ruderte Daniel sie zum Ufer. Wenn sie zum Hotel ging, um den Touristen ihren Schmuck zu verkaufen, hatte sie eine Ausstrahlung, die sie in jedem Pariser Gourmet-Restaurant zum diskutierten Mittelpunkt gemacht hätte.

Seit achtzehn Jahren lebte Emanuelle auf Yachten. Sie hatte auch auf dem Ahé-Atoll in den Tuamotus gelebt. Der bekannte französische Einhand-Segler und Schriftsteller Bernard Moitessier hatte ihr hier gezeigt, wie man im Korallensand mit selbstgemachtem Humus einen Garten anlegen kann, wie man Katzen gegen Ratten einsetzt (Emanuelle: „Erst bringt der Weiße Mann die Ratten und dann die *long tails* zur Bekämpfung.") und wie man ein polynesisches *fale* (Haus) baut, das einen Hurrikan überstehen kann. Madame Larcher malte Bilder auf Tahiti und fertigte Schmuck auf den Fiji-Inseln. Sie segelte nach Afrika und verlor vor Madagaskar im Sturm einen Segelkameraden.

Wir sprachen von der Angst auf dem Meer. Sie meinte, die Menschen hätten an Land viel mehr Ängste. Aus Angst würden sie sich bis zur Halskrause versichern. Je größer die Angst, desto mehr

Policen; je stärker die Angst vor dem Tod, desto höher die Raten. Emanuelle sprach von ihrer inneren Sicherheit, von dem starken Gefühl des Ichs, des bewußten Seins, des „Hier bin ich und hier lebe ich". Ihr Leben war ausschließlich auf das Jetzt gerichtet: „Erst als ich meine Versicherungen gekündigt hatte, war ich mental frei und konnte mich 18 Jahre lang auch frei bewegen."

Zurück an Bord erzählte ich Milda von unseren neuen Nachbarn und von den heilenden Händen Daniels. Bereits am späten Nachmittag ruderte ich sie zur ersten Behandlung rüber. Milda legte sich auf die Backbord-Koje der kleinen, engen, 10 Meter langen und 30 Jahre alten Holzyacht. Emanuelle und ich setzten uns auf die andere Seite. Daniel beugte sich über Milda. Die Tageshitze stand noch im Boot. Es war heiß und feucht; auch durch die Luken zog kaum frische Luft. Milda schloß die Augen, und ich beobachtete, wie Daniel seine Hand im Abstand von ca. 10 cm über verschiedenen Stellen ihres Körpers verweilen ließ – über Stirn, Solarplexus und Bauch. Mit ebenfalls geschlossenen Augen ließ er seine für einen Fahrtensegler äußerst gepflegten Hände für mehrere Minuten ruhen. Ich spürte seine Konzentration, denn er begann zu schwitzen. Nichts Ungewöhnliches ereignete sich. Alles, was passierte, mußte sich im Unsichtbaren, Unterbewußten abspielen. Ich wußte nur, daß im Magnetismus sich entgegengesetzt gepolte Magneten anziehen, gleichgepolte sich abstoßen. Aber was hatte das mit dem Heilen durch Handauflegen zu tun?

Daniels Session dauerte vielleicht 20 Minuten. Danach war er geschwächt und Milda gestärkt. Ja, es ging ihr besser, und ich konnte den Begriff „Es ging ihr sprunghaft besser" selbst beobachten. Daniel wiederholte am nächsten Tag diese Behandlung, und Milda fühlte sich nach dem zweiten Tag wieder völlig gesundet.

Daniel und Emanuelle trafen sich in Australien. Beide hatten kaum Geld. Sie fertigte Schmuck und verkaufte selbstgeschneiderte Pareos. Er hatte die heilende Kraft seiner Hände wiederentdeckt. Bereits als Kind hatte er so seine Mutter von schwerster Migräne befreit. Die beiden hatten Sehnsucht nach Frankreich und wählten den schwierigeren Weg dorthin ums Kap Hoorn. Sie gerieten in schwere Stürme; am Boot ging so viel kaputt, daß sie nach Norden, in ruhigere Gebiete auswichen. Vor der endlosen Küste Chiles gerieten sie mehrfach in wochenlange Flauten. Wasser und Nahrung wurden knapp. Was hier in zwei Sätzen beschrieben wird, war eine lange Fahrt der Entbehrungen. Nach fünf Monaten erreichten sie die Insel San José, die südwestlichste der Islas Las Perlas. Hier trafen sie zwei andere Segler, die ebenfalls ein selbstauferlegtes Leben voller Entbehrungen führten.

Dieter und Gerda ankerten seit fünf Jahren vor einer geschützten Bucht und lebten von dem, was sie anpflanzten. Zuerst verwöhnten die Deutschen die Franzosen mit Geerntetem. Dann, als sie wieder Landbeine hatten, legten Daniel und Emanuelle in der Nachbarbucht ihren eigenen Garten an. Ein halbes Jahr ruhten sie sich aus, pflanzten und ernteten.

Bei Neumond ist der Tidenhub hier so groß, daß sie ihr Boot trocken fallen lassen konnten, um das Unterwasserschiff vor dem Weitersegeln zu reinigen und neu mit australischem Antifouling zu streichen. Sie segelten danach zu einigen der nahen Nachbarinseln, auf denen schon seit Jahrhunderten die Indianer ausgerottet sind und Schwarze leben. Daniel praktizierte bei den armen Fischern seine Heilkräfte und gab einer blinden Frau das Augenlicht zurück. Das sprach sich bei der frommen Bevölkerung herum. Am letzten Tag vor unserer Abreise erzählte er mir, daß der Inselarzt von Contadora, der an der Medizinischen Fakultät in Alicante/Spanien studiert hatte und jetzt alle Bewohner der Islas Perlas betreute, sein Knieleiden durch Daniels heilende Hände kurieren ließ. Das durfte jedoch niemand wissen.

Daniel wird in Frankreich seine Hände über Kranke halten. Er will heilen. Emanuelle will Künstlerin werden. Sie möchte menschliche Statuen so gestalten, daß die innere Schönheit des Menschen äußerlich dargestellt wird. Sie will Gutes sichtbar machen, Positives in eine dreidimensionale Form bringen.

24.

Es war einmal ein gutaussehender Junggeselle in Köln, der eine Friedhofsgärtnerei erbte. Da er am Leben hing, zog es ihn dahin, wo es mehr Stimmung gab als in diesem traurigen Gewerbe. Er trat in den Karnevals-Verein Rote Funken ein und hatte bald recht viele Freunde, denn er selber verbreitete nur gute Laune. Er war ein begehrter Junggeselle und Jungunternehmer, der die schönen Dinge des Lebens schnell mit den angenehmen Seiten seines Geschäftes verknüpfte. Bald dekorierte er nicht nur Gräber, sondern auch Festbankette, Rednertribünen und Logen für die Ehrengäste. Das Geschäft lief gut, und der Kölner Friedhofsgärtner Günter Hamacher kaufte sich eine Diskothek. Wenn er nicht bei den Roten Funken tanzte, dann in seiner Diskothek. Aus dem jungen Playboy entwickelte sich ein gewiefter Charmeur. Die Herren liebten seine Eloquenz und die Damen seine Dean Martin-Ausstrahlung. Er war sein bester Gast, und sein Tag begann inzwischen nicht mehr vor elf Uhr morgens. „Wenn ich dann aus dem Fenster blickte und die eifrigen Geschäftsleute auf der Straße sah, dann sagte ich mir, Günter leg' dich wieder hin, die holst du eh nicht mehr ein", so sein Statement.

Günter Hamacher, wohlhabend, immer gut gelaunt, mit dem Aussehen eines spanischen Aristokraten, von großartig trainierter Ausdauer am Glas, Liebhaber der Zigarettenmarke Nil, dem für einen langen Monolog kein Gesprächsthema zu gering war, großzügig als Gastgeber und ehrlich bis zur Selbstironie, machte mit 50 Jahren das, wovon andere ihr Leben lang nur reden: Er zog einen Strich unter sein bisheriges Kölner Klüngelleben. Er verließ seine Heimatstadt und baute sich auf der Insel Contadora, die so klein wie die Hamburger Außenalster ist, eine Villa. Genau so eine Villa, wie die Zeitschrift „Architectural Digest" allerfeinste Villen in der Welt vorstellt: Mit Pool, Open-Air-Bar, Grill, Veranda, Bougainvillea-Sträuchern, Hibiskus und einer großen, offenen Terrasse zum Meer. Vor dem Haus der kleine Park mit der Auffahrt für die wenigen Inselautos zur abendlichen Diner-Einladung bei Hamachers. Das Schönste an Günter Hamachers Villa ist der Blick über das Meer auf weiter entfernt liegende Inseln der Islas Perlas. Diesen Blick gibt es natürlich in Deutschland nicht. Ich kann mir vorstellen, daß man von diesem Blick genau so träumen kann wie von einer Weltumseglung. Zu viel des Glücks? Nicht doch, denn unser Prinz hat auch eine schöne Frau, Susanne. Und deren großes Glück sind ihre zwei Ozelots. Ich glaube, diese Tiere sind noch schöner als die Villa mit dem schönen Blick. Auch Susanne hatte eine Bar in Köln, und wer in diesem Gewerbe tätig war, ist eine gute Menschenkennerin, und wer die Menschen kennt, der liebt die Tiere ...

Günter S. Hamacher, Chairman of Mannesmann Steel Corp., Panama – so steht es auf seiner Visitenkarte – war es bald zu langweilig mit seiner Susanne, den Ozelots und der Villa mit dem schönen Blick. Er kannte bald jeden auf der Insel, und natürlich kannte jeder ihn. Er sah, daß das Beachclub-Restaurant nicht so lief, wie er es sich vorstellte. „Da muß doch mehr draus zu machen sein", so könnte er zu Susanne gesagt haben, quasi von Gastronom zu Gastronomin. Quirlig, wie unser Chairman ist, rief er seine Schwester in der Eifel an, die dort j. w. d. mit ihrem Mann Bernd, einem gelernten Metzger, einen Landgasthof bewirtschaftete. Also ergab es sich, daß die lieben Menschen Carola und Bernd Niehaus, nebst Tochter Babsi, in der Eifel alles versilberten und sich auf in die Tropen machten, um das Beachclub-Restaurant, entsprechend den Vorstellungen von Bruder Günter, auf Vordermann zu bringen. Noch konnte man auf Contadora nicht von einer deutschen Inselminorität sprechen; was sind schon fünf *alemánes* und zwei Ozelots. Aber es sollte noch mehr Bewegung von Colonia Agrippina zur Colonia Contadora geben.

Günter S. Hamacher, der Glückspilz und Tänzer der Roten Funken, hatte noch einen Partner in der Heimat, denn wir dürfen nicht vergessen, daß die Friedhofsgärtnerei inzwischen ein Management verlangte; und da war ja auch noch die Disko-Bar. Also dieser Partner heißt auch Günter, und was bot sich mehr an, als auch Günter II. zur Isla Contadora zu holen und ihm ein Haus zu vermitteln; natürlich nicht mit vergleichbarem Blick, dafür aber so nah, daß Günter II. es nicht weit nach Hause hatte, wenn man sich nachts nach langer Skatrunde trennte. Nennen wir es Zellteilung, Minoritäten-Behauptung, Aussiedlung des Kölner Klüngels oder das kleine Reich des Günter S. Hamacher.

Der Prinz von Contadora besaß so viel Selbstironie, daß er offen zugab, nicht einmal aus Gründen von Steuerschulden Köln verlassen zu haben, sondern einzig und allein der schönen Insel wegen.

Überall in seinem Haus hingen Fliegenklatschen; viel mehr als es Fliegen gibt, denn Susanne, die Großstädterin mit dem Anita Ekberg-Busen, war von einer Fliegenphobie besessen und schlug ununterbrochen auf die kleinen, schwarzen Tiere ein. Sie war auf den vermeintlichen Feind stets so konzentriert, daß eine Unterhaltung von ihrer Seite selten aufkam. Dafür hielt Günter S. Hamacher seine kölschen Monologe.

Eines Tages näherte sich ein paramilitärisches Landungsboot der Insel. Wir sahen, wie Uniformierte an Land sprangen und hinter Bäumen verschwanden. Schüsse knallten an verschiedenen Stellen der Insel. Es war die Blütezeit des Diktators Noriega, genannt „die Ananas“ wegen seiner vernarbten Gesichtshaut. Wir ahnten nichts Gutes und waren gewillt, schnell wegzusegeln. Plötzlich hörten die Schüsse auf. Die Uniformierten kamen zu ihrem Boot zurück. Auch Frauen tauchten am Strand auf. Ich sah, wie die Männer etwas Schweres an Bord hievten. Die Menschen stritten sich und diskutierten am Strand, bis schließlich das Boot ablegte und verschwand. Was war geschehen?

Auf der Insel Contadora gibt es viel Wald, in dem Rehe leben, die man bei jedem Inselgang sieht. Nicht weit entfernt liegt die Gefängnis-Insel von Panama. Da durch den Diktator Noriega die Mittel für Lebensmittel gekürzt wurden, fehlte der Gefängnisleitung u. a. Fleisch. So dachte man sich: Bevor die Gefangenen wegen schlechter Ernährung meutern, schießen wir auf der Isla Contadora ein paar Rehe. Die Wärter hatten die Rechnung ohne die Wirtin Carola gemacht. Tierlieb, mit Rehen aus der Zeit der Eifel vertraut, organisierte sie nach guter deutscher Demo-Art einige Frauen. Die stellten sich den Uniformierten in den Weg und protestierten gegen den Abschuß. Carola kam in die Zeitung und ins Fernsehen. Ihr Mut wurde bei Günter mit Champagner gefeiert. Nur den armen Schluckern im Gefängnis knurrte weiterhin der Magen.

Bernd, der Metzger aus der Eifel, Koch und Seele des Beachclub-Restaurants, bot uns an, für die lange Fahrt durch den Pazifik Fleisch in Gläsern für uns einzukochen. Ein wunderbarer Gedanke in den Tropen. Ich dachte an Sauerbraten, Gulasch oder Rouladen. Speisen, die wir seit Jahren nicht mehr gegessen hatten und die in der Ferne einen ganz anderen Stellenwert bekommen. Milda und ich flogen mit dem Inselhüpfer aufs Festland und kauften in Panama-City das beste Fleisch *(lomito)*. Bernd legte es ins Tiefkühlfach und bereitete es am nächsten Tag auf verschiedenste Arten zu. Er gab sich große Mühe, und seine Frau Carola krönte sein Engagement mit 22 verschiedenen Aufklebern auf 22 Weckgläsern. „Denkt mal an uns“, „Nur bei Flaute öffnen“ oder „Eure Eifler“. Später, 400 Seemeilen weiter westlich, zwischen Panama und den Galapagos-Inseln dachten wir an die Eifler. Wir öffneten das erste Glas mit Bratfleisch, es war schlecht. Die Zwiebeln war nicht ausgebraten, nur gedünstet und hatten Sauerstoff abgegeben. Dadurch war das Fleisch verdorben. Alle Gläser waren schlecht. Sollten wir weinen oder lachen? Wir bissen auf die Lippen und versenkten die Gläser mit Bernds „sauren Braten“ auf 5600 Meter Tiefe. Das letzte Glas hatte die Aufschrift „... nun lacht mal wieder!“

25.

„Ich wurde im Jahre 1632 in der Stadt York geboren. Meine Familie stammte allerdings von anderer Stelle, da mein Vater ein Deutscher aus Bremen war, der sich zuerst in Hull niedergelassen hatte. Er erwarb als Kaufmann ein ansehnliches Vermögen und setzte sich später in York zur Ruhe. Aus dieser Stadt stammte auch meine Mutter, deren Familie Robinson genannt wurde, weshalb man mir den Namen Robinson Kreutznaer gab. Daraus wurde aber Crusoe, und so nannten mich auch alle Freunde. Mein Vater, der sehr alt war, hätte mich gerne als Rechtsanwalt gesehen. Ich aber wollte nichts anderes als Seemann werden, und dieses Verlangen ließ mich so sehr dem Wunsche, nein, dem Befehle meines Vaters widerstehen, ließ mich auch die Bitten meiner Mutter und anderer Freunde zurückweisen, so daß es scheint, es sei etwas Schicksalhaftes in dieser Neigung gewesen. Sie führte mich zu dem Elendsleben, das später über mich kam."

Als ich das Buch „Robinson Crusoe" als Achtjähriger las, hatte ich wohl Wesentliches nicht verstanden. Nicht, daß sein Vater Deutscher war, und ich meine auch nicht die Vorstellung von Herrn Crusoe jun., der nichts anderes als Seemann werden wollte, sondern die Tatsache, daß er sein Leben auf der einsamen Insel schlichtweg als Elendsleben betrachtete, während doch heute ein jeder Leser dieses Leben verherrlicht in Erinnerung hat. Der Begriff vom Robinson-Leben oder gar der der Robinsonade ist der Inbegriff des streßfreien Lebens, weitab der Tribute unserer modernen, komplizierten Welt. Ohne Geld, ohne Leistungsdruck, ohne andere Menschen, auf einer einsamen Insel zu leben, keine Fähre kommt, kein Telefon klingelt, nur die pure Natur um einen herum – die Sehnsucht danach ist groß, das zeigte der Jahrhunderte alte Bestseller vom Leben des Robinson Crusoe. Wer führt schon dieses Leben freiwillig? Keiner, weil es wie Herr Crusoe im ersten Absatz beschrieben hat – ein Elendsleben ist, ein Leben in Elend, ein elendiges Leben ist?

Ich kenne einen, der dieses Leben sucht. Allerdings nicht ganz so wie Herr Crusoe, denn ein weiblicher „Freitag" sollte schon dabei sein. Dieter „Crusoe" und Gerda „Freitag" trafen wir auf der Insel San José. In einer gutgeschützten Bucht hatten sie vor der unbewohnten Dschungel-Insel, die genau wie die Insel des Original-Crusoe vor der südamerikanischen Südpazifik-Küste liegt – allerdings Hunderte von Meilen nördlicher – vor fünf Jahren den Anker geworfen. Das Leben von Dieter Zeisig ist ein Durcheinander von

Mißverständnissen, Imponderabilien, Prädestination und Träumen.

In der ehemaligen DDR geriet er wegen einer Personenverwechslung ins Gefängnis, so sagte er. Er saß drei Jahre im gefürchteten Knast von Bautzen. In Hamburg langte ihm das Maß der Freiheit nicht. Er wollte mehr Ungebundenheit, noch mehr ein Leben ohne Fesseln, so daß er 1956 beschloß, mit seiner Freundin nach Lambarene/Afrika zu fahren. Dort im Dschungel, so der Plan, sollte der Arzt und Philosoph Albert Schweitzer die beiden trauen. Was danach kommen sollte, wußte Dieter damals nicht, jedenfalls wollten beide Träumer erst einmal mit dem Faltboot durchs Mittelmeer an die Westküste Afrikas paddeln. Gott sei Dank wurden sie im Golf von Lyon aus Seenot gerettet – nie wäre Dieter sonst zu weiteren, emotionalen Hochs aufgelaufen. Da er mit einem Faltboot von Deutschland aus nicht bis Lambarene paddeln konnte, kaufte er einen gebrauchten Fischkutter, den er in vielen Jahren ausbaute. Ein Faß ohne Boden für einen armen Träumer. Das Boot wurde fertig, und Dieter tuckerte mit Frau und Sohn den tropischen Träumen Richtung Schwarzer Kontinent entgegen. In Marokko versagte der Motor, das Geld war alle und die Familie zerstritten. Als er sich bei der ersten Firma nach Arbeit erkundigte, fragte man, was denn der Aleman könne. Dieter besann sich auf seine Zeit vor Bautzen. Damals gab er in einem Laboratorium Tieren Injektionen. „Injection?“ fragten die Marokkaner und dachten, wenn sich ein Deutscher mit „Injection“ auskennt, versteht er auch etwas von Diesel-Einspritzpumpen. Also wurde Dieter in Marokko für zehn Jahre Diesel-Mechaniker.

Es lag eine gewisse Logik darin, daß er bei seiner Rückkehr nach Deutschland zu Bosch in Hamburg, am Berliner Tor, ging – allerdings nicht als Diesel-Mechaniker, sondern als Hausmeister. Dieter war erst wenige Tage in der Alten Welt, als ihn der Traum vom Leben in den Tropen wieder ergriff.

Interessanter als Dieter Zeisigs Biographie im Nachhinein zu beschreiben, wäre es gewesen, den Hausmeister bei Bosch damals in Hamburg zu besuchen und ihm so lange zugehört zu haben, bis man seine Visionen glaubte, so als hätten sie stattgefunden.

Eine der Prädestinationen in Dieters Leben war die Erbschaft von DM 80 000,–, die er in einer kleinen Stahlyacht anlegte. Er taufte das Boot SEEPFERDCHEN, das später so sehr schaukelte, so daß er es nur noch „Schaukelpferdchen“ nannte. Jetzt hatte er das Vehikel, das ihn in die Tropen zu einer Insel bringen konnte, er wußte freilich nicht welche und wo. Nun entwarf dieser emotionale Mensch einen Plan, der jede professionelle Marketing-Strategie, jedes Eheanbahnungs-Konzept amateurhaft wirken läßt. Dieter Zeisig fehlte nämlich noch die Frau zu seiner Vision zum Leben zu zweit. Wo findet man nun eine Frau für eine Reise in einem schaukeligen kleinen Segelboot? Mit Sicherheit nicht in einer Espresso-Bar. Vielleicht auf dem Hamburger Fischmarkt, eventuell in einem Segelclub, aber wahrscheinlicher – so meinte er – auf einem Butterdampfer. Denn wer zum Vergnügen ein Boot besteigt, der wird, nach Dieter Zeisigs Meinung, auch nicht seekrank. Also buchte Dieter auf einem Butterdampfer. Eine Band spielte auf. Er suchte nach einer stabilen Frau. Seine Wahl fiel auf Gerda, die mit ihrer Mutter unterwegs war. Sein Ziel im Auge, fragte er sie bereits nach dem ersten Tanz, ob sie mit ihm eine Weltreise auf einem Segelboot machen wolle. „Na, habe ich mir gesagt, der spinnt ja wohl. Da sage ich am besten Ja, dann bin ich ihn los“, so erzählte Gerda von ihrer wichtigsten Begegnung. Dieter ließ nicht locker, und Gerda – verheiratet mit einem Fischer und Mutter von zwei Spät-Teenager-Töchtern – willigte irgendwann ein. Gerda mußte raus aus ihrer Familie, in der der Fischer das Geld versoff, Gerda und die Kinder schlug, das Gefängnis kannte und es schon so weit getrieben hatte, daß Gerdas Fischer bereits in „Bild“ stand.

Als wir um das südliche Kap der Insel San José bogen, lag vor uns eine friedliche Dschungel-Bucht mit verschiedenen Stränden. Ein Boot mit deutscher Windfahnen-Flagge lag vor Anker. Das Schiff sah stark tropengeschädigt aus. Eine Frau winkte uns Fremden zu, als ob wir ihre besten Freunde wären, das war Gerda, und Dieter kam sofort angerudert. Wie der Rote Kosar enterte er blitzschnell das Schiff und begrüßte uns mit den unvergeßlichen Worten: „Willkommen in unserem Paradies.“ Das war unsere erste Begegnung mit dem Mann, der verwirklichte, wovon Millionen von Menschen träumen. Da stand der 60jährige Dieter, strahlend, drahtig, kein überflüssiges Gramm am Leib, braungebrannt, in Badehose und auf dem Kopf ein Käppi mit eingelegtem Nackentuch – nach Art der Fremdenlegionäre. Noch nie hatte unser Deck solche Freudensprünge ausgehalten, wie sie Dieter Zeisig ausführte, als wir ihm die Geschenke von Beumes überreichten: Reis, Mehl, Zucker und einen großen Kochtopf. Die Stimme des Ex-Berliners überschlug sich geradezu: „Wir wußten von Euch, wußten, daß Ihr kommen würdet. Mann, sind wir froh, wieder mal Deutsch zu quatschen. Dat is ja wie Weihnachten."

Bevor wir am Nachmittag an Land gingen, schaute ich nochmal ins Seehandbuch, da hieß es: Die dicht mit Dschungel bewachsene Insel wird angeblich nur von einigen Wildschweinen bewohnt.

Wir trafen uns an einem kleinen Strand. Dahinter sah es aus wie im Tarzan-Land. Ein hochgehängter weißer Rettungsring signalisierte den Eingang zum Paradies. Und da stand es ja auch Gelb auf Holz, mit Pfeil nach rechts: El Paradiso. Wir folgten dem kurzen Dschungelpfad und standen mitten auf einer Lichtung. Um uns herum Bananenstauden, Citrus- und Papaya-Bäume, Ananas-Pflanzen und viele andere exotische Gewächse. Ein Hühnerstall, mit einem prächtigen Hahn, ein „Banana-Boot" gefüllt mit Maniokwurzeln, Kürbissen, Papayas und natürlich mit Bananen. Daneben ein Schild mit Preisen, genau wie auf deutschen Märkten – nur die Preise waren gar nicht so deutsch –, eine selbstgemachte Waage mit Steinen, auf denen die Gewichtsangaben standen, Töpfe zum Gießen, Gartengeräte und überall Rattenfallen. Dieter hatte den Dschungel eigenhändig gerodet, mit Streichholz und Machete dem Urwald diese Lichtung abgerungen. „Das ist noch lange nicht alles. Kommt mit." Er stapfte den „Moskitopfad" hügelan, Gerda und wir hinterher.

Wir gelangten auf ein großes Plateau und standen vor einer Plantage. Da hingen pralle Papayas an den Bäumen, Citruspflanzen standen in Reih und Glied, Setzlinge wurden von Maschendraht geschützt, Bougainvillea-Sträucher in Rot, Gelb, Orange oder Aprikot und in leuchtendem Rot die Soril-Sträucher, aus deren Blüten sie herrlichen Tee machten.

Mit der Machete in der Hand führte uns der Pflanzer durch sein Reich. Er riß Limeblätter und Citrusgras ab und ließ uns daran riechen. Er schlug mit der Machete Blätter von der Batate (Süßkartoffel) ab. „Die schmecken wie Spinat." Dann deutete er auf junge Bäume, die erst in den nächsten Jahren Mangos liefern würden. Er zeigte uns den Unterschied zwischen seinen Platano-, Quadrato- und Apfel-Bananen. Wir lernten die Schwierigkeiten der Veredelung von Citrusbäumen kennen und die Unterschiede zwischen Taro, Maniok, Yam und Kartoffeln. Tomaten, Zwiebeln und Knoblauch wollten nicht gedeihen. Dieter glaubte, daß die Lichtstunden pro Tag zu kurz seien; und er erzählte uns von den Feinden seiner Pflanzen: Sandflöhe, Zecken, Wespen, Spinnen und manchmal bis zu drei Meter lange Boa-Schlangen machten ihm zu schaffen. Termiten, Vögel, Raupen und immer wieder die gefräßigen Ameisen seien die größten Feinde.

Der Weg führte über einen Bach, dem er Wasser entnahm, das er in ein mit Sand gefülltes Gefäß goß. Aus dem Ausguß bot er uns einen Schluck des gefilterten Trinkwassers an. Über einen aufgetragenen Hangpfad, der jedem Straßenbaumeister Ehre gemacht hätte, gelangten wir zu der Stelle, an der bald ein festes Haus stehen sollte. Feuerstelle, Küche, Räuchertonne für geräucherte, eine Leine für luftgetrocknete Fische und ein „Museum" hatten Gerda und Dieter hier bereits eingerichtet. Viele Scherben von Indianer-Gefäßen, ein Mahlstein für Getreide aus präkolumbinanischer Zeit sowie eine Glasflasche aus der Piraten-Epoche.

Kurz bevor der Bach den Strand erreichte, bildet er einen kleinen See. Darüber entdeckte ich drei verlockende Buchstaben „FKK". Wir badeten alle, die Erfrischung nach den gewaltigen Eindrücken tat gut.

Hart war ihr Überlebenskampf im Paradies. Die ersten Jahre waren voller Gefahren an Land und vor Anker. Da noch nichts wuchs, lebten sie von der Hand in den Mund. Dieter erlegte mit dem Gewehr vereinzelt Reiher, Leguane und – wenn auch selten – Wildschweine. Trotzdem, sie magerten zusehends ab. Schlangen und Skorpione mußten sie an Land abwehren, Termiten sogar an Bord. Ein großer Manta, der sich in den zwei Ankerketten verfangen hatte, zog das Boot trotz zusätzlicher, schwerer Bleigewichte fort. Spinnenattacken, Wespenstiche, Machetenschnitt am Fuß, Leistenbruch von der vielen Arbeit, verrenkte Fußgelenke im Dschungel, Tropenfieber – das Tagebuch sollte jeder lesen, der sich zu fernen Inseln aufmachen will.

Erst nach drei Jahren ernteten sie langsam die Früchte ihres Einsatzes. Aus ihrem Tagebuch las sich das so: Die ersten Paprika geerntet, die braunen Bohnen haben gekeimt, aus Haifischfleisch machte Gerda Frikadellen, heute die ersten Bananen geerntet, machen Stärke aus Mais.

Immer wieder zerrissen Haie ihr Grundnetz. Noch schlimmer waren die Mantas, die das Netz einschließlich der Gewichte und Bojen davonzerrten und auch schon mal die Reusen weggezogen hatten. Gerda mußte sehr oft zur Ahle greifen, um die Netze zu flicken. Sie versorgt die Hühner, nimmt Fische aus, hängt Fleisch zum Trocknen auf, räuchert es in der Räucherkammer (einem gestrandeten Ölfaß), kocht Fleisch ein, backt Brot und sorgt dafür, daß immer neue exotische Gerichte auf dem Tisch stehen. Ein kulinarischer Höhepunkt ist Ratte à la San José. Ich weiß, wovon ich schreibe, denn ich habe sie selbst gegessen. Es sind vegetarische Ratten, die Dieter fängt. Gut gewürzt, schmecken sie wie zarter Hasenbraten. Dazu kredenzt Gerda den selbstgekelterten Paradiso-Wein – die Tropen machen bei Wein nicht wählerisch.

Inzwischen haben Gerda und Dieter so viel angepflanzt, daß sie weit mehr ernten als selbst verbrauchen und somit den vorbeikommenden Seglern reichlich anbieten können. Mit der Lage der „Paradies-Plantage“ haben es die beiden gut getroffen, San José ist die letzte Insel vor dem langen Trip in die Südsee.

Noch ein letztes Mal im Süßwasser schwimmen, noch einmal alles durchwaschen und noch einmal die Tanks mit gutem Wasser füllen. Dieter im Stil eines erfolgreichen Pflanzers: „Da kommen die Segler aus Panama, haben sich dort verproviantiert, und schon nach 60 Seemeilen sind ihre Kartoffeln faul. Ich empfehle ihnen meine Yamwurzeln, sie schmecken ähnlich, lassen sich genauso einfach zubereiten, halten viel länger und sind viel, viel preiswerter.“

Robinson Crusoe wollte nichts wie runter von seiner Insel. Tom Neale, der allein auf Suwarow im Pazifik lebte, hat seine Atoll-Insel schließlich aus Altersgründen verlassen. Thor Heyerdahl hat sein Ziel, ein Jahr auf einer Südseeinsel zu leben, nicht verwirklicht, er brach sein Inselleben 1938 auf Fatu Hiva vorzeitig ab.

Ich fragte Dieter und Gerda, was sie sich aus Deutschland wünschen. „Nichts“, war ihre einstimmige Antwort. „Nichts?“ fragte ich, „nicht ein Stück Marzipan, keinen Generator, keine Kosmetik?“ „Was wir brauchen, haben wir – nein, wir wünschen uns nichts.“

26.

„*The enchanted islands*“ nannten sie die Piraten aus England. Und auch bei den Spaniern, ihren Entdeckern, hießen sie „*islas encantadas*“, die verhexten und verzauberten Inseln. Plötzliche Nebel, drehende Winde, starke Strömungen lassen die Galapagos-Inseln in Minutenschnelle unsichtbar werden und in anderer Peilung wieder auftauchen. Auch heute machen es die Inseln einem Segler nicht leicht, in ihre Gewässer zu gelangen. Das fängt mit der vergeblichen Suche nach einer Seekarte für die Galapagos-Inseln an. Es gibt sie nicht. Man muß nach dem Archipielago de Colón fragen, denn so nannten sie die Ekuadorianer 1892 anläßlich der 400-Jahrfeier der Entdeckung Amerikas durch Kolumbus (Colón). Die zweite, wohl größere Schwierigkeit, ist das Segeln von Panama durch die launischen Doldrums mit ihren vielen Flauten. Das dritte Handikap sind die Behörden, die den meisten Yachten nur einen Aufenthalt von drei Tagen gewähren. Die Inseln sind zum Naturschutzpark deklariert worden, und seit kurzem auch deren Unterwasserwelt.

Thomas de Berlanga, der Bischof von Panama, entdeckte 1535 die Inseln, als der fromme Mann von Peru kommend vom rechten

Weg abkam. Im 17. Jahrhundert waren es die englischen und französischen Piraten, die sich hier niederließen, um von hier aus ihre Raubzüge gegen die spanischen Goldtransporte von Peru nach Panama zu starten. Ein berüchtigter Bukanier war der Engländer William Dampier (1652–1715). Die Piraten waren die ersten, die die Riesenlandschildkröten (*galapagos* = spanisch für Riesenschildkröte) aufs Kreuz legten, ihr Fleisch aßen und das Fett als Öl verwendeten. Besonders drastisch trieben es die Walfänger von 1780 bis zum Ende des 19. Jahrhunderts. Für sie waren die Galapagos-Inseln oft bis zu zwei Jahren das Hauptquartier. Noch heute kann man ihre Höhlen im weichen Tuffstein der Insel Floreana sehen, über deren Eingänge sie ihre Namen in den Stein gehauen haben. Diese Walfänger erkannten den grausamen Vorteil, die Riesenschildkröten als lebenden Proviant an Bord zu nehmen. So hatte man ständig frisches Fleisch parat. Man fand auch schnell heraus, daß dieses „Vieh“ bis zu einem Jahr ohne Futter an Bord auskam. Aus alten Logbüchern der Neuengland-Walfänger geht hervor, daß man die Schildkröten stapelte. Es sollen circa zehntausend dieser auf der Welt einmaligen Tiere in den Rümpfen der Walfangboote verschwunden sein. Die dritten Inselschänder waren unwissentlich die Siedler. Sie brachten Ziegen, Schweine, Esel, Kühe, Hunde, Katzen und, wie stets in Begleitung des Menschen, Ratten mit. Teils verwildert, zerstörten diese Tiere einen Großteil der originären und endemischen Tier- und Pflanzenwelt.

Als wir uns den Inseln annäherten, wurden wir von den nationalen Abgeordneten begrüßt: Tölpel überflogen uns und zielten mit ihrem Kot auf unser Boot - soll ja Glück bringen. Die ersten Seelöwen, die ich außerhalb eines Zoos sah, guckten genauso gelangweilt-neugierig wie ihre Kameraden in Hagenbecks Tierpark. Wasserschildkröten, springende Doraden, Delphine auf allen Seiten und über uns die ekuadorianische Luftwaffe, Pelikane und Fregattvögel, die uns in die Academy Bay von St. Cruz eskortierten. Dort ließen wir unsere Yacht gut bewacht vor Anker und entspannten eine Woche auf der Charteryacht PIRATA, einem ehemaligen Fischerboot mit aufgebautem Kastell, ganz im Piratenlook.

Augusto ist der Kapitän und Eigner. Seine Eltern hatten ihr Haus auf dem Grundstück von Dr. Ritter auf Floreana gebaut, das an der unteren der beiden Quellen liegt. Außer dem Kapitän waren der Koch Manuel und der Führer des Nationalparks, Rodriguez, dabei. Nachts um 1.00 Uhr fuhren wir unter Motor in Richtung Floreana, der südlichsten Insel. Fünf Stunden später standen wir Naturtouristen mit Rodriguez im allerersten Morgenlicht vor einer ufernahen Lagune und betrachteten einen Schwarm von Flamingos, die im knöcheltiefen Naß pickten und sich in dem Wasser widerspiegelten. Später auf den Fotos wußte man nicht, was ist der echte Flamingo, der oben oder der unten. Von diesem Erlebnis an gehörten unsere Zeit, unsere Gespräche, unsere ganze Aufmerksamkeit den Tieren und Pflanzen. Noch am selben Tag landeten wir mit dem Dingi auf einer kleinen Insel, nahe der legendären Post Office Bay, deren Postfaß die Walfänger benutzten. Dort lümmelten sich hunderte brauner, nasser, sandiger Körper, die Lieblinge meiner Kindheit: Seelöwen. Ich setzte mich mitten zwischen sie auf einen Stein, der vom jahrhunderte- oder jahrtausendelangen Seelöwengebrauch glatt wie eine Speckschwarte war, um mich einfach an ihnen satt zu sehen. Der fette Bulle war der Revierhäuptling, er beroch alle Kühe, ob sie auch zu seinem Harem gehörten. Nur auf seinen Geruch kann er sich verlassen, denn Seelöwen sehen nicht gut. Keine zwei Meter entfernt kämpften spielend zwei Junge. Sie scheinen ihre Jugend hauptsächlich mit Toben und Bolzen zu verbringen. Wie versteinert starrten mich Seeleguane an, von denen ich zuerst annahm, sie seien tot. Aber die Kaltblütler pumpen sich stundenlang reglos voll Sonnenhitze, um danach erhitzt ins kalte Wasser zu krabbeln. Auch sie kannten keine Scheu vor uns. Milda wechselte vom Tele- zum Weitwinkel-Objektiv, so nah konnte sie an die Tiere herangehen. Alles spielte sich zum Greifen nah ab. Rodriguez deutete auf die Bucht, wo fünf Meter von den Felsen entfernt zwei Mantas das Wasser aufspritzen ließen. Sie paarten sich. Die einzigen Ausreißer waren die großen roten Krabben. Ansonsten hatte ich das Gefühl, daß Leguane, Seelöwen oder die Tölpel uns lediglich für das hielten, was wir hier auch waren: Touristen, die hoffentlich bald wieder verschwunden sein würden.

Am nächsten Morgen standen wir wieder zwischen Seelöwen

und Leguanen. Diesmal auf der Insel Española, auch Hood-Island genannt, denn alle Inseln haben mindestens einen spanischen und einen englischen Namen. Rodriguez wollte uns eine Vogelkolonie zeigen. Aber die war schließlich überall. Wo ich ging, wohin ich schaute, überall saßen die Blaufuß-Tölpel. Sie gingen einem nicht aus dem Weg. Stur blieben sie sitzen, auch wenn ich mich auf dreißig Zentimeter näherte. Ich mußte umdenken: Es ist ihr Stein, ihre Erde, ihre Insel. Ich war der Fremde, und ich hatte ihr Heimatrecht zu beachten. Das machte Sinn. Hier hatte sich noch nicht das Vorrecht des Homo sapiens herumgesprochen. Wir bewunderten den Liebestanz der Tölpel, die Schwimmakrobatik der Pinguine, die Schönheit in der Fiederung der Schwalbenschwanz-Möwen, die Zutraulichkeit der Spottdrosseln oder versuchten, den Unterschied der verschiedenen Arten von Darwinfinken herauszufinden.

Auf der Insel Seymour brüten die Fregattvögel, wobei die männlichen „Fregatten“ ihren roten Kropf zur Fußballgröße aufblasen. Auf St. Cruz sahen wir die Riesenschildkröten, bei deren Fortbewegung – und Fortpflanzung – die Erde bebt. Im Norden der Insel erlebten wir, wie sich im Schutz der Mangrovensümpfe Tausende von Wasserschildkröten ausruhten. Und auf der Insel Barrington, auch St. Fé genannt, erblickten wir zum ersten Mal Landleguane mit ihren morbiden Erdfarben. Auch sie ohne jegliche Scheu. Der Höhepunkt war das Schwimmen und Tauchen zwischen den Seelöwen im glasklaren Wasser von St. Fé. Was plump und fett an Land herumlümmelt, zeigt im Wasser einen Bewegungsablauf voll Grazie und Eleganz. Sie kamen aus zwanzig bis dreißig Metern angeschnellt, bogen einen Meter vor uns blitzschnell ab und lachten einen mit einem Auge an – oder aus?

Darwin beobachtete hier die vierzehn endemischen Finkenarten und stellte fest, daß sie sich nach ihrem Futterhabitus entwickelt haben. Manche mit längerem, manche mit kürzerem, manche mit gekrümmtem Schnabel. Erst vor kurzem ist es einem deutschen Kameramann auf der Insel St. James gelungen, eine bisher unbekannte Finkenart zu entdecken. St. James ist winzig, es gibt kein Trinkwasser, keine Quelle, keinen Tümpel. Damit die Tiere lebensnotwendige Flüssigkeit erhalten, picken sie großen Seemöwen in den Flügelansatz und saugen ihnen das Blut ab. Der Fink als Vampir.

Rodriguez, der Führer, hatte am Strand eine Krabbe entdeckt, die ein winziges Schildkrötenbaby in ihr Loch zerrte. Er sprang hin, buddelte wie wild und konnte die Krabbe erwischen. Er nahm ihr die kleine Schildkröte ab und brachte sie zum Strand, nahe dem Wasser. Sofort kroch sie in Richtung der ersten Welle und hatte im Nu die Schwimmbewegung raus, die ihre Eltern weit, weit ins Meer hinausschwimmen lassen. Bis ihr Panzer gehärtet ist, sind Haie und Vögel in den ersten Tagen ihre größten Feinde. Wegen der hohen Ausfallquote sorgt die Natur vor. Sie läßt das Weibchen circa sechzig bis achtzig Eier legen und das dreimal kurz hintereinander. Wir beobachteten, wie sich das Kleine freischwamm, um dann hilflos Zeuge zu werden, wie ein Fregattvogel herunterschoß und seine Beute zielsicher auffischte. „Schade", sagte Rodriguez, „aber so ist das Leben. Die Galapagos-Inseln zeigen dem Menschen vieles über das Verhalten der Tiere. Aber das Wichtigste will der Mensch nicht erkennen: Daß es nur Geburt, Leben, Fortpflanzung und den Tod gibt. Der Mensch glaubt, er sei unsterblich. Er glaubt an seine Wiedergeburt, an viele Leben. So ein Unsinn. Der, der so glaubt, der soll hier den Rhythmus der Natur studieren, wie Gott ihn gewollt hat. Nur die Gegenwart zählt."

27.

Im Jahre 1936 machten sich fünf Brüder – alle um die 20 Jahre alt – auf, um ans andere Ende der Welt zu fahren, zu den Galapagos-Inseln. Die Arbeitslosigkeit, die Nazis, das Schmuddelwetter und die Enge des kleinen Arbeiterhauses im Hohlweg von Hamburg-Harburg gaben ihnen die Schubkraft. Ihr Schiff war ein alter, morscher, dänischer Fischkutter. In England mußten sie ein Jahr pausieren, um das Geld für Reparaturen am Schiff zu verdienen.

Fritz, Hans, Gus und Karl Angermeier setzten die Reise fort, der ältere Bruder fuhr zurück. Als sie ein Jahr später in der Academy Bay der Isla Santa Cruz ankamen, lebten hier nur drei Familien.

Auf der Nachbarinsel Floreana, 60 Seemeilen entfernt, gab es zwei deutsche Familien, die für Stories gesorgt hatten. Den Exzentriker Dr. Ritter mit seiner Begleiterin Dore Strauch und die Familie Wittmer, die hier als Bauern siedelten. Die „Geschichte der Deutschen“ begann mit Dr. Ritter und seiner Freundin Dore Strauch am 17.09. 1929. Dr. Ritter war, durch die Philosophie Friedrich Nietzsches beeinflußt, aus dem quirligen Berlin geflohen und siedelte sich als erster auf der kleinen Insel Floreana an. Er glaubte an Nietzsches Übermenschen und hielt sich für auserwählt. Noch in Berlin ließ er sich und seiner Geliebten aus Furcht vor Zahnkrankheiten alle Zähne ziehen und fertigte selber ein neues Gebiß aus Edelstahl an, allerdings nur eines, so daß jeweils nur einer essen konnte. Er wählte den Platz an der unteren der beiden Inselquellen. Wenige Jahre später kamen die Kölner Wittmers und siedelten oben auf dem Hügel bei der zweiten Quelle. Floreana liegt direkt am Äquator, Wasser hat hier eine ganz besondere Bedeutung. Die Bauern Wittmer und der Exzentriker Ritter versuchten, sich gegenseitig zu akzeptieren und zu unterstützen.

Mitte der 30er Jahre erschien dann die Wiener Baronin Eloisa Wagner de Bouquet, in Begleitung von drei Liebhabern. Sie war des Pariser Lebens in Salons und Bars überdrüssig. Die Baronin begann sofort, die Siedler gegeneinander aufzuhetzen. Eine Liebhaberei von ihr soll es gewesen sein, erst Tiere zu verwunden und sie danach gesund zu pflegen. Ihr ekuadorianischer und der deutsche Liebhaber verließen nach einigen Monaten unter mysteriösen Umständen die Insel. Den Deutschen fand man Monate später verdurstet und mumifiziert am Strand der weit abseits gelegenen Insel Marchena. Nach vielen Querelen, Streitereien, Handgreiflichkeiten und Drohungen zwischen den drei ungleichen Parteien verließen die Gräfin und ihr dritter Geliebter die Insel. Wohin? Niemals hat man wieder von ihnen gehört. Ihr Fall ging durch die Weltpresse. Dr. Ritter starb 1934 an vergiftetem Hühnerfleisch, obwohl er Vegetarier war. Wer war’s?

Frau Wittmer, die alle überlebt hat, lernten wir als weißhaarige, eloquente Oma kennen, als sie in ihrer weißen Schürze auf uns zukam, spitzbübisch Insel-Anekdoten erzählte, um uns auf kölsch – für ihre 80 Jahre von quirligem Temperament – nach unseren Wünschen zu fragen. Ich mußte ständig an ihr Buch „Postlagernd Floreana" denken, aus dem ich einen Teil dieses Inseldramas kannte. Frau Wittmer, die Sphinx von Floreana, weiß viel und sagt wenig. Ganz anders ist das Drama von Floreana in dem Buch „The Galapagos Affair" von John Trechene beschrieben – fast eine Gegendarstellung zu Frau Wittmers Buch. Alfred Hitchcock, welch dramatisches Drehbuch ist dir hier entgangen! Eine Sphinx, ein Bauer, ein Zarathustra, seine Sklavin, eine *femme fatale*, drei Liebhaber und eine Insel.

Wenn ich nicht, wie die Angermeiers, in Hamburg-Harburg geboren wäre, hätte Gus Angermeier mich wohl als Fremden behandelt, und wir hätten uns nie kennengelernt. Er war scheu und mißtrauisch geworden. Seine geschiedene Frau führt auf dem inzwischen dicht besiedelten Teil von Punto Ayola eine Pension, kurz vor der Darwin-Station. Er wohnt auf der anderen Seite der Bucht, wie auch seine Brüder Fritz und Karl und die Belgier de Roy, ebenfalls Siedler aus der ersten Zeit. Gus hat sich von der Außenwelt abgeschottet und gilt als Sonderling. Wenn man über ihn spricht, tippt schon mal jemand an die Stirn.

Es war nicht leicht, ihn kennenzulernen. Meist saß er in seiner Höhle, wie er sie nennt. Menschen, die ihn nicht verstehen, nennen sie ahnungslos ein Museum. Vielleicht deshalb, weil der Präsident von Ekuador oder Prinz Philip von England ihn da besuchten und es nicht dem Verständnis von Journalisten entspricht, daß solche Prominenten jemand in einer Höhle besuchen könnten. Aus wildem, unbehauenem Lavastein hatte er sie gebaut. Von außen sieht sie wie ein grauer Steinhaufen aus. Niemand würde darin Wohnraum vermuten und auch nicht glauben, daß das Gerümpel, das um die Höhle herumliegt, eine von Gus Angermeier gewollte Ordnung darstellt. Wal-Rippen, Ziegen-Skelette, Hai-Schädel, ausgedörrte, bizarre Zweige, vom Salzwasser ausgeblichene Gelenke unbekannter Wesen, Riesenknochen, Panzer und immer wieder übergroße Wal-Gerippe nehmen seine Räume ein. Ein großes Bett dominiert in der Höhlenmitte. Die Sitzgelegenheiten sind ein Sammelsurium aus Strandgut.

„Diesen Stein habe ich oben in den Bergen gefunden. Ein deutscher Geologe hat mich als Lügner und Fälscher bezeichnet, es könne solche Steine auf einer vulkanischen Insel nicht geben. Der Herr Wissenschaftler wird niemals verstehen, daß die Welt ein Phänomen ist und die Galapagos-Inseln verwunschene Inseln sind." Gus Angermeier wurde hier ein spiritueller Mensch, ein Philosoph.

Wir tranken Tee, und seine blauen Augen blitzten, wenn er Tempo und Inhalt des Gesprächs bestimmen konnte. Sein kräftiger, freier Oberkörper und sein vitales Temperament verrieten nicht seine 76 Jahre. Alle größeren Gebeine in der Höhle waren mit deutlicher Schrift versehen. Sie wirkten so, als ob ein Museumskurator den Text zu dem Ausstellungsstück nicht auf eine kleine Beistelltafel, sondern gleich – für jeden aus der Ferne sichtbar – auf das Exponat selber geschrieben hätte. Deshalb vielleicht der Eindruck eines Museums.

Auf einer Wal-Rippe lese ich: Aber das Außergewöhnlichste ist, das Universum hat ein Gefühl (Albert Einstein). Auf einem Bekkenknochen, vermutlich ebenfalls von einem Wal, heißt es: Das Gestern ist nichts als Erinnerung von heute und das Morgen ist der Traum von heute. Über dem Eingang zur Höhle steht der Satz von Albert Einstein: Mir ist ein Phantast lieber als drei Wissenschaftler.

Gus wechselt im Handumdrehen vom Philosophischen zum Sentimentalen. Er erzählt von seiner starken Mutter, die sie als Jugendliche verlassen hatten – die ihn aber lebenslang beeinflußt und beeindruckt hat. Dann schwenkt er abrupt ab zu seinem Haus-Philosophen Bô Yin Râ und zitiert und rezitiert. Gus hat seine philosophische Meinung gebildet, ist starr und beharrlich und bekennt sich als Jünger dieses weisen Mannes. Gus läßt keine andere Meinung gelten, will auch keine andere hören. Wie ein Chamäleon die Farbe, so wechselt er die Themen, und urplötzlich feixt er mit mir wie ein Junge.

Gus Angermeier hat etwas von einer Aura um sich. Viele Menschen sind davon irritiert und verlassen ihn verunsichert. Wenn man neugierig ist und Zugang zu ihm findet, entdeckt man einen klugen, sensiblen Menschen, dem es wichtiger ist, wie er etwas sagt, wie er einen umwirbt, betört und fesselt, als daß all das Gesagte der vollen Wahrheit entspricht.

„Alles wird gut, glaubt es mir", waren seine einfachen Abschiedsworte, die er ständig wiederholte.

28.

Wir saßen in der Bucht von Punta Ayola im Cockpit und tranken chilenischen Weißwein. Die Chilenen machen einen guten Wein. Dieser erinnerte mich an einen erdigen Sancerre. Es war zur Sundowner-Zeit, der schönsten Zeit des Tages. Der Abend in den Tropen senkt sich schnell, das Farbenspiel des späten Nachmittags, vom tiefblauen Himmel über das später aufkommende zarte, fast transparente Blau – das ich nur auf den frühen Bildern von Dali kannte – bis zu den violetten Tönen vergeht in nur einer halben Stunde. Wir beendeten unsere *heure bleu* erst, wenn der erste Stern – meist die Venus – zu sehen war. Es war meine Aufgabe, den Drink zuzubereiten, wobei ich mich jeweils an die Landessitte hielt. Anfangs war es spanischer Rotwein, dann der portugiesische Allerwelts-Un-Wein Matteus Rosé – wieviel besser ist jedoch der einfache, leicht moussierende portugiesische Viñho Verde. In der Karibik gab es Planter's Punch, Piña Colada oder kalifornische Weine aus dem Napa Valley. In Venezuela tranken wir das gute Polar-Bier, von deutschen Braumeistern gebraut, für DM 4,– pro Kasten (20 Dosen). Später fanden wir Geschmack an dem brasilianischen Cocktail Caipiri aus Rum und Limonensaft, ein Killer in den Tropen.

Inzwischen war es so dunkel geworden, daß man das nahe Ufer, wo die Angermeiers wohnen, nicht mehr ausmachen konnte. Es war bereits im Schwarz der Nacht versunken, aber das letzte Licht der Dämmerung aus dem Westen ließ noch die Kakteen als Silhouetten erkennen. Zwei Fregattvögel kreisten über dem Land, und bald wurde es Zeit für die *flying foxes*, die Fledermäuse, die auf allen größeren tropischen Inseln am Abendhimmel zu sehen sind. Plötzlich, und in dieser Atmosphäre unerwartet, erklang – gar nicht weit von uns – eine Klarinette. Jemand spielte eine bekannte Swing-Nummer, nicht so professionell wie Benny Goodman, nicht so kultiviert wie Artie Shaw, aber sie swingte. „*It ain't mean a thing if it ain't got that swing.*"

Am nächsten Tag erfuhren wir, daß der Mann mit der Klarinette David „Clarinet" Clark war. Er hatte seine einfachen Plakate überall im Ort an Türen, Bäume und Häuserwände geklebt. Er wollte im Café Estoril spielen. Wir hatten in der Nacht zum 3. März die Überzeugung, jemand wußte von Mildas Geburtstag und hatte für sie die Musik bestellt. Tatsächlich spielte sich David Clark die Finger geschmeidig nach seiner 14tägigen Überfahrt von Panama.

David Clark ist ein typischer Yankee. Er ist laut, freundlich und hilfsbereit. Manchmal war er so naiv, daß man nicht wußte, war es Absicht oder Unkenntnis. David war gutgläubig, aber gleichzeitg äußerst zielgerichtet, was die Amerikaner oft zu großen Spezialisten macht, ohne daß sie zwangsweise über ein allgemeines Wissen verfügen müssen. David hatte auch das große Herz eines Yankees, in das er spontan jeden einschloß, unabhängig davon, daß er in seinen 64 Jahren schon viel zu oft übervorteilt worden war. So zum Beispiel in Houston, Texas, als er aus Neugierde die Bootsmesse besuchte. Von einem cleveren Verkäufer überredet, verließ er den Ort mit einem Kaufvertrag für ein Boot. Oder wie vor kurzem in Colon, wo er entgegen allen Warnungen allein durch die Straßen ging, von einem jungen Mann um Auskunft gefragt, von anderen von hinten überfallen und ausgeraubt wurde.

David Clark hatte unzählige Berufe gehabt, er erzählte von über 100 Jobs und ebensovielen Wohnsitzen. Er kam aus den Bergen Oregons, fing in den 30er Jahren als Skilehrer an, zog in den Krieg, verkaufte danach Land, Autos, Versicherungen, Holz, arbeitete in Minen unter Tage, als Trucker, Kellner und Frisör über Tage. Er lernte mit 50 Jahren Klarinette spielen und mit 60 Jahren ein Schiff auszubauen. Er paßte in keine Kategorie, und wenn eine Firma oder Frau ihn zu fassen bekam, versuchte er zu entkommen. „*I have ants in my pants*“, meinte er, „*Klaus, don't laugh, I really mean it to the bottom of my heart.*“ Ständig übertrieb er – auch im Spaß. Sein Leben war ein Reigen von Übertreibungen.

In den Jahren vor seinem Leben an Bord fuhr er tagsüber durch die Städte und Staaten der USA, um Lebensversicherungen zu verkaufen. Dabei war er so erfolgreich, daß er sein Jahressoll bereits nach drei Monaten erfüllt hatte. Danach spielte er Klarinette in Clubs, Hotelbars und Restaurants. Wenn ihn seine Reise im Wohnmobil in die Nähe des Bootsliegeplatzes in Florida brachte, dann baute er an seinem Schiff. In Houston hatte er nur die Kunststoff-Schale mit Rigg, Segeln und Dieselmaschine gekauft. Um eine Yacht innen auszubauen, braucht man einen Bootsschreiner oder man muß selber sehr viel Talent mitbringen. Im Boot wechseln ständig die Radien, die Ebenen und die Winkel. Man kann wenig mit Schablonen arbeiten. Alle Teile müssen angepaßt werden. David ging an den Holzausbau anders als andere heran. Er kaufte Tausende von verzinkten Nägeln, halbzolliges Sperrholz, genügend Zwei-Komponenten-Kleber, eine Stichsäge, Zollstock und Hammer. Dann machte er sich an die Arbeit. Er war der schlechteste, laienhafteste, konzeptionsloseste Bootsausbauer weit über Floridas Grenzen hinaus – vermutlich in der ganzen Welt. Alle Sperrholzbretter hatte er auf Stoß gesetzt, keine Umleimer genommen, keine Beschläge versenkt, alles Holz war roh, eckig, kantig. Sein Boot SEA ME NOW war unter Deck ein Exzess an Häßlichkeit. Nur auf der vorderen Koje konnten Lynda und er sich hinlegen. Ansonsten hatte das Schiff keinen einzigen Sitz-, Ruhe- oder Liegeplatz. Nur Wände, Kanten und Stauräume für seine Lautsprecher, Verstärker, Abspiel- und Aufnahme-Geräte.

David Clark war mittellos, als er wegfuhr. Sein Geld wollte er mit Klarinettespielen in Hotels oder Restaurants verdienen. An jenem Abend, als wir ihn im Café Estoril verpaßten, hatte er in dem kleinen Insel-Café 60 $ plus Essen und Getränke für Lynda und sich verdient. Ohne Geld um die Welt.

Eine weitere seiner Übertreibungen lernte ich nach unserem Treffen auf den Galapagos-Inseln kennen. Wir hatten eine Frequenz auf SSB ausgemacht und eine bestimmte Uhrzeit, zu der wir uns von Boot zu Boot unterhalten wollten. Die Passage von den Galapagos-Inseln zu den Marquesas-Inseln beträgt 3000 Seemeilen, länger als eine Atlantik-Überquerung. Der Kurs durch die Doldrums kann für Überraschungen sorgen, je nachdem wie lange die Windstillen anhalten. Es gibt Boote, die schaffen es in 22 Tagen, andere brauchen 74 Tage. Also war der Vorschlag, Kontakt zu halten, nicht schlecht und auch nicht ungewöhnlich für einen kommunikationsfreudigen Amerikaner. Wir starteten einen Tag vor ihnen. Nach zwei Tagen war David auf der Frequenz. Viel zu laut konnte ich ihn aufnehmen, so daß ich den Ton drosseln mußte. Er schrie so ins Mikrophon, als ob er Angst hätte. *„Hi Klaus, what kind of sails are you wearing right now?“* Ich erklärte ihm, wie die Winde bei uns waren, welche Segel wir fuhren, und bereits beim ersten Gespräch erzählte mir David in seiner Naivität mitten im Pazifik, daß er kaum segeln könne. Das war keine Übertreibung, denn im Laufe der Tage stellte sich heraus, daß er wirklich gar keine Ahnung hatte. Er war von Florida bis Jamaika motort; von dort bis Panama motorte er weiter und zupfte bei schwachen Winden ein wenig an den Segeln. Vom Panama-Kanal an hatte er auf der 900 Seemeilen langen Strecke wohl das Großsegel und die Genua hochgezogen, nicht wissend, welche Funktion diese Segel genau haben. Ich gab ihm also einen Fernkurs auf der Frequenz 7.097,0 USB. David und ich machten dabei das einzig Richtige, wir amüsierten uns über uns selbst. Er benutzte zum ersten Mal seinen Blister und lernte, daß sein Boot als Kutter geriggt war – die Fock hatte er noch nicht einmal aus dem Sack geholt.

David „Clarinet“ Clark glich all seine Unwägbarkeiten, Übertreibungen, Übertretungen nicht allein durch seine Naivität aus, er konnte einen auch mit dem Charme eines Naturburschen entwaffnen. Zwischen Samoa und Tonga gerieten Lynda und er in sehr schlechtes Wetter. Alles, was nur schief gehen konnte, ging schief. David beschrieb seine Situation auf dem Funknetz, und alle Teilnehmer der Frequenz wurden Zeuge, wie er in seiner Aufregung alte Begriffe der Seemannschaft neu formulierte. Aus *„jury rigg"* (Not-Rigg) machte er ein *„judge rigg"* (Richter-Rigg), und als er beidrehte und dies allen mitteilen wollte, wurde bei ihm aus *„to heave to"* ein nie gehörtes *„to heho"*. Worte, die seit diesem Jahr in den amerikanischen Segler-Sprachschatz im Pazifik eingangen sind. Vielleicht heißt es auch einmal in Deutschland „Richter-Rigg" oder wir haben „gehehot".

Monatelang spielte David in Hotels und Restaurants von Tahiti, Samoa, Neuseeland, Australien und später in Südafrika seine swingende Klarinette mit Playback-Musik. 50 US-$ erhielt er beim Chinesen im Hotel Royal in Papeete pro Abend. In Neuseeland zahlte man ihm ähnlich viel. Hier mußte er aber am Schluß seines Aufenthalts in Auckland beim bankrotten Jungunternehmer einen Teil seines Honorars abschreiben. In Australien verdiente David sehr gut bis zu dem Tag, da die strenge Einwanderungsbehörde hinter seine Schwarzarbeit kam, so daß er innerhalb von 24 Stunden die Stadt Darwin und das Land verlassen mußte.

In Neuseeland hatte ihn seine Frau Lynda verlassen. Ein Schiff ohne Sitze, ein Mann, der sie beim Segeln in Angst und Schrecken versetzte, eine Bordkasse, die nie voll war, und die Unsicherheit, die ein 64jähriger, niemals seßhaft werdender Mann ihr gab – all das konnte sie nicht mehr ertragen. Sie flog zurück nach Kalifornien.

David Clark, von dem ich immer noch nicht weiß, ob er mit den Gesetzen des Lebens spielte oder selbst ein Spielball dieser Gesetze war, der entweder wirklich nicht segeln konnte oder uns alle zum Narren hielt, dieser Mann, der nur aus einer Laune heraus ein Boot kaufte und nur wegen eines unverbindlichen Versprechens seinen Kindern gegenüber diese Weltreise machte, für die er nicht der Richtige war, segelte ab Neuseeland allein. In unser Gästebuch schrieb er die Worte von R. W. Emerson: *„A rolling stone gathers no moss"* (Ein rollender Stein setzt kein Moos an).

Aus Südafrika schrieb er seiner Familie einen langen Brief über seine Passage durch den Indischen Ozean. Diesen Brief schickte uns seine Frau Lynda mit einem *„No comment"*.

Liebe Familie,
das genaue Datum habe ich vergessen, aber es scheint, daß ich in der ersten Augustwoche von Singapore abfuhr in Richtung Südchinesisches Meer. Ich hatte fast den Null-Breitengrad (Äquator) erreicht, als die Aries-Windfahnensteuerung ausfiel. Die Leute, die daran gearbeitet hatten (Pelagions Yacht Co.), hatten ein Lager nicht wieder eingebaut, eine Lagerschale falsch eingesetzt und einen Bolzen nicht angezogen. Ich mußte die ganze Strecke nach Singapore zurücksegeln, um die Reparatur machen zu lassen! Das bedeutete zwei brenzlige Wochen! Aber ich schaffte es und startete noch mal nach Süden zur Sunda Strait (trennt Sumatra und Java in Indonesien) und zum Indischen Ozean. Als Folge der meist mit Singapore verknüpften Pannen wurde diese Passage, die erträglich hätte ablaufen sollen, zu einem gräßlichen Alptraum.

Als ich im Indischen Ozean war, fiel erneut die Winfahnensteuerung aus – mit Bordmitteln war nichts zu machen. Danach streikte 2000 Seemeilen vor Mauritius der elektrische Autopilot. Ich mußte jetzt entweder per Hand steuern oder einen neuen Autopiloten einbauen. Glücklicherweise hatte ich Ersatz. Die Pinne dazu, die ich in Kalifornien gekauft hatte, war noch an Bord – das ist die gute Nachricht. Die schlechte war, daß die Halterung, die seitlich am Rumpf befestigt war, schon lange vorher, während einer Ozeanpassage über Bord gegangen war. Aber da ich nun mal der kreative Sohn, Bruder, Daddy, Ehemann bin, gelang es mir, eine drei Fuß lange Stange an der Reling gegenüber der Pinne festzulaschen. Am anderen Ende der Stange befestigte ich eine Grippzange. Dann habe ich die Zange mit ca. 50 Meter Schnur mit der Pinne umwickelt. Das Problem war, daß das die einzige Stange an Bord war und diese meine Koje halten mußte. Folglich hate ich nun keine Koje mehr und verbrachte die nächsten 2000 Seemeilen auf dem Boden schlafend. Besser so als keine Steuerung.

Das bißchen Konstruktion kostete mich ein paar Stunden von 3.00 Uhr morgens bis 12.00 Uhr mittags. Der Seegang im Indischen Ozean war von der Sunda Strait bis Mauritius gewaltig. Während dieser Fahrt war ich mit blauen Flecken bedeckt, weil ich oft von einer Seite zur anderen geschleudert wurde. Ich wünschte, ich hätte eine Filmkamera, dann könntet ihr sehen, was passierte.

Um Löcher in die Stange zu bohren, mußte ich meinen Honda-Generator anwerfen. Natürlich wollte er wegen der extremen Bewegung über Bord schlittern, so mußte ich ihn erst mal an Deck festlaschen. Alles was ich an Bord tue, muß mit einer Hand getan werden (gewöhnlich mit der rechten, da ich Rechtshänder bin). Die linke Hand und beide Beine brauche ich, um nicht über Bord zu gehen. Daher der Name Einhandsegler!

Mir schien, daß mein Schutzengel zurückgekehrt war, und ich hatte die lächerliche Vorstellung, daß keine Probleme mehr auftauchen würden. Das war ein kurzlebiger Traum. Zwei Tage sspäter – immer noch gut 1800 Seemeilen vor Mauritius – unter zwei Reffs im Großsegel mit anständigen sechs Knoten segelnd, hatte ich den Anblick von zwei schrecklichen, grauenhaften Erscheinungen. Die erste, vermutlich die weniger unheilvolle, war die einer ungeheuren schwarzen Wolkenbank direkt vor mir, mit festem Versprechen von kräftigen Winden, heftigem Regen und extrem schlechtem, ungemütlichem Wetter. Der zweite Anblick war unendlich schlimmer. Kein menschenfressender Hai, kein wütender Wal, kein mich überfahrender Tanker. Nein, nichts davon, statt dessen war es das kleine rote Licht der Lichtmaschine mit böswilligem, sadistischem Schein, das mir keineswegs zweifelhaft sagte, daß meine Batterien nicht länger geladen würden. Das bedeutete: kein Radio, keine automatische Steuerung, keine Navigation (Satnav), keine Wasserpumpe, um die Bilge auszupumpen (Wasser kommt von der Stoffbuchse rein und muß regelmäßig ausgepumpt werden), kein Licht für drinnen und keines für die Positionslampen (nachts können Schiffe mich nicht sehen). Mit drohendem, schlimmem Wetter und schwindendem Strom würde das Leben auf der SEA ME NOW *reichlich hart werden. Aber was soll's!*

Ich nehme die Motorverkleidung runter und erkenne sofort, was passiert war. Ein Leck in einem der Auspuffschläuche hatte, wer weiß wie lange, Seewasser auf die elektrischen Verbindungen vom Starter und von der Lichtmaschine gespritzt und dadurch alle elektrischen Verbindungen kurzgeschlossen. Die Aussichten für die nächsten Stunden sind nicht rosig! Die Wellen werden höher (und sie sind schon riesig), die Windstärke steigt auf 50 Knoten (mehr oder weniger). Da der Einbruch der Nacht bevorsteht, wird es tintenschwarz werden. Von den verschiedenen Taschenlampen an Bord ist die einzige, die funktioniert, diejenige, die ich regelmäßig wegen eines Wackelkontaktes an die Motorverkleidung klopfen muß, und das mit recht unfreundlichen Worten.

In totaler Dunkelheit (ab und zu ein Lichtschimmer von der verdammten, nicht funktionierenden Taschenlampe zeigt mir, wo meine rechte Hand ist) – wie gesagt, in totaler Dunkelheit, das Boot stampfend, gierend, rollend, und ich, natürlich mit der linken Hand mich haltend und beide Füße auf zwei verschiedene Schotten gestützt, fange an, nach meinem Werkzeug zu tasten, nach elektrischen Verbindungsstücken und Isolierband. Vier Stunden später, nach recht unfreundlichen Ausdrücken, die Knöchel gescheuert, den Kopf angestoßen, ist die einzig passende Nuß in die Bilge gefallen. Um die runtergefallene Nuß wiederzufinden, muß ich das Bodenbrett heben, mich flach auf den Bauch legen und in den Sumpf hineinlangen, um sie zu greifen. Der Grund, wesshalb das Brett gehoben werden muß, ist, daß die Bilge so tief liegt, daß selbst meine Finger den Boden kaum erreichen. Dabei liege ich mit dem Oberkörper in drei Zentimeter Dieselöl und schmutzigem Wasser. Sehr unangenehm! Ich glaube, daß die Kabel der Lichtmaschine wieder in Ordnung sind. Bevor ich die Maschine starten kann und wieder Strom gewinne, muß ich den kaputten Auspuffschlauch in Ordnung bringen, mit dem das ganze Problem begann. Nun hat dieses besondere Stück von Schlauch einen äußeren Durchmesser von 3/4 Zoll. Es gibt nur eine Stelle im ganzen Boot, wo ich dieselbe Schlauchgröße habe, am Einlaßventil zur Toilette. Es entstand jetzt ein Wettbewerb zwischen Motor und Toilette. Die Toilette verlor.

Mit meiner flackernden Taschenlampe und meiner guten rechten Hand (linke Hand und beide Füße haltsuchend eingeklemmt) schließe ich das Ventil im Rumpf, montiere die Toilette ab und ersetze den Auspuffschlauch durch den Einlaßschlauch der Toilette. Jetzt hatte ich nicht nur kein Bett, sondern auch keine Toilette mehr. Ich benutzte nun den guten alten Eimer.

Als letztes prüfte ich den Keilriemen, ob er stramm genug war, all die elektrischen Verbindungen, ein letzter Blick galt dem reparierten Auspuffschlauch, und dann dachte ich, fertig zum Start zu sein. Ich hielt meinen Atem an, ob ich genug Saft auf den Batterien hatte oder nicht. Dann gab ich dreiviertel Gas, dekomprimierte den Motor, drehte den Schlüssel, um gleichzeitig den Kompressionshebel herunterzudrücken und: Kabonka, Kabonka, der kleine Yanmar hustete und kotzte sich ins Leben zurück.

Welche Erleichterung war die Rückkehr meiner Schutzengel. Ich war jetzt überzeugt, daß keine Pannen mehr passieren würden und es würde verhältnismäßig einfach sein, bis Mauritius auszuharren. Träum weiter, träum weiter, träum weiter... Zwei Tage später, immer noch 1600 sm östlich von Mauritius, setzte die Lichtmaschine erneut aus und diesmal, das wußte ich todsicher, für immer.

Ich habe das nicht erwähnt, aber bevor ich Singapore verließ, hatte ich die schlaue Idee, ein paar Solarzellen zu kaufen, für den Satnav. Ich war nicht sicher, ob sie genug Strom für den Satnav und den Autopiloten geben würden. Weil ich kein Licht, keine Wasserpumpe, keine Musik, kein Radio einschaltete, lieferten die Solarzellen genug Strom für die Steuerung und Navigation. Die Solarzellen retteten meine Haut. Natürlich, als die Lichtmaschine starb, hatte ich keinen Motor mehr, um das Bilgewasser auszupumpen.

Wieder einmal bei schwerer See, mit der linken Hand festgeklammert und beide Füße abgestützt, montierte ich das Abflußrohr vom Ausguß ab, setzte ein Extrastück Schlauch dran – diesmal vom Abfluß der Toilette – und führte diesen Schlauch in die Bilge. Durch dies Machwerk gelang es mir, mit viel Stöhnen und Anstrengung per Hand die Bilge auszupumpen. Nun sind meine Toilette, mein Bett und mein Ausguß dahin. Die nächsten paar Tage verlaufen ganz geruhsam. Ich bin im Halbschlaf im Cockpit, vermutlich von meiner Ankunft in Florida träumend, vom Wiedersehn mit Euch allen. Ganz plötzlich werde ich durch einen schrecklichen Krach aus der Kabine unten aufgerüttelt. Hier sollte ich erwähnen, daß ich auf diesen langen Fahrten einen Extravorrat von 20 Gallonen Diesel in Kanistern mitführte. Zwei 10-Gallonen-Plastik-Kanister, die am Schott unter dem Kartentisch angebunden sind. Ich bin immer besonders vorsichtig hinsichtlich ihrer Sicherheit gewesen, denn wenn sie sich jemals lösen würden, gäbe es eine schreckliche Verwüstung.

Ihr habt wohl schon erraten, was passierte … Bei dem schweren Seegang, bei dauernder Bewegung, Stampfen, Gieren und Schlingern waren die Haltetampen durchgescheuert und die beiden 10-Gallonen-Kanister krachten durch die Stützen des Kartentisches, zerstörten die Schubladen und den Navigationstisch. Auf der gegenüberliegenden Seite war der Stoß so stark, daß der eine Kanister splitterte, und 10 Gallonen Diesel ergossen sich im Salon. Mit meiner Taschenlampe, die nur funktionierte, wenn sie heftig beschimpft und gleichzeitig geschlagen wurde, mit diesem unregelmäßigen Licht verbrachte ich den Rest der Nacht damit, in den 10 Gallonen Dieselöl schwimmend den Kraftstoff in die Bilge zu befördern, wo ich ihn dann wieder mit aller Kraft per Hand herauspumpte.

All die erwähnten Erfahrungen machten die Überfahrt von Singapore nach Mauritius zu einem grausigend Alptraum, aber mit dem letzten Tag verglichen, den ich gleich beschreiben werde, glichen sie geradezu einem ruhigen Parkspaziergang. Nach sechs Wochen und zwei langen Stops in Cocos und Rodriguez umrundete ich endlich eines frühen Morgens die Nordwestecke von Mauritius und konnte die Stadt Port Louis fünf Seemeilen südlich von mir sehen. Wie großartig sah sie aus. Keine Worte können mein Entzücken schildern, mit dem ich SEA ME NOW *der ersten Dusche nach sechs Wochen entgegensteuerte, der Post meiner Familie, einem Essen in einem richtigen Restaurant, und das Boot endlich ruhig, still, unbewegt vor Anker liegend zu haben. Wie toll würde es sein, so dachte ich.*

Aber es sollte nicht sein. Erschöpfung, schlechte Einschätzung, Ungeduld, was auch immer? Ich war eine halbe Meile von den Einfahrtbojen entfernt und laufe auf Grund, traf das Riff bei Flut. Ich hängte sofort mein VHF-Radio an die Batterien und rief die Küstenwache an. In 30 Minuten waren sie da. Ich befestigte ihre Trosse am Bug. Sie taten ihr Bestes, um mich loszuziehen. Aber es klappte nicht. Ich saß fest. Nach drei Stunden bei fallender Tide verließen sie mich mit dem Versprechen, am Morgen wiederzukommen. Achtzehn Stunden lang, von 18.00 Uhr bis zum nächsten Mittag, versuchte SEA ME NOW *sich selbst loszureißen. Eine Welle kam rein, hob sie drei Fuß hoch und als die Welle zur Küste abfloß, krachte die Yacht mit einem niederschmetternden Geräusch zurück aufs Riff. In diesen 18 Stunden bin ich um zehn Jahre gealtert, verlor alle meine Haare, und mein Bart wurde grau. Am näch-*

sten Mittag brachte die Küstenwache ein 165 Fuß-Kriegsschiff, dicke Kanonen und alles. Sie hielten sich ca. 400 m entfernt, brachten ihr ein Zoll starkes Tau rüber, warfen ihre zwei Dieselmotoren an und zogen SEA ME NOW *kreischend, kratzend und ächzend über ca. 150 Meter Sand, Fels und Korallen. Sie war wieder in tiefem Wasser, dank der Küstenwache. Es scheint alles heil zu sein. Pacific Seacraft baut wirklich ein stabiles Boot.*

Seit ich hier bin, hatte ich einige wundervolle Erfahrungen, als Wiedergutmachung für die klägliche Überfahrt, aber davon werde ich in der nächsten Fortsetzung erzählen.
Euer David.

Segler sind ambivalente Wesen. Einerseits romantisch und emotional und andererseits exakt, pingelig, analytisch. Das emotionale Moment läßt sie hinausfahren auf See, ins Unbekannte, in einen Bereich, der voller Verzauberungen und Überraschungen ist. Sie verlassen, wie Nomaden, einen Platz der Sicherheit. Die rationale Seite nennt man Seemannschaft. Dieser Begriff Seemannschaft setzt sich aus vielen Komponenten zusammen: Erlerntem, Erfahrenem, Gesetzen, Instinkt, Vorsorge, Besorgnis. Jeder Fahrtensegler begreift seine Seemannschaft anders. Es gibt ein Buch mit dem Titel: „Seemannschaft". Man kann es lesen und begreifen, dennoch langt es nicht, mit diesem Wissen auf See zu fahren. „Wenn die Streichhölzer nicht an der Stelle liegen, wo sie hingehören, kann ein Schiff untergehen." Dieses ist der Extrakt der Seemannschaft. All das erforderliche Wissen, das Notwendige, das Penible, die benötigte Exaktheit, steckt in diesem Satz, der aus der Zeit der Rah-Segler stammt.

David Clark hatte lediglich an dem Fläschchen dieses Extrakts geschnuppert. Er war kein Seemann und segelte dennoch. Er war ausschließlich emotional gepolt und wies alles Rationale von sich; in der Ying-Yang-Polarität war er ganz das Ying, das weibliche, das kreative, spontane Element. Vielleicht war es das, was viele Segler an ihm mochten.

29.

Am 3. April 1988, es war seit zwei Stunden Ostersonntag, segelten wir bei ganz leichtem Wind einen Kompaß-Kurs von 269°. Ich hatte Nachtwache. Milda schlief im Salon an Steuerbord. Auf dieser langen Route durch den Südpazifik beschäftigte ich mich nachts mit den Sternen. Ich hatte mir im schwachen Licht des Navigationstisches ein neues Sternbild eingeprägt und suchte vom Cockpit aus nach dem dazugehörigen Leitstern. Plötzlich erhellte sich im SE der Nachthimmel, und ein breiter, leuchtender Schweif raste auf den Horizont zu. Die Nacht ist hell, wie unter magischem Flutlicht! Weg, weg ist der Komet, die Erscheinung, das Phänomen, der Satellit, der Meteorit. Ich hatte bisher Hunderte von Sternschnuppen gesehen – diese Erscheinung war hundertmal mehr. Der Himmel war für diesen winzigen Moment so hell wie der Himmel über Hamburg, als Rothenburgsort 1943 brante. Unsere Position: 9° 37′S, 127° 24′W.

Am Morgen redeten wir über dieses Ereignis, bis ein anderes uns mehr beschäftigte. Gestern und vorgestern hatten wir kleine, weiße Boote in der Ferne gesehen. 2500 Seemeilen von der südamerikanischen Küste entfernt, 500 Seemeilen vor den Marquesas-Inseln. Wer fischt hier? Das erfuhren wir an diesem Ostersonntag. Während in Deutschland Ostereier gesucht wurden, fanden wir andere bunte Kugeln. Es waren rote Bojen, die wir in einem Abstand von ca. einer Kabellänge vor uns sahen. Ich griff zum Fernglas, die Bojen verschwanden im Endlosen. Wir näherten uns vorsichtig der ersten, und ich sah, wie ein Netz daran hing. Im klaren Wasser konnten wir erkennen, daß es mit der Boje verbunden war und wohl zu der nächsten Boje führte. Am Spätnachmittag kam einer der ersten weißen Punkte auf uns zu. Es war ein Fischerboot. Deutlich war die rote Sonne, die japanische Flagge, auf dem Rumpf zu erkennen. Die Männer legten Netze und neue Bojen aus.

Erst später erfuhr ich, was ich hier noch nicht glauben wollte: Die Japaner, Taiwanesen und Koreaner legen bis zu 50 Seemeilen lange Treibnetze aus. Diese Netze sind mit Bojen verbunden. 50 Seemeilen sind ca. 90 Kilometer. Das entspricht einer Strecke von Düsseldorf durch das gesamte Ruhrgebiet bis Dortmund. Auf diesen 50 Seemeilen wird alles getötet. Nutzfische, Raubfische, Delphine, Wale, Schildkröten, Seevögel – alles, was dicker als wenige Zentimeter ist. Kein Artenschutz-Gesetz ist hierfür zuständig. Kein Richter erhebt hier Einspruch. Kein Anrainerstaat wehrt sich gegen diesen asiatischen Holocaust im Meer. Arme Pazifik-Staaten, auf deren Koralleninseln nur Palmen wachsen und deren einziger Reichtum im Meer liegt, verhökern für den Gegenwert einer Radiostation oder von drei Stipendien in Osaka ihre 200 Seemeilen-Fischereizone. Ein neuseeländischer Schaffarmer packte diese Misere in seine Worte: „Wenn wir die Japaner vom Fischessen zum Lammfleischessen bringen würden, dann wäre uns allen geholfen." So einfach ist es nicht.

Um Steward Island, im Süden der Südinsel Neuseelands, liegt einer der bedeutendsten Langustengründe der Welt. Das kühle, sauerstoffreiche Wasser gibt dem Aasesser hier besonders viel Nahrung. Die gefangenen Lobster werden auf eine Temperatur heruntergefroren, bei der es zu kalt ist zum Leben und nicht kalt genug zum Sterben. In Gefriercontainern werden sie nach Japan geflogen, wo sie rechtzeitig vor dem Dinner noch einmal bei lobsterwürdiger Temperatur aufleben dürfen.

In Japan herrschen die strengsten Umweltgesetze. Bevor dort ein Baum gefällt werden kann, bedarf es höchster Eingaben bei den Behörden. In anderen Ländern gibt es mehr Wald. Papua Neuguinea, die Salomon-Inseln, Malaysia oder Indonesien liegen nicht weit. Bevor ein balinesischer Fischer sich einen Baum aussucht, um diesen für seinen Bootsbau zu fällen, betet er ihn an, lange vor ihm kniend, und bittet ihn um Vergebung. Die Regierungen dieser Länder brauchen Devisen. Denn 120 Millionen Japaner benutzen mittags 240 Millionen Eßstäbchen aus Holz und nochmals 240 Millionen am Abend. Nein, in der japanischen Eßstäbchen-Wegwerf-Gesellschaft sind Stäbchen aus Plastik verpönt.

Für Japaner ist der Pazifik ihr heimisches und unheimliches Planschbecken.

Am 25. Mai 1988 ankerten wir in der Lagune des Tuamotu Atolls Manihi. Am Nachmittag sprach ich mit den Perlenzüchtern. Der Mann, der die Kunst versteht, in die nur pfennigdicke Spalte der Muschel einen winzigen Fremdkörper zu plazieren, um den sich später die schwarze Perle bildet, verdient 500 US-$ am Tag. Danach tauchte ich in die Lagune und schaute mir einige dieser neuen Perlen-Kulturen unter Wasser an.

Später, an Bord, um 18.00 Uhr Ortszeit, hörte ich auf dem 31-Meter-Band die Nachrichten der Deutschen Welle. Die Franzosen hätten soeben – keine 180 Seemeilen entfernt – auf dem Mururoa-Atoll eine Atombombe im Korallengestein explodieren lassen. Nichts hatte bei uns an Bord diese Atomexplosion verraten. Aber ich fragte mich, wie andere Einwohner der Anrainerstaaten des Pazifiks auch, wie lange der Korallenblock, auf dem das Atoll steht, diese Detonationen noch aushalten wird. In der „Greenpeace-Chronology – The French presence in the South Pacific 1838–1990" heißt es: *May 25, 80 kt* bomb test Mururoa.* Die Explosion am 25. Mai 1988 war der 87. Atomversuch auf dem Atoll Mururoa. Wenn das Basaltfundament birst, wenn atomare Strahlungen austreten, dann ist der Pazifik vergiftet, tot für immer – und alle anderen Meere auch: *Les jeux sont faits* – das Spiel ist aus!

Der große Jacques Cousteau, dessen Fahrten mit der CALYPSO ich jahrelang im Fernsehen verfolgt hatte, war nur fünf Tage auf Mururoa. Die Franzosen hatten ihren populären Wissenschaftler gebeten, das Gestein zu untersuchen. Er und seine Mitarbeiter sind getaucht und haben festgestellt, daß die Welt unbesorgt sein könne: Der Korallenstock sei nicht geborsten und werde auch nicht bersten! Diese Nachricht war für alle Pazifikanrainer eher beunruhigend als beruhigend. Wenn alles so sicher ist, weshalb zünden sie die Bombe nicht im heimatlichen französischen Zentralmassiv. *Faire la bombe* (auf gut Deutsch: ein Fest feiern)!

Auch für die Franzosen ist der Pazifik ihr heimisches und unheimliches Planschbecken.

---

* (kt = Kilotonne)

30.

Wir bereiteten uns in der Academy Bay auf die lange Überfahrt gen Westen vor. Ich hatte einige deutsche Zeitschriften ausgelesen und überlegte, wem ich sie schenken könnte. An Bord wird nichts weggeworfen, was nicht mehrfach auf möglichen Zweitnutzen überprüft wurde. Marmeladengläser sammelten wir für die anstehenden Malerarbeiten, aus bestimmten Yoghurtbechern machte ich Unterlegscheiben, Flaschen gaben wir oft den Einheimischen, so in Sri Lanka.

Ich hatte eine deutsche Yacht in der Bucht gesehen und ruderte zu ihr rüber. Eine Frau war an Bord. Ich stellte mich vor und gab ihr die Tüte mit alten Stern- und Spiegel-Heften. Mißtrauisch schaute sie mich an, so als versteckte ich in der Tüte zwei tote Ratten. Als sie dann anfing, auf ihren Mann zu schimpfen, der ihrer Meinung nach da, wo er hingerudert sei, kein Wasser und auch kein Diesel bekommen könne, wechselten wir noch ein paar Worte, und ich ruderte irritiert zurück. Anna heißt sie und er Herbert. Ihr Boot ist die ORION.

Erst später, als wir sie in dem Ahé-Atoll der Tuamotus wiedertrafen, lernten wir uns kennen, und ich erfuhr, weshalb sie damals so abweisend dreinschaute. Anna Klein leidet, ähnlich wie unsere schweizerische Freundin Monika Fischer, an der panischen Vorstellung, Kakerlaken würden auf ihr Boot einwandern. Sie hatte meine Tüte damals so beiseitegelegt, daß sie sowohl mich als auch die Öffnung der Tüte im Auge hatte, aus der – weiß man's denn – einem Ameisenstrang gleich Hunderte von Kakerlaken von der AFRICAN QUEEN zur ORION wandern könnten. Ich habe sie nie gefragt, ob sie unsere Zeitschriften je gelesen hat.

Herbert Klein, aus Bremen, besaß ein Geschäft für Berufsbekleidung. Er lernte Anna an einer Bushaltestelle kennen, ließ sich scheiden, segelte viel mit ihr im Norden Europas; sie heirateten und beschlossen, auf Große Fahrt zu gehen. Sie hatten gleiche Interessen, er hatte ein gesichertes Einkommen, der berufliche Ehrgeiz war befriedigt, Kinder wollten sie nicht. Herbert besaß ein schönes elf Meter langes Stahlschiff, das er vor 20 Jahren gekauft hatte. Die kleine Nordia (heute sind die Nordias alle große Yachten) hatte noch die leichten Überhänge der 60er Jahre, ein niedriges Freibord und Holzmasten. Sie war als Ketsch getakelt und hätte mit Sicherheit noch schöner ausgesehen, wenn sie auf ihrer Original CWL-Linie schwimmen würde. Das Boot stand gut im Lack, keine Rostnasen zu sehen, alle Grätings und Holzteile wirkten wie gerade achtmal neu lackiert und zeigten nicht die häßlichen hellgrauen Flecken, die man so häufig sieht, wenn Wasser unter den Lack ins Holz gezogen ist. Innen wie außen wirkte die ORION ungewöhnlich neu, beinahe wie nicht bewohnt. Anna und Herbert hatten das sauberste und am penibelsten gepflegte Schiff, das ich auf unserer Reise gesehen habe. Einmal ankerten sie in Morea, abseits am Außenriff, nur um 14 Tage lang ungestört das schöne Schiff noch schöner zu machen. In Antigua hatten sie sich ein Sonnensegel nach ihren Vorstellungen bei der teuren Segelmacherei in Nelson's Harbor bauen lassen. Das Sonnendach wirkte wie die Eingangsmarkise eines Drei-Sterne-Restaurants auf der East Side von New York City.

Herbert Klein spielte Gitarre, und in seinem Cockpit habe ich so viel gesungen wie nie zuvor in meinem Leben. Bevor ich zum Gesang komme, muß ich berichten, wie Parties bei Fahrtenseglern gehandhabt werden. Für Einladungen zum Essen haben die Amerikaner das Wort „*pot luck*" gefunden. Übersetzt heißt es Topfglück. Jeder bringt zur *pot luck*-Party etwas Eßbares mit: Einen Reissalat, einen Kuchen, einen gebratenen Fisch, Langusten-Salat oder etwas Unbekanntes, nach Art des Schiffes. Wenn man Glück hat, schmeckt es gut, was man in einem der Töpfe findet, daher „Topfglück". Bei den Getränken gibt es ein anderes ungeschriebenes angelsächsisches Gesetz, und das heißt *b. y. o. (bring your own)* – bring dein eigenes Getränk.

Herbert war nicht nur ein Mann, der sein Leben geregelt und sein Boot in Schuß hatte, er war auch ein großer Spaßvogel. Ein Mann, der überall gute Laune verbreitete, wobei er sich nicht durch zwei Handikaps irritieren ließ: Er sprach kaum Englisch (es waren oft Amerikaner an Bord), und wenn er sang, dann konnte er auch kein Deutsch. Er spielte gern Gitarre, und da er zu keinem der Lieder den Text beherrschte, preßte er die Lippen zusammen und blies wie durch einen Kamm. Es klang ähnlich einer Kazu. Nein, musikalisch war er auch nicht. Er beherrschte nur wenige Akkorde auf der Gitarre. Aber wenn er seine Dada-Musik intonierte und jeden im Cockpit mit seinem Witz ansteckte, wenn Anna an die Gäste Masken und Nasen verteilte, dann zeigte er, daß man auch ohne Englisch und Deutsch, quasi sprachlos, singen, lachen und Spaß haben kann.

Herbert und Anna Klein waren Amphibien-Menschen. Sie suchten sich ihre Ankerplätze nach Tauchrevieren aus. Ihre Ausrüstung und die Reiseplanung richteten sich ausschließlich nach den Revieren unter Wasser. Was wir erst im Pazifik und später auf den Malediven und im Roten Meer erfuhren, wußten Herbert und Anna seit Jahren: Die Unterwasserwelt macht süchtig. Die Sonne, durch Wasser über Korallenbänken gefiltert, erzeugt eine Farbexplosion in der tropischen Unterwasserwelt. Dagegen wirken die Farben eines bunten Herbstwaldes im Sonnenlicht matt. Der Maler Ives Klein hat ausschließlich das reinste Ultramarinblau für seine Bilder verwendet, nur diese eine Farbe. Seine monochromen Bilder reflektieren das schönste Blau, das der Landmensch kennt. Ives Klein ist früh gestorben. Ihm blieb nicht die Zeit, sein Ultramarin mit dem Ultramarin des Blauen Segelflossen-Doktorfisches *(Zeba Soma Xanthurum)* zu vergleichen. Man muß den Unterschied selber sehen, man soll nicht versuchen, ihn zu beschreiben.

31.

An den Namen der Kinder erkennt man die Mentalität der Eltern und an den Namen der Boote die ihrer Eigner. Anne und Helmut Hörmanns Boot heißt KLEINER BÄR. Beide kamen aus der Stadt des großen Bären, aus Berlin. War Helmut der Bär hinter dem Namen, seine Figur spricht dafür? Helmut Hörmann ist ein Mensch voller Phantasien und Ideen. Seine neugierigen Augen verraten, daß ihn mehr das interessiert, was hinter dem Hügel liegt. Er wirkt wie ein heimatloser Phantast. Die Flagge an seinem Boot war deutsch, sein Paß französisch, er lebte unter Polynesiern und träumte von Chile oder Neuseeland. Seit elf Jahren liegt sein Boot in der Lagune von Huahine oder in der Cooks Bay von Morea.

Diese Bucht ist schön, so schön, daß selbst Hollywood kapitulierte, hier viele Filme produzierte und dadurch eingestand: Die Realität ist kitschiger als die Phantasie. Einer der letzten Filme war die Verfilmung der „Meuterei auf der Bounty". Bounty heißt Wohltat. Der Bootsname war ein entsetzlicher Fehlgriff, wenn man an den Haß, die Gier, die Gemetzel, Leiden und späteren Morde der Meuterer untereinander denkt. Helmut Hörmann wirkte als Statist mit, als portugiesischer Kaufmann. Er zeigte uns diese Verfilmung als Video und rief zum Schluß: „Da bin ich, da, der Mann am Kai!" Und schon war das Bild weg.

Drei Verfilmungen gibt es über den Kapitän Bligh und den Meuterer Fletcher Christian. Alle Filme kannte ich, und wie so oft war der älteste der beste. Er war in den dreißiger Jahren gedreht. Der junge Charles Laughton spielte Capt'n Bligh, mürrisch und grantig. Mehr als von der Schauspielkunst Charles Laughtons war ich damals von der Schwarzweiß-Wiedergabe des Films beeindruckt. Die farbige Südsee in schwarz auf weiß – ein Widerspruch, der mich faszinierte. Jetzt saß ich im Cockpit, vor Anker liegend in der Cooks Bay von Morea in der Südsee, und dachte an jene ersten Eindrücke, die schwarzweiß waren. Hier merkte ich, daß diese Schwarzweißbilder eine starke Imagination entstehen ließen, eine neue Art des Sehens. Ich sah vor mir die üppige, farbige Umwelt, und in meiner Erinnerung wirkte noch der starke Eindruck des alten Bounty-Filmes. Angeregt von diesem Vergleich dachte ich während der Reise durch den Pazifik und durch Asien darüber nach: Sollte ich nur noch Schwarzweißfotos schießen? Das Auge kennt durch Filme, Fotos, Bücher und Prospekte so viele „Palmen auf hellem Strand vor blauem Himmel", daß jedes Schwarzweißmotiv ein neues, unbekanntes Signal gibt. Am Ungewohnten bleibt man hängen, verweilt und reflektiert neu. Später traf ich den jugoslawischen Einhandsegler und Fotografen Jorgi. Seine Bilder waren Schwarzweißmotive der Südsee, die er selbst im Boot entwickelte und vergrößerte. Es waren Bilder, die Phantasien freilegten, keine fotografischen Fertigprodukte.

Die Hörmanns wohnten in einem kleinen Bungalow, im amerikanisch-polynesischen Stil gebaut. Er gehört zu den Bungalows des Bali Hai-Hotels. Bis vor wenigen Jahren lebten sie noch auf ihrem Boot KLEINER BÄR. Anne Hörmann war die Hotelmanagerin. Die Inhaber sind Amerikaner, der Anspruch ist französisch, das Ambiente natürlich polynesisch, so wie wohlhabende Touristen es lieben. Das Hotel nennt sich nach dem Berg, der die spektakuläre Bucht beherrscht, dem Bali Hai. Nur ist der Bergname so künstlich wie der Südsee-Look der Hotelanlage. Eigentlich hat der Berg einen polynesischen Namen. Als jedoch der amerikanische Schriftsteller James Mitchener in der Bucht ein Zimmer für einige Wochen bezog, um hier an einem Buch zu arbeiten, gab er diesem gewaltigen Berg den indonesischen Namen Bali Hai.

Ich habe diese Geschichte von Helmut Hörmann. Er hat mir viele Anekdoten und Geschichten erzählt. Helmut Hörmann kann zuhören, aufnehmen, verarbeiten und weitererzählen. Leider kann er nicht schreiben. Weil er viele Jahre auf den Inseln Huahine und Morea zugehört hat, weil er Polynesisch sprach, Französisch gelernt hatte, Englisch konnte und viel Zeit besaß und weil er ein *homme de mer* war, brachte er gute Voraussetzungen mit, sein Buch zu schreiben. Helmut Hörmann hat jedoch die Angst vor dem leeren weißen Blatt nicht überwinden können. Viel lieber erzählt er an der Open-Air-Bar des Hotels Geschichten vom Bali Hai-Berg, von Segler-Schicksalen, von Havarien am Riff und einem bayerischen Rentner, der auf einer einsamen Atoll-Insel die einzige Inselfrau, eine Witwe mit Kindern heiratete. Er muß alle seine Geschichten einem Menschen erzählt haben, der wie er gut zuhören, aufnehmen und verarbeiten kann. Nein, wiedererzählen tat es der andere nicht. Der schrieb sich all das Gehörte auf, horchte den eloquenten Hörmann mit geschickten Fragen nach der einen oder anderen Einzelheit der Geschichte weiter aus und tat dann, was Helmut nicht getan hatte: Er brachte es zu Papier und veröffentlichte das Buch später in Deutschland – es wurde zu einem Erfolg.

Helmut Hörmann war in PaPa, dem kleinen Ort am Ende der Cooks Bay, ein beliebter Mann. Er begrüßte die Einheimischen in ihrer Sprache und fand für viele ein paar freundliche Worte. Wir stiegen mit ihm hoch in die fruchtbaren Täler, wo die Wege eng werden und wegen der Anstrengung die Touristen wegbleiben. Dort erfuhren wir von ihm Hintergründe der polynesischen Geschichte. In einem Talbett, verdeckt von Bäumen und Gestrüpp, zeigte er uns Reste einer Marea, einer polynesischen Kultstätte. Helmut erklärte die Fauna, zeigte auf Bienen, die der Weiße Mann eingeführt hatte, und begrüßte an einem der obersten Felder des Tales einen alten Weißen. Es war ungewöhnlich, hier einen weißen Mann bei der Feldarbeit zu treffen. Der Mann schwitzte sehr unter der harten Arbeit in der Mittagssonne. Er lächelte und schien dankbar für die Begegnung zu sein. Zu gerne hätte er sich mit uns unterhalten, seine Vorfahren kamen aus Bayern. Aber er konnte weder hören noch sprechen – er war taubstumm. Schweigend gingen wir mit ihm ins Tal. Seine Familie gab uns Wasser und Früchte. Der Alte lächelte fortwährend, so als ob er uns sagen wollte: In einem der schönsten Täler der Welt arbeiten zu dürfen, das ist das größte Glück.

Anne Hörmann war eine erfolgreiche Hotelmanagerin. Auch ihr Mann war erfolgreich, denn er war beliebt. Nicht bei jedem, aber bei denjenigen, bei denen es zählte. Er war immer beschäftigt. Allerdings hat er Charter-Törns mit Kleiner Bär versucht zu vermeiden. Er mag wohl keine Fremden an Bord. Die Inselsonne hatte ihm im Laufe der Jahre eine neue Identität eingebrannt. Die lange Zeit in der Cooks Bay machte aus ihm einen Mann von Morea. Helmut Hörmann schien mir hier geboren zu sein. Er nimmt an, wo andere ablehnen. Auf Morea hat er seine Bestimmung gefunden. Er war der richtige Mann an der richtigen Stelle in einem vermeintlichen Paradies. Und dennoch: Freiwillig verließen die Hörmanns Morea und siedelten um ins kühlere Neuseeland. Helmut Hörmann gab auf, ein „*banana man*" zu sein.

32.

Das Boot von Gerhard Pyerien und Edna Chinkat-Van war nur 50 cm länger als mein letztes Auto, ein Chevrolet Caprice, und der maß sechs Meter. Gerhard war Österreicher, er wanderte als Zwanzigjähriger nach Australien aus. Da nannte er sich Garry. Der Konditor aus dem Dritten Wiener Bezirk hatte versucht, in Australien eine amerikanische Karriere vom Tellerwäscher bis zum Prospektor zu schaffen. In diesen Jahren hatte er eine eigene Mischung aus unvollkommenem australischem Englisch und Wiener Charme-Idiom entwickelt.

Das schnelle Australien hatte den sanften Gerhard nivellieren wollen. Das ist nicht geschehen. Garry kehrte nach Österreich zurück und wurde wieder Gerhard. Er hatte die Langsamkeit als die ihm entsprechende Lebensform entdeckt und zog ins Burgenland, um ökologisch-biologisch zu wirtschaften. Er züchtete Schafe und entdeckte dabei, daß es wohl einen tieferen Grund gegeben hatte, einst auszuwandern. Er suchte nach diesem Grund und ging nochmals auf Reisen in die Ferne. In Singapore traf der langsame Garry die Chinesin Edna Chinkat-Van. Er nahm sie mit ins Burgenland, wo Edna aber immer fror. Ihm bereitete die Schafzucht wenig Freude, und es fiel ihm nicht schwer, Edna zu versprechen, sie in wärmere Länder zu bringen. Sie hatten Zeit, waren verliebt, sanft, langsam und verträumt. Ohne jede Kenntnis davon beschlossen sie, zu segeln. Ein Leidensweg begann.

In Holland kauften sie sich ein kleines Boot für Binnengewässer, das den Namen Yacht nicht verdiente. Das Bötchen war 22 Fuß kurz. Sie waren stolz auf ihren Kauf, verschwiegen jedoch dem Verkäufer, was sie damit vorhatten. Im Boot konnten sie nur liegen oder kochen. Es war schon spät in der Saison, der kalte, feuchte holländische Winter kam. Wieder fror Edna; Garry, so wollte er wiederum genannt werden, hatte Angst, daß das Boot nicht hochseetauglich sei. Um es für die Ozeane tauglich zu machen, opferte er die Hälfte des geringen Stauraumes und stopfte leere 20-Liter-Plastik-Behälter in die Lücken. Sie sollten bei einem Wassereinbruch Auftrieb für ihr Bötchen geben. Platz für eine kleine Antriebsmaschine gab es im Rumpf nicht. Garry kaufte einen Außenborder. Er mußte reichen, um in Häfen zu motoren. Der Winter in Holland war teuer, das Geld ging zur Neige. In Calais mußte Edna bereits ihren Schmuck verkaufen. Auf den Kanaren zeichnete Garry seine ersten kleinen Plakate für Touristen. Die Misere ihrer Situation ließ sich an den düsteren Farben seiner Motive erkennen.

Wir ankerten in Portobello, zwischen der Isla Grande und der Stadt Colon, dem karibischen Eingang zum Panama-Kanal. Portobello Station, Portobello Road, Portobello Antique Market, mein Lieblingshotel Portobello – nie hatte ich mir in London Gedanken gemacht, woher der Name kam. Natürlich wieder von einer der siegreichen Schlachten Englands! An den Trafalgar-Felsen waren wir bereits vorbeigesegelt. Portobello, schöner Hafen, guter Hafen. Oder Portobello – der Kriegshafen? Die Geschichtsbücher sprechen von Puerto Bello! Der Name hatte für mich den Aruba-Effekt. Hinzu kam, daß der Name einen sicheren Ankerplatz versprach. Portobello war einmal der bestbewachte Hafen Amerikas. Das Inka-Gold wurde von Peru bis zur pazifischen Seite des Isthmus von Darien verschifft, zu der Stelle, die heute Ciudad de Panama heißt. Dort wurde es auf Esel gepackt und dann durch den malaria- und gelbfieberverseuchten Dschungel mit Indianer-Führern nach Portobello gebracht. Hier lagen die schwerbewachten spanischen

Schiffe, die das Gold ins inflationäre Königreich Spanien bringen sollten. Bis der englische Pirat Captain Morgan, der spätere Gouverneur von Jamaica, im Jahre 1668 die Festung zerstörte.

Portobello war einst eine Festung zwischen Meer und Dschungel, mit Wällen, Wachtürmen, befestigten Lagerhallen, befestigten Straßen, eigener Hafenanlage und einer stattlichen Kathedrale. Die Stadt war reich durch Gold. Indianer, Negersklaven, Mestizen, spanische Soldaten, Marineros, Kommandanten, Admirale, Kapitäne, Pfaffen, gesittete und ungesittete Damen lebten hier für eine kurze Spanne ihres Lebens. In Portobello wurde man nicht alt. Man reiste hin, reiste durch, reiste ab, wartete auf die Versetzung oder war krank und starb hier. Malaria, Gelbfieber, Cholera, Schlangen- oder Skorpionbisse ließen kein langes Leben zu. Für die meisten Menschen war Portobello Zwischenstation und für die Geschichte lediglich eine Marginalie. Heute ist Portobello nur noch Kulisse.

Arme Neger übervorteilen die wenigen Touristen, die sich, angezogen vom verführerischen Namen, die erhaltene Kathedrale ansehen wollen. Was noch nicht verrottet ist, wird zerfallen. Das tropische Regenwaldklima und die salzhaltige Luft bewirken die tristen Veränderungen an den Mauern. Ein schimmeliges Schwarzgrau überzieht von unten kommend die Gebäudeflächen so, daß einst helle Fassaden morbide und tot wirken. Alles um diese Gebäude herum ist grün, erneuert sich und lebt. Nur das von Menschenhand Geschaffene stirbt. Portobello wird kein zweites Troja werden. Es wird verrotten und niemals mehr auffindbar sein.

Die Neger schienen mich ignorieren zu wollen, sie schauten weg. Dennoch hatte ich das Gefühl, ständig beobachtet zu werden. Jeder in dem kleinen Ort wußte, daß ich zu dem einzigen Boot in der Bucht gehörte. Mildas Instinkt riet ihr, erst gar nicht an Land zu gehen. Die Stimmung im Ort war wie bei den ersten Szenen des Films „Lohn der Angst“: herumlungern, beobachten, wegschauen.

Garry und Edna ankerten hier monatelang. Sie waren in Portobello so arm wie die Armen - sie waren welche von ihnen. Sie konnten nicht weiter, denn die Passage für ihr Boot durch den Panama-Kanal kostete 60 US-$, die sie nicht hatten. Es gab auch nichts mehr zu essen auf dem kleinen Boot, dessen Stauraum zur Hälfte an leere Plastikflaschen verschenkt war. Edna hatte bereits einen Zahn verloren, und Garry drei. Falsches Essen, kein Geld für eine Behandlung und kein Zahnarzt am Ort. Goethe, der nicht weiter als Sizilien gereist war, wußte: Es wandelt niemand ungestraft unter Palmen.

Garry malte kleinere Miniaturen in Aquarell-Technik. Seine Motive waren die Kathedrale und die einstige Pracht jener Zeit, als Portobello eine der wichtigsten Städte des spanischen Reiches war, in dem die Sonne nicht unterging. Edna, die Chinesin unter den Negern, fiel den wenigen Touristen auf, wenn sie sich durchgeschwitzt von der Autofahrt von Panama-City zur historischen Kirche begaben. Hier stand sie dann in Konkurrenz zu den Einheimischen und verkaufte Garrys Bilder.

Nach der Kanalpassage trafen wir sie ankernd vor der Insel Taboga. Ein kleines, gelbes Boot, so lang wie ein Beiboot mit österreichischer Flagge. Sie besaßen noch zwölf Dollar. Hier malte Garry sein erstes Ölbild. Wir kauften ihm zwei kleine Bilder ab – für 25 US-$ das Bild. An Bord hängten wir sie in unserer Achterkajüte so auf, daß wir sie jeden Tag sehen konnten. Größere Bilder verkauften sie nach Sympathiewert des Interessenten. Garry und Edna entwickelten Verständnis für den Kunstmarkt im Pazifik. Ölbilder verkaufen sich besser als Aquarelle, denn sie haben „mehr Gewicht".

Edna und Garry sind nach fünf Jahren an ihrem Ziel Singapore angekommen. Nie hatten sie Licht zum Lesen an Bord. Wenn sie schliefen, mußten sie quer zur Längs-Richtung liegen. Ihr Dingi stammte aus der Kinderabteilung vom Kaufhof. Es lohnte sich für sie nie, Batterien für den Walkman zu kaufen, denn sie hatten nur zwei Kassetten.

33.

Dominique kam aus Paris. Sie war eine ernsthafte Frau mit einem zurückhaltenden Lächeln. Durch ihre kurzen blonden Haare und ihre kräftige Figur konnte man sie von weitem mit einem Mann verwechseln. Dominique wirkte oft so konzentriert, als ob sie ständig eine imaginäre Check-Liste abhaken würde. Sie segelte mit ihrer achtjährigen Tochter Mathilde. Ein Teil ihrer Besorgnis muß Mathilde gegolten haben und der andere Teil ihrer Yacht ALLUCINAN. Dominique war Skipper und Mutter zugleich. Nie habe ich die Kombination von Skipper und Vater getroffen. Sie segelte bereits als junges Mädchen Regatten. Zweimal war sie französische Meisterin in der Moth-Klasse. Als sie dafür zu alt war, wechselte sie auf größere Yachten. Sie segelte den Klassiker Rund-England, Regatten nach Irland und den Englischen Kanal hoch und runter.

Den Wettkampf, die ewige Herausforderung, hat Dominique in ihr Leben übernommen. In Paris studierte sie Elektronik und arbeitete bei dem Weltkonzern, der es gerne sieht, wenn seine Mitarbeiter das kleinen Schild mit dem Wort „Think“ auf dem Arbeitstisch stehen haben. Sie heiratete einen Segler. Die beiden kauften einen Aluminium-Rumpf bei der Werft Meta, deren Ruf durch die legendären Bootstypen Joshua und Damien begründet ist. Ihr Mann begann mit dem Bootsausbau, während Dominique das Geld dazu verdiente. Sie bekam die Tochter Mathilde, und sie verlegte die Elektrik am Boot.

Als das Boot schließlich fertig war und es mit dem Aufbruch zur großen Reise konkret wurde, erklärte ihr Mann, daß er eine Freundin hatte. Er wollte das Schiff, sie könne die Tochter nehmen. Dominique hatte beim Kampf um die Regatta-Plätze gelernt, aus Niederlagen noch Siege zu machen. Sie behielt ihre Tochter. Und sie erhielt das Schiff.

Trotz – oder vielleicht wegen – dieses Rückschlages bereitete sie ihre Reise ohne Mann besonders konsequent vor. Ihr erstes Etappenziel mußte ich erst auf der Karte suchen: Die französischen

Inseln Saint Pierre und Miquelon, direkt vor der Küste Neufundlands. Wegen der nördlichen Breite und des vielen Nebels segelte sie diese schwierigste Etappe allein, ohne die Tochter. Sie verließ Frankreich ohne Geld, wußte aber, daß ihr ein Computer-Job dort sicher war. Drei Jahre blieben sie und Mathilde auf der Insel vor der kanadischen Küste. Anstatt dann auf den „logischen Wegen" über die Bermudas/Bahamas oder über den Inter-Coastal-Waterway nach Süden zu gehen, segelten sie in den St. Lorenz-Strom über die großen Seen, Chicago, Illinois River, St. Louis, den Mississippi runter bis nach New Orleans. Über Florida, Kuba an Backbord und Mexiko an Steuerbord weiter nach Panama, wo wir sie trafen.

Fünfmal in der Woche geht Mathilde morgens in die Schule. Sie sitzt dann am Salontisch und folgt dem Unterricht der französischen Korrespondenz-Schule. Mutter Dominique, ihre Lehrerin, leitet mit sanfter Hand den Unterricht und kontrolliert die Schulaufgaben. Mathilde „besucht" die 3. Klasse. Im ersten Schuljahr lernte sie lesen und schreiben, im zweiten begann sie mit Rechnen und Grammatik, danach wurde der Lehrstoff des zweiten Schuljahres vertieft. Ich fragte Dominique, wo es der Tochter denn besser gefalle, an Land oder auf dem Boot. Mathilde antwortete spontan mit begeisterten Kinderaugen: „Auf dem Boot, denn da lerne ich viele Länder kennen und tauchen und Fische fangen."

Dominique und Mathilde, Mutter und Tochter, bilden ein Team auf der ALLUCINAN. Sie sind nicht Skipper und Maat, sie sind eine Einheit zwischen einem ganz jungen, wißbegierigen und stolzen Menschen und einer begabten, verantwortungsvollen Mutter. Die Mutter entwickelt durch die besondere Verantwortung zusätzliche Instinkte der Voraussicht möglicher Gefahren –, sie segelt ständig mit einem Siebten Sinn. Sie ist wacher im Schlaf, kritischer in ihrer Navigation und umsichtiger möglichen Materialfehlern gegenüber, als sie das früher bei Regatten war.

Mathilde beherrscht das Echolot, bedient die Maschine, den Außenborder, sie geht Ruder und übernimmt vieles, was ein Wochenendsegler seiner achtjährigen Tochter oder manchmal seiner Frau nicht zutrauen würde. Schwierig wird es für Dominique, wenn sie nach einer Nachtwache tagsüber Schlaf nachholen will und Mathilde sie wegen Nichtigkeiten weckt. „Mama, wo sind meine Buntstifte?“ – „Mama, ein Vogel am Himmel!“ – „Mama, ein Satnav-Durchgang.“ Dominique vermißt manchmal Gespräche mit Erwachsenen. Sie holt das am Ankerplatz nach. Als Seglerin mit Tochter lernt man schneller Menschen kennen denn als Seglerin mit Mann.

Dominique sieht nichts Ungewöhnliches an ihrer Mutter-Tochter-Crew. Sie spielt das Thema herunter. Das Leben an Bord sei genau so eine Lebensform wie das Leben an Land. Es gibt segelnde Familien, Paare, Singles, und sie bildet nur eine Variante: Mutter und Tochter. „Ich bin nur eine Frau, die einen Beruf hat und die gerne segelt. Allerdings gehe ich nicht zu meinem Arbeitsplatz, sondern ich segle hin. In Tahiti oder in Alaska wartet mein nächster Job. Dort wird Mathilde wieder zur Schule gehen.“ Dominique und Mathilde – verwirklichte Emanzipation.

34.

Moana, so nennen die Polynesier den Pazifk. Die ersten Europäer nannten ihn Pacifico, den Friedlichen. Friedlich im Sinne eines Meeres, das nicht tobt, wo es niemals stürmt, das ist nicht damit gemeint. Mit friedlich müssen die ersten Seeleute, wie Magellan, Mendana, Quiro, van Noort, Schouten oder Le Maire das gemeint haben, was wir auch verspürten, eine umfassende Ruhe und Stille.

Das Segeln auf dem Pazifik ist anders als das Segeln im Atlantik oder im Indischen Ozean. Der Atlantik hat etwas Frisches, Klares, Transparentes. Dagegen empfand ich den Indik gesetzt, diesig und träge. Im Pazifik jedoch fühle ich eine Art Seelenverwandtschaft mit diesem Meer. Es war zwar eine neue Bekanntschaft, aber doch war es so, als ob ich Unentdecktes oder Unausgesprochenes bereits vorher empfunden hatte.

Licht ist elektro-magnetische Strahlung, Licht sind Wellen, Licht sind aber auch Teilchen und Licht ist Druck. So kann ein Physiker das schwer Begreifbare erklären. Wie aber soll ich einem Physiker das Licht des Pazifiks beschreiben?

Ähnlich sanft wie die Luft ist auch das Licht hier. Es streichelt und betört, es wirkt so, als liege ein optischer Weichzeichner über dem Stillen Ozean. Das Licht schmeichelt dem Menschen. Ich sehe die Menschen hier „in einem besseren Licht", sie sehen besser aus – Einheimische und Segler.

Die Farben der Inseln sind anmaßend und die des Wassers in der Lagune maßlos. Wenn abends die Passsatwolken am Horizont im Westen neue Formen annehmen und dieses hohe Gebirge durch das violette Abendlicht erleuchtet wird, dann entstehen für kurze Zeit Berge eines Traumlandes.

Die sanfte Luft des Pazifiks – vom Äquator bis zum Wendekreis des Steinbocks – ist wie Streicheleinheiten für die Haut, für die Haare, für die Atemwege und für das Wohlbefinden. Der Passatwind weht meist mit zehn bis zwanzig Knoten. Er nimmt jede Art von tropischer Stickigkeit weg und wirkt wie ein ewig bewegter Fächer, der die Menschen verwöhnt. Dieser stetige Wind erzeugt einen Rhythmus, der die unendliche Wasserfläche des Stillen Ozeans zum Atmen bringt. Wir segeln tage- und wochenlang durch die Weite des Ozeans und entdecken, daß Weite Stille bedeutet – ganz ähnlich wie in der Wüste. Stille kann man nicht beschreiben, sie ist unvorstellbar. Bei Stille werden alle Sinne aktiviert, weil wir sie nicht gewohnt sind. Für uns ist Stille zuerst etwas Fremdes. Die Augen suchen, die Ohren wollen etwas vernehmen, die Sinne erwarten etwas Neues – Abwechslung. Die Konzentration, die dadurch eintritt, richtet sich auf die kleinste Umgebung. Auf das Schiff, auf Milda und mich selber. Das Boot macht seit Wochen die gleiche Bewegung – regelmäßig schlürfende, saugende Wassergeräusche. Sie sind vertraut und liegen jenseits dieser Stille. Unsere eigenen Bewegungen sind langsam, bedächtig bei der Hitze und dem anderen vertraut. Nichts Plötzliches verwirrt den anderen. Erst wenn Land auftaucht, endet die Weite und damit diese unvorstellbare Ruhe.

Mit dem Passatwind segeln die Passatwolken über das Meer. Für die Polynesier waren sie Sendboten des Gottes Maui. Oft habe ich im Cockpit gelegen und versucht, aus jeder Wolke ein Symbol zu lesen, eine Botschaft zu empfangen. Es gibt wenige Zeichen der Natur, die so vieldeutig sind wie Passatwolken. Sie riefen den polynesischen Navigatoren nur Heiteres und Sorgenfreies zu. Vielleicht liegt die Ostwanderung der Polynesier gegen die ewigen Winde, gegen die Wellen und gegen die Strömung im Heiteren dieser Passatwolken begründet. Die Navigatoren haben womöglich den Häuptlingen die Wolken gedeutet und das ferne Land gepriesen, aus dem die Zeichen der Freundschaft kommen. Dann deuteten die Priester die Symbole der Passatwolken als Boten aus dem Land der großen Verheißung. Täglich sandte der Passat neue Symbole, und die Häuptlinge ließen große Auslegerboote bauen, die hoch am Wind segeln können. Mit Feuerstellen und Platz für viele Menschen, Schweine, Setzlinge und Hunderte von Trink-Kokosnüssen. Die ersten Inseln hinter den Wolken wurden entdeckt, und immer weiter ostwärts zog es die Polynesier gegen alle Widrigkeiten, gelockt von dem ewigen Rätsel der weißen Passatwolken. Als die ersten Polynesier die Wolken über den Bergen von Neuseeland sahen, nannten sie dieses Land Aotearoa, das Land der weißen Wolken. Und so heißt es auch heute bei den Maoris.

Der Mensch hat den Pazifik nie einordnen können. Er gehört weder zu den Kontinenten Asien und Amerika noch zu Australien. Der pazifische Raum bildet auch keinen sechsten Kontinent. Die Polynesier sind über einen so großen Lebensraum verteilt wie kein anderes Volk der Erde. Sie bevölkern eine größere Fläche als die gesamte Oberfläche des Mondes. Der Pazifik macht ein Drittel der Erdoberfläche aus und fast die Hälfte der Wasserfläche. Richtiger wäre es, unser Planet hieße nicht Erde, sondern Wasser.

35.

Wir lagen neben Peters Schiff MALOU in der Lagune von Bora Bora vor Anker. Beide kurierten wir unsere Wunden. Uns hatte ein plötzlicher Maramu, ein Südsturm, die Muringleine losgescheuert und die AFRICAN QUEEN nachts auf das Innenriff treiben lassen.

Peter „Malou“, so wurde er seit zwölf Jahren von der Bruderschaft der Segler genannt, hatte sein eigenes Problem. Seit Wochen plagte ihn ein schmerzhaftes Furunkel am Arsch. Wenn auch der Blick jedes Seglers beim Betrachten von Peters verdrecktem, niemals gepflegtem Boot erstarrte, so wäre es falsch, den Schluß daraus zu ziehen, auch der Eigner sei körperlich unsauber. Auf der Isla Margaritha vor Venezuela habe ich ihn Tag für Tag duschen sehen. Ich sah ihn zwar danach niemals die Haare trocknen; niemals hat er sie gekämmt und selten hat er sich rasiert – er gehörte zu den Männern mit schwachem Bartwuchs, es war mehr ein Flaum als Bartstoppeln, die aus seiner stark durch Akne vernarbten Haut sprossen. Das Auge konnte sich schwer entscheiden, wohin es zuerst bei ihm hinschauen sollte: auf seine Zottelhaare, die beflaumte Aknehaut oder die starke Zahnlücke gleich oben rechts.

Peter wurde also durch sein Furunkel gepeinigt, vermutlich hervorgerufen durch ständig nasse und salzige Badehosen. Peter ist Einhandsegler und ein Sturkopf. So nahm er, während wir unwissend neben ihm ankerten, zwei Spiegel, Infektionsmittel, Tupfer und sein Skalpell und schnitt sich das Furunkel selbst auf. Ich ruderte am nächsten Tag zu ihm und dachte an Schlimmes, als er auf mein Klopfen hin nicht an Deck kam. Von unten hörte ich ihn endlich nach mir rufen. Er erzählte mir von seiner Operation. Nein, er wollte keine Hilfe, wieso auch. Ob ich ihm Baguette und Beaujolais vom Dorf mitbringen könnte?

Peters Boot, 9,50 Meter lang, war einmal dunkelrot gewesen, wie der Beaujolais, den ich ihm mitbrachte. Jetzt sah es aus wie die Rümpfe der Boote im Yachtclub von Beirut, die von MG-Salven durchlöchert sind. Der Gelcoat hatte Hunderte von Stoßstellen, so daß die einst weinrote Farbe abgebröckelt und das helle Laminat sichtbar war. An Deck sah es nicht besser aus. Nur altes Zeug stand herum oder war festgelascht. Für den einen Gerümpel, für Peter Nützliches. Die Segel kamen niemals in einen Segelsack oder unter das Segelkleid. Jeder konnte sehen, wie schmutzig sie waren. Einen Schiffsnamen konnte ich nie entdecken; und wenn Peter nicht Peter „Malou" hieße, wüßte ich heute noch nicht den Bootsnamen. Seine Schweizer Flagge war noch weniger als ein Fetzen. Er hatte sie wohl seit zwölf Jahren nicht mehr gewechselt. Peters Dingi war der Form nach ein Optimist gewesen. Es hatte hunderte von verschiedenfarbigen Tupfern und Flecken und sah aus wie ein Bild von Sidney Pollack.

Es gibt Phasen, in denen ich mich in Einhandsegler gut hineindenken kann. Damals zum Beispiel, auf der Isla Margaritha, am Ankerplatz, in Porlamar. Wochen lagen wir gemeinsam hintereinander vor Anker. Peter überlegte damals, ob er nochmals in den Pazifik segeln sollte. Er brauchte niemanden zu fragen, nur sich selbst. Lange muß er über diesen Wendepunkt seines Lebens nachgedacht haben. Jeden Tag von morgens an saß er im Schatten des Sonnendaches der winzigen Strandbude und trank Polar-Bier. Die dicke farbige Eignerin und er waren inzwischen Freunde geworden. Er war ihr bester Gast. Rosita Dolores hätte sie heißen können. Zu eng ihr Rock, zu blond ihre Haare, zuviel Schminke, zuviel Schmuck. Peter sprach vier Sprachen, auch Spanisch, und wußte bestimmt viel über sie. Er saß im Schatten, schaute auf die Bucht, trank sein Bier, unterhielt sich wenig, denn es kam kaum jemand zu der Bretterbude. Er nahm sich Wochen Zeit, über die Route der nächsten Jahre nachzudenken. Quo vadis? Peter entschied sich für den Stillen Ozean. Als er am Ende des Pazifiks in Australien ankam, starb er. Niemand kann wissen, ob er zu Rosita Dolores gesagt hat: „Ich muß noch einmal den Pazifik sehen. Was danach kommt, ist mir egal." Peter „Malou" wurde 47 Jahre alt. Seinen letzten Geburtstag, wenige Wochen vor seinem Tod, haben Milda und ich mit ihm gefeiert, zu dritt auf seiner Malou in Tonga.

Wieder lagen wir im Fischereihafen von Nuku'alofa nebeneinander. Das kleine Hafenbecken wurde von deutschen Ingenieuren mit EG-Geldern gebaut. Die wenigen Yachten lagen mit Anker und Heckleine, römisch-katholisch, nebeneinander. Ich weiß nicht, wo der Ausdruck römisch-katholisch herkommt. Römisch ist demnach das freie Ankern, katholisch das Festhalten des Bootes mit der Heckleine zum Land – vielleicht wegen der Schäflein, die am kurzen Band gehalten werden?

Wir hatten Peter „Malou“ in Bequia kennengelernt. Martin, der Laserphysiker, ein Crewmitglied auf unserem Boot bei der Regatta Rund Bequia, und Peter „Malou“ stellten nach der Siegesfeier fest, daß sie aus demselben Schweizer Ort am Bodensee kamen. Der eine hatte Physik beim MIT in Boston studiert und der andere das Hotelfach in Lausanne. Martin arbeitete im weißen Laborkittel und Peter im Stresemann. Beide gaben ihre Karriere auf. Beide wurden Einhandsegler. Der gepflegte Martin und der ungepflegte Peter lernten sich an der Frangipani Bar kennen und fanden Gefallen aneinander.

Peter „Malou“ hatte als Geburtstagstorte einen Sandkuchen gebacken, dazu gab es Tee. Wie soll man einen Raum beschreiben, der seit zwölf Jahren nicht saubergehalten wurde? Die dominierenden Töne waren grau und schwarz. Da Schwarz keine Farbe ist, und Grau wenig zur Farbskala beiträgt, blieb ein Eindruck der Farblosigkeit – der Trostlosigkeit. Allein und trostlos um die Welt.

Peter war ein intelligenter Mann. Er hatte ein großes Allgemeinwissen, und da er sehr gesprächig war, was auf die meisten Einhandsegler zutrifft, gab er auch viel von seinem Wissen preis. Es war ein Vergnügen, ihm zuzuhören. Ich erinnere mich, daß wir an seinem Geburtstag im Cockpit sitzend, Tee trinkend über Navigation redeten. Wir sprachen über die Sterne, und ich war erstaunt, wie viele Sterne der südlichen Halbkugel er kannte, die zu dieser Zeit nachts den Zenit durchwanderten.

Unsere Unterhaltung wurde unterbrochen, als der König von Tonga vorbeiruderte. Das war nichts Außergewöhnliches. Einmal in der Woche, am Donnerstagnachmittag, ließ der König seinen Einer im geschützten Hafenbecken zu Wasser bringen und skullte durchs Becken. Siebzig Jahre und kein bißchen weise. Gerade hatten er und sein Clan chinesischen Hongkong-Millionären zu tongalesischen Pässen verholfen. Die hohen Kaufsummen, so klagte man, seien auf das Auslandskonto seiner Majestät verschwunden.

Peter „Malou“ lag schon länger im Hafen Faua Slipper von Nuku'olufa als wir.

Er zeigte uns den besten Supermarkt, wußte, wo man Seekarten kaufen konnte, wo es das billigste Bier gab und kannte die preiswerteste, beste Kneipe. Dort wollte er sich am Abend nach seinem Geburtstag mit einem Professor, der in Tonga für die Unesco forschte, treffen. Der Professor wisse auch viel über die polynesische Navigation, verriet er mir. Ich war interessiert und ließ mir die Kneipe von Peter beschreiben, um beide später dort zu treffen. Da wir vorher noch eine Verabredung mit David „Clarinet“ Clark hatten, der in Freds deutschem Restaurant auftrat, kam ich zu spät in die Bar. Peter und der Professor waren bereits fort. Am nächsten Tag segelte Peter „Malou“ nach Australien.

Wenige Tage danach waren wir auf dem Weg nach Neuseeland. Es gab eine Funkrunde zwischen Peter „Malou“ und Peter Fischer in Bundaberg/Australien und uns. Auf der Velso-Bank zwischen Neukaledonien und Australien kam die MALOU in sehr schlechtes Wetter. Der Sturm riß einen Anker von Peters Deck, festgelaschte Kanister gingen über Bord, und seine einzige Stromquelle, der Generator, kam unter Wasser und fiel aus. Ich konnte die Sturmgeräusche durch sein Mikrophon eintausend Seemeilen weit hören. Peter hatte keine Stromreserven, aber er sprach ruhig und deutlich über seine Situation. Er gab seine Position an. Das war unser letztes Gespräch. In Australien erlag er im Fluß von Bundaberg, an einer sicheren Muring liegend, während eines tropischen Regens einem Herzinfarkt auf seinem Schiff.

„Ein Schiff – das ist alles, was ich brauche. Mehr habe ich mir nie gewünscht.“ So zitierte Peter bei unserem letzten Treffen Gary Coopers Schlußworte in dem Film „The Wreck of Mary Deave“.

36.

Huahine ist die üppigste aller Gesellschaftsinseln. Sie ist die Blumeninsel. Hier trägt der Straßenarbeiter bei der Arbeit eine Hibiskusblüte im Haar. Die Royal Academy, die Königliche Akademie, die im 18. Jahrhundert durch ihren Vorsitzenden Mr. Banks großen Einfluß auf die britischen Entdeckdungsreisen von Cook, Bligh und Vancouver nahm, stand Pate bei dem Namen Gesellschaftsinseln (Society Islands). Die Kapitäne der Rahsegler bevorzugten es, sie in „Inseln über dem Winde" und „Inseln unter dem Winde" zu unterscheiden. Die Blumeninsel Huahine gehört zu den „Inseln unter dem Winde".

Der Zwölf-Stunden-Rhythmus der Natur bestimmt das Leben in den Tropen. Die harte, körperliche Arbeit wird von sechs bis neun Uhr früh erledigt oder ab 16 Uhr bis zur Dämmerung. Der Fisch beißt am Riff, in der Lagune, ganz früh oder kurz vor Sonnenuntergang an. Dazwischen liegt die Zeit für das Pflanzen, das Ernten, das Kochen, das Essen. Niemals kommt in den Tropen Hetze auf. Nie bestimmt Zeitdruck das Tun. Der Rhythmus ist vorgegeben, und der Mensch paßt sich den verschiedenen Tageszeiten an, die viel genauer als bei uns empfunden werden. Die Natur bestimmt den Menschen. Sie bestimmt die Kleidung, die Art der Speisen, den Zeitpunkt der Pausen – sie fordert den Menschen auf, mit ihr zu leben. Widerstand dagegen gibt es in den Tropen nicht.

Die üppige Natur hat die Polynesier auf den Gesellschaftsinseln Jahrhunderte lang verwöhnt. Die Früchte brauchten wenig Fürsorge, in der Lagune ließ es sich wie in einem Fischteich angeln, beim Hausbau half der Clan, und für den Kanubau nahm man sich monatelang Zeit. Wenig hat sich geändert in der Lebensweise. Gitanes, Bordeaux und Boule sind zwar dazugekommen, und vor dem Haus steht heute ein länglicher Aluminium-Kasten auf einem Pfahl fürs tägliche Baguette. Jetzt gibt es auch eine Asphaltstraße, damit man schneller zur Telefonzelle fahren kann, um mit der Visa-Karte via Satellit in Papeete oder Paris anzurufen. Vielleicht, um beim Bruder zu erfahren, ob das neue Video, „Rambo IV“, schon zu leihen ist.

Hans war mit einer Polynesierin verheiratet. Er hatte die Figur dazu, er war groß und stark gebaut wie ein Mann aus Huahine. Er besaß ein kleines Geschäft, ähnlich den vielen chinesischen Läden auf den Inseln. Im Pazifik wird der Handel meist von Chinesen betrieben. Hans hatte in der Fremdenlegion gedient. Er kam aus der Nähe von Aachen und hatte seinen rheinischen Singsang in zwanzig Jahren bei der Legion nicht abgelegt: „Du muss disch dat ens so vorstelle. Isch war mit mene drei Kumpels in de Bar, da wor noch ne Barfrau und drei Jugoslawe. De Jugos woare blau und daachten: mir maache se an. Isch komm vom pisse zoröck und seh, wie de ene Jugo auf de Kumpels mit nem Messer dranjeet. Isch pack misch de Jugo, dreh demm de Arm eröm und so flök konnt ich janet luure, hatt de sen ejen Messer im Buch. Isch kresch Panik und loof fot. Ben öffe de Grenz no Frankreesch. Isch hau schon bei de Legion unterschröffe, da erfohr isch, dar de Barfrau für misch usgesaat hätt. Isch wär straffrei rusjekomme, et is ja ooch ejal. Ich wor bem Bund Kampftaucher und dat ös, wat isch zwanzisch Joar in de Legion jemaat han. Isch wor in Vietnam, in Aljerien, lang in Dschibutti und dann in Polynesien. De Legion hat mich de Welt jezescht. De Legion war jut zu mir. Sie jibt me 1700 US-$ im Monat.“

Nach seiner Entlassung kaufte sich Hans ein offenes Boot, einen Außenborder und eine Hütte auf Huahine. Zwei Jahre lang ging er fischen und tauchen. Hans, der Kampftaucher, fand hier sein friedliches Revier. Huahine ist die schönste, wildeste und eigenwilligste Insel über und unter dem Winde. Vanille wird angebaut – „Vanille aus Huahine“ – welch großartiger Slogan! Ein tiefer Fjord hätte Huahine beinahe in zwei Inseln getrennt. Das Außenriff hat in Lee eine breite Passage, so daß man die Insel sicher ansteuern kann. Die Zwillingsinsel Raiatea und Taa, die – ein Kuriosum – beide ein gemeinsames Außenriff haben, liegen 25 Seemeilen im Westen von Huahine. Bei gutem Wetter kann man dahinter Bora Bora erkennen.

Der Legionärsveteran von Huahine war ein eher schweigsamer

Mann. Nur selten zeigte sich um seinen Mund ein winziges Lächeln. Er war ernst und gewissenhaft. Pünktlich kam er zum Anlegesteg und holte uns zu einer Inselrundfahrt ab. Er fuhr einen alten Peugeot Kombi, bei dem die rechte Seitentür nicht schloß. Es sind wohl immer die Zugereisten, die ihre neue Heimat mit besonderer Intensität und mit Engagement lieben und vorführen. Hans brachte uns zu den größten Mareas, alten polynesischen Kultstätten, die wir gesehen hatten. Viele der Inseln des Pazifiks haben irgend etwas „Größtes". Das Ahé-Atoll hat das neueste Wrack. Maupelia das größte deutsche Wrack, die Seeteufel von Graf Luckner. Vaha'Eitu, den schönsten Korallengarten, Lateiki, den neuesten Vulkan, im Mururoa-Atoll gab es die meisten Atomexplosionen.

In Morea, im Bali Hai-Hotel traf ich an der Bar, die Helmut Hörmann zu gehören schien, einen Polynesier. Er mußte beweisen, daß das Land, das er auf Huahine geerbt hatte, seinen Vorfahren gehörte. In Polynesien sagt man, daß die Franzosen die Macht, die Chinesen das Geld und die Polynesier das Land besäßen. Also suchte dieser Polynesier nach Urkunden im Archiv von Papeete, im benachbarten Tahiti. Er fand, was er suchte. Das Dokument war wiederum Bestandteil eines Vertrages zwischen dem Häuptling der Insel Huahine und dem „Deutschen Volk". Vermittelt hatte den Vertrag die Hamburger Handelsfirma Godeffroy im Jahre 1864. Sie handelte vom Stützpunkt Apia auf Samoa aus mit den Inseln der Südsee. Kopra gegen Perlen, Rum, Messer, Pfeifen und Tabak oder war es Kopra gegen Goldtaler? Ich weiß es nicht.

Was mich mehr beschäftigte, war die Frage, ob die Hamburger Schiffe unter Dampf standen oder segelten und wie lang die Kreuzschläge der deutschen Handelsschiffe gegen den Wind waren, um zu den fernen Marquesas-Inseln weit im Osten zu gelangen. Segelten sie nach Süden bis zum 40. Breitengrad und dann mit den Westwinden nach Ost, um auf der Länge von Raivavae mit halbem Wind Nord zu machen?

Hans fand seine *vahine*, seine polynesische Frau, und der alte Legionär kann sich ein anderes Leben als auf der Blumeninseln nicht mehr vorstellen. Trotzdem träumt er davon, seiner Frau

Deutschland zu zeigen. „Dat moß im Sommer senn, ich koof ihr dicke Wintersachen, dann nemme me uns ne Camper. Isch will ihr och de Schwitz un Östreich zeje. Se soll ens Schnee sen. Dann fahre me no Venedisch. Isch will ihr die Jondeln zege, denn sie globt, die polynesischen Auslejerbotte sen den schönsten der Welt. Se soll die erste Frau von Huahine sen, die vonem Jondolere gefahre weed. Ich will och, dat de singt. Meng Frau sengt he och emmer."

Seine *vahine* wird staunen. Sie wird sich zuerst nach ihrer Schlafmatte sehnen, wenn ihr starker Körper in die weichen Matratzen der *papalagis* sinkt. Sie wird ihre Hibiskus-Blüte im Haar vermissen, ihre Flip-Flap-Sandalen, ihren Pareo, ihren Brotfrucht-Käse; keine Mücken werden sie stören, keinen Schlendrian wird sie genießen, keine Lieder wird sie hören. Hans wird ihr versprechen müssen, schon eine Woche früher heimzufahren, das Klima und die Menschen werden ihr in Europa zu kalt sein.

37.

Ich saß unter unserem Sonnendach im Cockpit und las. Wir ankerten am Kai von Papeete, etwa auf der Höhe der protestantischen Kirche zwischen der US-Yacht KUKURA aus Alaska und der französischen Yacht TARA. Milda kaufte auf dem Markt ein. Ein Mann rief vom Ufer her: „Klaus!" Ich schaute unter dem Sonnendach hervor und sah einen Polynesier am Ufer stehen. „Guten Tag, wie geht es Ihnen, ich heiße Jacques, ich liebe Deutschland, ich möchte Sie sprechen, ich liebe die deutsche Flagge, holen Sie mich rüber!" Ich holte ihn mit dem Dingi ab.

Jacques war Schneider aus Faa. Er sprach verständliches Deutsch, und stolz erklärte er mir, daß er privat Deutsch und Spanisch lerne und jede Gelegenheit nutze, mit Spaniern oder Deutschen zu sprechen; Englisch und Französisch könne er sowieso. „Ich lerne die wichtigsten europäischen Sprachen, weil

Polynesier und Europäer sich seit zweitausend Jahren gut kennen." Ich bot ihm Bier an, und er fuhr fort: „Die ersten Polynesier kamen nach Christi Geburt nach Europa. Sie segelten mit ihren großen Doppelrumpfbooten dorthin. Ihre Absicht war es, Handel zu treiben. Sie kamen ohne Waffen. Viele polynesische Worte haben die Europäer übernommen, wie *pena* = point, *paka* = Park, *tabu* = Tabu. Besonders haben den Polynesiern die Deutschen gefallen. Die sind auch als erste zum Gegenbesuch gekommen. Später haben die Polynesier freiwillig auf Besuche verzichtet. Die Reisen sind zu lange gewesen. Noch heute sprechen die Europäer von Atlantis und meinen Polynesien. Tahiti ist das verheißungsvolle Atlantis, von dem Plato einst geschrieben hat!"

Während ich noch über das alles nachdenke, erklärte Jacques, er müsse gehen, seine Tochter warte am Ufer. Also ruderte ich ihn rüber. „Morgen komme ich wieder, dann habe ich mehr Zeit", rief er. Er kam nie wieder. Woher wußte er meinen Vornamen?

38.

Daniel, ein schlanker, dunkelhaariger Mann, erzählte mir zum ersten Mal vom großen Unterschied zwischen unserer abendländischen und der polynesischen Navigation. Daniels Vater war Franzose und seine Mutter Amerikanerin. Er sprach beide Sprachen perfekt. Sein Schiff habe ich nie gesehen. Er erzählte mir später, daß es in keinem guten Zustand sei. Daniel war zu Besuch auf der TARA, und Lucien, der Eigner, stellte uns vor. Ich hatte ihm von meinem Interesse für polynesische Navigation erzählt. Es war früher Nachmittag, sie hatten bereits auf der TARA gegessen und getrunken. Später kam Daniel oft, um bei uns an Bord zu essen, zu trinken und mir von den alten polynesischen Navigatoren zu erzählen. Ich glaube, daß er selten einen so aufmerksamen Zuhörer hatte wie mich. Ich schrieb mir viele der Buchtitel auf, die er nannte:

Hopgood „Maps of the Ancient Sea Kings", „We the Navigators" und „The Voyaging Stars" von David Lewis, „East is a Big Bird" von T. Gladwin, „Polynesian Navigation" von G.H. Heyen. Er erzählte mir alles, was er wußte – so lange, bis er wieder von vorne anfing. Wir westlichen Pragmatiker, Gläubige von Galilei und Gaus denken in Koordinaten, in Längen- und Breitengraden, in Winkeln, Minuten, Loxodromen und Großkreisen. Für uns kulminiert die gesamte Navigation in der Frage: Wo bin ich? Der Polynesier orientiert sich mit seinen Sinnen. Er nimmt alle Hinweise auf, die ihm Wasser, Wind, Land, Tiere und der Himmel geben. Er stellt sich die Frage: Wie komme ich zu der Insel?

Daniel war ein mittelloser Journalist, der mit seinem kleinen Boot die Marquesas-Inseln ansegelte. Er konnte sein Engagement in Begeisterung steigern und muß so den Bürgermeister des kleinen Dörfchens Atuona, der größten Ansiedlung auf Hiva Oa mit seinem Enthusiasmus angesteckt haben. Daniels Plan war faszinierend. Er befragte den Bürgermeister, wie dessen Vorfahren es fertig gebracht haben, nach Osten zu segeln, gegen den Strom und gegen die Winde – wie sie Rapa Nui, die Osterinsel, von hier aus besiedelt haben? Doch die Frage war für den polynesischen Bürgermeister nicht zu beantworten. Da offerierte Daniel seine Idee, mit dem Boot allein, ohne Kompaß, ohne Uhr, ohne Sextanten und ohne elektronische Navigationshilfen die Insel nur nach der polynesischen Navigation zu finden. Zum Ausgleich für Verpflegung wolle er den Ortsnamen „Atuona" groß auf den Rumpf seines Bootes schreiben. Später sollte dann ein Bericht über diese Reise folgen und in Frankreich veröffentlicht werden. Ich glaube, er war der erste Weiße, der von einem Polynesier gesponsert wurde.

Daniel wartete, bis der SE-Passat auf NE gedreht hatte, was selten vorkommt. Dann segelte er los. „Ich habe es nicht geschafft, der Wind drehte gegen mich. Für die polynesische Navigation braucht man viel Zeit. Zeit ist das Geheimnis. Ich brauchte Schlaf, und beides ließ sich nicht verbinden. So bin ich nur bis Pitcairn gekommen. Ich bin der erste Weiße, der auf dieser Route nur nach Art der Polynesier navigiert hat."

Hier in Papeete wartete Daniel auf seinen Sohn. Mit ihm wollte

8 Diese Dusche war zu salzig.

9 Vor der legendären Walfänger-Post-Office-Box auf Floreana, Galapagos.

8

9

11

10

12

13

10 Wir ankern vor einer Ha'apai-Insel im Tonga-Archipel.

11 David „Clarinet“ Clark spielt vor der Klasse der Primary School von Nuapapu, Tonga.

12 Blaufuß-Tölpel beim Liebestanz – aus 40 cm Nähe fotografiert.

13 Paul, der Einhandsegler, bedankt sich für unsere Essenseinladung mit einer Fuge von Bach.

14 Das erste, was wir auf einer polynesischen Insel angeboten bekamen, waren frische Trinkkokosnüsse.

15

16

15 Zwei polynesische Häuptlingssöhne üben für das Vollmondfest.

16 Der 10jährige Vake auf dem Weg nach oben.

er durch die Atolle der Tuamotus segeln. Zu zweit sei es leichter, nach den Methoden der Alten zu navigieren. Aber auch zu zweit langte es nicht. Sein Boot ging auf einem Außenriff von Fakarava verloren. Die beiden konnten sich retten. Die Havarie spricht nicht gegen Daniel und auch nicht gegen die polynesische Natur-Navigation. Aber sie zeigt, wie schwierig sie für einen Menschen ist, der kein Polynesier ist.

Später las ich die von Daniel empfohlenen Bücher. Helmut Hörmann gab mir weiteres Material aus dem Bishop-Museum in Honolulu. Ein Jahr danach traf ich auf den Santa Cruz-Inseln alte Polynesier, die Teile des Stillen Ozeans noch nach den Sternen bereist hatten. So erfuhr ich mehr über eine Kunst, die fast vergessen ist...

Ein Schoner-Kapitän, der im letzten Jahrhundert zwischen den polynesischen Inseln Kopra lud, traute den Geschichten nicht, die von den navigatorischen Fähigkeiten der Polynesier berichteten. Auf einer stürmischen und bedeckten Überfahrt montierte er den Kompaß ab und sagte der polynesischen Crew, er sei defekt. Ohne Kompaß sei er verloren, ob sie die Navigation übernehmen könnten. Als sie Tage später an ihrer Zielinsel ankamen, fragte der Kapitän: „Woher wußtest du, daß diese Insel hier liegt?" Der Polynesier erwiderte irritiert: „Die Insel war doch immer hier."

Elfhundert Jahre vor unserer Zeitrechnung besiedelten Polynesier aus dem indonesischen Raum kommend Tonga und Samoa. Von hier aus erfolgten später ihre Fahrten zu den weit im NE liegenden Marquesas-Inseln. In einer zweiten Reisewelle segelten sie von den Marquesas im sechsten Jahrhundert unserer Zeitrechnung sternförmig nach N zu den Hawaii-Inseln, nach SW zu den Tuamotus, zu den Gambier-, Gesellschafts-, Austral- und Cook-Inseln und gen SE zu den Inselchen Rapa Iti (Pitcairn) und Rapa Nui (Osterinseln). Heute erstreckt sich der polynesische Lebensraum von Hawaii im Norden, der Osterinsel im Osten, Neuseeland im Süden bis zu den östlichen der Santa Cruz-Inseln im Westen. Die meisten Gebiete (außer Neuseeland) wurden gegen den vorherrschenden Passat besiedelt. Kein Volk der Erde besiedelte einen größeren Lebensraum.

Bis auf das Königreich Tonga kamen alle polynesischen Inselgruppen unter amerikanisches Hoheitsrecht oder wurden europäische Protektorate oder Kolonien. Auch Deutschland besaß mit Samoa seine Kolonie. Es verbot, wie alle anderen Kolonialmächte im letzten Jahrhundert, den reiselustigen Polynesiern das Befahren der Meere, um somit eine bessere Kontrolle über ihre Untertanen zu haben. Noch 1910 beklagte sich das „Deutsche Kolonialblatt" über die vielen Kanus, die Jahr für Jahr im Pazifik ohne Erlaubnis auf Reisen gingen.

Auf unserer 10 000-Seemeilen-Pazifik-Reise trafen wir nur noch auf der einsamen Insel Tipokia (Santa-Cruz-Inseln) den alten Navigator Pa Motulava, der nach dem kavenga (Verlauf der Sterne) zu den Banks-Islands auf Vanuatu gesegelt war. Die Inselschoner des Weißen Mannes sowie das Verbot der Kolonialmächte hatten zur Folge, daß innerhalb kurzer Zeit die polynesische Kunst der Navigation in Vergessenheit geriet. Wissenschaftler haben in diesem Jahrhundert versucht, die Frage zu klären, weshalb die Polynesier diese weiten Fahrten gemacht haben, wie sie navigierten und mit welchen Schiffen sie das geschafft haben.

Die letzte Frage läßt sich am einfachsten beantworten, denn es gibt hervorragende Illustrationen von den unterschiedlichsten polynesischen Bootstypen. Von gepaddelten Kriegskanus über kleine und größere Auslegerboote bis zu den großen Doppelrumpfbooten, auf denen 50 bis 70 Menschen lebten, mit Proviant, Hühnern, Schweinen sowie einer offenen Feuerstelle. Für ihre Tagestouren zu nahen Inseln oder zum Fischen am Riff und in der Lagune benutzten sie ihre schnellen und wendigen Auslegerboote, die sie paddelten oder mit Matten aus Pandanusblättern als Segler verwendeten. Für ihre Langfahrten bauten sie große Doppelrumpfboote, die entweder mit einer Art Lateiner-Segel aus Matten segelten oder mit Segeln in Form einer Hummerschere wie auf Tahiti oder Hawaii. Diese Boote waren 10 bis 20 Meter lang, einige auch bis zu 40 Metern, und erzielten Fahrtgeschwindigkeiten bis zu 15 Knoten. Es gab Doppelrumpfboote in Tahiti, die länger waren als die ENDEAVOUR von James Cook. Die Kriegskanus der Maoris fuhren mit 70 Paddlern und mit 80 Kriegern.

Eine meiner ersten Reisen nach meiner Rückkehr galt dem Völkerkundemuseum in Berlin-Dahlem. Hier sind Original- und Replika-Boote der Polynesier ausgestellt. Stundenlang kann man davorstehen und von Details lernen.

Weshalb haben die Polynesier ihre Reisen gegen den Wind unternommen? War es Flucht vor Stammesfehden, Fernweh, Suche nach neuem, fruchtbaren Land? Waren es Eroberungsreisen, hatten sie einen religiösen Hintergrund, lag es an einer möglichen Überbevölkerung oder segelten sie den Verheißungen der weißen Wolken entgegen? Die Polynesier hatten einen stark entwickelten Reisetrieb, und, was wohl ausschlaggebend war, sie liebten das Meer wie kein anderes Volk.

Man muß unsere moderne Navigation vergessen, wenn man die polynesische verstehen will. Der Denkansatz ist ein völlig anderer. Vielleicht so, wie auch die alten Araber gedacht haben, als sie vor über 1000 Jahren mit ihren Dhaus nach Indien segelten und dabei vielen Sternen ihre Namen gaben, die sie heute noch weltweit tragen. Oder so wie wandernde Beduinen sich orientieren, die ihre Oasen nach den Gestirnen gefunden haben. Der Kern der polynesischen Ganzheits-Navigation waren die Sterne. Wer sie kannte und danach navigieren konnte, war ein tahuna, ein Meister. (Auf Samoa und Tonga: *tufuna*, in Tahiti: *tau'a*, auf den Hawaiis: kahuna). Bis zu zweihundert Sterne kannte ein polynesischer Navigator beim Namen und nach ihren Positionen. Ihm war auch bekannt, daß die Gestirne in jeder Nacht (vier Minuten) früher aufgehen. Es gab Schulen, in denen die Meister Navigation lehrten – noch vor wenigen Jahrzehnten gab es diese Schulen auf den Gilbert-Inseln. Ganz deutlich wird der Unterschied zwischen europäischem und polynesischem Denken beim Verständnis dessen, was ein Tag ist. Bei uns zählt der Tag von 00.00 bis 24.00 Uhr, beim Polynesier jedoch von Sonnenuntergang zu Sonnenuntergang. Die Nacht hat für den Polynesier eine zentrale Bedeutung. Für uns ist die Nacht eher etwas Fremdes, Unheimliches, während sie für den Südsee-Insulaner etwas Bestimmendes, ein Ordnungsprinzip bedeutet. Der Grund hierfür sind die Sterne, nach denen sie sich orientierten.

Auf den vielen Nachtwachen unserer Weltumseglung habe ich oft im Cockpit gelegen und in den Sternenhimmel geblickt. Ich habe versucht, mich in einen alten polynesischen Navigator zu versetzen... Auf der Insel Raiatea (16°45′S, 151°25′W) lagen ein tahuna und seine Schüler auf ihren Pandanusmatten und schauten in den Nachthimmel. „Seht ihr diesen besonders hellen Stern auf der Windseite?“ wird er vielleicht seine Schüler gefragt haben. „Es ist *mare* (Sirius). Seit Urväterzeiten zieht er direkt über unsere Insel und steht nachts irgendwann direkt über uns. Mare ist der Raiatea-Stern. Ihr müßt ihn später über die Mastspitze peilen, dann liegt eure Heimatinsel entweder in Richtung Sonnenaufgang oder in Richtung Sonnenuntergang.“

Wir nennen es die Zenitstern-Navigation. Aus dem Nautischen Jahrbuch weiß der moderne Navigator, daß Sirius eine Deklination (Breite) von 16°41,8′S hat. Auf diesem Breitengrad liegt auch Raiatea. Wenn ein polynesischer Segler von Rapa (27°38′S, 144°27′W) gen Raiatea segelte, dann wußte er, daß er *mare* (Sirius) im Zenit haben mußte, um Raiatea zu treffen, um auf gleicher „Höhe“ von Raiatea zu sein. Heute würden wir sagen, die Koordinaten nach Breite und Länge von Sirius sind die „Postleitzahl“ von Raiatea.

Es ist falsch, jetzt den Rückschluß zu ziehen: Nun hätte der Navigator der Zenitstern-Navigation seine Breite, was ihm noch fehlt, ist die Länge. Der Polynesier dachte nicht daran, wo er sich befand, sondern: Wo liegt meine Zielinsel? Captain Cook nahm den tahitianischen Prinzen Tupaia auf dessen Wunsch mit nach Batavia, wo er starb. Auf dem Wege dorthin konnte er jederzeit mit ausgestrecktem Arm die Lage aller ihm bekannten polynesischen Inseln zeigen.

Eine andere Methode der Sternnavigation sind die sogenannten Sternpfade *(kavanga)*. Ein großes Doppelrumpfboot macht sich auf die lange Reise. Aus Beobachtungen und Überlieferungen wußte der Navigator, welcher Stern am Horizont über der Zielinsel aufgeht. Nennen wir diesen Stern X. Und er wußte, welcher Stern über seiner Heimatinsel untergeht. Das ist Stern Y. Der Navigator mußte sein Schiff zu diesen beiden Sternen in Deckspeilung bringen. Wenn er ein kundiger *tahuna* war, kannte er auch die nach diesen

Sternen auf- bzw. absteigenden Sterne und konnte so immer wieder aufs neue seinen Kurs bestimmen. Der deutsche Anthropologe A. Krämer schrieb hierzu: Sie suchten sich einen absinkenden Stern z. B. Arcturus, der in derselben Breite sinkt wie das zur gleichen Zeit aufsteigende Sternbild im Orion. Wenn das Boot zu diesen Sternen nicht in Schiffspeilung stand, wußten sie, ob sie ihren Kurs nach N oder S zu korrigieren hatten. Die Steuerung über Bug und Heck nach Sternen war eine der kunstvollen Fertigkeiten der alten Navigatoren. War der aufsteigende oder absinkende Stern durch Wolken nicht sichtbar, hatte der Navigator sich rechtzeitig andere Leitsterne ausgesucht, die in richtiger Länge über ihm standen. Er konnte also auf seiner Matte liegend die Leitsterne beobachten und den Kurs bestimmen.

Auf den nördlich des Äquators liegenden Inseln Mikronesiens und auf den Hawaii-Inseln kannte man auch die bei uns bekannte Breitengrad-Bestimmung nach dem Polarstern. Als eine der Maßeinheiten galten die gespreizten Finger bei ausgestrecktem Arm vom Horizont zum Nordstern gemessen. Der Navigator Piailug maß so 1976 in Honolulu deren Breite mit 22°30′, die tatsächliche Breite ist 21°15′. Er lag also nur um 15 Seemeilen daneben.

Bevor die Polynesier ablegten, beobachteten sie mit sensiblem Instinkt die Wetterbildung. „Mit großer Sicherheit konnten sie ihre Vorhersagen machen" (The Journal of James Cook on his Voyages of Discovery, Vol. I). Allein auf ihren Instinkt verließen sie sich aber nicht. Tage vor der geplanten Abreise schauten sie sich am Ostriff ihrer Insel die Seesterne an. Hatten diese ihren Unterschlupf verlassen oder waren besondere Korallenfische am Ufer zu sehen, so war für die nächsten Tage mit gutem Wetter zu rechnen. Oder: Wenn die Krebse den ausgeschaufelten Sand nur anhäuften, aber das Eingangsloch nicht zudeckten, dann deutete es auf Starkwind oder Regen. Wichtig waren auch die Wolken- und Himmelsbeobachtungen für die Erkenntnis von Wetterveränderungen. Wenn ein Teil des Sternenhimmels flimmerte, bedeutete dies Windveränderungen. Wir wissen, daß die Cirrus-Wolken dieses Flimmern bewirken, das wiederum eine Front nach sich zieht. Der Polynesier wußte, daß aus der Richtung des Flimmerns der neue Wind zu erwarten war. War eine Reise in den Ostquadranten geplant, mußte man oft wochenlang auf eine Drehung des Passats warten, der von NE, SE bis hin aus SSE kommen kann. Eine Fernfahrt begann in den Nachmittagsstunden, um noch bei Tageslicht aus der Lagune und der Riffpassage zu steuern. Viel wichtiger war der gewählte Zeitpunkt für die achterliche Landmarken-Peilung, bevor der Leitstern am Horizont auftaucht. Zur Tageszeit orientierte man sich nach der Sonne.

Bei Annäherung an Inseln kamen andere Findigkeiten hinzu: Die Inselbestimmung anhand von Vogelflug oder Wellenbildung. Die Polynesier wußten, daß etliche Zugvögel zu bestimmten Jahreszeiten aus bestimmten Richtungen kamen. Forscher meinten, daß durch diese Zugvögel, zum Beispiel den Goldenen Strandläufer oder den Langschwanz-Kuckuck, die großen Inselkomplexe Hawaii, die Marquesas oder Neuseeland gefunden wurden. Von anderen Vögeln wußten die Polynesier, daß sie Inselvögel sind und sich tagsüber höchstens 30 Seemeilen von Land entfernen. Zu ihnen zählen Bregen, Seeschwalben oder der Tölpel, der bezeichnenderweise kakarau heißt, was Signal-Vogel bedeutet. Beim ersten Licht, wenn sie ihre Insel verließen, oder in der Abenddämmerung, wenn sie zurückflogen, wurden diese Vögel zu den sichersten Richtungsweisern. Eine fünf Seemeilen breite Insel bekommt für den Navigator eine Dimension von 2×30 Seemeilen plus fünf Seemeilen gleich 65 Seemeilen.

Der deutsche Kapitän Winkler brachte 1901 von den damaligen deutschen Marshall-Inseln (Mikronesien) eine Stabkarte in die Heimat mit. Zu oft wurden diese Karten, die aus zusammengebundenen Holzstäbchen bestehen, aus europäischer Perspektive mit einer Art von Stern- bzw. Seekarte verwechselt. Stabkarten zeigen jedoch den Ablauf von Wellen und Schwell, die entstehen, wenn die Wellen auf eine Insel treffen. Die Schwellstruktur lasen die alten Polynesier wie wir eine Seekarte – unvorstellbar für einen europäischen Kapitän. Auch im Norden, Süden und in Lee entstehen ganz besondere Schwellstrukturen, wenn Strom und Wind von Osten kommend auf Inseln treffen. Wellen sehen anders aus, wenn sie eine, fünf oder zehn Meilen von einer Insel zurückgeworfen werden. Die tahunas unterschieden zwischen verschiedenen Strukturen von Wellen, die von einer Insel zurückgeworfen wurden, bis zu einer Distanz von 30 Seemeilen. In ihrem Sprachgebrauch besitzen die Polynesier und Mikronesier acht verschiedene Begriffe für die unterschiedlichen Schwellbildungen, die um eine Insel entstehen können. Die meisten Atolle sind flach und erst aus ungefähr acht Meilen sichtbar. Das Lesen und die Identifizierung von Schwell waren für den Pazifik-Navigator also von größter Bedeutung. Der Navigator war tagelang mit nichts anderem als dem Studium der Beobachtung des Wellenbildes beschäftigt.

Bei langen Fahrten fuhren aus Sicherheitgründen mehrere Boote gleichzeitig los. Sie legten ihren Kurs parallel an und segelten auf Sicht mit wenigen Meilen dazwischen. So konnten sie die kleinen Atolle sicher erkennen. Sie erkannten Insel-Atolle oft lange bevor sie das Land erblickten. Dank der Reflexion auf den Unterseiten der Passatwolken, die durch die unter ihnen liegenden türkisfarbene Lagune angestrahlt werden.

Die Quote der Schiffbrüchigen war auch bei den Polynesiern hoch. Schwierigkeiten bereitete ihnen die Ausrüstung. Sie besaßen nur Umhänge aus *tapa* (Rinde) gegen Regen und Gischt, die sich schnell mit Wasser vollsogen. Proviant, der bald verdarb, Bootsverbände aus Kokosfasern, die schnell schamfilten. Hier lagen ihre Handikaps, nicht bei der Navigation. „Ein Kompaß kann falsch anzeigen, die Sterne nie“, sagte mir Pa Motulava.

39.

Raiatea, das antike Hawaiiki, war das Rom der Polynesier, ihre heiligste Stätte. Ihre Hohen Priester, ihre besten Navigatoren lebten hier. Von hier aus segelten sie nach Hawaii, den Cook-Inseln und nach Neuseeland. Eine verbreitete polynesische Schrift gab es nicht. Gesänge, Sagen, Märchen, Erzählungen und Legenden wurden per Schiff zu Tausenden von Inseln gebracht – so weit, wie ein Drittel der Erdoberfläche ausmacht. Das war vor zweihundert Jahren vorbei. Entdecker wie Wallis oder Bougainville brachten die Krankheiten, die Walfänger importierten die Syphilis, die Missionare vernichteten die Kultur, verboten die Riten, die Tänze, die Gesänge oder den Lendenschurz; die Sandelholzfäller und Händler brachten die Heimtücke und die Glasperlen-Moral in den Pazifik. Die Kolonialisten führten die Chinesen als Arbeitssklaven ein. Paul Gauguin, Herman Melville, Stevenson, Jack London kamen bereits einhundert Jahre zu spät in den Pazifik, um noch ein Paradies zu finden.

Das Tanzen und Singen konnten die Missionare auf Dauer nicht verbieten. Heute wird wieder viel gesungen und getanzt. Ein Höhepunkt sind die Inselausscheidungen zum größten Spektakel, *La Grande Fête*, am Abend des 14. Juli in Papeete. Gruppen von den Australinseln, von den Gambier-Inseln, den Marquesas, den Tuamotus und den großen Gesellschaftsinseln kommen dann dort zusammen. Früher kamen auch die Sänger und Tanzgruppen von Aitutaki, der zweitgrößten der Cook-Inseln. Papeete will sie nicht mehr einladen, weil sie stets die Besten waren und die Preise gewannen. Inzwischen boykottieren auch die Aitutakianer den Wettbewerb wegen der französischen Nukleartests.

Bernard Moitessier hat wohl den größten Teil seines Lebens auf Yachten verbracht. Leider trafen wir ihn nicht auf seinem Schiff in Raiatea an. Er arbeitete damals an einem Buch über seine Jugend in Vietnam – er könne nur noch in Pariser Cafés schreiben, sagte man mir. Seine kleine Stahlyacht aus San Francisco sah aus wie das uneheliche Kind seiner einst schönen, bauchigen und starken JOSHUA. Die Amerikaner hatten ihm einen Bastard aus Eisen gebaut – mit den typischen Zutaten à la Moitessier: dem Innensteuer mit offenlaufenden Drahtseilen, die über Umlenkblöcke durchs Schott nach innen gelenkt werden, und den Wanten, die er keinen Terminals anvertraute, sondern einfachen Drahtklemmen. Ich war enttäuscht von diesem Bötchen, war er doch eine Art Mythos gewesen.

40.

Wir blieben nicht lange auf Raiatea und segelten zur Zwillingsinsel Taa, die wir an einem Tag umrundeten. „*Good sailing is one day out of ten*", sagen die Engländer, wenn sie an ihr nordisches Revier denken. Der Törn um Taa war good sailing, wenn nicht best sailing. Wir segelten durch die Lagune, immer an Backbord die grüne Berginsel mit fjordähnlichen Einschnitten, an Steuerbord das Riff, die Motus, die Brandung und das Meer. Wir segelten frühmorgens am Wind, später mit halbem Wind und nachmittags mit raumem und achterlichem, dann wieder hoch am Wind, danach war Flaute.

Wir hatten an diesem Tag nur eine kleine Insel ohne Motor umsegelt – später am Tag, kurz vor der Dämmerung, begegneten wir einer Yacht, die ohne Motor die Welt umsegelt hatte.

Wir lagen am Spätnachmittag an der SE-Spitze von Taa vor Anker, als um die Kapspitze eine Yacht mit dem letzten Wind, den die Landabdeckung noch freigab, über die Bucht segelte. Es war eine Yacht mit alten Linien und lohfarbenen Segeln. Ich erkannte die unverstagten Masten, eine eigenwillige, nie gesehene Rumpfform mit einem geteilten Kajütenaufbau und zwei Menschen im Cockpit. Die Heckfahne konnte ich nicht identifizieren, denn eine der Salomon-Inseln hatte ich noch nie gesehen. Der Wind war am Ankerplatz kaum noch spürbar, dennoch glitt das fremde Schiff mit dem rötlich-braunen Rumpf viel zu schnell für diesen Hauch durch die Lagune. Die Abendsonne färbte die lohfarbenen Segel golden und gab der Segelszene in der Lagune einen Reiz, wie man ihn von alten maritimen Gemälden her kennt.

Beryl Sampson und Gary Underwood kamen aus Neuseeland und wollten dorthin zurück. Gary ist ein hellhäutiger Rotschopf, einer, von dem man niemals vermuten wird, daß er in den Süden paßt. Meist hatte er einen Pareo an, und das sah so selbstverständlich aus, als ob er dafür geboren sei. Gary war auch beim Spaßen ernst. Ich hatte das Gefühl, daß er stets nachdachte, verglich, tüftelte oder etwas überprüfte. Er ist Architekt, Ingenieur, Handwerker und Improvisationstalent, wie viele in Neuseeland. Beryl ist dunkelhaarig und schlank. Sie hat die bronzene Haut einer Neapolitanerin, aber ein Wesen wie eine Norddeutsche. Erst mußte sie einen Scheffel Salz mit einem Fremden essen, um ihn zu akzeptieren. Ich könnte auch heute nicht sagen, war sie schön oder apart – das kam bei ihr auf die Stimmung an.

Vor vielen Jahren kaufte Gary Underwood die kleine Insel Huon, die vor der zu Australien gehörenden Insel Tasmanien liegt, samt Farmhaus und Land. Als er beschaulich auf seiner Veranda im Schaukelstuhl wippte, aufs Meer blickte und darüber nachsann, wie herrlich ruhig seine vom Weltgeschehen weit abgelegene Idylle doch sei, wurde er unruhig und eines Tages sogar unglücklich. Er stellte fest, daß er noch zu jung sei für die Ruhe in einem Schaukelstuhl auf der Veranda. Gary verkaufte Insel, Haus und Hof, nahm seine Tahitian Ketch – so nennen die englisch-sprechenden Pazifik-Anrainer die ca. 30 Fuß langen, bauchigen Doppelender, die so schön aussehen, aber so langsam segeln, und machte sich auf, einen zweiten Traum seines Lebens zu erfüllen: sein Traumboot. Unzufrieden mit den schlechten Segeleigenschaften seiner Yacht wollte er ein Boot ohne Kompromisse bauen. Es sollte aus Holz sein, schnell, leicht im Gewicht, leicht in der Handhabung, ohne moderne Technik und ohne Motor.

Als er seinen neuseeländischen Freunden den Original-Bootsplan von Francis Herreshoff, dem berühmtesten aller amerikanischen Designer zeigte, begannen sie alle, ihn zu verbessern. Kompromisse jedoch wollte Gary dieses Mal nicht eingehen. Im Gegenteil, es sollte kein anderes Boot entstehen als die auf Seite 333 in dem Herreshoff-Buch „The Leeward Ketch“ abgebildete Yacht mit unverstagten Masten: Länge 40 Fuß, Breite 9 Fuß 8″, Tiefgang 3 Fuß 4″, Gewicht 9t, Blei 2,2t – und nichts anderes. In Neuseeland standen ihm seine Freunde mit ihren zu gut gemeinten Ratschlägen im Wege. Er segelte zu den Salomon-Inseln. Dort fand er billiges Holz, billige Arbeitskräfte und erfahrene Bootsbauer. Kurzentschlossen segelte er seine Tahitian Ketch nach Australien und verkaufte sie dort.

Zurück auf der Salomon-Insel Malaita, wollte er sein Boot zügiger bauen, als es dort Tradition ist. Hier werden bis zu 30 t große Holzfähren gebaut. Holz gibt es wie Sand am Meer. Ist kein Geld da für Benzin und Öl für die Baumsäge, geht man derweil fischen. Hat jemand im Dorf ausreichend Geld für Benzin für den Generator der Kreissäge, dann können die Spanten und Planken gesägt werden. Bleiben noch ein paar Dollar übrig für Bohrer und Kupfernägel, dann kann die Arbeit weitergehen. Manchmal ist jahrelang nichts in der Dorfkasse, und die Arbeit ruht. So können bis zu sieben Jahre vergehen, bis ein Rumpf fertig ist.

Die Alice Alakwe sollte die erste auf den Salomon-Inseln gebaute Yacht werden, die nicht der Arbeit, sondern dem Vergnügen dienen sollte. Zwischen den Häusern der Bootsbauer-Familien, zwischen Hühnern, Schweinen und Moskitos nistete sich Gary im Dorf ein, und innerhalb von 13 Monaten entstand seine Yacht. Ohne abgestagte Masten, ohne Winschen, ohne Reling, ohne einen einzigen Borddurchlaß und ohne Motor. Die Idee, sein Schiff hier zu bauen, war von salomonischer Weisheit.

Das komplette Boot, so wie wir es trafen, kostete 16 000 $. Davon erhielten 5000 $ Abraham Tofe und seine Mitarbeiter – 13 Jahre alt war der jüngste. Für 1600 $ kaufte Gary das Holz, 1000 $ zahlte er für Benzin und Öl der Stihl-Baumsägen. Der Rest ging für die bei Lee-Sails in Hongkong bestellten Segel, für das laufende Gut wie Anker, Ketten, Nägel, Schrauben, Leim, Farben und all die vielen Kleinigkeiten drauf, die er pingelig erfaßt hatte und die nur der kennt, der je ein Boot selbst gebaut hat. In diesen 16 000 $ steckten auch seine Verpflegungskosten während der Bauzeit.

15 bis 20 Jahre altes Hartholz Baualo, das für den Kiel, die Bodenwrangen, Spanten und Decksbalken verwendet wurde. Vom teakähnlichen Holz für die Planken und fürs Deck kannte Gary nur den einheimischen – und den lateinischen Namen (vitex coffasus) sowie das Holzgewicht, was für diesen Gewichtsfanatiker von großer Bedeutung war.

Gary wußte, daß er nicht einfach mal schnell um die Ecke gehen konnte, um beim Schiffshändler einzukaufen. Er mußte ständig improvisieren, organisieren und als Basis ein gutes Lager haben. Die Luke stammte aus einem seiner Schiffe, die bronzenen Bullaugen aus einem Schrottschiff, laufendes Gut aus Mitgebrachtem, Kleinmaterial aus seiner sieben Boote alten Grabbelkiste. Beschläge, Schäkel, Schläuche, Anker, Ketten und Kocher hatte er anderen Yachteignern abgekauft. Die Windfahnensteuerung war eine nachgebaute Aries aus Neuseeland.

Als er sich schon damit abgefunden hatte, Schrott anstelle von Blei im Kiel zu verwenden, hörte er von einer gestrandeten amerikanischen Yacht auf der Hauptinsel Guadalcanal. Über die Kokosnuß-Telegraphie konnte er den Preis von 2000 $ auf 350 $ für die genau von ihm gewünschten 2,2 t herunterhandeln. „Übrigens", meinte er, „mit eurer deutschen Kettensäge konnte ich das Blei für den Transport genau so gut schneiden wie das Hartholz." Den Innenausbau erledigte er am Schluß mit zwei Helfern in nur 14 Tagen, und als er nach einem Jahr und einem Monat einen portablen, ehemaligen portugiesischen Krankenhauseimer als Klo installiert hatte, betrachtete er sein Boot als fertig und ließ seine Freundin Beryl Sampson aus Neuseeland nachkommen.

Gewicht bedeutet *„performance"*, beginnt Gary. Gewiß kein neuer Aspekt, aber für einen Fahrtensegler ein erstaunliches Urteil mit vielerlei Konsequenzen. Wenn ein neuer Gegenstand auf die Alice Alakwe kommt, muß dafür etwas anderes, gleich Schweres verschwinden. Er ist besonders stolz, daß seine Yacht vom ersten Tag an auf der Konstruktionswasserlinie schwimmt – was man von kaum einem der meist überladenen Fahrtenschiffe sagen kann. „Das einzige Fahrzeug, das Vorteile vom Gewicht hat, ist die Dampfwalze an Land", macht er seine Theorie deutlich. So war es für ihn von vornherein klar, daß das Schwergewicht eines Motors auf seiner Yacht keinen Platz finden wird. Sein Statement zum Thema Motor lautet: „Er nimmt wichtigen Stauraum weg. Er kostet viel in der Anschaffung. Er braucht ständig Geld für Diesel, Ersatzteile, Reparaturen, 25 % des Cruising-Etats. Er ist überflüssig auf den Passatrouten mit ihren ständigen Winden. Er wird mehr zum Batterieladen als zum Fahren verwendet. Er verleitet zu größerer Lichtmaschine, einem Kühlkompressor, größeren Batterien etc. Er steht in Konkurrenz zum Segeln selbst. Und sein Gewicht und sein Propeller bremsen die Fahrt." Gary Underwood rechnet vor, daß jeder Borddurchlaß die Bootsgeschwindigkeit um 1 % eines Knoten reduziert. So gibt es am Unterwasserschiff der Alice Alakwe keinen einzigen Borddurchlaß. Das Küchenwasser pumpt er ins Cockpit, dessen Lenzloch über der Wasserlinie liegt, und sein Echolotgeber liegt auf der Rumpfinnenseite. Die Energie für seine Lichter holt er sich aus zwei fest installierten Solar-Paneelen. Wenn sich Gary Underwood über sein Lieblingsthema „Weniger ist mehr" ereifert, dann zitiert er den amerikanischen Konstrukteur Philipp Bolger, der das Konzept vertritt *„Try to do without"*. Das wurde auch seine Philosophie, und er erklärt sie auf seine Art: „Wir versuchen, möglichst ohne Hergebrachtes auszukommen. Dabei probieren wir viele neue Varianten aus. Klappt es, ist es gut. Klappt es nicht, geht's über Bord. Bestes Beispiel: Wir versuchen ohne Stage, Wanten und ohne eine einzige Winsch angenehm schnell und mit großem Spaß an diesem Rigg um die Welt zu segeln. Unser Ketch-Rigg ist eine Kombination aus Kurz-Gaffel- und Spriet-Rigg. Die Gaffeln haben mehr den Sinn, auch bei Gaffel-Regatten zugelassen zu werden. Der Trimm der Segel erfolgt an den langen Sprietbäumen lediglich durch starke Taljen. Gerefft wird wie bei einer Genua mit einem Bindereff. Und wenn mal in einer Hafeneinfahrt der Wind einschläft, dann schrauben wir einen 2 PS-Außenborder an eine Spezialhalterung und motoren gemessen und langsam zum Ankerplatz. Während meine alte Tahitian Ketch ständig Luftperlen im Heckwasser hinterließ, segelt die Alice Alakwe wie ein Dingi. Ihr Heckwasser ähnelte dem eines fließenden Flusses. So muß es auch sein."

„Eines der beiden Holzdingis ist zu schwer. Ich kann 20 Pfund einsparen, das ist mir eine Neuanfertigung wert", so ein weiterer Kommentar zum Thema Gewicht. Trotz aller Gewichtsüberlegungen fährt die Alice Alakwe fünf Anker, davon einen für das Dingi und einen als Heckanker, quasi als Bremse.

Ich fragte ihn, ob er jemals auf seiner Route wegen des fehlenden Motors in Schwierigkeiten geraten sei. „Niemals", antwortete er stolz und klopfte dreimal auf Holz. „Wir haben allerdings Segelgebiete mit viel Flauten, wie zum Beispiel das Mittelmeer, gemieden. Schließlich sucht sich doch jeder Fahrtensegler das ihm und seinem Boot genehme Revier aus. Die Hiscocks haben in erster Linie die Länder besucht, in denen man Englisch spricht, denn das war die einzige Sprache, die sie beherrschten."

Wir trafen Beryl und Gary später wieder in der Bay of Islands, am Ankerplatz vor ihrem Heimatort Russell. Die ALICE ALAKWE lag vor Anker ohne Masten. Nur Stümpfe ragten aus dem Rumpf. Einen Tag nach der Kavenga Passage im Süden der größten Fiji-Insel Viti Levu brach im Starkwind der Großmast. Beim Bergen der Segel machten sie eine unfreiwillige Halse, und auch der Besanmast brach. Tausend Meilen segelten sie mit einem Hilfsrigg nach Neuseeland. Ich beobachtete Gary, der tagelang seine Maststümpfe untersuchte wie ein Techniker Teile eines abgestürzten Flugzeuges, bis er schließlich sein Urteil fällte: „Die Verleimung war nicht einwandfrei." Daß die Masten nicht verstagt waren, darauf wäre er nie gekommen.

41.

Fred und Nan Dorey besaßen eines der größten Boote unter all den Fahrtenyachten, denen wir begegneten. Ihr 49 Fuß langes Boot gehört auch in Marinas zu den großen Yachten, die am Ende des Steges liegen. Yachten der Blauwassersegler sind ca. 11 m lang (eine der Eigenarten der Fahrtensegelei ist das akzeptierte Nebeneinander der Maßeinheiten Fuß und Meter – circa 1 : 3). Ein durchschnittlicher Blauwassersegler ist auch ein durchschnittlicher Mensch. Er kann jedem Beruf angehören, nur er wird kaum ein Reicher, ein mehrfacher Millionär sein. Deren Yachten liegen in Marinas, auf ihnen wohnen Crews, die dafür sorgen, daß die Geschäftsfreunde keine Champagnerkringel auf den Intarsien des Rosenholzes im Salon hinterlassen. Einen Multi-Millionär mit einer Mega-Segelyacht habe ich unterwegs nie gesehen – schade!

Fred hatte seine Yacht mit viel zusätzlicher Ausrüstung versehen.

Als wir ihn in der Baie Vipihai (Hiva Oa, Marquesas-Inseln) trafen, reparierte er oben in der Mastspitze seine Hood-Rollreff-Anlage. Später reparierte er seine Kühlanlage, den Generator, die Lichtmaschine, den Autopiloten – es sind immer die gleichen Dinge, die bei Yachten kaputtgehen. Vieles kommt aus der Autoindustrie. Es ist nicht für die salzhaltige Luft, die Hitze, die hohe Feuchtigkeit oder die zerstörerischen UV-Strahlen gerüstet. Fred Dorey war über dreißig Jahre Pilot bei der PAN AM. Er war ein Mann mit technischem Verständnis. Inzwischen verfluchte er Ingenieure, Zulieferanten, Ausrüster und die nordeuropäische Werft, die niemals zu seinen Anfragen Stellung bezog. „*To buy a boat at a boatshow is one thing, to deal with the yard from a Pacific island is another*", drückte er seine Enttäuschung aus, er, der drei Jahre nach seinem idealen Boot in der ganzen Welt gesucht hatte. Nicht mehr lange, und Fred wird das Segeln aufgeben. Er fühlt sich wegen der viele Defekte als Sklave seines Schiffes. Ein Zitat eines unbekannten Seglers war uns allen geläufig: „*Sailing around the world is repairing your boat at the most exotic places of the globe.*" (Eine Reise um die Welt ist nichts anderes, als dein Boot an den exotischsten Ankerplätzen der Welt zu reparieren).

Fred Dorey beweist ungewollt die alte Fahrtensegler-Theorie: Weniger ist mehr. Es sind die kleinen Yachten mit der spartanischen Ausrüstung, die die großen Reisen schaffen, abseits der befahrenen Routen, weit weg von den großen Häfen. Sie fahren zu den letzten einsamen „Revieren", zu Inseln der Gastlichkeit. Diese Skipper können Geschichten erzählen, die nicht von Ersatzteilen und Reparaturen berichten – so wie man sie an den Theken der Hafenbars und Yachtclubs kennt.

Die seit Jahren in der Larnaca-Marina auf Zypern liegenden und lebenden Segler hatten einmal drei Weltumsegler zu einer Diskussion eingeladen. Zwei Amerikaner und einen Engländer, einen Traditionalisten. Aus dem Publikum kam die Frage: „Was ist für Sie das wichtigste Gerät an Bord?" Der erste Amerikaner antwortete: „Mein Radargerät." Der zweite amerikanische Weltumsegler meinte: „Mein Satellitennavigator." Und der ältere Engländer erklärte verschmitzt: „Die Reserve-Batterien für meine Taschenlampe."

Nan war Lehrerin und Fred hatte, wie gesagt, Flugzeuge geflogen. Sie zog die Kinder in der Nähe von New York auf, und er bereiste die Welt. Sie sahen einander wenig und hatten erst nach der Pensionierung Zeit, über ihr Leben nachzudenken. Auf dem Boot waren sie das erste Mal in ihrem Leben allein. Nach dreißig Jahren Ehe. Fred Dorey entdeckte seine Frau, und Nan Dorey entdeckte ihren Mann. Sie verliebten sich. Nach dreißig Jahren verliebten sich zwei Ehepartner noch einmal ineinander. Durch die Ruhe des Segelns hatten sie wieder zu sich und dem anderen gefunden und dabei Eigenschaften entdeckt, die reizvoll waren. Man kann selten ein Ehepaar beobachten, das nach dreißig Jahren miteinander turtelt. Fred und Nan Dorey werden immer reisen, aber nicht mehr lange segeln. Sie hat sich niemals wohl auf See gefühlt. Trotz großer Yacht, trotz des professionellen Navigators an ihrer Seite, trotz Tiefkühltruhe und vielen Komforts – sie segelt nur mit Fred, weil sie ihn liebt.

42.

Der Mensch denkt zweidimensional. Er denkt in Länge und Breite. Die dritte Dimension von Tiefe und Höhe liegt ihm nicht. Wie hoch fliegt eine Wolke? Wie tief sind 5000 Meter unter dem Kiel? Seine Vorstellung ist bei diesen Dimensionen blockiert. Er weiß, wie lang 220 Kilometer sind, wie lange er mit dem Fahrrad, mit dem Auto oder der Bahn dazu braucht. Längen und Breiten, so scheint es, haben ein Ende, eine Begrenzung. Sie entsprechen seinen Vorstellungen – aber Tiefen und Höhen?

Wir wollten uns einmal auf der Westseite der Insel Vaka'eitu, in Tonga, den Korallengarten unter Wasser ansehen. Von Land kommt man schlecht über das Riff an die Stelle zum Tauchen. Also entschieden wir uns, mit anderen Seglern per Yacht hinzusegeln. Hazel wollte nicht tauchen, sie kreiste am Steuer ihrer ISLE OF JUNE im Abstand von 200 Metern vor dem Riff. Graham, ihr Mann,

David (der mit der Klarinette), Milda und ich sprangen mit Flossen, Taucherbrille und Schnorchel ins Wasser. Als wir durch die Taucherbrille in das unendliche Blau des Meeres unter uns blickten, war uns allen unwohl. Die leicht gekräuselte Wasseroberfläche filterte die Sonnenstrahlen, und diese verloren sich als Tausende von einzelnen Strahlen im immer dunkler werdenden unendlichen Blau unter uns. Ich schaute zu Milda, die mich im selben Moment anstarrte. Die Taucherbrille verzerrte ihr Gesicht, und ich sah – wie durch ein Vergrößerungsglas – ihre Angst. Sie riß sich die Brille mit dem Schnorchel vom Kopf, schnappte nach Luft und vergaß dabei das Treten mit den Flossen, wodurch sie unter Wasser geriet und Salzwasser schluckte. Ehe ich bei ihr war, hatte sie schon viel geschluckt. Ich hielt sie über Wasser, während sie das Wasser aushustete. Wir befanden uns zwischen der Yacht und dem Riff. Ich rief David herüber, und beide hielten wir Milda über Wasser. Später erzählte mir David, daß auch er Angst hatte und gerade umkehren wollte. Die Dimension der Tiefe war uns allen fremd, unheimlich.

Auch beim Verständnis der sphärischen Trigonometrie fehlt vielen Menschen das Einfühlungsvermögen für die dritte Dimension. Die Projizierung der zweidimensionalen Erdkoordinaten von Länge und Breite in die des Himmels fällt unserem Denken schwer. Das Verständnis der astronomischen Navigation basiert auf einer Lüge. Nicht die Erde dreht sich um die Sonne, sondern die Sonne hat sich um die Erde zu drehen. Gewollt oder ungewollt wird die Erde zum Mittelpunkt des Alls.

Bei der Überquerung der Datumsgrenze berührt man die vierte Dimension, die Zeit. Am 29. Oktober 1987 segelten wir um 20.00 Uhr auf dem Breitengrad 23° 30'S und der Länge von 179° 55'W. In einer Stunde werden wir die Datumsgrenze übersegeln. Beim Überqueren des 180. Längengrades überspringen wir einen Tag. Alles, was wir am 29. Oktober an Seemeilen hinter uns bringen, zählt. Es wird wie immer in die Seekarte und das Logbuch eingetragen. Alles, was ich an diesem Tag sage, ist gesagt worden, und was ich trinke, hat meinen Durst gelöscht. Der Fisch, den ich fange, wird filiert, gebraten, gegessen und verdaut und dennoch, diesen Tag gibt es nicht. Der 29. Oktober wird in dem Moment zum 30. Oktober, in dem wir von 180° W auf 180° E segeln. In einem Bruchteil einer Sekunde oder, wie die Bibel des deutschen Seglers, das Buch „Seemannschaft“, sagt, in der Zeit eines Augenblicks. Heute wird morgen und morgen ist heute. An diesem Tag überholen wir unsere Gegenwart.

43.

In Tonga, in der nördlichen Vava'u-Inselgruppe, vor dem Provinzort Neiafu, sah ich die SUNDOWNER zum ersten Mal seit acht Jahren wieder. Wir lagen mit einigen Yachten seit einer Woche vor Anker und verzögerten unsere Fahrt zu der Ha'apai-Gruppe, um auf die SUNDOWNER zu warten, von deren bevorstehender Ankunft wir über Funk hörten. Sie gehörte meinem langjährigen Freund Volker Matten. Unsere Freundschaft bestand nicht in häufigem Treffen, im Gegenteil. Wann immer wir uns aber trafen, waren es Abende, die selten vor drei, vier Uhr morgens aufhörten. Er war ein Mann, der Gedanken aussprach, wie sie viele empfinden, aber wenige den Mut haben. Volker Matten hatte eine eigene Lebensauffassung und einen eigenwilligen Lebensstil. Er paßte nicht in eine nivellierte Gesellschaft. Und weil er das erkannt hatte, zog er bereits in den sechziger Jahren aus Deutschland weg. Auf der spanischen Mittelmeerinsel Formentera baute er sich ein Haus, das genau diesem Lebensstil entsprach. Dort verdiente er sein Geld als Goldschmied und Bildhauer von Skulpturen. Er baute Kamine, renovierte Häuser, zeichnete später für andere die Pläne stilvoller Ferienhäuser und überwachte den Bau. Ein gutes Nebengeschäft waren die Sommerstürme, die über dieses Gebiet ziehen können. Damit verdiente er sich jedes Jahr gutes Geld. Er wußte, daß der Ankergrund vor dem winzigen Fischereihafen Sabina schlecht war und daß nach jedem Sturm einige Yachten auf die Felsen gingen.

Ausgestattet mit Hydraulikpumpen, Seilwinden, Glasfasermatten, Epoxyharzen, seinem großen technischen Verständnis und mit dem Einverständnis der Versicherungsunternehmen, die er jeweils vorher anrief, war das Abbergen von Yachten ein gutes Einkommen neben all den anderen Betätigungen.

1976 ankerte ein belgischer Einhandsegler vor der Hafeneinfahrt. Er besaß eine Stahlyacht vom Typ Joshua. Nicht den Typ mit dem extrem kleinen Mittelcockpit, wie Moitessier einen hatte, sondern den mit dem Achtercockpit. Die beiden wurden sich handelseinig. Volker kaufte das Boot und taufte es SUNDOWNER. Er schäkelte sein Ankergeschirr mehrfach an eine große, starke Muringkette, ließ alle anderen Arbeiten ruhen und machte sich an die Arbeit, sein Schiff so umzubauen, wie er es sich vorstellte. Zuerst baute er die gesamte Inneneinrichtung aus – nur der Yamaha-Diesel blieb im Rumpf. In diesem Zustand sah ich sein Boot zum ersten Mal. Entgegen aller Tradition, allem Herkömmlichen und völlig gegen den Strich schuf er aus dem Innenraum des zwölf Meter langen Schiffes einen einzigen, großen Raum. Mit einem Bett im Vorschiff, so groß wie in einer Präsidentensuite, mit einem nicht abgetrennten WC, der Pantry neben dem Navigationstisch an Backbord, mit einer Sitzecke an Steuerbord und einer im Mittelbereich sowie einer kompletten Goldschmiedewerkstatt etwas achtern an Steuerbord. Später, auf Protest seiner amerikanischen Freundin Rondi, kam vor das WC ein Vorhang. Der Innenausbau war so geschmackvoll wie handwerklich gekonnt. Eingerichtet mit antiken englischen Messinglampen, indischen Stoffen, golddurchwirkten, exotischen marokkanischen Kissenbezügen; unterschiedliche Hölzer, verschiedene Ebenen – überall hat das Auge Attraktionen zu entdecken, so daß diese Joshua bei Freunden als eine der sehenswertesten und schönsten Yachten gilt. Ich war also auf das fertige Boot gespannt, denn während der fünfjährigen Bauzeit hatte ich sie in verschiedenen Phasen vor dem Hafen von Sabina liegend gesehen.

Als die SUNDOWNER zu Volkers Zufriedenheit ausgefallen war, verkaufte er sein Haus, seine letzte Skulptur und zog mit Rondi aufs Schiff. Hier wollte er nur noch leben. Er war ein ideenreicher

Künstler und einer der wenigen Segler, die unterwegs gutes Geld mit guter Arbeit verdienten.

1981 verließen die beiden Formentera und segelten nach Südamerika. Gleich nach dem Falklandkrieg machten sie von Argentinien eine Reise zu den Islas Malvinas – den Falkland Inseln. Volker, den nach einem Tag Müßiggang immer die große Unruhe überkam und der sich sofort nach neuer handwerklicher Arbeit umschaute, erkannte auf den Falkland-Inseln, daß seit Jahrzehnten kein Goldschmied mehr hier gewesen war. So faßte er Steine neu ein, bog Ringe wieder rund und half mit kleineren Reparaturen. Als er mir damals erzählte, wie er bei dem Scheren der Schafe geholfen hatte, lachten seine Augen. „Das war die schwerste Arbeit meines Lebens." Er mußte wissen, was schwere Arbeit ist, denn bereits in den sechziger Jahren hatte er sich selber einen Jeep gebaut, mit dem er für ein Jahr nach Indien fuhr.

Zurück in Argentinien, wußte er, was der Joshua für die südlichen Breiten fehlte: ein festes Hardtop. Aus Niro und Fiberglas baute er einen sicheren und auch ästhetisch schönen Aufbau sowie zwei große Trommeln aus Niro für je einhundert Meter Ankertrosse, die er geschickt rechts und links vom Hauptmast an die Bügel der Rückstützen anschweißte. Jetzt war die SUNDOWNER klar für die Tour in südliche Regionen. Gemeinsam mit dem französischen Skipper Jerome Poncet und dessen Familie und einer zweiten französischen Joshua mit dem Skipper Jean-Paul Bassaget bereiteten sie ihre Südland-Reise in Argentinien vor. Im Januar 1985 erreichten sie die britische Antarktisstation.

Drei Monate blieben die Yachten in antarktischen Gewässern. Südlich von Kap Hoorn trennten sich die Wege. Rondi und Volker segelten nach Chile und dann über die Robinson-Inseln nach Hawaii. Damals, als der Dollar noch halbwegs hoch stand, wollte Volker seine Joshua für harte Dollars in Alaska verkaufen. Er hatte ja für diese Breiten das beste Verkaufsargument – „antarktisgeprüft". Sein neuer Traum war eine circa dreizehn Meter lange französische Aluminium-Yacht mit Hubkiel, gezeichnet von Philippe Harlé. Mit diesem Boot wollte er nochmals in die Antarktis und einen ganzen Winter dort im Schiff mit Rondi überleben. Das

Eis sollte das kiellose Schiff hochdrücken. So aufgepallt wollten sie dann bis zur nächsten Schmelze warten. Schließlich hatten seine französischen Freunde, die Poncets, das gleiche Abenteuer mit zwei Kindern bestanden. Alle Zeichnungen für sein neues Boot hatte er bereits fertig – er brauchte es nur noch in Alaska zu verkaufen. So segelte er von Hawaii nach Alaska. Doch während er segelte, fiel der Dollar in den Keller. Als er ankam, war sein Traum ausgeträumt. Kurz entschlossen richteten sie den Bug Richtung San Francisco.

Bei seinem letzten Besuch in Deutschland erzählte er mir, daß er unterwegs einen Skipper getroffen hatte, der ein zusammenlegbares Ultra-Light-Flugzeug an Bord hatte. Er war selber verschiedentlich damit geflogen und wollte sich auch eines anschaffen. In Kalifornien hatte ihn wohl das alte Flugfieber wieder erfaßt; er kaufte sich für 6500 $ einen sogenannten Gyrocopter, den es im Selbstbausatz gab. In einer Woche hatte er das Ding an Deck zusammengebaut. In sechs Teilen konnte er es unter Deck verstauen. Noch im Februar 1987 machte die Seglerzeitschrift „Latitude 38" ein Interview mit ihm. Kurz vor Redaktionsschluß mußten sie folgenden Eindruck quer über das Foto von ihm und seinem Gyrocopter machen: „Kurz vor Redaktionsschluß erreichte uns die Nachricht, daß Volker Matten am 22. Februar auf dem Tracy Airport mit seinem Gyrocopter abgestürzt ist. Volker war ein von Energie erfüllter und innovativer Mann mit der Passion, in Gebiete zu segeln, die abseits der Routen liegen. Er wird von seinen Freunden in aller Welt vermißt."

Nach acht Jahren sah ich Volkers SUNDOWNER in Tonga wieder. Es war gut, nach all den vielen Kunststoffbooten, wieder diese starke Stahlyacht zu sehen, die von der Antarktis bis zur Arktis gesegelt war. Als ich Rondi das letzte Mal gesehen hatte, war sie brünett. Inzwischen waren die Haare grau. Ihr Freund Sandy wirkte wie ein Mann, der versuchte, ein zweiter Volker Matten zu sein. An Steuerbord hing groß über dem Eßtisch ein schönes Foto von Volker mit seiner typischen runden John Lennon-Brille und der blauen Wollmütze. Auf der Fahrt nach Indien hatte er nach einer Infektion seine Haare verloren.

44.

Jan Spießens aus Antwerpen war gelernter Schlachter, Annie, seine Frau, gelernte Verkäuferin. Wie viele Menschen aus kleinen Ländern sprach Jan mehrere Sprachen. Wir unterhielten uns deutsch. Annie war die Ausnahme der Regel, sie sprach nur Flämisch.

Wir waren in den Marquesas und auf Tahiti oft zusammen. Nur Jan unterhielt sich mit uns. Witziges und Wissenwertes übersetzte er. Ich brauchte Wochen, bis ich mitbekam, daß Annie leicht schwerhörig war. Sie hatte Angst, ihr sicheres flämisches Terrain zu verlassen und doppelten Unsicherheiten beim Erlernen einer Fremdsprache ausgeliefert zu sein.

In Antwerpen hatten Jan und Annie aus einem Metzgerladen ein Feinkostgeschäft gemacht und dieses um einen Partyservice erweitert. Die Arbeitstage in Antwerpen waren sehr lang. Am Wochenende gab es keine Pause. Ein, zwei, drei kleine Appartement-Wohnungen, ihre 34-Fuß-Yacht HINDE, ein Sparkonto und der verpachtete Laden waren ihr Lohn.

Wir segelten gemeinsam von der Insel Fatu Hiva los. Zwei Tage hatten wir Funkkontakt auf UKW, dann war keine Verbindung mehr zu bekommen. Ich dachte, wir seien etwas schneller als sie – die Bodenwellen tragen hier ca. 20 Seemeilen – und die Distanz sei bereits zu groß für die Verbindung. Nach vier Tagen segelten wir in die Riffpassage des Tuamotu-Atolls Manihi; an die HINDE dachten wir nicht mehr– wir würden sie in Tahiti wiedertreffen. Wir ahnten nicht, daß Jan nicht zum Hörer greifen konnte, weil er mit einem Herzanfall in der Koje lag. Annie konnte nicht mit uns sprechen, denn Flämisch verstanden wir nicht. Von der Koje aus erklärte Jan seiner Frau, was sie für die Navigation wissen mußte. Vorher hatte er den Kurs zwischen Arutua und Rangiroa abgesetzt. Die Passage ist ca. acht Seemeilen breit, trotzdem ist sie gefährlich, wenn man nachts ohne Radar durchsegelt. Die Inseln kann man tagsüber von Deck aus in einer Entfernung von ca. acht Seemeilen ausmachen, von der Saling aus ca. zehn Seemeilen – vorausgesetzt, das Wetter ist gut. Querströme, unbekannt und nicht voraussehbar, in keinem Handbuch verzeichnet, trugen den Tuamotus den Namen „Dangerous Achipelago“ ein. Jan wußte das und lag hilflos in der Koje.

Wir trafen Jan und Annie sechs Wochen später in Papeete wieder. Sie saßen, wie immer, auf der Bank ihres Achterschiffes, die er an die Heckreling gebaut hatte. Sie mit einer roten Hibiskusblüte im Haar und Jan um 15 Pfund schwerer. Es gibt Menschen, an die erinnert man sich, weil sie immer an derselben Stelle sitzen. Jan erzählte mir die Geschichte seiner Herzattacke auf dem Meer. „Ich dachte, ich würde nie wieder Land sehen. Wir sprachen schon über die Seebestattung. In Antwerpen hatte ich zu viel Arbeit am Hut. Nie habe ich im Geschäft nein sagen können. Der Kunde war bei mir König. Beinahe wäre ich jetzt Bettelmann. Wir sind hier sofort ins Krankenhaus gegangen. Vierzehn Tage war ich drin. Die wissen heute noch nicht genau, was ich habe. Ich ruhe mich hier aus. Bier ist meine Medizin. Papeete ist mein Kurort.“ Jan fand schnell zu wirtschaftlichem Denken zurück und erzählte vom Krankenhaustarif von 500 US-$ pro Tag.

Die Belgier sind bekanntlich die größten Bierfreunde. Noch bevor wir ankamen, hatte Jan mit einigen amerikanischen Seglern die Budweiser-Dependance auf Papeete ausfindig gemacht, die der einheimischen Hinano-Brauerei Konkurrenz machen wollte. Bier bekommt für Segler im Pazifik einen ähnlichen Stellenwert wie Tee für Beduinen. Segler, die an Land nur Wein getrunken haben, fragen als erstes am neuen Ankerplatz: „Wo gibt es Bier, was kostet die Dose?“ Bier wird zum Währungsindex der pazifischen Länder. Durst und Tropen sind ein Synonym. In den Tropen ist der erste Schluck aus der Bierdose fast ein Ritus. Bier ist kostbar, der Stauraum an Bord begrenzt. Du nimmst die Dose in die Hand, schaust sie an, denkst, wie viele du wohl noch in der Bilge hast, der Gedanke, daß du dieses Bier verdient hast, überwiegt, wie lange wird der Vorrat wohl noch halten, du öffnest den Verschluß, der Durst steigert sich, die Vorfreude setzt vehement ein, wann wird es die nächste Möglichkeit geben, neues Bier zu bunkern, du setzt an, schließt die Augen wie beim Kuß und genießt den langen ersten Schluck, du öffnest die Augen, danach schaust du wieder die Dose an, unmerkbar für Dritte nickst du, verweilst mit dem Blick auf der Dose und denkst, ja, das habe ich verdient. Oft mußte ich an das Plakat der Biergemeinschaftswerbung aus den 50er Jahren denken: Ein Mann kriecht durch die Wüste, im Hintergrund als Fata Morgana ein gefülltes Bierglas mit herrlicher Bierkrone, dazu der Slogan: Zwei Worte – ein Bier.

Bierfreund Jan und die Amerikaner hatten vereinbart, daß an einem Morgen um 10.00 Uhr ein Lkw mit Hunderten von 24er-Kartons Budweiser-Dosen am Dingi Dock der Maeva Bay vorfahren sollte. Der Segler-Sonderpreis: 10 $ pro Karton. Jan und ich fuhren in seinem großen Zodiak-Dingi durch die Lagune, am Flughafen Faa vorbei zur Maeva Bay. Es waren ungefähr fünfundzwanzig Segler gekommen. Ärzte, Ingenieure, Handwerker, Kaufleute, Piloten – alles Männer, die viel an Land geleistet hatten, um sich diese Reise zu erlauben, die alle am Steg standen und auf den Wagen warteten. Wir benahmen uns wie Fünfzehnjährige vor der ersten Tanzstunde: albern, laut, eindeutig und zweideutig. „Wenn du meinen Dosen im Heckwasser nachsegelst, zeige ich dir, wo die richtigen Jungfraueninseln liegen." „Ab 10.00 Uhr heißt die Bucht Budweiser-Lagune." „Bud hat so wenig Alkohol, da frage ich mich, ob die 10 $ für den Karton oder für die Palette berechnen." „Irgend etwas muß den zwanzig Kästen an Bord Platz machen, vielleicht meine Frau."

Als die Kästen auf dem Schwimmsteg vor dem Dingi standen, war die CWL (Konstruktionswasserlinie) des Schwimmstegs nicht mehr zu sehen. Ein paar Kartons mehr auf der falschen Seite, und alle Mann mit 400 Kartons Budweiser wären in die Lagune gefallen. Wir hatten bereits alle einige Dosen getrunken. Nach weiteren Albernheiten fuhren Jan und ich mit dreißig Kartons vollbeladen im Dinge zickzack nach Papeete zurück. Ich entsann mich nur noch der Navigationsweisheit: Die kürzeste Verbindung zwischen zwei Punkten ist eine Kurve.

Andererseits: Auf See wird nicht viel getrunken. Die meisten Segler trinken auf See keinen Tropfen Alkohol. Vor Anker bei einer Strandparty oder in einer Hafenkneipe kann es dann schon mal ganz anders kommen.

Annie und Jan lassen sich als gut bürgerliche, konservative Mittelständler bezeichnen. Sie haben nichts Exzentrisches an sich. Jan ist der zuvorkommende blonde Nachbar, bei dem lediglich sein winziges blondes Menjou-Bärtchen auffällt, Annie ist eine nette, ruhige, hilfsbereite Frau. Wenn Jan auch gerne Bier trinkt, so doch in Maßen. In Pago Pago auf Western Samoa muß die Feier an Land außer Kontrolle geraten sein. Jan und Annie wußten nicht mehr, wann sie die Bar verließen und wie sie zum Hafen gekommen waren. Sie erinnerten sich nur, wann sie wieder klar zu denken begannen: Das war im Hafenbecken. Annie war ins Wasser gefallen, als sie ins Dingi steigen wollte, und Jan ist hinterhergesprungen, um sie zu retten, denn Annie kann nicht schwimmen. An Bord stellten sie fest, daß Annies Tasche mit dem Geld, ihren Pässen, ihren Kreditkarten und vielem mehr verloren war, versunken in einem der öligsten Fischerei-Häfen der Welt. Anscheinend hatte die Aufregung Jans Herz nicht geschadet.

Wir trafen Jan und Annie noch oft. Meist saßen sie auf ihrer Bank am Heck des Schiffes. Unsere Verbindung war nicht mehr so eng wie zu Anfang. Es war wirklich schade, daß Annie schwerhörig war und nur Flämisch sprach.

45.

Kaluseti war für einen Polynesier sehr schlank, ein hoher Stirnansatz verlieh ihm eine westliche Note. Ich traf ihn am Strand von Pongaimotu, da, wo sein Onkel eine Hütte besaß. Er fragte mich, ob ich ihn und seine Familie wohl am Montag früh zur Insel Nuapapu bringen könnte. Er sei Lehrer in der Government Primary School, um 9.00 Uhr fange dort die Schule an. Wir sagten zu und warteten am nächsten Morgen um sieben Uhr in der Frühe auf Kaluseti und seine Familie. Mit seinem alten Auto wollte sie der Onkel zur Bucht bringen. Es wurde acht Uhr, kein Auto kam. In der

Nacht hatte es lange geregnet, die Bucht mit dem türkisfarbenen Wasser hatte sich aus vielen Rinnsalen mit braunem Wasser gefüllt. Als ich an Land ruderte, sah ich sie endlich schwer beladen den Hügel herunterkommen. Kaluseti, seine Frau und die vier Kinder waren barfuß. Der Regen hatte die Wege aufgeweicht, der Onkel konnte den Wagen nicht benutzen. Jeder der sechs Tongalesen hatte ein viel zu großes Bündel auf den Schultern. Sie sahen aus wie Flüchtlinge, die Beine voller Schlamm, die Kleider von dem immer noch nieselnden Regen durchnäßt. Finao und Kaluseti schwitzten sehr unter ihrer Last. Alle waren erschöpft und mußten doch lächeln, denn sie wollten sich für unsere Bereitschaft dankbar zeigen. Eine Fähre gab es nicht; so hätten sie mit dem Bus nach Neiafu fahren und dort einen Fischer bitten müssen, sie zu der 15 Seemeilen entfernten Insel zu bringen.

Ich ruderte in zwei Touren sechs Menschen und viele Bastbündel zum Boot. Das Dingi und das Deck an Bord waren völlig verdreckt. Sie störte es nicht, denn wenn es hier regnet, sind folgerichtig der Mensch und seine Hütte voller Dreck. Finao und ihre kleinen Töchter Mary und Telusila sprachen kein Englisch. Kaluseti sprach gutes, altmodisches Englisch, Stephan und Vake schwiegen. Dafür summten sie die Melodie des Weltschlagers La Bamba. Wir motorten an Inseln und Inselchen der Vava'u-Gruppe vorbei. Ich verließ mich nicht auf Kalusetis Revierkenntnis und navigierte bei der schlechten Sicht und den vielen Inseln und Riffen nach der Seekarte. Die Fahrt dauert nicht länger als 80 Minuten.

La Bamba: Wenige Wochen zuvor hatte ich in der witzigen kalifornischen Segelzeitschrift „Latitude 38" die englische Übersetzung des spanischen Schlagers gelesen – *Yo no soy marinero yo soy capitan* = ich bin kein Matrose, ich bin Kapitän. Seitdem wußte ich, daß der Schlagertext ein feines Geflecht aus Doppeldeutigkeit und einem alten Kinderlied ist. Aber wie kamen nun zwei kleine Tonga-Jungen, die auf einer Insel ohne Strom leben, an die Melodie von La Bamba? Wo hatten sie das Lied gehört? Auf meine Frage antwortete Kaluseti lachend: „In meinem Dorf gibt es einen Häuptling, der hat einen jüngeren Bruder, der in Kalifornien Autos wäscht. Bei einem Besuch hat er ein TV-Gerät mit Video-Recorder und einer Video-Kassette mitgebracht. Das Video ist der Film La Bamba. Einmal pro Woche schmeißt der Häuptling den Gemeinde-Generator an und zeigt den Film. Wer ihn sehen will, muß zwanzig Saniti zahlen. Seit einem Jahr sehen wir jeden Sonnabend diesen Film."

Die Familie Locati verließ am Ankerplatz vor ihrem Dorf das Boot, und ich ruderte sie wiederum in zwei Touren an Land. Der Regen hatte zugenommen, wir sahen sie ihre Bündel aus Bastmatten schultern und den verschlammten Pfad hoch zum Dorf Nobabu gehen.

Zum Dank für diesen Fährdienst bei Regen und starkem Wind lud uns der Lehrer Kaluseti an diesem Tag für den nächsten Samstag zum Umo-Essen auf einer unbewohnten Insel ein.

Es war Hochwasser, so daß ich an der winzigen Anlegestelle der Fischerboote kurz festmachen konnte. Unsere sechs Freunde sprangen an Bord. Finao hatte einige Taro-Wurzeln dabei. Stephan hielt eine rote Plastikschüssel und ein Messer in der Hand, und Kaluseti kam mit einem alten Jutesack, in dem sich ein Ferkel bewegte. Ich legte gleich wieder ab, er deutete auf eine kleine Insel in der Ferne. Als ich Kaluseti Locati kennenlernte, trug er den knielangen *vala*, einen Rock, und um die Hüften den *ta'ovala*, die tongalesische Bastmatte. Heute, zur Feier des Tages und zu Ehren der Gäste, trug er ein T-Shirt und Jeans. Finao hatte ein langes geblümtes Kleid an, oben streng so geschlossen, wie es der Missionsmoral der Wesleyan Missionary Society schicklich erscheint. Sie hatte die typische polynesische Figur, war groß, kräftig und stark. Ständig lächelte sie wie eine Ordensschwester.

Milda servierte an Bord Kekse und Tee. Nach einer Stunde hatten wir die Insel Ovalau erreicht. Wir ankerten dreißig Meter vor dem Strand in türkisfarbenem Wasser. Die Insel war rund, 500 Meter im Durchmesser, mit Palmen und Buschwerk bewachsen; sie hatte einen breiten weißen Strand und ein flaches Riff im Osten, so daß wir nur im Westen ankern konnten. Am Himmel zogen die Passatwolken entlang, nirgends waren ein Mensch, ein Haus oder ein Boot zu sehen. Ovalau ist eine von den Inseln, nach denen man sich jahrzehntelang verzehrt, und dann, wenn man sie umrundet, betrachtet und erkundet hat – nicht so richtig weiß, soll man noch länger verweilen oder zum Boot zurückkehren, denn da ist mehr zu tun. Dieses Mal waren wir *papalagis*, Gäste und Zuschauer, die erlebten, wie Polynesier ihr Erdofen-Essen bereiten, was sie beim Essen sagen, wie sie das Essen genießen, wie sie beten und Gott danken und wie sie ihre Gäste ehren.

Kaluseti grub an einer schattigen Stelle in der Nähe des Strandes ein Erdloch von einmal ein Meter und ca. 50 Zentimeter Tiefe. Er sammelte Holz, legte es in das Loch und entfachte ein starkes Feuer. In das Feuer legte er faustdicke Steine.

Vake und Stephan kletterten derweil in Palmenkronen hoch, beide Arme um den Stamm gelegt und die Füße nacheinander hochziehend. Oben wurden die Kokosnüsse mit einer Hand abgedreht. Mary und Tilusila schnitten von jungen Palmen einige Wedel ab und begannen, daraus Matten zu flechten – Matten zum Sitzen, Matten für die Ablage der Speisen und die Tischmatte, von der später gegessen wurde.

Finao hatte inzwischen einen Hartholzstock in die Erde gerammt, der oben zugespitzt war. Auf diese Spitze schlug sie die grünen Kokosnüsse und drückte die sehr schwer zu entfernende Außenhaut mit den zähen Fasern zur Seite, um an die Nuß zu gelangen. Vorab reichte Kaluseti jedem eine Trinknuß, deren Saft zum Erfrischendsten in den Tropen gehört. Finao hatte unterdessen das weiße Kokosfleisch aus der Schale gelöst und benutzte den Bast der Außenschale, um damit das Kokosfleisch auszuwringen. Die Milch fing sie in der roten Plastikschüssel auf.

Kaluseti holte jetzt das Ferkel aus dem Sack und nahm das Messer – es war das zweite westliche Gerät neben der roten Plastikschüssel. Er packte das quiekende Tier an den Hinterbeinen und ging mit ihm zum nahen Wasser. Gekonnt holte er kurz aus und stach dem Ferkel gezielt ins Herz. Es quiekte noch ein paar Mal und zappelte kurz. Kaluseti, der schon an vielen Sonntagen Ferkel geschlachtet hatte, schnitt den Bauch auf, nahm die Innereien heraus und warf das meiste ins Meer. Leber, Nieren und Herz spießte er auf angespitzte Zweige und ließ sie über dem Feuer rösten. Direkt vom Spieß knabberten wir kurz darauf als Ehrengäste an diesen Hors d'œuvres. Danach nahm Kaluseti das Ferkel und drehte es geschickt über dem Feuer, damit die Borsten verbrannten. Inzwischen war das Holz abgebrannt, und die heißen Steine wurden am Boden des Erdlochs geordnet.

Finao geriet in der Zwischenzeit trotz schattigem Arbeitsplatz immer stärker ins Schwitzen. Sie hatte die rettichgroßen Tarowurzeln in Stücke geschnitten, nachdem ihre Söhne deren Haut am Strand gesäubert hatten. Die süßen Kartoffeln wurden genauso gesäubert und geteilt. Halbe Kokosnußschalen wurden mit je einer halben Papaya gefüllt und mit Kokosmilch übergossen. Unser Dosengeschenk, das Corned beef, hat in Tonga einen Stellenwert wie bei uns ein Hummer. Es wurde in Blattaschen aus jungen Taroblättern gefüllt, und auch hier kam ein wenig Kokosmilch hinzu. Mittlerweile war das Ferkel zerlegt. Uns standen als Ehrengästen die höchsten Teile zu, die Rückenteile.

Kaluseti legte schließlich große Bananenstauden-Blätter über die heißen Steine, darauf kam die erste Schicht von Speisen. Dann wieder Blätter und darauf die zweite Schicht von Speisen. Nochmal Blätter und darüber Sand. Der Erdofen wurde dicht zugedeckt, keine Luft kam an die Speisen. Das Essen konnte garen.

Die Zubereitung verlief ohne Zurufe, fast schweigsam. Jeder wußte, was er zu tun hatte. Alle Beilagen sahen sehr ästhetisch aus. Die Art, wie Kaluseti den Erdofen füllte, erinnerte an die Betulichkeit von Fernsehköchen.

Mary und Talisila hatten aus Palmwedeln die Sitzmatten und den Tisch geflochten. Finao drängte, daß ihre Männer und wir *papalagis* Muße am Strand suchten. Wir schlenderten zum nahen Südteil des Strandes. Unterwegs sammelten wir Muscheln. Das Riffplateau war hier knietief, und deutlich zeichneten sich rechtwinklige Ausschnitte im überspülten Gestein ab. Kaluseti erzählte, daß vor vielen hundert Jahren, bevor die Weißen hierhin segelten, als die Tongainseln noch nicht „The Friendly Islands" hießen, hier große, mannshohe Steinplatten für den Bau der Mareas, der polynesischen Kultstätten, herausgebrochen wurden. Ähnlich einem Ägypten-Reisenden fragte ich mich, wie haben sie die Steinplatten herausgetrennt, wie angehoben, wie transportiert, wie ...?

Inzwischen war es sehr heiß im Lee der Insel geworden, und wir legten eine kurze Siesta ein. Kaluseti hatte keine Uhr, aber er wußte genau, wann er den Umo-Ofen öffnen mußte. Nach annähernd zwei Stunden baute er erst den Sand, dann die Blattschichten ab. Es dampfte und es roch wunderbar. Sehr sorgfältig legte er Teil um Teil auf den geflochtenen Tisch. Dann nahmen die Kinder die Tischmatte an den Ecken und trugen das Essen zu der schattigen Stelle, wo bereits die Sitzmatten lagen. Wir setzten uns im Schneidersitz um die Eßmatte. Kaluseti stand auf und betete. Er dankte Gott und nahm uns in seinem Gebet in seine Familie auf, dadurch war es ihnen möglich, gemeinsam mit uns zu essen.

Später haben wir in ihrem Haus, wo keine verbale Aufnahme in die Familie stattfand, stets getrennt gegessen. Sie in der einen Raumecke, wir drei Meter weiter. Wir aßen mit der rechten Hand. Das Ferkel war zart, à la minute. Die Taro-Wurzeln machten zu schnell satt. Ich ließ die Finger davon. Obwohl keine der Speisen gesalzen oder gewürzt worden war, schmeckten sie auf wundersame Weise leicht fremdartig würzig. Ich aß mehr von den Süßkartoffeln, die waren mehr nach meinem Geschmack als das Corned beef mit Kokosmilch. Die Papayas hob ich mir als Nachspeise auf, sie waren das einzige, was unserem Dessertgeschmack entsprach.

Kaluseti stand zwischendurch nochmals auf und hielt eine Tischrede; er sprach von einer tiefen Verbindung und ewiger Freundschaft, von der Liebe unter den Menschen und dem Glück, uns begegnet zu sein. Ich erwiderte seine Tischrede und versuchte, auf dem schmalen Grat zwischen Sentimentalität und Glücksgefühl Worte des Dankes zu finden. Es machte nichts aus, wenn die Speisen derweil abkühlten, denn in den Tropen ißt keiner heiß. Wir aßen dann langsam weiter, konnten aber längst nicht alles schaffen. Finao hielt am längsten durch. Sie stopfte sich immer aufs neue Teile der Taro-Wurzeln in den Mund, bis auch sie fertig war. Kaluseti meinte lachend: „Ihr *papalagis* eßt so lange, bis ihr satt seid, wir Polynesier essen so lange, bis wir einschlafen."

Die Streichhölzer, die Dosen Corned beef, die rote Plastikschüssel und das Messer kamen aus der westlichen zivilisierten Welt. Soll ich jetzt sagen, daß der Rest aus der primitiven Welt kam?

Wir ließen die Matten, die Knochen und die Speisereste liegen. In wenigen Tagen haben Sonne, Regen, Ameisen, Taschenkrebse und Vögel den Urzustand wiederhergestellt. Ein Tag auf der Insel Ovalau, Muße, ein paar Freunde, ein Umo-Essen – die schönen Dinge des Lebens sind kostenlos.

46.

Mary Jane Miesner ist eine alte Dame. Sie hat, was Amerikaner unter „*standing*" verstehen, sie ist parkettsicher. Auf vielen Cocktail-Parties geschult: ihre Gefühle zu zeigen, ohne sich zu entblößen; über Wichtiges zu reden, ohne sich zu bekennen, witzig zu sein, ohne jemanden zu verletzen. Sie kommt aus St. Petersburg in Florida, einer Stadt, die einst russische Emigranten gründeten. Mary Jane zog mit ihrem Mann Dick Miesner nach Florida, als beide noch jung und mittellos waren. Ihr *American Dream* begann hier im Süden der USA. Dick arbeitete in der Tiefbau-Branche. Er reparierte alte Straßen, baute einen Highway, eine Kaimauer, eine Mole, Kanäle, Wasserreservoirs und bald einen kompletten Hafen. Den Miesners ging es bald finanziell gut. Sie waren fromm und hatten auch Glück mit ihrer Familie. In den 50er Jahren segelten die Miesners Regatten nach Havanna, Miami und auf all den vielen lokalen Dreiecks-Kursen vor den Toren St. Petersburgs. Mary Jane erzählte, wie sie abends in Havanna nach einer Siegesfeier eine Bar besuchten, in der der damals unbekannte Nat King Cole sang. Als die Miesners sich zu alt für Regatten fühlten, verließen sie die heißfeuchten Sommer Floridas und segelten im Mittelmeer. Mary Jane und Dick kannten das Mittelmeer aus der Zeit, als in Ibiza an der Außenmole noch groß das Wort Velas geschrieben stand und lediglich drei Yachten dort ankerten, als Cannes eine der ersten Hafenanlagen für Yachten besaß, das, was man heute unter einer Marina versteht. Die Miesners kreuzten im Mittelmeer, als man noch eine Crew hatte, die weiß gekleidet war.

Dick Miesner kenne ich nur von Fotos. Diese Fotos hängen im Foyer und im Salon der Motoryacht TONGA. In den Marquesas sahen wir die TONGA das erste Mal. Sie ankerte außerhalb der geschützten Bucht von Hiva Oa. Die Fallwinde bauten dort bereits eine kurze Welle auf, und es war selbst mit dem großen Boston Whaler eine nasse Fahrt, um zu der Landestelle zu gelangen. Der Boston Whaler mit dem starken Mercurie-Außenborder kostete ungefähr soviel wie eine der kleineren Yachten, die hier vor Anker lagen. Er war einer von drei Tendern der TONGA.

Dick und Mary Jane waren in dem Alter, wo ihre reichen Freunde in St. Petersburg nicht mehr in ihre Firmen gingen, sondern zwischen Country Club, Landhaus und Bungalow hin und her pendelten. Die Miesners waren von anderer Art. Sie liebten Tiere, die Natur und ganz besonders das Wasser. Dick beschloß, eine Motoryacht bauen zu lassen. Er wollte das Beste, und entschied sich dafür, das Schiff in Holland zu bauen. Zwei Jahre lang beaufsichtigten die Miesners den Bau der einhundert Fuß langen TONGA in Monnickendam. Das naßkalte Wetter in Holland störte sie nicht, sie richteten sich wohnlich ein. Die TONGA wurde fertiggestellt, getauft und auf der Jungfernfahrt getestet. Kurz darauf starb Dick Miesner. Mary Jane versprach ihrem Mann auf dem Sterbebett, ihren gemeinsamen Plan durchzuführen: eine Reise um die Welt mit der Motoryacht TONGA.

Bei meinem ersten Besuch an Bord erzählte sie mir, wie sie auf den Namen TONGA gekommen waren. „Das Schiff war fast fertig. Wir brauchten schnell einen Namen wegen der vielen Formulare. Dick nahm den Globus und drehte ihn. Ich sollte ihn blind stoppen und mit einem Korkenzieher auf eine Stelle tippen. Nach dem nächstliegenden Ort wollten wir das Boot benennen. Der erste hieß Javororaskala, der zweite Salt Lake City. Er gab mir noch einen dritten Versuch, dann wollten wir einen anderen Weg einschlagen. Diesmal tippte ich auf die Inselgruppe Tonga. Wir waren damit beide zufrieden, denn diese Inseln lagen auf unserer Reiseroute."

Mary Jane Miesner war in ihrem Herzen eine Pionierin. Sie hatte als Kind noch die amerikanische Depression mitgemacht und vergaß niemals den kleinen Prärieort in Minnesota, wo es zu Idaho-

Kartoffeln und Maiskolben am Sonntag zähe Steaks gab. Man war fromm und arm in ihrer Heimat. Arm gewesen zu sein, ist in Amerika ein Umstand, zu dem man sich gerne bekennt. In Europa spricht man nicht über die Zeit, bevor man wohlhabend wurde. „Parvenü" ist hier ein Schimpfwort – in den Staaten ein Kompliment. Mit Mary Jane konnte man sich am besten über ihre Familie, die Qualität ihrer Crew, die wechselnden Gäste und ihren verstorbenen Mann Dick unterhalten. Sie mochte Menschen. Über Politik, Umwelt, Kunst oder Sitten der Insulaner schwieg sie sich lieber aus.

Zwei Dinge wurden auf der Tonga pünktlich eingehalten. Die Cocktail-Stunde und der Beginn des Abendessens. Mary Jane trank immer Weißwein; sie hatte ihren Stammplatz gleich neben ihren derzeitigen Büchern und dem Logbuch, das sie führte. Der große Salon war in einem Stil eingerichtet, den man zeitlos modern nennt. Das Schönste im Salon war die große geschnitzte, hölzerne Kavaschale, die sie in Suva, Fuji, gekauft hatte.

Auf der Tonga wurde bei Tisch das *„grace"* gesprochen, ein Tischgebet, meist von einem männlichen Gast, so wollte es Mary Jane. Ihre christliche Moral ließ es aber auch zu, einem Crew-Mitglied noch vor dem Frühstück zu kündigen, ihm den Paß zu geben, das Rückflugticket in die Hand zu drücken und sich danach ihrem Kaffee und ihrer Papaya zu widmen. Bei Mary Jane bekam das Prinzip *„hire and fire"* (einstellen und feuern) eine merkwürdige Auslegung. Sie war an Bord Chefin, oberster Koch, Seelsorger, Einkäufer oder Freundin der Crew – ihre beste Rolle war die als Gastgeberin. Es war nicht einfach, Köchin, Stewardeß oder Crew auf der Tonga zu sein. Man dachte schnell, Mary Jane ist wie eine Mutter zu mir, vertraut, traut sich ein bißchen mehr in der Enge des Bordlebens und erfährt abrupt, daß in dieser engen Gemeinschaft eher Distanz zur Nähe führt.

So wie Mary Jane gerne über Menschen sprach, so mochte sie Menschen um sich. Ihr machte es nichts aus, ob jemand ein *„wasp"* *(white anglo saxon protestant)* oder ein armer, verschwitzter tongalesischer Fischer war. Ihr Mann muß da wohl anders gedacht haben. *„Dick couldn't stand the blacks."*

Mrs. Miesner ist eine erfahrene Menschenkennerin. Das hat sie in der harten Tiefbaubranche Floridas gelernt, wo sie in Miesners Engineering Company das war, was man die Seele des Geschäfts nennt. Nur einer Person verzieh sie alle eigenwilligen Eigenschaften und verehrte geradezu seine guten. Willi Rake, er ist Kapitän der Tonga, „*he is my captain.*“

Willi ist Holländer und spricht ausgezeichnetes Deutsch. Mit der holländischen Handelsmarine befuhr er die Welt und lernte sehr gut mit der englischen Sprache umzugehen. Später kaufte er eine kleine Bootswerft in Südfrankreich, lernte fließend Französisch. Leider ging er mit der Werft in Konkurs. Danach lernte er Arthur Beiser kennen, einen amerikanischen Physiker, der en passant zwei bekannte nautische Bücher schrieb: „The Proper Yacht“, Band I und II. (Als ich ihn selber später auf Madeira kennenlernte, segelte Arthur Beiser eine schwarze Swan 51, einen klassisch schönen Sparkman & Stephens-Riß.) Als Willi ihn traf, war Mr. Beiser Eigner der schönen bekannten Ketch Minots Lights, gebaut bei Abeking und Rasmussen in Lemwerder. Der Konkurs in Frankreich machte Willi Rake den Abschied von Europa leicht, er skipperte die Minots Lights vom Mittelmeer bis zur Baja California im Nordwesten Mexicos. Das Revier dort war nach Willis Herzen. Der neue Eigner kam selten. So hatte er die Zwanzig-Meter-Yacht für sich allein; ein Jahr verging, dann sprach Willi Rake auch exzellent Spanisch. Er zog nach San Diego und holte seine französische Frau nach.

Es gibt Kellner, die behalten die Bestellung von sechs Tischen im Kopf und behandeln dazu noch jeden einzelnen Gast so, daß man meint, ganz besonders bevorzugt bedient worden zu sein. Es gibt Ärzte, die einen anschauen, und man fühlt eine Welle des Vertrauens hochsteigen. So gibt es auch Männer, bei denen ich mich an Bord schlafen lege, im vollen Vertrauen auf ihre Fähigkeit, alle navigatorischen und technischen Probleme zu beherrschen. Willi Rake ist solch ein Mann. Das hatte wohl Dick Miesner gespürt, als er Willi kurz vor seinem Tod einstellte und Mary Jane ans Herz legte, mit diesem Mann die Reise um die Welt zu machen.

Zum ersten Mal sah ich Willi Rake beim Einklarieren in der

Polizeistation in Atuona auf der Insel Hiva Oa – zehn Fußminuten unterhalb der Gräber von Paul Gauguin und Jacques Brel. Ich habe Willi in der großen Lagune von Huahine im Boston Whaler zur Erkundung in andere Buchten fahren sehen. Ich habe ihn verdreckt und verschwitzt nach seinem abendlichen Lauf durch ein Dschungeltal gesehen. Ich erlebte ihn an der Tafel auf der TONGA, immer auf der Ehrenseite gegenüber Mary Jane sitzend. Ich erinnere mich an Willi, schwimmend im australischen Bergsee, im Kakadu-Nationalpark, die Schuhe über den Kopf verschnürt. Ich war mit ihm beim Häuptlingssohn zum Kava-Trinken auf der Yasawa-Insel, *sawa-i-lau*. Ich sah ihn surfen in der „Blue Lagoon", wo der gleichnamige Film mit Brooke Shields gedreht wurde, im Windkanal zwischen den Inseln Pavesue-Island und Nanuya Levu-Island. Ich war dabei, als Willi am 14. Juli, dem französischen Nationalfeiertag, auf Bora Bora zwischen drei und vier Uhr morgens mit einer bildhübschen Polynesierin eng und enger tanzte, und jeder außer ihm wußte, daß er einen Transvestiten an seinen Körper drückte. Ich überwachte in Auckland für ihn die Technik der TONGA, als er auf Urlaub in San Diego war. Willi war auf Kanal 16, als wir uns der Bay of Islands im Nebel näherten. Er wollte uns mit der TONGA entgegenkommen und über sein Radar in die Bucht hineinlotsen – wir schafften es dann auch ohne Leih-Radar. Ich war dabei, als Willi die TONGA verlassen wollte und Mary Jane, in Tränen aufgelöst, die Weltreise abzubrechen gedachte. Wir lernten Willis zweite Frau kennen und in Neuseeland Willis Kinder aus der ersten Ehe. Ich erinnere mich, wie er mit der rothaarigen Ärztin Judy am Strand von Vaka'Eit auf dem Pferd ritt, wo einst der deutsche Siedler Wolfgangs das einzige Haus bewohnte. Willi konnte Gäste der TONGA hinausekeln, Crew-Mitglieder feuern, er konnte eigenwillig die Route des Schiffes bestimmen oder jedermann einladen, den er für wichtig hielt. Willi Rake machte, was er wollte, setzte sich durch und behielt meist recht. Mary Jane entdeckte geliebte Eigenschaften in ihm: „Willi ist wie Dick!"

47.

Bora Bora ist in vieler Hinsicht eine maßlose Insel. Ihr Name ist eine Doppelung, Bora heißt Insel – sie ist die Insel aller Inseln. James Michener nannte sie die schönste Insel der Welt. Vielleicht wegen des unverwechselbaren skulpturenhaften Vulkanberges, vielleicht wegen der azur- bis türkisfarbenen Wassertöne in der Lagune. Maßlos sind heute noch die Preise – sie sind so hoch, daß viele Hotels leerstehen. Maßlos waren auch die Amerikaner im Zweiten Weltkrieg, die auf dieser harmlosen Insel gleich sechstausend GIs stationierten, die eine Generation von *demis*, Mischlingen, zeugten. Maßlos und nicht einmal auf der Wetterkarte erkennbar, war der Sturm, der in der Nacht vom 25. Juli 1988 über die Insel zog.

Ich kenne nur zwei Hotels in der Welt, die für ihre segelnden Besucher Murings in der vorgelagerten Bucht verankert haben, damit sie ihre Boote daran festmachen können. Das eine ist das Hotel Splendido im schönen Portofino in Italien, das andere ist das Oa-Oa-Hotel in Bora Bora. Die Lagune ist hier über dreißig Meter tief, und die Murings, vom Belgier Jacques angelegt, waren den Yachten wegen der Ankertiefe willkommen. Wir machten an der letzten freien Muring fest und warteten auf meinen Sohn Patrik und Freundin Nadja, die uns in wenigen Tagen besuchen wollten.

An einer der zwölf Murings lag ein amerikanischer Trimaran. Sein Skipper Ted fiel mir auf, weil er stets der erste an der Bar war und, genau wie Burt Lancaster im Film „Der Rote Korsar“, ein buntes, hinten verknotetes Tuch eng um den Kopf gebunden hatte. Er lag schon Monate hier. Ted: „Wieso soll ich hier absegeln? Woanders kann es gar nicht schöner sein.“

Patrik und Nadja sollten morgen kommen. Wie in der Südsee üblich, wollten wir sie mit einem Blumenkranz empfangen. Nicht weit vom Bungalow-Hotel Oa Oa lag ein Haus mit Garten und einigen Frangipani-Bäumen. Der italienische Botaniker Senore Frangipani gab dem Baum seinen Namen, ein schöner Name für einen häßlichen Baum. Oft sieht man ihn blätterlos, wie abgerupft – er wirkt beinahe wie abgestorben. Aber die Blüten zeugen von Leben. Die Frangipani-Blüte sieht aus wie die Mischung aus einer Akelei und einer Orchidee. Solch eine Blüte hinter dem Ohr einer Frau wirkt schöner als jeder Ohrschmuck. Wir fragten die Besitzerin des Gartens, ob sie vier Blütenkränze für unsere Gäste und uns machen könnte. „Ja, das ist kein Problem." Nach der größten Mittagshitze holten wir sie am nächsten Tag ab und warteten am kleinen Kai auf die Lagunenfähre, die die Gäste vom Motu Moute abholt, wo die kleine Landebahn liegt. Keine Gäste. Am nächsten Tag waren die Frangipani-Blüten verwelkt. Milda organisierte vier neue Ketten, doch die beiden erschienen wieder nicht. Die drei Frangipani-Bäume im Garten der Madame sahen inzwischen nicht nur blattlos, sondern auch blütenleer aus. Madame meinte wieder: *„No problem."* Am dritten Tag muß sie die Blüten bei Nachbarn gepflückt haben. Patrik und Nadja kamen, wir dekorierten sie, und wir trugen die schönen Blumenketten bis spät in die Nacht.

In den nächsten zwei Tagen gab es lange Gespräche, zwei Jahre der Trennung waren aufzuholen. Wir machten Pläne für die gemeinsamen fünf Wochen und gingen, wie üblich in den Tropen, früh in die Betten. In der zweiten Nacht kam mit dem Regen ein Starkwind aus Süden auf. Die Polynesier nennen die kühlen Südstürme maramu. Milda konnte die ganze Nacht nicht schlafen. Um vier Uhr früh wurde der Starkwind zum Sturm mit Böen von 50 Knoten. Das Schiff stampfte in der kurzen See, die sich in der Lagune aufgebaut hatte. Ich ließ den Motor an, und wir prüften die Muringleine. Auf jeder der ca. zwölf Yachten war das Toplicht an. Wir erkannten im Dunkeln deutlich die tanzenden Lichter, es sah aus, als wären die Schiffe betrunken. Inzwischen goß es. Beim Gang zum stampfenden Vorschiff mußte ich die Augen zusammenkneifen, denn der Sturm peitschte den Regen beinahe horizontal. Die Muringleine sah nicht gut aus. Sie schamfilte bereits. Vorne am Bug hatten wir zwei Nylonrollen. Über einer liegt der Anker. Um die Muringleine über die zweite Rolle zu legen, hätte ich den sperrigen Anker wegheben müssen. Darauf wäre ich sicherlich in

Norwegen gekommen, aber nicht in der Lagune der schönsten Insel der Welt. So hatte ich einen Festmacher durch den Ring der Muringboje geführt und beide Enden durch die Klüse geholt und am Schanzkleid auf einer Klampe belegt. Genau an der Klüse schamfilte der Tampen.

Wir konnten uns bei den Windgeräuschen nur noch schreiend verständigen. Einen anderen Schrei werde ich mein Leben lang nicht vergessen. Er kam von der schönen alten Ketch, deren Baujahr 1922 ich noch weiß, aber nicht mehr den Bootsnamen. Der amerikanische Skipper fuhr mit ihr vor den Sonnenuntergängen Touristen durch die Lagune von Bora Bora. Die zwanzig Meter lange Ketch lag uns am nächsten. Wir starrten in die Richtung des Schreis. Im Dunklen erkannten wie an dem Toplicht und den weißen Holzmasten, daß sie bereits schräg auf dem Innenriff lag. Lebte der Mann noch – nach solch einem Schrei?

Im matten Licht des Hotelstegs erkannten wir ein zweites Boot auf dem Innenriff. Es war die Swan BRANDY. Plötzlich merkten wir: Wir treiben. Unsere Muringleine war gebrochen. Wir hatten den Motor laufen, ich war sofort am Ruder. Keine Bewegung im Rad. Ich zog und drückte – nichts bewegte sich. Schon einmal hatten wir eine Blockade im Ruderrad, als das größere Endglied der Kette, das sie mit dem Seilzug verbindet, sich am Oberrand der Rudersäule festgefangen hatte. Vermutlich hatte wieder eine Welle das Ruder so stark zur Seite gedrückt, daß der gleiche Fehler abermals eingetreten war. Und nun begann für uns „*Murphy's Law*" – was schiefgehen konnte, ging wie in einer Kettenreaktion folgerichtig schief.

Wir trieben aufs Land zu. Fünzig Knoten Sturm, kein Hauptruder, keine Hilfspinne. Wir warfen sofort unseren Anker, einen 45-lbs.-CQR-Anker mit 60 Meter Kette, und ließen die Kette, so schnell wie es die Kettennuß erlaubte, ausrauschen. Als wollte das Boot sagen „Mehr hast du nicht übrig für mich", nickte es, als der Anker kurz faßte, dann gingen wir wieder auf Drift. Bei über dreißig Meter Tiefe gab es bei diesem Sturm kein Halten. Im Moment dieser Erkenntnis wurde ich vollkomen ruhig, beinahe wie abgeklärt. Überlegen statt laute Anweisungen, die Ruhe im Sturm. Wir trieben.

Plötzlich stießen wir laut krachend und knirschend mit etwas zusammen. Es war die Stahlyacht des Belgiers Paul de Smid, die er mit seiner polynesischen Frau in Port Sudan in siebenjähriger Arbeit gebaut hatte. Sie war das einzige Boot zwischen uns und dem Innenriff, wo der Club Med seine Ferienhäuser im polynesischen Stil gebaut hat. Die Boote schlugen wie bockende Mustangs hoch und runter und gegeneinander. Wir kamen nicht an unser Kabelgat mit all unseren Festmachern, denn der Schlüssel zum Schloß lag in der Schublade neben dem Kartentisch. Schnell nahmen wir die Schot und schlugen sie um alles, was wir beim Belgier trotz des Stampfens der beiden Boote erreichen konnten. Wir klemmten unsere Fender zwischen Stahl und Stahl. Ich hörte einen krachenden Schlag vorne am Bug des Belgiers und wußte erst später, daß der Bug unseren Holzoptimisten zertrümmert hatte. Vielleicht zwei Minuten hingen wir gemeinsam an der Muringleine der belgischen Yacht und suchten nach weiteren Festmachern, als die Schot brach. Wieder trieben wir aufs Riff zu, es mögen noch zwanzig, dreißig Meter gewesen sein. Es war ein Warten auf den großen Knall, auf das Bersten und Knirschen, auf das Geräusch Stahl auf Koralle. Ich erlebte es als eine Erlösung, als es krachte, und war irgendwie enttäuscht von den geradezu dezenten, kurzen, leichten Knirschgeräuschen unter Wasser. Ich stand am Ruder, wo nichts zu rudern war, hatte die Hände am Rad und hielt mich wohl daran fest. Mit dem Knirschgeräusch spürte ich, daß das Rad durch den Aufprall, vermutlich des Ruderblattes gegen das Riff, freigekommen war. In dem Moment kam der eigentliche dumpfe Schlag, auf den wir gewartet hatten. Rumpf gegen viel Holz. Das Rigg zitterte, als ob es sich zu Tode erschrocken hätte. Instinktiv griff ich zum Schalthebel und gab Vollgas Vorwärts. Wir lösten uns langsam von dem Holz. In der Dunkelheit erkannte ich, daß wir eines der aufs Innenriff gebauten Ferienhäuser des Clubs Med gerammt und, wie wir später erfuhren, um einen Meter versetzt hatten.

Wir kamen kaum vom Fleck. Der Sturm stand genau gegen uns. Die Wellen ließen keine Fahrt aufkommen. Der dichte Regen und die stockfinstere Nacht machten es sehr schwierig, überhaupt festzustellen, ob wir Fahrt machten. Schließlich merkte ich, daß uns noch etwas anderes auf der Stelle hielt. Es war der eigene Anker. Milda und Patrik gingen nach vorne, um den Anker einzuholen – vergeblich. „*Murphy's Law*" herrschte immer noch an Bord. Beim blitzschnellen Ankerwerfen hatte keiner die Tiefenmarkierungen auf der Kette erkennen können. So rauschte die Kette bis auf das letzte Glied über die Kettennuß raus. Nur die Sorgleine hielt noch die Kette. Kein Arnold Schwarzenegger, kein Herkules hätte diese wenigen Zentimeter Kette hochheben können, so daß sie wieder auf die Kettennuß paßte. Wir schäkelten die Schot an die Kette und waren auch mit der Winsch nicht erfolgreich, sie über diese kurze, fehlende Distanz zu kurbeln. Der Sturm und die Umstände waren gegen uns. Nur weg von diesem Riff hier! Wir schnitten die Sorgleine los und motorten ganz langsam fort zur Lee-Seite der geschützten Baie Faanui im Norden Bora Boras.

Es war inzwischen hell geworden. Bald suchten auch die anderen Yachten hier Schutz. Wir hatten einige Beulen im Stahlrumpf, verbogene Relingstützen, ein verlorenes Ankergeschirr, ein zertrümmertes Dingi, und wir vermißten unseren Außenborder. Das Dingi wurde in fünf Teilen ans Ufer gespült. Patrik und ich brauchten drei Tage, um es mit Abfallbrettern, Epoxy und Leim wieder schwimmfähig zu machen. In den nächsten Tagen bekamen wir Nachbarschaftshilfe vieler Segelfreunde. Der amerikanische Werftbesitzer Cabit und der kanadische Tiefbauunternehmer Stan wollten mit ihren Flaschen auf 32 Meter Tiefe tauchen, um Kette und Anker zu suchen. Der Busunternehmer Paul de Smid bot uns seine Werkstatt an, um das gevierteilte Holzdingi hier wieder zusammenzubauen. Der Banker Scott aus New York lieh uns seinen zweiten Außenborder, und der Manager des Clubs Med tauchte nach einer Woche und fand unseren Außenborder in zwölf Meter Tiefe. Dann kam von ihm die Frage nach unserer Schiffsversicherung – es war das erste Mal, daß eine Yacht ein Ferienhaus des Clubs Med gerammt und das Haus um einen Meter versetzte. Der Manager bestand auf Reparaturkosten von 3000 US-$. Ich rief meine Haftpflichtversicherung an, die „Nord-Deutsche" in Hamburg, Am Alten Wall, und meldete der Sekretärin einen Schadensfall aus dem Pazifik. Dem Sachbearbeiter kündigte sie offenbar an:

„Ein Anruf aus dem Pazifik, eine Schiffshavarie." Der arme Mann im fernen Hamburg dachte bestimmt mehr an brennende Fähren, einen kollidierten Tanker oder ein quergeschlagenes Container-Schiff. Als ich meinen Fall kurz geschildert hatte, fragte Herr Köster nur: „Und die Kosten?" Ich: „Dreitausend US-$." Er: „Wir zahlen, zahlen, zahlen – aber keinen Dollar mehr!" Ich spürte vom anderen Ende der Welt seine Erleichterung. Das war das einzige Mal in meinem Leben, daß ich einem Versicherungsmenschen einen Schrecken eingejagt habe.

48.

Tom und Therese Michel kommen aus Pforzheim. Sie ist dort Schmuckdesignerin gewesen, er Texilkaufmann. Tom Michel ist ein offener, sportlicher und findiger Mann, Anfang der Dreißig. Er suchte unterwegs einen Job und hatte sich dafür eine feine elektrische Schreibmaschine gekauft, um sich von Bord aus in Asien, möglichst in Singapore oder Hongkong, zu bewerben. Therese ist eine verschlossene Frau, der Typ, der sich erst langsam öffnet. Sie überlegt lange, bevor sie ihre Meinung äußert. Später entdeckte ich ihre Herzlichkeit und Wärme. Oft überließ sie ihrem Mann das Reden, und dennoch hatte ich das Gefühl, daß sie der Kapitän im Hintergrund war.

Ihre Segelyacht heißt LARGO. Sie ist undefinierbar alt, Schiffspapiere gibt es keine mehr. Das Boot ist klein, kantig, rostig, mehr bunt als schön, es hat einen Holzmast, der viel zu weit vorne steht. Lange Zeit hatten sie Probleme mit ihrem Bukh-Motor. Eines Tages saßen wir zu viert am Strand im Schatten von Palmen und schauten entspannt zur Lagune auf die ankernden Boote. Plötzlich sagte Therese völlig verklärt: „Ist unser Boot nicht schön?" Wir schwiegen.

Diesen Satz werde ich nicht vergessen. Sie liebt ihr Boot. Für Therese spielt es keine Rolle, daß ihre Yacht nicht schön, nicht groß und nicht imposant ist. Es ist ihr Boot, das sie ähnlich liebt wie einen Menschen – wegen seiner Tugenden, seines Charakters, seiner Eigenwilligkeit und seiner Schwächen. Früher sah man Schiffe als weibliche Wesen an. Seemänner gaben ihnen feminine Namen und eine busige Figur an den Bug. Reale Frauen suchte man dagegen von den Schiffen fernzuhalten, sie galten als unglückbringend. Wenn diese Vorstellung auch von den Booten gewichen ist – die Engländer sprechen bei einer Yacht zwar immer noch von „she“ –, so hat für einen Fahrtensegler sein Boot doch eine Seele. Therese spürte eine Art Seelenverwandtschaft mit ihrer alten holländischen Stahlyacht und entwickelte daraus eine Zuneigung, wie man sie bei Menschen für ihr Auto oder auch ihr Haus nicht kennt.

Tom Michel, ihr Mann, segelnder, arbeitssuchender Textilkaufmann mit dem Akzent der tüchtigen Schwaben, wollte ein Nebengeschäft machen. Er hörte, daß die Dinge des Lebens in Französisch-Polynesien extrem teuer sind, man berichtete in der Karibik von dreifachen Preisen. Also besann er sich in Venezuela auf ein schwäbisches Prinzip: billig einkaufen, teuer verkaufen. Er kaufte zwei Yamaha-Außenborder und erwartete, die zum Vielfachen später verkaufen zu können. Auf der ersten Insel nach Venezuela – auf Bonaire – trafen wir die beiden. Auf dem Weg dorthin hatten wir unserem Johnson-3-PS-Außenborder ein Seebegräbnis gegeben. Mit großem Bedauern, wozu man wissen muß, daß der Johnson 3 PS unter den Außenbordern das ist, was die DC 3 unter den Flugzeugen oder der Käfer unter den Autos darstellt.

Ich hatte den Johnson 1978 geschenkt bekommen. Er war damals schon alt und lag bereits für mehrere Wochen im Wasser – trotzdem lief er gut. Als ich 1979 auf der Düsseldorfer Bootsausstellung zum großen Johnson-Stand kam, fragte ich einen der smarten Verkäufer mit Namensschild am Revers der Clubjacke, ob sie wohl noch Reserveteile für ein altes Modell hätten. „Ja, welchen Typ meinen Sie denn?“, fragte der Smarte. „Och“, meinte ich etwas zurückhaltend, „ich habe einen alten 3 PS und...“ „Was, Sie haben einen 3 PS? Uwe, Heinz, Charly, kommt mal rüber, der Herr hier hat noch einen 3 PS. Wenn Sie den nicht mehr brauchen, bringen Sie ihn uns – der gehört in unseren Ausstellungsraum, oder ins Museum ...". Nun, inzwischen war der 3-PS-Johnson für mich nicht mehr zu reparieren, und nach einem Jahr Streicheln und gleichzeitigem guten Zureden gaben wir auf.

Wir kauften den kleineren Yamaha von Tom und Therese zum Freundschaftspreis. Und wenn ich mich recht erinnere, hat er auch den großen 8 PS nicht als Kapitalanlage in Französisch-Polynesien flüssig gemacht, sondern ihn gegen sein eigenes älteres Modell ausgetauscht.

Tom war ein Zögerer, der sich lange nicht bewußt machte, daß ihn das Leben auf dem Boot nicht mehr befriedigte. Er sprach mehr vom Leben nach dem Segeln als von der Zeit, die wir auf dem Wasser verbrachten. Er schrieb Bewerbungsschreiben an Firmen in Asien, deren Adressen er von Konsulaten bekam. Aber welche Firma antwortet auf eine Bewerbung mit dem Absender: Tom Michel, S.Y. LARGO, c/o Royal Suva Yacht Club, Suva, Fiji?

Bei einem unserer vielen Treffen zwischen Venezuela und Australien fragte ich ihn, als wir zu viert bei ihnen im Cockpit saßen, was ihm spontan als Wunschvorstellung auftauche, wenn er sich von dem Motu, in dieser Lagune wegdenken würde. Tom Michel, der einen Managerjob in Singapore anstrebte, nannte seinen wahren Traum: „Ein eigenes Häuschen in der Heimat, einen Garten und jetzt unter einem Apfelbaum sitzen."

Das letzte Mal, als wir uns als Fahrtensegler trafen, war in Sydney. Milda und ich machten in Sydney auf der BOUNTY, dem Nachbau zur Verfilmung „Die Meuterei auf der Bounty", eine touristische Hafenrundfahrt. Später würden wir mit diesem Rahsegler von Sydney nach Auckland durch die Tasmansee segeln. Aber heute, am Sonntag, bei Ausflugsstimmung trank ich mit einem Österreicher, der vor 30 Jahren ausgewandert war, an Deck der BOUNTY einige Dosen Forster Lagerbier. Das englische Deutsch des Ex-Österreichers war so schwer zu verstehen, daß ich mich mehr auf das Panorama der schönsten Großstadt der Welt konzentrieren konnte. Auf der weitverzweigten Botany Bay schienen Hunderte von Regatten zu laufen. Plötzlich sah ich in einer der vielen Buchten die LARGO liegen. Ich mußte wohl beinahe unanständig laut gebrüllt haben, denn Therese hörte mich und erschien am Niedergang. Sie konnte den wild winkenden Touristen unter all den vielen Sonntagsausflüglern oben an Deck der BOUNTY entdekken. Ich machte das internationale Zeichen für Telefonieren, indem ich mit der Hand vor meinem rechten Ohr drehte, und ging zur Navigationsbude. Früher sprachen wir mit der LARGO oft auf Kanal 6, auch Therese hatte sich richtig erinnert. Wir sprachen uns seit Monaten wieder, drückten gegenseitig unser Erstaunen aus und verabredeten uns für den Abend.

Ihre Reise war in Sydney beendet, die LARGO bereits verkauft. Am nächsten Tag wollten sie abfliegen, am Tag darauf persönlich in Singapore vorsprechen. Wenn sich nichts für Tom ergäbe, müßte Therese wieder Schmuck in Pforzheim entwerfen; und so kam es auch. Es fand sich weder in Singapore noch in Hongkong ein Job für Tom, und sie zogen zurück ins Schwabenland.

Als auch wir nach Deutschland zurückgekehrt waren, telefonierten wir mit unseren Freunden: Wir sollten sie doch gleich besuchen kommen. Das klappte nicht, aber durch Zufall trafen wir uns nach einigen Monaten in Düsseldorf wieder. Es war nicht mehr wie früher. Sie hatten Termine, ich hatte eine Verabredung. Wir versprachen, uns zu treffen, und dabei blieb es. Uns hatte der Alltag eingeholt. Wir waren nicht mehr die tropischen Vögel, bei denen Zeit keine Rolle spielte.

49.

Die Fahrt von Tonga nach Neuseeland verlief von Norden nach Süden, von 21°S über den Wendekreis des Steinbocks, durch die letzten Breiten des SO-Passats, der bei ca. 25°S nachläßt, dann durch die windarmen Roßbreiten bis zur Nordspitze Neuseelands auf 35°S und 175°E. Die Fahrt verlief musterhaft, wie nach dem Seehandbuch für den Südpazifik. Zuerst stand der Passatwind aus E durch. Ab 25°S kamen die Tage der Flaute. Wir haben bei

Flauten auf einem Ozean nie unseren Motor angeworfen – mit Ausnahme in der Arafura-See, wo Flauten monatelang dauern, bevor der Monsun einsetzt. Unsere Flaute auf dem Weg nach Neuseeland erlaubte uns ein Etmal von zehn bis sechzig Seemeilen.

Südlich der Roßbreiten kommt das Gebiet wechselnder, meist westlicher Winde. Ich merkte, wie der Barograph stieg und Wolken aufzogen. Wetteränderung. Der Wind nahm aus SE zu, und wir segelten Hoch am Wind. Seit Madeira waren wir nicht mehr tagelang so Hoch am Wind gesegelt. Mehr und mehr mußten wir reffen. Milda legte sich seekrank in die Lee-Koje im Salon. Am nächsten Nachmittag sah ich in dreißig Seemeilen Entfernung die Berge der Nordinsel Neuseelands liegen. Die Sicht war gut, aber das Wetter wurde schlechter. Es stürmte zu stark aus der Richtung, in die wir wollten, und wir gaben auf. Mit drei Reffs im Groß- und geborgenem Vorsegel drehten wir bei und erlebten drei Tage lang unseren ersten großen Sturm. Ein zentrales, stationäres Hoch im Süden der Tasmansee zwischen Australien und Neuseeland brachte kalten Sturm aus südpolaren Breiten.

Zwischen schlafend, dösend, halbwach und sprungbereit keilte ich mich in der Achterkajüte ein. Die Wolken hingen zum Greifen tief und trieben über die Mastspitze hinweg. Welle auf Welle prallte gegen den Stahlrumpf und hinterließ eine dumpfe Resonanz, so als ob man eine Hand auf das Fell einer Baßtrommel legt und mit der anderen Hand kräftig aufs Fell schlägt. Viel Wasser spülte über das Deck. Ich war froh, daß wir ein Flushdeck hatten, keine Widerstände im Aufbau, die das Wasser eindrücken konnte. Es sind die Geräusche des Sturms, die die Menschen zermürben. Das dichte Rigg wirkt wie eine Harfe, die Akkorde von einer Dissonanz spielt, die kein menschliches Ohr verträgt. Einen Sturm beschreiben kann man nicht mit wenigen Sätzen und auch nicht mit einem Buch. Joseph Conrad hat es in seinem Roman „Taifun“ probiert. Es war ein Versuch. Über die Demut, die man dabei erlebt, habe ich in seinem Buch nicht gelesen. Ich dachte an unseren Stahlrumpf und an den beruhigenden Satz amerikanischer Segler: „*Steel is real.*“

Trotzdem hatte ich Angst. Es war nicht die blanke Angst, sondern die Besorgnis, nicht alles getan zu haben, was ich hätte tun müssen.

Ich ging in Gedanken immer wieder das Schiff von vorne bis hinten und von oben bis unten durch und überlegte jeden Handgriff, der noch zu tun sei, um irgend etwas festzulaschen oder wegzuräumen. Durch dieses Konzentrationsmühen bekam ich Kopfschmerzen, etwas, was ich bisher kaum kannte.

Drei Tage und drei Nächte, eine lange Zeit für Überlegungen. Dabei erinnerte ich mich an die Geschichte der neuseeländischen Rennyacht, die hier auf einer Regatta von Auckland nach Suva in einen Sturm geriet. Das große Boot konnte sich von der Küste nicht freikreuzen und zerschellte an vorgelagerten Felsen – alle zwölf Mann starben. Unsere hölzerne Windfahne brach, dann fiel der bleibeschwerte, schwere Niroofen aus der Halterung, und am dritten Tag brach die Antenne des Satelliten-Navigators.

Ich hatte vorher ständig die Positionen eingetragen und festgestellt, daß wir beigedreht ca. einen Knoten nach Lee trieben. Nachdem der Sturm beinahe abrupt aufhörte, trat innerhalb von zwei Stunden völlige Windstille ein. Die Front war durchgezogen. Der Himmel blieb bedeckt. Der Seegang blieb so rauh wie vorher. Unsere letzte Position war fraglich, und das Boot schlingerte trotz Stützsegel hin und her. Das war genau die Situation, die Segler am meisten hassen: Spielball der Wellen zu sein. Wir starteten den Motor, koppelten uns an den Three Kings Islands vorbei, berücksichtigten den Strom am Nordkap Neuseelands, motorten Tag und Nacht 100 Seemeilen radarlos und ohne genaue Position zu haben durch den Nebel in Richtung der zwei Meilen breiten Öffnung zur Bay of Islands.

In den frühen Morgenstunden erinnerte ich mich an eine Notiz in meiner Kladde. Ein neuseeländischer Segelfreund hatte mir die Frequenzen eines maritimen Privatsenders auf der Nordinsel Neuseelands genannt. Ich ging auf den UKW-Kanal 60: „*Kerikeri-Radio, here is the sailing yacht* AFRICAN QUEEN.“ Wir hatten den Grad der Überwachheit erreicht, den man nach großer Erschöpfung hat, wenn alle Sinne auf einer höheren Stufe der Bereitschaft arbeiten als an Tagen ohne Belastung. „*Here ist Kerikeri-Radio, my name is John. Good heavens, where are you? You must have bad experience coming to our country. How are you? Anyway welcome to*

New Zealand.“ Ich antwortete, unsere Position sei fraglich, uns ginge es gut, bei dem Nebel könnten wir jedoch nichts von Neuseeland erkennen. Dann kam die sympathische Stimmer wieder: „New Zealand is very very green with very very friendly people.“

50.

Wir blieben ein halbes Jahr in Neuseeland. Am liebsten wäre ich dort geblieben. Es ist mein Land. Wir ankerten in der Nähe von Opua, nicht weit von dem Holzboot REGENTAG des Malers Hundertwasser entfernt, das hier schon Jahre liegt. Nach einigen Tagen kauften wir uns einen japanischen Wagen aus achter Hand. Dann machten wir uns an die Arbeit am Schiff. Vier von den sechs Monaten arbeiteten wir am Boot. Der Schaden aus Bora Bora und die lange Checkliste kosteten uns die Zeit, die wir für die Fahrt Neuseeland-Rund angesetzt hatten.

Die Fahrtensegler, die in der Bay of Islands die Hurrikan-Saison im tropischen Pazifik abwarten, bilden eine Art Bruderschaft. Man erkennt sie schlecht, denn alle Neuseeländer sehen hier wie Fahrtensegler aus. Nur, die Segler feiern ihre eigenen Feste und betreiben ihre eigene Kommunikation. Für eine Woche übernimmt pünktlich um 8.00 auf Kanal 8 jeweils ein anderer Segler – meist sind es Seglerinnen – das Info-Netz für alle Yachten. Wer kann jemanden wohin mitnehmen? Wer besitzt einen Generator zum Verkaufen? Wer bietet was zum Kauf an? Wo gibt es welche Veranstaltungen oder Parties? Wer sucht einen Mitsegler? Wer bietet einen Job an? Das morgendliche Netz auf Kanal 8 ist wie ein kleiner Privatsender, ein offenes Radio – manchmal ist es so witzig, daß der Tag gerettet ist, bevor er angefangen hat.

51.

Neuseeland ist ein Einwandererland. Man spricht Englisch, man war englisch, man ißt englisch, man denkt englisch. Trotzdem sind die neuen englischen Einwanderer, die hier „*poms*“ genannt werden, nicht gern gesehen. Keiner weiß genau, woher der Name kommt, aber man scheint sich auf die Version „*Person of motherland*“ geeinigt zu haben. Das Wort „*poms*“ wird abwertend benutzt. „*Poms*“ seien meist Gewerkschaftler, und die hätten die Wirtschaft in Neuseeland kaputt gemacht. Ganz anders die Holländer und die Deutschen, die mag man. Einige der Deutschen haben wir kennengelernt. Den sanften Ökologen Jan, der zum Beispiel mit seiner amerikanischen Frau eine Schafzucht in den grünen Hügeln der kleinen Bucht betreibt, wo der Wiener Künstler Hundertwasser sein Haus hat. Den Maler Thomas und seine Frau, eine Galeristin aus Nürnberg, sowie ihre beiden Kinder. Auf einem Hanggrundstück an der einsamen Waipiro-Bay, 15 Kilometer hinter Russell, hat er sich ein achteckiges Holzhaus um einen Baumstamm herum gebaut. Sein Blick auf das Wasser kann niemals verbaut werden. Der Elektriker Gerd Piroth aus Montabaur half mir bei unserer Bordelektrik. Er wohnt mit seiner Frau Ines und zwei Kindern ebenfalls in einem selbstgebauten Holzhaus. Es steht in Russell in der Grand Avenue – der Name täuscht, die enge Straße ist nur einhundert Meter lang und hat lediglich Platz für sechs Häuser. Wir wurden in die deutsche Kolonie von Russell eingeführt. Schnell erfuhr man, wer wen mag und wer wen nicht mag und weshalb nicht. Ob Metzger, Farmer, Schweißer, Mützenhersteller, Feinkostladen-Eigner, Pensionär, Motelbesitzer oder Künstler, sie haben alle Arbeit gefunden in einem Land, das über 20 Prozent Arbeitslose hat.

Lothar und Heidrun Krüger gehören nicht zu den Deutschen von Russell. Sie wohnen in Opua, auf der anderen Seite der Bay. Wer von Auckland oder Whangarai kommt, fährt schneller über die Landstraße nach Opua und setzt dann mit der Fähre nach Russell über. Weitaus länger ist der zum Teil aufregend schöne Weg von Whangarai am Pazifik entlang bis nach Russell. Es ist ein dirt road, ein Feldweg, das Fahren ist mühsam. Man kommt an herrlichen Buchten vorbei, gelegentlich mit einem einsamen Farmhaus davor. An die wilde Küste prallen die Wellen des Pazifiks. Man findet Hunderte von einsamen Badeplätzen. Die Strände sind makellos sauber. Das nächste Land heißt Chile.

Lothar und Heidrun Krüger wohnen mit Blick auf den westlichen Arm der Bay of Islands. Sie schauen von ihrer breiten Terrasse auf Wasser, Hügel, zwei Häuser in der Ferne und auf viel, viel grünes Land, so wie es mir John von Kerikeri-Radio vorausgesagt hat. Auf der anderen Seite der Bucht liegt ein schmuckes weißes Holzhaus, direkt am Wasser. Tagsüber leuchtet es wie frisch gestrichen herüber, auf die Entfernung kann man gerade noch die schöne Architektur und die großzügige Veranda erkennen. Nachts ist es auf besondere Weise beleuchtet. Ein warmes Licht an einigen Stellen der Veranda läßt es wie den Herrensitz eines Baumwollpflanzers in den Südstaaten der USA erscheinen. Gleich nach unserer Ankunft hatte mich dieses Anwesen beeindruckt. Ich erkundigte mich nach dem weißen Haus am Wasser. Es sei früher ein Puff gewesen, hörte ich, mit einer roten Laterne davor. Im letzten Jahrhundert verkehrten hier die Walfänger. Schöne Dinge haben oft eine bemerkenswerte Vergangenheit.

Das neue, grüne Holzhaus der Krügers steht mit vier anderen Häusern in einer Sackgasse. Die Nachbarn mögen einander, ihre Gärten sind gepflegt, kein Lärm stört, die Natur wuchert üppig – alle haben einen schönen Blick über die Bucht und die grüne Hügellandschaft. Lothar Krüger arbeitet unten in seiner Stahlbau-Werkstatt, direkt am Wasser. Er ist selbständig. Seine selbstgebaute Yacht, mit der sie vor sieben Jahren aus Hamburg gekommen sind, steht aufgebockt neben der Werkstatt. Sein neues Boot baut er mit einem Nachbarn, zweihundert Meter entfernt. Heidrun hält das Haus sauber und ihm den Rücken frei.

Lothar Krüger ist nicht zufrieden und somit seine Frau Heidrun auch nicht. Sie haben Heimweh und wollen sich das nicht eingestehen. Er schimpft in seinem Hamburger Englisch auf die faulen

Kiwis und gleichzeitig mag er sie. Er schimpft auf seine Arbeit, liebäugelt aber mit einer neuen Arbeitsstelle. Er nörgelt und flucht auf seinen Alltag und schmiedet neue Pläne. Ihr Haus ist ein Spiegelbild der zwiespältigen Situation. Es ist nur halb fertig. Der schöne, großzügige, lichtdurchflutete Wohnraum mit dem Kamin und der frontbreiten Terrasse ist nicht eingerichtet. Der Teppich liegt, die Fenster sind geputzt, aber die Möbel fehlen. Sie können die Hälfte ihres Hauses nicht einrichten, weil sie halb bleiben, halb weg wollen.

52.

Es fing alles bei ganz miesem Wetter an. Nur 300 Meter entfernt von uns ankerte sie in der Bay of Islands, und dennoch konnten wir sie kaum ausmachen. Schemenhaft tauchten durch die Nebel- und Regenbänke drei Masten, die Rahen und der dunkle Rumpf mit dem stumpfen Bug auf. Wie oft hatte ich diesen Schiffstyp bereits in Filmen und Büchern gesehen. Das also war die BOUNTY. Der Nachbau für die dritte Verfilmung der „Meuterei auf der Bounty". Alle drei Filme, mit Charles Laughton, mit Marlon Brando und den neuesten mit Mel Gibson – und Helmut Hörmann –, kannte ich. Auch das Buch dazu hatte ich gelesen, und der Bootstyp, eine Whitby-Cat, war mir aus den Büchern über James Cook vertraut.

Auf diese BOUNTY wollte ich und mit ihr segeln. Einmal auf zu den Rahen, einmal die Marssegel setzen, den katzenkopfstumpfen Bug (daher Whitby-Cat, die Katze aus Whitby) das Wasser verdrängen sehen, das verwirrende Rigg kennenlernen, mit dem Knotenlog die Seemeilen zählen. Wo hatte Captain Bligh die Brotfruchtbäume auf Tahiti gelagert, wo ließ dieser cholerische Kapitän seine Leute auspeitschen, wo schlief der berüchtigte Meuterer Fletcher Christian, wo stand Bligh, als ihm die Meuterer ihre Wut entgegenschrieen, und wie sah das offene Beiboot aus, mit dem

Bligh und seine Mannen 3000 Seemeilen über unbekanntes Meer gesegelt sind? Ich wollte dieses klassische Seedrama nachempfinden und die Chance wahrnehmen, auf dem letzten Segler des 18. Jahrhunderts mitzusegeln. Bereits vier Wochen später flogen wir von Auckland nach Sydney und fanden dort das vier Millionen teure Film-Requisit direkt vor dem Wahrzeichen der Stadt, dem weltberühmten Opernhaus.

„Seeleute und Schiffe verkommen im Hafen", zitierte Ken Rosebury, der Co-Eigner, die bekannten Worte Lord Nelsons, und mit dieser Devise hatte er für ein australisches Syndikat die bei Hollywood ankernde Replika für 2,8 Millionen US-$ gekauft. 1987 organisierte er gerade neun Oldtimer, die 1988 von London nach Sydney segeln sollten, um der „First Fleet" – so nennen die Australier die Flottille der ersten Einwandererboote – vor 200 Jahren zu gedenken. Obwohl er mehr Geld mit Tagesgästen und Hafenrundfahrten in Sydney verdienen könnte, setzte er die BOUNTY für Fahrten im Süd-Pazifik ein. Das Filmschiff wird die historischen Inseln anlaufen, auf denen vor genau 200 Jahren die Meuterer Station machten und endeten: Tahiti, Tofua (Tonga) und schließlich die Insel Pitcairn – ein Fliegenklecks auf der Pazifikkarte. Dort ließen sich die Meuterer mit einigen Frauen und Männern aus Tahiti nieder. Die Original-BOUNTY verbrannten sie, um alle ihre Spuren zu verwischen.

Wer wie wir einen dieser pazifischen Törns mitsegeln wollte, sollte eine sportliche Einstellung haben, gesund sein und sich so etwas wie einen Abenteuerurlaub vorstellen. Umgangssprache an Bord ist „englischer Humor". Die BOUNTY-Leute nennen ihre zahlenden Gäste „*Voyage Crew Members*", und das bezeichnet treffend, daß der zahlende Gast Teil der Crew ist. Wachen werden mitgegangen, leichte Küchen- und Borddienste fallen an und natürlich die Arbeit im Rigg.

Wer heute über ein Werftgelände schlendert oder eine Bootsmesse besucht, der weiß, wie Yachten riechen: nach Epoxy. Als wir die BOUNTY betraten, lag ein ganz anderer Geruch in der Luft, den es auf all unseren Yachten nicht mehr gibt: der Geruch von Teer. Ich schnupperte mich übers Deck, und mein erster Gedanke war:

Diese Fallen, Tampen, Schoten, diesen Wirrwarr an Tagelage erlernst du nie. Wenn ich richtig gezählt habe, dann gibt es 138 Fallen und Schoten, die auf Belegnägel oder zu Klampen führen. Und wenn ich richtig gehört habe, dann ist das Laufende- und Stehende Gut elf Seemeilen lang. Die Bounty mißt 133 Fuß und verdrängt 400 Tonnen, sie ist ein maßstabgetreuer Nachbau des alten Kohlentransporters aus der nordenglischen Stadt Whitby. Am Bugspriet und an drei Masten trägt sie 15 Segel, die wie vor 200 Jahren aus Flachs hergestellt worden sind. Der Rumpf wurde anstatt aus Holz in Stahl gebaut, und alles was dahinter liegt, ist Errungenschaft unserer Zeit: Klimaanlage, Tiefkühlung, zwei Dieselmaschinen, zwei Generatoren, Süßwasseraufbereitung und Heißwasser-Duschen. Die Crew schläft im Achterschiff, die Gäste schlafen im Vorschiff. Nur der Skipper und der Erste Ingenieur haben eine kleine Einzelkabine. Messe und Pantry liegen mittschiffs. Zwei Niedergänge, verschließbar mit starken Stahlluken, führen an Deck. Sonst gibt es keine Luken.

Auf Deck keinerlei Aufbauten. Ein großes Schlauchboot und das hölzerne Beiboot sind zwischen Fock- und Großmast festgelascht. Das Achterdeck hinter dem Besanmast wird von der mächtigen Ruderanlage eingenommen. Simpel, genial und monströs kann man diese Anlage nennen. Das Ruderrad ist mit einer starken Holztrommel verbunden, über die ein kräftiges Manila-Tau dreifach gelegt ist, das über große Holzböcke direkt zur Ruderpinne läuft. Kein Drahtseil kann hier reißen, keine Kette verklemmen und kein Kardangelenk ausschlagen. Wie gesagt, damals steuerte man noch simpel, genial und monströs.

Noch an der Kaimauer wurden wir mit der Hausordnung des Bootes bekannt gemacht. Einteilung in drei Gruppen mit je einem Maat und einem Crewmitglied für die schwedische Wache. Praktizieren der Sicherheitsübungen wie Alle-Mann-an-Deck, Mann-über-Bord, Feueralarm. Wer wollte, konnte gleich rauf aufs Rigg – aber bitte mit Sicherheitsgurt. Alle wollten, denn das war ja der große Reiz vom Ganzen: Einmal da oben zu sein, auf dem Fußpferd zu stehen, die eine Hand am Handpferd (Haltetampen), die andere Hand bereit für das Rahsegel. Die Crew zeigte uns, wie man es ohne Gurt macht: Man äfft Affen nach, uaggh, uaggh, uaggh, und im Urschrei unserer Verwandten jagten sie nach oben ins Rigg. Den zahlenden Gästen kam beim ersten Versuch kein Ton über die Lippen. Etwas bleich und zittrig in den Knien bestanden sie das erste Abenteuer der noch zum richtigen Abenteuer werdenden Reise. Der 36jährige Skipper David Brown, groß geworden bei der australischen Handelsmarine, aber vernarrt in HMAV (Her Majesty's Armed Vessel) BOUNTY meinte dazu: „Für jeden, der auf See zum ersten Mal rauf zu den Rahen geht, sich die Fingernägel beim Segelbergen eindrückt und lachend unten wieder ankommt, bedeutet das einen persönlichen Sieg." In einer lockeren Ansprache erklärte David das Boot und dabei auch das Urproblem aller Segelschiffe: das Funktionieren des Bord WC. Da gerade am Tag zuvor ein WC-Schlauch geplatzt war und das auslaufende Wasser an einem Generator einen Schaden von 5000 Australischen Dollar verursacht hatte, war dieses Thema besonders aktuell. Davids Gebrauchsanweisung war bestechend klar: „Nichts kommt in die Toilette, was nicht durch den Mund gegangen ist, mit Ausnahme des Toilettenpapiers. Hiervon bitte nur fünf Blatt verwenden und dann spülen. Wenn nötig, bitte nochmal fünf Blatt nehmen und dann erneut spülen. Wer mehr Papier braucht, sollte zum Arzt gehen." Abwechselnd muß auch jeder Gast Backschaft machen, was im Englischen viel präziser mit „*galley slave*" (Küchen-Sklave) bezeichnet wird.

Mit sechzehn zahlenden Crew-Mitgliedern zwischen 18 und 60 Jahren, vom Farmer bis zur Hausfrau, vom Beamten bis zur Modedesignerin, und mit vierzehn echten Crew-Mitgliedern ging es los. Vorher wurden noch 28 Tonnen Wasser und 80 Tonnen Diesel gebunkert. Diesel brauchten wir auch an den ersten vier Tagen, denn bei leichtem Gegenwind brummten uns die zwei Kelvin-Dieselmaschinen gegenan.

Ich hatte Zeit, um bei gutem Wetter Boot, Crew, die Mitreisenden und die Geschichte der BOUNTY kennenzulernen, denn wir segelten auf keinem gewöhnlichen *square-rigger* (Rahsegler), sondern auf dem Meuterer-Boot. Immer wieder stellen sich beim Skipper Menschen vor, die stolz darauf hinweisen, einen der Meuterer in ihrer Verwandtschaft als Vorfahren zu haben. Echte Nachfahren werden auf der Jubiläumsfahrt von Tahiti nach Pitcairn dabei sein. Der pensionierte Captain Ron Bligh-Ware und der Offizier Gery Christian werden dann vorübergehend das Kommando übernehmen. Auf unserer Fahrt wird bei der kleinsten Gelegenheit – bei zu heißem Essen oder zu kaltem Bier – über eine anstehende Meuterei gefrotzelt. Was war denn damals passiert?

Kapitän Bligh war bereits unter James Cook als Seekadett dabei, als dieser als dritter Europäer (nach dem Engländer Wallis und dem Franzosen Bougainville) Tahiti besuchte. Bligh sollte also das vierte Schiff aus Europa nach Tahiti führen, um von dort Brotfruchtbäume in die Karibik zu bringen. Mit 45 Mann und einer Frau an Bord brach er am 23. Dezember 1787 auf. Die Frau war die hölzerne Galionsfigur, die aber nicht als Nixe geschnitzt war, sondern ausnahmsweise als zeitgenössische englische Dame. Sie sollte den Polynesiern zeigen, wie eine weiße Frau aussieht, denn bis dato kannten sie ja nur den weißen Mann. Hollywood hat Bligh zum wilden Dämon stilisiert, was er wohl nicht war. Bligh mußte eine Crew führen, die aus wenigen fähigen Seemännern, einigen Anfängern und vielen in Bordellen und Hafenkneipen gepreßten Männern bestand. Der Bordarzt war oft betrunken, und der Erste Offizier kritisierte die Kommandos des Kapitäns. Hinzu kam, daß Bligh eine unglückliche Hand bei der Menschenführung und eine cholerische Ader hatte. Er ließ zu oft die neunendige Peitsche schwingen und beschuldigte und beleidigte seine Offiziere. Aber er konnte auch vergessen. Ein Teil der Mannschaft vergaß jedoch die Demütigungen nicht. Sechs Monate Tahiti, sechs Monate sorgloses „Lotterleben" hatten die Crew das kalte und nasse England und das Hundeleben im dunklen, feuchten und stinkigen Bauch der Bounty vergessen lassen, deren Kojenflächen um ein Drittel verkleinert wurden, um Platz für 1000 Brotfruchtbäumchen zu schaffen. Nach der Abfahrt von Tahiti war die Stimmung so gereizt, daß ein Tropfen genügte, um das Faß zum Überlaufen zu bringen. Während einer Nachtwache bei der tonganischen Insel Tofua entschieden spontan sechzehn Meuterer über ihr Schicksal und das der anderen. Sie beschlossen die Meuterei auf der Bounty.

Achtzehn treue Seeleute stiegen mit dem entmachteten Kapitän Bligh ins Beiboot und vollbrachten eine seglerische Großtat, indem sie über 3000 Seemeilen unverkartetes Gebiet (durchs Barrier-Riff) zur holländischen Station Kupang nach Timor (Indonesien) segelten. Einige Nichtmeuterer paßten nicht mehr in die kleine Schaluppe und segelten nolens volens mit den Meuterern nach Tahiti zurück. Hier blieben siebzehn Mann. Fletcher Christian, der Anführer und ehemalige Zweite Offizier, acht Meuterer, achtzehn einheimische Frauen und Männer sowie ein Kind machten sich auf ins Unbekannte. Mr. Christian wußte von einer unbewohnten Insel und fand sie: Pitcairn. Sie verbrannten dort die BOUNTY. Aus Eifersucht erschossen die Männer sich im Laufe der Jahre gegenseitig – bis auf John Adams. Er wurde religiös – kein Wunder – und gründete eine bis zum heutigen Tag aktive und besonders strenge christliche Gemeinde.

Auf dem Wetterkarten-Schreiber sahen wir täglich schwarz auf grau eine Depression auf uns zukommen. Sie hieß „Harry". Unser Erster spottete am vierten Tag auf See: „Das waren noch Zeiten, als die Luft noch sauber war, der Sex noch dreckig und die Hurrikane noch weibliche Namen trugen." Also „Harry" zog von Norden, aus Kaledonien kommend, Richtung Neuseeland, drehte aber vorher nach SW. Am fünften Tag traf er die Route der BOUNTY. Am sechsten Tag waren wir bei 988 mbr in seinem Zentrum. Er hatte sich ein wenig aufgefüllt. Wir erlebten achtzehn Stunden lang einen 55-Knoten-Sturm gleich elf Windstärken.

Ich mußte an das Schicksal von zwei anderen berühmten Replika-Booten denken, die beide im Schwerwetter in Minutenschnelle gesunken sind. Der schöne Schoner PRIDE OF BALTIMORE konnte die Segel nicht rechtzeitig bergen und sank. Die MARQUES kam, ebenfalls vor der Ostküste der USA, in schwere Seen, sie unterschnitt mit dem Bug eine Welle (angeblich war das Hauptluk nicht geschlossen) und sank ebenfalls. Nur ein junger Mann wurde gerettet.

Unsere Crew war vorgewarnt und traf in völliger Ruhe alle seemännischen Vorkehrungen für schweres Wetter. Drei kleine Stagsegel wurden gesetzt und dichtgeholt. Das Ruder wurde mittschiffs festgelascht, und die Bounty lag beigedreht. Dennoch machten wir noch drei Knoten Fahrt nach Lee. Halteseile wurden an Deck gespannt und jedermann unter Deck gebeten. Nur der wachhabende Maat ging im Navigationsraum Radarwache. Bereits zu Anfang zerfetzte eines der beiden Großmast-Stagsegel. Die peitschenden Segelreste mußten festgelascht werden. (Die Stagsegel haben keine Stagreiter, sondern Stahlringe, an die das Segel genäht wird. Diese mühselige Arbeit muß also direkt am Stag erledigt werden.)

Ich hatte mich am Hauptluk eingekeilt und beobachtete das Schiff und den Sturm. Die schwere Bounty war ein Zentrum, das Sicherheit ausstrahlte. Um dieses Zentrum schien mir ein geordnetes Chaos zu liegen. Der Himmel sah gruselig aus, es gab kein Licht und auch keine Schatten, trotzdem war es hell. Das Meer war eine Landschaft aus Grün, Schwarz, Grau und viel Weiß. Ich kannte solch aufgewühltes Meer, hatte aber noch nie eine so ruhige Position wie hier auf der Bounty, um mir dieses Farbenspiel einzuprägen. Was bedrohlich wirkte, war das schrille Geräusch des Sturmes im „Elf-Seemeilen-dichten Rigg". Nicht die Schräglage des Schiffes, nicht das zerfetzte, halb festgelaschte Segel, nicht die Gischtwellen, die über das Boot wegschossen, auch nicht der modrige Geruch, der aus dem Schiff hochkam, es war das Konzert im Rigg, was einen den Sturm fürchten ließ. Einen Hurrikan soll man nicht beschreiben, fotografieren oder filmen – ich wünschte, ich hätte ein Tonbandgerät dabei gehabt.

Die Gäste keilten sich in ihren Kojen zwischen Rettungswesten, Kissen und Matratze fest – es nutzte wenig. Der Großraum mit den Gästekojen sah chaotisch aus. Schuhe, Höschen, Kosmetika (natürlich ausgelaufen), Socken, umgekippte Bierdosen, Äpfel und Kameras rutschten von Luv nach Lee und wieder nach Luv. Wer es wagte, in die Messe zu kommen, wirkte blaß und sprachlos. Ein Lächeln zuckte nur auf, wenn jemandem der Saft aus dem Becher sprang, natürlich ins Gesicht, und das Backgammon-Spiel sich mit 30 Steinen entleerte.

Nach achtzehn Stunden ließ der Sturm nach. Die Segel wurden gesetzt, und zum ersten Mal hieß es „Maschinen Stop".

Seit Jahren war ich neugierig, wie Rahsegel gesetzt und geborgen werden. Jetzt war die Gelegenheit, bei raumen fünf Windstärken Rigg und Laufendes Gut kennenzulernen. Um ein Rahsegel zu setzen, brauchen nur zwei Mann hoch zur Rah, um die Zeisige zu lösen. Wird ein Rah jedoch angeschlagen, müssen auf der BOUNTY alle Frauen und Männer hoch, um die schweren Flachssegel hochzuziehen, in Lage zu schütteln und festzubinden. Sechs Gordings, zwei Geien und die Reff-Talje müssen beim Setzen gefiert werden. Mit einer Talje wird das Fall dichtgeholt, somit die Rah hochgezogen und das Rahsegel durchgesetzt. Dann heißt es, die Schot dichtholen und brassen. Durch das Brassen wird die Rahsegelstellung zum Wind reguliert.

Die BOUNTY kann bis zu 80°, wenn wenig Welle ist, bis 72° am Wind segeln. Ich konnte mir vorstellen, was es früher bedeutete, einem Ziel entgegenzukreuzen. Theoretisch war das möglich, praktisch jedoch kaum. Man wartete, bis die Windrichtung drehte, denn Zeit hatte man. Um mit der BOUNTY eine Wende zu fahren, muß die gesamte Crew an Deck. Was in einer Jolle Sache von wenigen Sekunden ist, dauert hier so lange wie eine Optimisten-Regatta. Der Erfolg hängt vom richtigen Timing ab. Langsam und mit viel Gefühl Ruder geben, bis die Vorsegel back kommen – soweit ist es bekannt. Weiterhin langsam Ruder geben, bis die Rahsegel zu killen anfangen. Aber noch nicht die Rahen rüber – mehr Ruder geben, bis diese Segel stark killen, dann die Rahsegel rüber und belegen. Zweimal hatten es David Brown und seine Crew versucht – erst beim dritten Mal klappt es.

Ich dachte an die Männer auf den quer geriggten Booten. In jedem Wetter hoch, nachts ohne Licht, naß bis auf die Haut, ohne Ölzeug, hungrig, denn feuchter Schiffszwieback und madiges Pökelfleich befriedigen keinen Magen, durstig, denn brackiges Trinkwasser, Rum und schales Bier löschen kaum den Durst. Der einzige „Koch“ auf James Cooks ENDEAVOUR hatte nur einen Arm. So gering schätzte man die Bedeutung eines englischen Schiffskochs im 18. Jahrhundert. Wer einmal bei elf Windstärken gekocht hat, weiß, daß man vier Hände braucht – auch wenn man angeschnallt ist.

Jedes Gesicht der *Voyage-Crew-Member* – sei es aus Australien, Neuseeland, Hongkong, England, Irland oder den USA – strahlte am Schluß der elftägigen Reise. Nicht, weil die Reise vorbei war, sondern weil jeder auf seine Weise dieses Abenteuer bestanden hatte. Gemault oder gemeutert hatte keiner. Nur einer hat klipp und klar erklärt, er wolle die Wachen nicht gehen, er sei hier zur Erholung. Früher wäre er dafür ausgepeitscht worden. Heute hatte man für diesen Außenseiter nur ein tolerantes Lächeln.

Im Faksimile-Druck des BOUNTY-Logbuches entdeckte ich bei der Beschreibung seiner Seeleute folgende Eintragung Bligh's: *„Harry Hillbrand, Cooper, his left arm shorter than the right. Born in Hannover, speaks bad English, is tattooed (tätowiert) in several places.“* Herr Hillbrand aus Hannover war demnach Küfer und Bottichmacher. Da das Essen und alles Trinkbare sowie vieles andere in Fässern aufbewahrt wurde, war er ein wichtiger Mann an Bord. Offensichtlich war er auch ein kluger Mann und hat sich und sein Vaterland nicht beschmutzt. Denn er entschied sich gegen die Meuterer und stieg zu seinem Herrn ins ausgesetzte Beiboot.

53.

Auf der kleinen Bootswerft von Brian, die neben der Fähre von Opua liegt, standen neben unserem Schiff zwei kleinere Schiffe. Das eine gehörte Greg, einem 74jährigen Amerikaner. Er selbst war mit dem Rucksack in China unterwegs. Wie Brian erzählte, hatte Greg ihm einen Brief geschrieben, daß er drei Monate später als geplant käme, – er habe eine chinesische Studentin geheiratet.

Das zweite Schiff hieß so, wie es aussah: LITTLE BOAT. Joseph Wessels heißt der 34jährige amerikanische Eigner aus Kentucky, der immer nur lächelnd, immer vergnügt die Frager auf seine Seite zu ziehen versteht. „Well“, meint er, „small is beautiful.“ Und so fährt er fort: „Das ist meine Lebensphilosophie, ich lebe entsprechend meinen Verhältnissen – ohne meine Bedürfnisse zu maximieren." „Small is beautiful" ist übrigens auch der Titel eines Buches über diese Philosophie.

Wie Joseph Wessel zu seinem LITTLE BOAT kam, ist eine Geschichte für sich; es ist zunächst die Geschichte von Danny Millet: 1972 machte sich im Land der unbegrenzten Möglichkeiten der Abenteurer Danny Millet – der Vorbesitzer von LITTLE BOAT – mit zwei Freunden daran, einen Tancook-Whaler zu bauen. Dabei handelt es sich um eine Art offenes Segelboot, ganz ähnlich den berühmten Dories von Neufundland, mit denen man in Tancook, Nova Scotia, im Osten Kanadas tagsüber zum Fischen fuhr. Wohlgemerkt, tagsüber – nachts lag so ein Bötchen sicher vor Anker. Nach Originalplänen entstand also ein 24-Fuß-Kutter, schmal wie eine Gazelle und mit seinen schönen Linien, seinen Überhängen, seinem langen Bugspriet wohl herrlich anzuschauen. Die Spanten entstanden aus Eukalyptusholz, Planken und Deck aus Douglasfichte. Nach neun Monaten war bereits Taufe, dann segelte Danny Millet mit seiner Freundin nach Baja California, zu einem der schönsten Reviere im Nordwesten Mexikos. Dies war gegen Ende der Hippie-Zeit. Und so hat es wohl damals wenige verwundert, daß dort sechs Monate lang vier Erwachsene und ein vierjähriges Kind an Bord gelebt haben. Ich bin später selber durch die vordere Luke gekrochen, habe das „Vorschiff" inspiziert und mich danach im „Salon" aufgehalten. Nur Zwerge, Entfesselungskünstler und wohl auch kleingebaute Blumenkinder können sich dort aufhalten. Sicherlich kann man zu zweit vorne schlafen, aber dann muß man sich schon sehr liebhaben und darf keine großen Füße und keine lange Nase besitzen. Man stelle sich die unbarmherzige Hitze in Mexiko vor, in der man es unter Deck vor Enge und Hitze nicht aushalten kann und über Deck nur unter einem Sonnendach. Bewegt sich einer zu weit auf die Seite, dann neigt sich der nur zwei Meter schmale Rumpf über, und schnell sind das Kind, ein Erwachsener, ein Gegenstand oder alle zusammen ins Wasser gefallen, denn eine Reling gibt es natürlich nicht.

Irgendwann fühlte sich sogar ein Danny Millet zu beengt; er beschloß, das Weite zu suchen, und segelte mit seiner Freundin nach Hawaii.

Die immer gleiche Story begann auch auf LITTLE BOAT: Das Geld ging aus. Also beschloß er, das zu machen, wofür das Boot ursprünglich gedacht war: Er fuhr zum Fischen. Ein Jahr fischte Mister Millet vor der Küste Hawaiis und verdiente sich das Geld zum Weitersegeln. Ein Jahr fischte er in Fiji, ein Jahr in Australien und ein Jahr in Südafrika. Die Fische verschwanden unter Deck, im Salon.

1984 stand Joseph Wessel, mein Werftnachbar in Opua, in Florida vor dem Weltumsegler Danny Millet und LITTLE BOAT. Er verliebte sich in beide, wie er mir offen erzählte, zahlte 8000 US-$ für das Boot und investierte in eineinhalb Jahren weitere 20000 US-$. Umwerfend ehrlich berichtete er mir auch, daß er bis dato noch nie gesegelt hatte, ja, noch niemals auf einer Yacht war. „Woher denn der Mut zu dem ganzen Abenteuer?“ fragte ich. „Wenn Danny das konnte, dann kann ich das auch – wir sind Freunde.“

Joseph wagte sich nicht allein aufs Meer. Also nahm er seine Freundin Siddhi mit. Sie brachten es fertig, Proviant für sechs Monate an Bord zu verstauen (Mehl, Reis, Bohnen, Corned beef...), zusätzlich 120 Liter Waser sowie eine Wasserentsalzungs-Anlage, Primus-Kocher, Petroleum-Lampe mit reichlich Petroleum. Mit an Bord war Josephs unschlagbarer Optimismus, der Berge versetzen kann. Aber auch der konnte nichts daran ändern, daß das Boot nur noch wenig Freibord hatte und daß fortan Segeln nur noch mit nassen Füßen erlebt wurde. Mit ein Grund für die Tiefgang-Misere war Josephs Tick, nichts wegwerfen zu können. „Alles, was Menschen geschaffen haben, schätze ich hoch ein. Ich nehme nicht teil an der Wegwerf-Gesellschaft.“ Dementsprechend war LITTLE BOAT mit Werkzeug, Ersatzteilen, Farbtöpfen und Krimskrams beladen wie ein 40-Füßer. Aber ohne Winsch, mit einem Spinakerbaum aus Wasserrohrleitung, mit einer Solarzelle plus Batterie für das UKW-Gerät. So schön die Linien von LITTLE BOAT sind, so schlecht segelt sie am Wind. Unter 65° tut sich nichts. Im Passat soll sie bei raumem Wind aber schon Etmale von 60 bis 70 Seemeilen und sogar einmal 140 Seemeilen geschafft haben. (Ob da wohl die Navigation gestimmt hat?) „Wieso hast Du dieses kleine Boot gewählt?" Diese Standardfrage scheint Josephs Kielwasser zu begleiten. Er grinste und zog wohl auch bei mir seine Standardantwort heraus. „Jedermann sollte rausgehen und das machen, war er will und was seine Imagination am meisten begeistert." „Jedenfalls", fuhr er etwas bodenständiger fort, „alle Einheimischen fühlen sich mit mir auf gleichem Niveau, ihre Fischerboote sind auch nicht größer als meines. Bei denen bin ich einer von ihnen."

Sechs Tage lag LITTLE BOAT vor Neuseeland im Sturm. Kein Segel war mehr oben. Welle auf Welle stürzte über das undichte Deck. Ein Luvwant brach – von da an ging es nur noch ums Überleben. Mit einer größeren Welle gingen sie kopfüber und lagen kieloben. Joseph, der draußen war, erklomm schnell den Kiel. Siddhi verharrte eingekeilt im „Salon". Langsam hob sich das Rigg wieder aus dem Wasser, und das Boot richtete sich auf. Zwei Tage später schlichen sie in den ersten Hafen. Am nächsten Tag waren sie im Fernsehen. Ihr Seedrama erschien auf den Titelseiten der Tageszeitungen Neuseelands. Kurz darauf war Siddhi fort, sie hatte keine Lust mehr.

Ich glaube, das Schicksal meinte es gut mit Joseph und seinem kleinen Boot. Nach eineinhalb Jahren in Neuseeland hatte er eine neue Freundin gefunden. Die beiden erwarteten ihr erstes Kind. Er träumt davon, mit Frau und Kind nach Hawaii zu segeln. Gemeinsam haben sie neben uns liebevoll ihr kleines Boot überholt. Dabei hat die vom Seewasser noch unbeleckte Pauline jedoch festgestellt, daß sie ihren Mann liebt, nicht aber sein Boot. (Wohl der Frau, die das beizeiten erkennt.) So wird LITTLE BOAT wohl noch länger dort segeln, wo sie eigentlich hingehört – auf einem Binnenrevier. Zum Glück gibt es hier traumhaft schöne Gewässer wie die der Bay of Islands in Neuseeland. Hier am Ufer sprach Joseph den bedeutungsvollen Satz: „Ich habe viele Segler getroffen, die alle von ihrem nächsten, größeren Boot sprachen. Ich habe diese Energie gar nicht erst verwendet. Von Anfang an war ich für *small is beautiful*".

54.

Auf der Hochzeit von Joseph Wessels und Pauline lernten wir Wati, Watis Mutter und seine Goßeltern kennen, die Maoris sind. Watis Mutter hatte einen Weißen geheiratet, der das schwarze Schaf der Familie war, über ihn wurde nicht geredet. Es war an einem dieser warmen, transparenten Spätsommertage, als Wessels heirateten. Das Haus lag hoch über der Bay of Islands, und wir genossen zum herrlichen Wetter den herrlichen Blick. Pauline war im fünften Monat. Sie strahlte. Ihre Eltern waren von der Südinsel angereist. Andere Gäste gab es nicht bei dieser Feier. Nach Maoriart hatte Großvater John im Hof einen *hunga* vorbereitet, das Erdofen-Essen der Maoris, das die Toganer *umo* nennen. Ich hatte schon ein paar Gläser neuseeländischen Weißwein getrunken und kam mit John, Watis Großvater, ins Gespräch. Nachträglich vermute ich, daß man uns zusammengeführt hat, denn es war in der Verwandtschaft bekannt, daß John Deutsche mag. „Wie geht's?" sprach mich der alte Maori auf deutsch an. „Gut, sehr gut", lächelte ich zurück. „Ich war drei Jahre in deutscher Gefangenschaft", erklärte er mir dann auf englisch. „Ich war in einem Maori-Regiment, das auf Kreta eingesetzt wurde. Uns Maoris haben die Alliierten die schwierigsten Aufgaben erteilt. Genau wie den Ghurkas aus Indien. Ich kam in deutsche Gefangenschaft. Sie haben mich sehr gut behandelt, ich meine fair. Hier sind meine Feldpostkarten aus dem Lager bei Koblenz an meine Frau." Er holte vom Vertiko ein kleines Bündel Postkarten mit Hitlerbriefmarken. John war stolz darauf, in einem deutschen Kriegsgefangenenlager fair behandelt worden zu sein. Er mochte die Deutschen und sprach den ganzen Abend in seiner tüddeligen Art nur über dieses Thema. Der ANZAC-Day (Australia and New Zealand Army Corps) stand bevor, und John wollte mit allen Orden so weit wie möglich vorne mitmarschieren. In beiden Weltkriegen kämpften Australier und Neuseeländer auf der Seite der Alliierten. 1915 fielen Tausende von Australiern auf den Schlachtfeldern von Gallipoli, bei den

Dardanellen. 1941 hat der Kampf um Kreta 11 000 Menschenleben gefordert, darunter 5000 deutsche Soldaten. Der ANZAC-Day ist in beiden Ländern des Fünften Kontinents ein gesetzlicher Feiertag, er ehrt Männer, die gegen deutsche Soldaten ihr Leben ließen.

Wati hielt sich abseits der kleinen Gesellschaft. Er trug eine weite schwarze Hose, ein schwarzes Hemd und eine bunte ärmellose Weste, um den Hals ein Lederband mit dem Fischhaken, der den polynesischen Gott Maui symbolisiert. Sein langes schwarzlockiges Haar hatte er streng nach hinten gekämmt und mit einer Spange zusammengehalten. Er sah aus wie 27. Später erfuhr ich, daß er erst 22 Jahre alt war. Wie alle Maoris war er groß und stark gebaut, er sah gut aus. Wati lud uns ein, ihn in den nächsten Tagen zu besuchen. Auf dem Wege nach Pahia habe er einen Wohnwagen im Wald, es sei immer genügend Bier da.

Wir waren später oft bei ihm. Er wohnte in einem umgebauten Lkw, bei dem man die Hinterwand des Fahrerhauses herausgeschweißt und auf die Ladefläche ein kleines Holzhaus gebaut hatte. Als ich das Auto an der Lichtung im Wald sah, erinnerte es mich an den Eisenbahnwaggon in Erich Kästners Buch „Das fliegende Klassenzimmer". Wati lud uns mehrfach ein. Meist waren einige Kumpels da, die ihm halfen, das Feuer in Gang zu halten und sein Bier zu trinken. Ich glaube, bis auf Allan waren alle arbeitslos. Watis Mutter arbeitete als Empfangsdame in einem der guten Touristenhotels in Thailand. Sie schickte ihm Geld. Seinen Job als Lehrling beim besten Friseur von Kerikeri hatte er von heute auf morgen gekündigt, wenige Tage vor der Abschlußprüfung. Im Freien, vor seinem Wagen auf der Lichtung, hat er Milda und mir die Haare geschnitten. Kaltes Wasser aus dem Kanister, ein ausgefranstes Handtuch um die Schultern, aber mit exzellenten Scheren, die er aus einem feinen Lederetui hervorholte. Ich war zufrieden, Milda begeistert. Er hatte gute Lautsprecher und Dutzende von Kassetten mit Rhythm & Blues. Wir saßen oft in der Lichtung vor dem Feuer auf alten Autositzen, tranken Bier und hörten J. J. Cale and B. B. King oder Jimi Hendrix, bis es am frühen Morgen zu kalt wurde. Freunde von ihm gingen, neue kamen hinzu. Watis Lagerfeuer war das Molenkopf-Feuer für seine Kumpels.

Oft sind wir auch abends mit ihm nach Hauraki gefahren. Vor dem Wasserfall liegt an der Straße eine frischrenovierte Kneipe, in der Freitag nachts guter Rock gespielt wurde. Die Kneipe hatte einen schlechten Ruf. Immer wenn die Maoriband spielte, kamen die großen, dunklen, kräftigen Maoris von weit her; es war wie ein Treffen in einem ihrer Versammlungshäuser. Sie amüsierten sich und tranken Bier, einige rauchten ihr selbstangebautes Marihuana. Morgens fuhren sie ihren langen Weg zurück. Die meisten kamen auf Motorrädern.

Wati hatte ein offenes und furchtloses Lachen. Wovor sollte er sich auch fürchten? Seine Familie verehrte ihn, seine Freunde suchten seine Nähe. Er war intelligent und sah seine arbeitslose Situation mit der abgebrochenen Ausbildung als gute Startposition. Er hatte sich von dem falschen Getue im Salon befreien wollen, von den spießigen Damen Kerikeris, die ihm heimlich ein zu hohes Trinkgeld zuschoben. In seinem Lkw-Haus in der Waldlichtung konnte er darüber nachdenken, wie ein junger Mann mit weißem und Maori-Blut sein Leben zwischen Salon und Lagerfeuer einrichten sollte. Er plante einerseits, mit dem Wagen noch weiter in die Wälder zu fahren, andererseits liebäugelte er damit, nach London zu Vidal Sassoon zu gehen. Alles war bei ihm möglich.

Er lachte über sich und spielte alle seine Pläne mit einer sonst nur Engländern eigenen Selbstironie herunter. Seiner erfolgreichen Zukunft war er sich so sicher, als hätte er sie bereits durchlebt. Dabei genoß er seine Ungebundenheit und lachte seine Freiheit jedem ins Gesicht, seinen Verwandten, seinen Freunden und uns. Dennoch hatte ich das Gefühl, daß dieser begabte junge Mann nicht wußte, wohin er gehörte. Er war hin und her gerissen – halb Maori, halb Weißer.

18

19

20

18 Drei Generationen auf Tikopia.

19 Fani spielt die polynesische Mundharfe.

20 Im Gespräch von „Löwe“
zu Seelöwen, Galapagos.

21

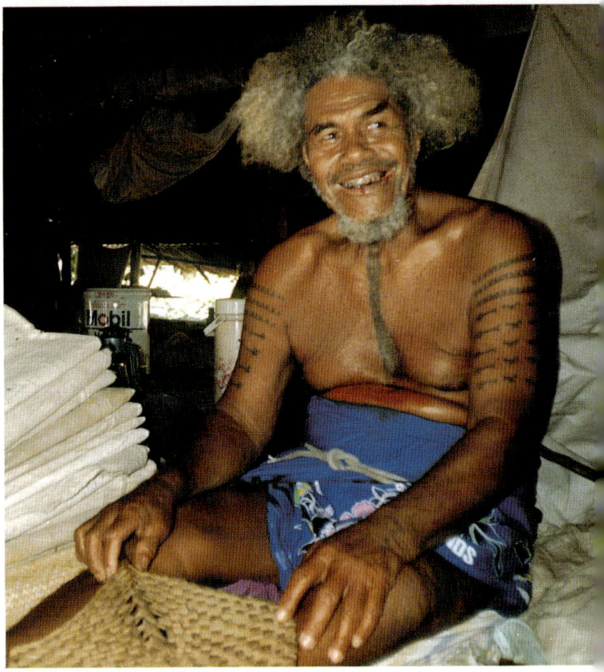

21 In seinem *fale* heißt uns Ariki Tafika herzlich willkommen.

22 Nach seiner Genesung durch unsere Antibiotika wurden Häuptling Ariki Tafua *tapa*-Umhänge geschenkt.

22

23 Der oberste Häuptling Ariki Tafika, seine Frau Nau, ein alter Krieger mit Pfeil und Bogen. Die Pfeilspitzen sind aus Menschenknochen.

24

25

24 Die Jugend auf Tikopia im traditionellen *tapa*-Lendenschurz.

25 Vier Monate braucht Joseph, um aus einem Holzstamm ein Kanu zu höhlen.

55.

In Opua lag die Segelyacht NATCHEZ monatelang auf dem Trockenen. „Natchez ist ein Indianerhäuptling gewesen – ich erinnere mich an ihn aus einem Jugendbuch“, erzählte mir André Dessieux. Oft erging es mir so, daß ich einen Namen, der mir bis dahin unbekannt war, in kurzem Zeitraum gleich mehrfach hörte. Inzwischen kenne ich eine Stadt, eine Firma und eine Fahrradmarke mit diesem Namen.

André lebte mit Karin Stuckner auf der NATCHEZ. Sie kam aus Zürich und war dort Buchhändlerin. Er wohnte am Genfer See und war Winzer. Karin hatte das Temperament und André die Bedächtigkeit. Er konnte, wie so viele Schweizer aus dem französischen Teil, kein Deutsch; sie unterhielten sich auf Französisch. Wenn wir uns trafen, wechselten sie ins Englische. Die beiden hatten sich auf Rhodos kennengelernt. Sie kam als Pauschaltouristin dorthin, wo er mit seinem Sohn im Hafen vergammelte, wie er bekannte. Vater und Sohn wußten nicht, in welche Richtung weitergesegelt werden sollte. Karin kam an Bord, und der Sohn ging.

Der lockige André konnte hervorragend kochen und machte den besten Kaffee, den wir oft bei ihnen aus türkischen Messingkännchen tranken. Die Einladungen auf der NATCHEZ übertrafen kulinarisch alle gastronomischen Möglichkeiten Neuseelands. André Dessieux war ein ernsthafter Mann, der ein bißchen an dieser Ernsthaftigkeit litt. Vielleicht war er durch seine Vorfahren geprägt, die ihr Leben lang an den Weinberg gefesselt waren. André meinte, seine Familie und der Berg seien eine Einheit gewesen. Er hätte die Kraft gehabt, sich von diesem Weinberg zu lösen. Wie ich von Karin erfuhr, hatte sich seine Frau das Leben genommen. Daraufhin zog es ihn um so mehr fort. Er baute sich eine Kunststoff-Yacht selber aus. Ich sah, daß er ein geschickter Handwerker war und außerdem ein Ästhet. Oft habe ich ihn beobachtet, wie er am Rumpf, der Osmoseschäden hatte, arbeitete, wie er den Motor oder die Windfahnensteuerung zerlegte – jeder Griff sinnvoll. Wochenlang erkannte man bei seiner Arbeit keinen Fortschritt, es ging langsam. Hatte er dann die Arbeit beendet, war es niemals ein Provisorium.

Unterwegs hatte ich das Buch „Zen oder die Kunst, ein Motorrad zu warten“ gelesen. Danach mußte ich oft an „die Glorifizierung des Begriffs Qualität“ denken. André praktizierte sie. Über seine langen Jahre des Bootsausbaus sagte er einmal: „Als ich mit dem Ausbau anfing, baute ich mir das Schiff, in dem ich den Rest meines Lebens wohnen wollte. Ich habe diese Reise ohne ein Ende geplant!“ Dieser Satz hat für ihn seine Bedeutung bekommen. André Dessieux und Karin Stuckner segelten nach uns von Neuseeland nach Fiji. Nie sind sie dort angekommen. Sein Sohn hat vier Monate lang, gemeinsam mit den Behörden, nach ihnen und der NATCHEZ gesucht, vergeblich.

„... baute ich das Schiff, in dem ich den Rest meines Lebens leben wollte.“

56.

Zwischen Neuseeland und den tausend Seemeilen nördlich gelegenen Inselstaaten Tonga und Fiji liegt ein Kuriosum im Meer. Es sind zwei versunkene Inseln, von denen man nur noch die Brandung sieht. Die beiden einstigen Vulkane sind vor vielen tausend Jahren versunken. Nur das Saumriff hält sich noch knapp unter der Wasseroberfläche. Bei Ebbe, zur Springzeit, ist es – leicht überspült – zu sehen. Bei Flut brechen sich hier Tausende von Seemeilen weit herangetragene Wellen. Die zwei versunkenen Riffe heißen Southern und Northern Minerva Reef. Sie liegen acht Seemeilen auseinander. Das südliche ist das größere, das nördliche ist beinahe kreisrund. Beide Riffs haben im Osten eine Riffpassage.

Wir näherten uns von Süden und erkannten die Brandung bei guter Sicht aus drei Seemeilen Entfernung. Die flache Lagune im

Südteil war von einem beinahe blendenden Türkis. Wir segelten bis auf vierzig Meter an das steil aus dem Pazifik hochschießende Riff heran. Tausende von Wellen ergeben ein Brandungsgeräusch, das durch immer neue anprallende und ablaufende Wellen zu einem nie aufhörenden Rauschen wird – es ist endlos. Wir suchten nahe der breiten Südpassage einen Ankerplatz, aber der starke Strom, der durch Gezeiten und überlaufendes Wasser aus der Lagune verursacht wird, ergab keine gute Ankerposition. Wir segelten zum Northern Minerva Reef. Die schmale Passage war leicht zu finden. Hier stehen die Fische im Strom und warten auf das, was auf sie zuschwimmt. Mit der Schleppangel fingen wir eine große Makrele und segelten durch die nur eine Seemeile große Lagune zur Ostkante des Innenriffs. In hellem Korallensand fielen unsere beiden Reserveanker.

Der Himmel war bedeckt. Leichter Nieselregen setzte ein, es wurde böig. Die Windstärken schätzte ich auf 25 Knoten. Wir hatten keine elektrischen Windanzeigergeräte. Ich wollte sie nicht an Bord haben, denn sie nehmen einem das Gefühl für den Wind. Segeln hat viel mit Instinkt zu tun. Wind wollte ich spüren, erfassen und nicht ablesen, sonst ist der Siebte Sinn, den man immer braucht, getrübt.

Ich filierte die Makrele. Zu Anfang hatte ich Fische noch mühsam ausgenommen. Jetzt schnitt ich das Beste heraus und fütterte mit dem Rest die kleinen Grauhaie. Milda briet die Filets mit Butter aus der Dose. Reichlich frischer Limonensaft kam darüber. Einen Teil des rohen Fisches schnitt sie in kleine Stücke und marinierte ihn mit viel Limonensaft und Zwiebeln. *Poisson crue* nennen es die Franzosen oder *cevice* die Südamerikaner. Es ist in den Tropen beliebt, weil es schnell serviert ist, nicht leicht verdirbt, in der Hitze sehr bekömmlich ist und die Zutaten vorhanden sind.

Die letzten Stunden des Tages saßen wir im Cockpit. Wir ankerten im Meer, über einem versunkenen Vulkan. Um uns kein Land, nur endloser Pazifik. Nur die Brandung unterbrach diesen Rundblick. Der Himmel wurde grauer, die Wolken flogen tiefer. Wie lange muß man hier sein, um sich an das Geräusch des Brandungschaos zu gewöhnen? Es klingt bedrohlich, als wollte es warnen:

Mitten im Meer zu ankern ist gefährlich. Ich dachte, daß ein Bergsteiger auf dem Gipfel wohl ein ähnliches Hochgefühl hat wie wir über dem nördlichen Minerva-Riff. Wir hatten unser Hochgefühl allerdings auf Meeresniveau.

Es war das erste Mal, daß wir Anker warfen, ohne danach einzuklarieren, ohne die Gastlandflagge zu setzen, ohne uns in einer fremden Sprache verständigen zu müssen, ohne Kameraden zu fragen, wo welche Behörde ist, ohne der Willkür von Beamten ausgesetzt zu sein und endlos in Amtsstuben zu warten, ohne Geld zu tauschen, einzukaufen, uns an andere Sitten, Gesetze, Menschen zu gewöhnen. Das Minerva Riff ließ uns empfinden, was wir sonst nur auf Hoher See erlebten – die totale Unabhängigkeit. Wenn der Wunsch nach Unabhängigkeit die stärkste aller Motivationen für große Reisen auf kleinen Schiffen ist, dann gibt es keine Steigerung des Gefühls mehr, wenn man im größten Ozean der Welt ankert – wissend, daß all das, was dieses Gefühl trüben könnte, Hunderte von Seemeilen entfernt ist.

Ich stellte mich auf das Vorschiff, blickte lange nach Osten über die Lagune, über die Brandung und sah nur Wasser, Wasser. Der Passat kam aus dieser Richtung. Hier, über dem Vulkan, wußte ich, daß es nichts geben wird, was dieses Hochgefühl über Kartennull jemals erhöhen könnte. Am nächsten Tag ragten bei Ebbe ein Wrack und nicht weit von uns ein Anker aus der Lagune, von solchem Format, wie man sie nur vor maritimen Museen im Rasen stecken sieht und sich wundert, welches Schiff diesen riesigen Anker brauchte. Die beiden Minerva-Riffs sind eine Schiffsfalle. Wir blieben drei Tage. Ich fragte mich, weshalb ein Kapitän ihnen einst den Namen der Weisheitsgöttin Minerva gab.

Auf der Britischen Seekarte 985 sind die beiden Riffe verzeichnet. Zwei Zeichnungen und eine Detailzeichnung zeigen genau die Lage und die Ausmaße dieser unsichtbaren Schiffsfalle. Am Kartenrand steht: *Published at the Admiralty, 9th Sept. 1872 under the Superintendence of Rear Admiral G.H. Richards, C.B.: F.R.S. Hydrographer*. Gut gemacht, Mr. Richards!

57.

Dr. Joel Zuckerman, der Skipper der CHRISTOPHER ROBIN, hatte auf perfekte Weise Beruf und Neigung verknüpft. In Kalifornien besaß er eine sehr gute Praxis als Augenarzt. Anstatt Steuern zu zahlen, nutzte er ein Gesetz aus, das es ihm erlaubte, diese Gelder in eine anerkannte Stiftung einzuzahlen. Die Stiftung hatte er selbst ins Leben gerufen. Sie trägt seinen Namen: The Joel Zuckerman Foundation. Sie verpflichtet sich, augenmedizinische Leistungen in Drittländern zu erbringen. Direktor der Stiftung ist Joel selber, seine Leistung vollbringt er jetzt vom Boot aus. Von seinen der Stiftung übertragenen Steuern werden er sowie seine Frau, die als Krankenschwester fungiert, bezahlt. Monatlich bekommen sie je 1000 US-$. Und der Clou: Auch das Schiff ist an die Stiftung vermietet. Damit nun kein falscher Eindruck entsteht: Dr. Zuckerman, 49 Jahre alt, nimmt seine Sache sehr ernst und hat allein im letzten Jahr in Mexiko Hunderte von Patienten kostenlos behandelt. Viele amerikanische Firmen haben der Stiftung Medikamente, Brillengestelle, Gläser und technische Geräte zur Verfügung gestellt. Sein Boot führt mehr Ausrüstung für Augenoperationen mit, als er in seiner Praxis besaß. „Das wichtigste Instrument bei Operationen in den Tropen ist die Fliegenklatsche", meinte er halb im Spaß.

In den kleinen Fischerdörfern gibt es oft nur einen winzigen Raum, der als Krankenhaus dient. Dr. Zuckerman läßt die Wände mit Alkohol abwischen, drückt seiner Frau Sharon, der ausgebildeten Krankenschwester, die Fliegenklatsche in die Hand und macht sich ans Operieren. Vom Entfernen von Splittern im Auge über Behandlungen von Grauem Star und Netzhaut bis zu Änderungen von Muskeldeformationen (Schielen) und plastischen Operationen kann er alles an Land und, wenn kein Wellengang ist, auch einiges an Bord durchführen. Wie ein Lauffeuer spricht es sich an Land und bei den Seglern herum, daß er kostenlos und gut behandelt. Seit zwei Jahren ist die segelnde Stiftung unterwegs. Am meisten beeindruckt Dr. Zuckerman die Dankbarkeit der Armen, die ihm Muscheln, Perlen, Silber, Ketten schenkten, oder ihn zum Essen einladen. Oft geben sie mehr, als sie sich leisten können. „Auch das Annehmen“, sagte er, „muß gelernt sein.“ Das Schönste an seinem neuen Samariter-Job, den er etwa zehn Tage im Monat ausübt, ist für ihn der direkte, unverfälschte Einblick in die Sitten und Gebräuche seiner Patienten. „Ich habe das seltene Glück, Beruf und Liebe zum Segeln verbinden zu können“, schwärmte Joel. „Man muß allerdings seine seglerischen Hausaufgaben gemacht haben.“ Ihn überraschte in den ersten Jahren auf dem Boot, wie wenig unerwarteten Situationen er ausgesetzt war. Während seine Kollegen mittwochs auf den Golfplatz gegangen waren, hatte er mit einem fachkundigen Patienten seinen Bootsdiesel auseinandergenommen. Das versteht er unter Hausaufgaben.

Joel ist eine Mischung aus einem Intellektuellen, Geschäftsmann, Wissenschaftler und Abenteurer. Er ist Jude. Manchmal sprach er Jiddisch mit mir, und wir konnten herzlich lachen, wenn wir aneinander vorbeirätselten.

Wenn Sharon und Joel zusammen auftraten, war sie es, die redete. Sie konnte schnell und eindringlich belanglose Dinge so berichten, daß sie durch ihre intensive Diktion einen völlig überhöhten Stellenwert bekamen. Sharon baute Themen auf, die Joel mit einer sarkastischen Bemerkung vernichten konnte. Daraus entstanden kleine Fehden zwischen den beiden. Es war amüsant, das Wechselspiel zu beobachten. Joels Sarkasmus wurde immer ausgeprägter und Sharons Darstellung von aufgebauschten Geschichten des täglichen Lebens um so detaillierter, je länger wir sie kannten.

Joels 50. Geburtstag feierten wir gemeinsam an Bord der segelnden Augenklinik CHRISTOPHER ROBIN. Er war einer der wenigen Segler, der sich einen kulturellen Anteil vom Landleben aufs Boot mitgebracht hatte. Wir tranken Veuve Cliquot, und er dozierte lange über die Qualitätsunterschiede von Spitzenchampagnern. Mir schien es oft, daß es Joel an Land zu eng und daß es ihm auch zu eng an Bord war, daß er seine Leidenschaften nirgends ausleben konnte. An Land litt er unter zu vielen Restriktionen, auf See bekam er nicht genug Resonanz.

Während der vielen Monate, in denen die Zuckermans mit ihrer Yacht in der Bucht von Neiafu ankerten, dem Provinzstädtchen der Vava'u-Inseln, geschah es auch, daß der König von Tonga sich dort die Ehre gab. Der Augendoktor der Joel-Zuckerman-Foundation war inzwischen ein bekannter Mann in dem Ort, und so ergab es sich, daß er den König von Tonga auf seiner Yacht empfangen durfte. Gerade in dieser Woche kam König Taufa'ahau Tupou IV. aus Tokio zurück, wo er am Begräbnis des japanischen Kaisers Hirohito teilgenommen hatte. König Tupou ist bekannt für seinen Humor, und ein Foto, das in Tonga in jedem Bildband zu finden ist, zeigt den Drei-Zentner-Mann herzerfrischend lachend mit der jungen Königin Elisabeth II. Der König erzählte Joel, daß seiner Meinung nach, der alte Kaiser von Japan so viele Bluttransfusionen bekommen hatte, daß er mit Sicherheit kein Blaues Blut mehr in seinen Adern gehabt habe.

Joels und Sharons Reise war auf zehn Jahre organisiert. Der intelligente Arzt hatte mit gesparten Steuergeldern seine Zukunft geplant. Er hatte seine Hausaufgaben zur Seemannschaft gemacht. Er konnte Menschen heilen, war beliebt und geehrt. Er verkehrte mit Bürgermeistern, Gouverneuren und einem König. Für sein persönliches Problem aber hatte er keine Medizin: In Suva auf Fiji trennte sich Sharon von ihm.

58.

Noch heute erscheint es mir wie eine Vision ...

Seit Tagen hatten wir keine Landsicht und segelten im Rhythmus der Wellen durch *tiri-tiri-o-te-moana*, durch die Weiten des Pazifischen Ozeans. Unsere Yacht schob sich durch Wellenkamm auf Wellenkamm, hob sich am Bug ein wenig, etwas mehr Zug kam auf die Schot, ein kleines Knarren des Schotblocks, sie luvte leicht an, dadurch kam Druck auf die Windfahnensteuerung, sie glich das Anluven mit leichtem Gegendruck aus und brachte uns wieder auf den alten Kurs zurück. Alles war im Einklang auf dem Boot, mit dem ihm Verlaschten, Verschäkelten oder Verbundenen. Wieder hob sich der Bug ein wenig, mehr Druck kam auf die Schot, und am Knarren des Blockes spürten wir seit Tagen den gleichmäßigen Passat-Wind. Schon vor Jahren, am Beginn unserer Reise, hatten wir uns geeinigt, daß ich die erste Nachtwache übernahm und Milda mich nach etwa drei Stunden zum ersten Mal ablöste. Wir nahmen es mit der Zeit nicht mehr so genau, denn in den Tropen spielt die Uhrzeit keine große Rolle. Die Tag- und Nachtgleiche, die ersten Morgenstunden mit dem Fischfang, der hohe Stand der Sonne um die Mittagszeit, die kurze Dämmerung mit dem regelmäßigen Auftauchen der Moskitos, das bestimmt hier die Zeit. Wir hatten uns an die Tropenuhr angeglichen und benutzten unseren Chronometer lediglich zur Navigation auf See. Vielleicht würde auch das aufhören, wenn ich mich noch mehr mit der Navigation der alten Polynesier beschäftigte.

Ich machte es mir im Cockpit bequem. Die Kissen kamen an die gleiche Stelle wie in jeder Nacht, die Schulter, die Hüfte, die Füße suchten ihren Stammplatz. So konnte ich mit leichtem Gegendruck die Bewegungen des Schiffes, der Wellen, des Ozeans ausgleichen. Über der zweiten achterlichen Relingstütze sah ich *rua tongata*, das Kreuz des Südens. Wie die Abende zuvor suchte ich nach dem Stern *manu* (Rigel). Er gewinnt von Nacht zu Nacht mehr Bedeutung für uns, denn er ist unser Leitstern. Wenn *manu* im Zenit steht, wenn ich ihn auf dem Rücken liegend für eine Sekunde senkrecht über dem schwankenden Schiff ausmachen kann, dann ist Tikopia nicht mehr weit. Die Insel liegt fast genau auf dem südlichen Breitengrad, auf dem *manu* des nachts senkrecht zum Betrachter steht.

Am Morgen erkannten wir Tikopia als kleinen Punkt am Horizont. Dreißig Seemeilen lagen noch vor uns, am späten Nachmittag fiel in Lee der Insel unser Anker. Wir waren weit ab von allen Routen, weit weg von anderen Inseln, weit entfernt von anderen Menschen außer denen, die uns hier begrüßten und sich und uns zuriefen *te vake, te vake* (ein Boot, ein Boot). Viele kamen in ihren

Kanus, um uns beim Ankermanöver zu beobachten. Sie redeten und lachten, groß waren die Augen der Kinder und neugierig die der Älteren. Es waren nicht nur ihre Augen, auch ihre Münder schienen uns anzustarren. Sie waren bei allen Älteren rot, wie geschminkt, und wenn wir hinsahen, erblickten wir hinter den roten Lippen nichts – ein dunkles Loch. Die ersten Kanus kamen längsseits, und jetzt erkannten wir, daß bei ihnen die Zähne dunkel und schwarz waren. Aber die Freude in den Augen der Polynesier überstrahlte den düsteren Anblick der betelnußzerstörten Zähne. Wir wußten, daß wir hier herzlich willkommen waren.

Wegen des Riffs ankerten wir eine Kabellänge vor der Insel. Ich brauchte den Kopf nur ein wenig zu wenden, dann konnte ich die kleine Insel überblicken. Im Osten liegt der Vulkanberg. Wie eine ins Meer gerutschte Schüssel senkt er sich nach Westen und endet in einer kleinen, flachen Ebene. Es wurde dämmrig, die Kanus verließen uns. Sie wurden am Strand hoch unter die Palmen gezogen. Was dahinter lag, entzog sich unserem Blick. Die ersten Fallwinde kamen vom Berg, wir wußten, daß es kein gemütlicher Ankerplatz sein würde.

Am nächsten Tag wählten wir sorgfältig unsere Geschenke für den Häuptling aus. Ein Messer, verschiedene Angelhaken, einen bebilderten Kalender und ein Feuerzeug. Joseph, sein Schwiegersohn, holte uns ab. Die Kinder empfingen uns lachend und schreiend vor Glück. Sie zogen unser Dingi hoch auf den Strand, viel höher als nötig. *Laui pong pong*, lernten wir: Guten Morgen. Schönster, allerschönster Morgen, das wäre passender. Die Männer in ihren *lava lava*-Röcken legten die Arbeit am Baumstamm nieder, der ein Kanu werden sollte. Die Frauen lächelten mit ihrem polynesischen Charme, die älteren Frauen feixten, zogen vor Verlegenheit ihre Pfeifen aus dem Loch im Ohrlappen und begannen zu schmauchen. Die jungen Mädchen kicherten über Mildas blaue Augen und blonden Haare. IhreGesten fragten, ob sie die Haare der *palagi*-Frau anfassen dürften*. Ich spürte etwas Weiches in

* (Auf Tikopia heißen Weiße *palagi*, in Polynesien *papalagi* – ausgesprochen *papalangi*).

beiden Händen und hatte zu jeder Seite zwei kleine, braune, neue Freunde. Ein Gerangel begann, wer uns Hand in Hand begleiten durfte. Aus allen vier Dörfern waren die Kinder gekommen, um die *palagis*, die Fremden, zu begleiten, wenn diese dem Häuptling ihre Aufwartung machten. Joseph sprach Englisch, er ging voraus.

Ariki Tofua erwartete uns in seinem Haus. Das Zeichen seines Standes sind lange Haare, die Mähne, die nur ein Häuptling trägt. Seine Burg ist ein besonders großes, solides *fale* (Haus) aus schenkelstarken Balken, verbunden mit kräftigen Kokosleinen, bedeckt mit regendichten Matten aus geflochtenen Sagopalmen-Blättern. Sein *fale* ist geräumig und angenehm kühl, mit winzigen Öffnungen. Durch eine dieser Öffnungen kroch Joseph voran, ich hinterher. Milda krabbelte als Dritte ins schummerige Innere. Der Thron des Häuptlings besteht aus einigen schlichten geflochtenen Mattenschichten, aus Pandanus-Blättern, sein Gewand, ein Lendenschurz aus *tapa*, dem traditionellen Material der Polynesier, das aus der Rinde des Maulbeerbaumes gewonnen wird. Die Tradition will, daß keiner größer sein darf als der Chief. Daher blieben wir im *fale* gebückt und setzten uns mit gekreuzten Beinen an die Stelle, die uns Joseph zuwies. Ariki Tofua sagte nichts. Seine Sprache ist ein Lächeln. Ein Häuptling auf Tikopia spricht nicht mit Fremden. Er hört zu, läßt übersetzen, antwortet nur dem Interpreten und schweigt viel. Lächelnd legt er die Geschenke zur Seite. Lächelnd fordert er mit knappster Bewegung Tabak für seine Pfeife und danach Betelnüsse. Der Chief kaut, seine Frau Nau Tafua und Joseph kauen. Das Schweigen machte uns befangen. Wir fühlten ihre Blicke und Neugierde und waren gespannt. Dabei wußten wir längst, daß es nur das Fremde war, was uns irritierte, denn ihre Gesichter sagten, daß wir ihre Sympathie gewonnen hatten. Es waren wieder die großen, wissenden Augen, die mich anzogen, die im Kontrast standen zu dem dunklen Loch mit den Stummelzähnen. Erst das Lächeln zieht beides zusammen und verband es zu einem Gesicht, in dem alles Häßliche vom Schönen besiegt wird.

Auf Tikopia gibt es keine Zeiteinteilung, wie wir sie kennen. Keine Jahre, keine Monate, Wochen, Stunden und schon gar keine Minuten. John wußte nicht, wie alt sein Vater Edward ist, und dieser kannte nicht das Alter seines Vaters, des Häuptlings. John wurde vor dem drittletzten Hurrikan geboren; Edward, als die amerikanischen Kriegsschiffe vor der Insel auftauchten – im Zweiten Weltkrieg. Das Alter des Chiefs? Das interessiert hier keinen. Auf Tikopia laufen keine Uhren, nur ein paar billigste japanische gibt es, die taten es nicht mehr, weil die Batterien seit Jahren leer waren. Ein Junge darf sein erstes Kanu bauen, wenn ihm die Barthaare wachsen. Danach kann er heiraten. Das sind die ersten Zeitmaße, die ihn interessieren. Die Natur bestimmt, wann was passiert.

Im Jahr seiner Heirat ist vielleicht die Brandung über die Barre in den Süßwasser-See gelaufen; oder, als sein Vater starb, das war, als das taiwanesische Fischerboot aufs Riff lief und sie die betrunkene Besatzung retten mußten. So etwa denkt ein *tanaka faka* Tikopia, ein Mann aus Tikopia. Seine Frau, die *fafine*, gart den *wahoo*-Fisch so lange, wie sie zur Durchquerung der Insel braucht. Sie läßt die Brotfrucht mindestens so lange im Erdloch fermentieren, bis zwölf Monde vergangen sind. Und sie weiß: Wenn die ganze Familie bei Sonnenaufgang beginnt, die Maniok-Wurzel fein zu raspeln, dann müssen sie beim Sonnenhöchststand damit fertig sein, damit die Flocken sich während der vier heißen Stunden im Wasser auflösen. Wenn dann die Sonne den Berg berührt, muß das überflüssige Wasser aus dem Bottich abgeschüttet werden, damit der Brei, der die Stärke ergibt, noch bei Tageslicht geformt werden kann. Stärke herstellen, das ist ein Tag. Hoch auf die Nordwestseite klettern und Tabakblätter ernten, das ist ein halber Tag. Die Zeit, in der die Rinden der Maulbeerbäume sich mit Salzwasser vollsaugen, das sind ein Tag und eine Nacht.

Nach dem natürlichen Ablauf werden hier die Zeit, der Tag, die Stunden eingeteilt. *Laui pong pong*, der Gruß bis zum Sonnenhöchststand; *laui tevatea* sagt man bis zum späten Nachmittag; *laui tefiafe* ist die Zeit der Dämmerung bis zur tiefen Dunkelheit. Danach grüßt man sich mit *laui tepo*, Gute Nacht.

Joseph und seine Frau wurden unsere Freunde. Gewiß hat geholfen, daß sie Englisch sprachen. Er hatte die Insel einmal verlassen und fuhr auf einem japanischen Trawler in den Gewässern der Salomon-Inseln. Jetzt fischte er, wie jeder Mann, von seinem kleinen und lecken Kanu aus. Er ist ein sehr guter Fischer und geht nicht, wie die meisten, auf das, was im Netz hängenbleibt, sondern er jagt das Schmackhafteste im Pazifik, den einen Meter langen *wahoo* (Kingfisch). Den kann er an windarmen Tagen auf der Wetterseite des steil ins Meer abfallenden Vulkans finden, keine 200 Meter vom Land entfernt. Den *wahoo* zu fangen, ist eine Kunst. Das Kanu muß in Fahrt sein und die Leine mit dem pfeifenlangen Angelhaken das Wasser aufspritzen lassen. Der *wahoo* springt keine zehn Meter hinter dem Kanu aus dem Wasser und stürzt sich aus der Luft auf den buntgefiederten Haken. Blitzschnell muß Zug auf die Leine kommen und das Kanu gleichzeitig in Zugrichtung gedreht werden, sonst kentert es. Josephs letzter *wahoo* hatte ihm im Todeskampf tief ins Knie gebissen. Es schwoll und eiterte und sah nicht gut aus. Wir gaben ihm Salbe und Mullbinden.

Josephs Tochter hatte vom Kratzen eine eitrige Infektion am Mund. Sie war in dem Alter, wo man sich wegen der kleinsten Entstellung schämt. Ein wenig Salbe und ein Pflaster machten sie wieder glücklich. Die Infektion heilte schnell ab. Hätte das nicht auch in beiden Fällen der Saft der Aloe geschafft oder einfach die Zeit? Mit dem flinken Griff zur Bordapotheke hatten wir den Heilungsprozeß beschleunigt, der uns zwar Ehre brachte, aber, so fragte ich mich, wie wären sie wohl ohne uns gesundet?

Richtig krank wurde der Häuptling. Wir maßen 41,4° C und vermuteten eine starke Bronchitis oder eine Lungenerkrankung. Besorgt sahen wir uns an, blickten aber bei den Verwandten nur in lächelnde Gesichter. Wie gegensätzlich waren unsere Reaktionen. Antibiotika, nasse Wickel und viel Ruhe konnten wir anbieten; Schweiß abtupfen, Hände halten und ein Lächeln unsere polynesischen Freunde. Ansonsten spielten die Kinder wie immer im Hintergrund, und die Verwandtschaft schwatzte am Krankenbett. Der kranke Häuptling teilte mit seinem gesunden Bruder die Antibiotika-Pillen brüderlich auf – weil er gewohnt war, vieles in seinem Leben mit ihm zu teilen.

Wir dachten, daß der Chief schwer krank sei. Auch unsere

Freunde glaubten wohl, daß ihr Oberhaupt sehr krank sein müsse. Da er aber noch lebte, sahen sie einstweilen keinen Grund zu tiefer Besorgnis. Erst wenn er tot wäre, hieß es trauern, weinen, verzweifelt sein für drei Tage. Am vierten Tag würde dann Edward neuer Häuptling, und das Leben ginge weiter. Keine Sorge vorher, keine Sorgen hinterher. Der Tod ist auf Tikopia etwas Reales. Für uns etwas Irreales. Mit nur halber Pillenration und feuchten Wickeln gesundete Ariki Tafua. Pillen gegen ein Lächeln.

Ohne eine lange Dämmerung fällt die Tropennacht um sechs Uhr ein. Dann sorgen lediglich ein paar Glühstrumpf-Petroleumlampen für ein schummeriges Licht in einigen *fales*. Einmal im Monat, wenn der volle Mond über den Bergrücken gestiegen ist und sein Licht die hellen Hütten von den dunklen Palmen trennt, wenn die weißen Sandwege sich vom Buschwerk abheben, zieht es alle zum hellsten Teil der Insel, zum Strand. Mit feinem Sinn für das Schöne haben sie erkannt, daß der Platz am Strand, da, wo sie tagsüber ihre Kanus hochziehen, durch das pralle Mondlicht, durch die wiegenden Palmenkronen und durch das silbrig leuchtende Meer zum Festplatz wird, der keine weitere Dekoration benötigt. Der Klang einer selbstgebauten Ukulele steigert die Stimmung.

Die Kinder eröffnen das Fest mit Spielen, die langsam in Gesang übergehen. Dann fallen vereinzelt die Gruppen der Älteren ein, singen, lachen, reden, schweigen. Nur der Mond ist Zeuge. Ein Dorf feiert sich selbst. Als wir im Schein des hohen Mondes zum Boot zurückruderten, wußte ich: Einen schöneren Festplatz werde ich nicht erleben.

Am nächsten Morgen hatte die Ebbe das Riffplateau vor unserem Ankerplatz beinahe freigelegt. Wir beobachteten die Dorfkinder bei einem neuen Spiel. Sie jagten die schwarzen Vögel, die sich Würmer vom freigelegten Riff picken wollten. Mit Steinwürfen hatten sie bereits drei erledigt und in den Schatten gelegt, um sie später zu garen. Weiter ging die Jagd, solange die Ebbe anhielt.

Immer hatten wir Kinder um uns herum. Sie fischten neben unserem Boot. Sie tranken Saft als unsere Gäste und probierten unser Gebäck. Sie zogen unser schweres Dingi aufs Trockene. Wir sahen sie bei Regattaspielen mit halbierten Kokosnuß-Schalen unter Blattsegeln. Wir beobachteten sie, wie sie allein im Schatten saßen und sich Mützen aus Palmblättern flochten. Wir waren Zeuge, wie sie die Älteren imitierten, wie die Mädchen, mit auch bei uns bekannten Fadenspielen, Hand in Hand spielten, wie sie neue Abklatschvarianten versuchten. Wir sahen sie sich pünktlich zur Dämmerung, wenn man *laui tevatea* sagt, am Strand versammeln und singen, Abend für Abend. Kein Kind besitzt ein Spielzeug unserer Art, geschweige denn eine Spielzeugkiste. Keines hatte je einen Kinderfilm gesehen. Kein Kind, das sich langweilte.

Das Kanu ist Männersache. Schon lange bevor sein Einbaum nach vielen Jahren zu lecken beginnt, weiß er, aus welchem Baum er sich seinen neuen bauen wird. Ein paar Männer aus der Familie werden ihm beim Fällen helfen. Sie unterstützen ihn auch noch bei den gröbsten Arbeiten mit der Axt und dem Dechsel. Für die endgültige Formgebung und die dünnwandige Aushöhlung braucht er dann noch etwa drei Monate. In der Zeit liegt die Feldarbeit bei seiner Frau und den älteren Kindern. Gemeinsam jedoch ernten sie die schweren Taro- und Kassawawurzeln auf den Hangfeldern. In schnell geflochtenen Körben aus Palmwedeln werden die schweren Knollen zu Tal getragen. Oft haben wir die kräftigen Polynesier keuchend und schwitzend den Bergpfad heruntersteigen sehen. Hier ist der Mensch der Esel. Viele Ältere leiden unter ständigen Knieschmerzen. Von Taro- und Kassawawurzeln, auch Maniok genannt, Bananen, Papaya-Früchten, wenigen Mangobäumen, der Brotfrucht, Turmarik, Fisch und der Kokosnuß ernähren sich die Tikopianer.

Der Ablauf des Tages zielt auf den Höhepunkt, das abendliche Essen, hin. Zum Frühstück werden lediglich die Reste des Vorabends verspeist. Im klassischen polynesischen Erdofen, dem *umo*, garen die Speisen auf heißen Steinen. Kochen ist Frauensache und geschieht im Küchenhaus. Männersache ist es, dem Gast die Speisen zu servieren und mit ihm zu essen.

Oft saßen wir an unseren angestammten Plätzen, dem Hausherrn gegenüber, dahinter die Söhne mit den Enkeln, etwas abseits die Frau, hinter unserem Rücken die restliche Familie und dahinter die Freunde und Kinder. Wir saßen auf Matten, dem Zeichen des Wohlstands. Zuerst erhielten wir stets die grüne Trinkkokosnuß, ein Getränk, das keine Werbung, kein Markenzeichen braucht, weil sie das Erfrischendste der Südsee enthält. Wer nicht Pfeife raucht, kaut Betelnuß mit kleinen Blättern und ein wenig pulverisiertem Kalkstein. Ständig reicht einer dem anderen Blätter, Nüsse, Behälter mit dem Pulver, Tabak, Feuer oder ein Messer zum Öffnen der Nüsse. Wache Augen beobachten unausgesetzt, wer was benötigt. Es scheint, daß mehr mit den Augen als mit der Zunge kommuniziert wird. Oft saßen wir stundenlang im Schneidersitz, die Beine schliefen schon mal ein. Irgendwann kam schließlich das Essen. Ein in der Familienhierarchie angesehener Mann brachte die Speisen in gebeugter Haltung dar. Er aß nicht mit, um sich ganz auf das Bedienen zu konzentrieren. Große Bananenblätter legte er vor uns und den Hausherrn. In kleinen Taroblättern, die wie ein Taschentuch geknotet sind, lag das Menü: Tarobrei mit leichtem Nußgeschmack, gegarter Fisch, eine mit warmer Papaya gefüllte Kokosnußhälfte, darüber Kokosmilch oder bei ganz festlichen Anlässen Kassawabrei mit Turmerik.

Wir aßen mit der rechten Hand, immer darauf bedacht, ganz langsam zu essen, denn die stärkehaltigen Breie, die eine Konsistenz wie unser Kartoffelbrei haben, sind sehr sättigend. Wem es schmeckt, der schmatzt. Wer viel ißt, der rülpst. Niemals schafften wir unsere Portionen. Sorgfältig und für das Auge sehr sauber werden die Taroblätter, die als Teller dienten, mit den Essensresten zusammengeknotet. Was anschließend nicht die Frauen essen, dient am nächsten Morgen als erste Mahlzeit. Zum Abschluß wird eine Kokosschale mit Wasser gereicht, damit man die Hände waschen kann. Tische, Stühle, Teller, Besteck und Abwasch gibt es nicht. Der Abfall ist grün und verrottet sehr schnell hinter dem Küchen *fale*.

Vom Dorf Matu Uta, vor dem unser Boot ankerte, bis zum Dorf Nukutureki geht man unter schattigen Bäumen nur einige Minuten – solange wie ein Ei hart gekocht wird. Am Strand spielen die Kinder, im Schatten arbeiten die Männer an einem Kanu. Eine Großfamilie flicht aus Sagopalmblättern neue Matten für ein regendichtes Dach. Frauen waschen an der Wasserstelle. Und stets hört man das Klong-Klong der Holzhämmer, die das *tapa*-Material weichklopfen, aus denen die *lava-lava*-Röcke, Lendenschürze und Umhänge gefertigt werden. Die Älteren haben ein großes Loch im Ohrlappen, in das die Frauen ihre Pfeife stecken und die Männer oft einen kleinen Zweig. Eine feine, schmale Tätowierung verläuft vom Kinn bis zum Nabel: Stilisierte Köpfe von Fregattvögeln und Haien als Körperschmuck. Schlaffe Brüste und faltige Haut zeigen die Menschen mit einem Selbstverständnis, das *papalagis* nicht kennen. Es ist offensichtlich, daß man in Tikopia nicht in Unehren alt wird, sondern es eine Ehre ist, alt zu sein.

Wir schlenderten weiter. Joseph kann an der Form eines jeden Fußabdruckes erkennen, wer vor uns hergangen ist. Vor Pamais *fale* wurden wir eingeladen, bei einer Tätowierung zuzusehen. Joseph stellte uns vor. Pamai, der nicht wußte, daß wir am Abend vorher mit dem Häuptlingsclan an Bord tüchtig gezecht hatten, fragte mich: „Fühlt sich Dein Körper nicht glücklich?“ Wir setzten uns auf seine Matte und beobachteten, wie er den schwarzen Ruß von verbrannten Nüssen bedächtig mit wenig Wasser vermischte. Daraus wird die Farbe, die unter die Haut geht. Eingeritzt wird die Haut je nach gewünschter Strichbreite mit winzigen Zähnen des Fregattvogels oder des Fliegenden Hundes, der pazifischen Fledermaus. Die Zähnchen sind am Ende kleiner harter Zweige des Brotfruchtbaumes befestigt. Pamai tupfte sie in die Farbe und hämmerte dann leicht auf das Ende des Zweiges, die scharfen Zähne ritzten die Haut, und die Farbe drang ein. Er experimentiert nicht, er ritzt die gleichen Muster ein, die auch seine Vorfahren verwendet haben, über deren mystischen Hintergrund wir wenig wissen. Waren sie Haiverehrer, wie es sie heute noch auf der Salomon-Insel Malaita gibt? Galten die Fregattvögel ihnen als Boten ihrer Götter? Pamai blieb beim Irdischen und berichtete uns von der Fahrt, die er vor vierzig Jahren im offenen Kanu mit Ausleger zu den 110 Seemeilen entfernten Banks Inseln unternommen hatte. Er erzählte von *te ara ro*, dem Weg der Sonne, von *kavanga*, dem Weg der Sterne und von den See- und Landvögeln, die ihm und seinen drei Kameraden die Richtung gezeigt haben, und wie selbstverständlich solche Reisen über das Meer für einen Mann von Tikopia früher gewesen seien.

Mit Joseph schlenderten wir zu seinem Dorf zurück. Er raucht gern riesige selbstgedrehte Zigaretten. An den Tabak kommt er leicht – er erntet ihn am Hang, oben an der Ostseite –, aber nicht an Papier. Wir gaben ihm das amerikanische Gezeitenbuch für den Pazifik. Das war großformatig und dick genug für die nächsten Monate.

Tikopia: Ein halbes Jahr Südost-Passat, ein halbes Jahr Nordwest-Monsun; steiler Vulkanberg und flaches Land, unruhiges Meer und stiller Süßwasser-See; neue anglikanische Religion und alte polynesische Mythen. Drei Dörfer lagen auf unserer Ankerseite, zwei Dörfer auf der anderen Seite. Bei uns herrschte Häuptling Ariki Tafua, drüben Oberhäuptling Ariki Tafika. Ihm, dem *chief number one*, wollten wir auch die Ehre erweisen. Lennard begleitete uns. Unser Freund Joseph gehört zum Clan der Tafuas und ist daher *persona non grata*.

Es gibt zwei Wege zur anderen Seite der Insel. Einmal am Strand entlang, um den flachen Inselteil herum, oder den kürzeren Weg, quer durch das fruchtbare Flachland, vorbei an den Feldern, durchs Innere, wo noch vor einhundert Jahren alle *fales* versteckt lagen. Feindliche Polynesier oder die australischen „*blackbirders*", die billige Arbeitskräfte für die Plantagen in Queensland suchten, waren ihre Feinde. Die Australier hatten vor einigen Generationen die Rattenplage auf die Insel gebracht. Sie fraßen alle Früchte. Sogar die Fußsohlen der schlafenden Menschen wurden angenagt. Die Lage besserte sich erst, als der englische Gouverneur der fernen Salomon Inseln „*long tails*" (Katzen) einführen ließ.

An der Windseite der Insel erfrischte uns der Passat. Er weht bis Oktober, dann löst ihn der Monsun ab, mit dem die gefürchteten Hurrikans kommen können. Viele Einwohner fliehen dann unter große Felsüberhänge am Fuß des Berges. Meist bleiben die *fales* im Sturm stehen, weil ihre Balken dem enormen Druck nachgeben, während europäische Häuser auf den nahen Santa Cruz Inseln wie Herbstlaub weggefegt werden. Für die Zeit der Hurrikane sorgen die Polynesier vor: Tief in die Erde graben sie Löcher, in denen sie gekochte Brotfrucht, dicht in Bananenblätter eingewickelt, fermentieren lassen. Es schmeckt wie gepreßter Hüttenkäse, etwas süßsäuerlicher. Wenn alle Früchte und Wurzeln vom Salzwasser zerstört sind, helfen diese Rationen, die karge Nach-Hurrikanzeit zu überleben.

Lennard führte uns zum zweiten Dorf, wo der große Häuptling wohnt. Auf dem Weg sagte er, ich hätte einen Käfer auf meiner seewärtigen Schulter. So erfuhren wir nebenbei, daß man für rechts und links hier seewärts und landwärts sagt. Während wir weitergingen, unterrichtete er uns über das richtige Verhalten dem großen Häuptling gegenüber. Wir lernten den Begrüßungssatz und das Gebot, uns im *fale* niemals höher als das Haupt des Häuptlings zu erheben. Begleitet von vielen braunen kleinen Freunden gelangten wir zum *fale* des *chiefs*. Lennard kroch vor, ich hinterher, Milda folgte. Vor uns saß der Häuptling Nummer Eins.

Auf allen Vieren kroch ich zu ihm, hielt den Kopf hoch, um ihn anzuschauen, gab ihm die Hand und sagte auf Polynesisch, daß ich mich geehrt fühle, die Zeit unter seinem Dach verbringen zu dürfen. Milda wiederholte den Begrüßungssatz, und wir setzten uns an die uns zugewiesenen Plätze. Lennard, unser aller Sprachrohr, saß direkt hinter uns. Nau Tafika, die Frau des Arikis, setzte sich im gleichen Abstand zu ihrem Mann wie zu uns. Auch Ariki Tafika hatte die langen Haare der Würde. Sein Oberkörper war unbedeckt. Er trug einen *tapa*-Schurz und darüber eine feinstgewebte Pandanus-Matte mit nie gesehenen roten Mustern. Ich schätzte, daß er kurz nach dem Besuch der amerikanischen Kriegsschiffe geboren worden war, also nach dem Zweiten Weltkrieg. Seine Frau mit ihren großen Brüsten trug lediglich einen *tapa*-Rock und als Zeichen ihrer Würde ein Stirnband aus Haaren verstorbener Häuptlinge.

Wir übergaben unsere Geschenke. Zum Zeichen seines Dankes zeigte der *chief* sein sparsames Lächeln. Mit kleinen, kaum wahrnehmbaren Bewegungen deutete er an, daß man ihm Betelnuß und Blätter reichen möge. Wir erhielten Trinknüsse, ich stopfte mir eine Pfeife. Ariki Tafika sagte kein Wort. Er beobachtete uns, schnitt dabei mit seinem Messer die grüne Schale der Betelnuß auf, nahm die Nuß in den Mund und begann zu kauen. Aus seiner Kalebasse schüttelte er ein wenig von dem weißen Kalksteinpulver auf ein grünes Blatt, rollte es zusammen und schob es gleichfalls in den Mund. Beides lindert die Schärfe der Nuß. Er zerkaute alles langsam zu einer roten Soße, die er nach geraumer Zeit in ein größeres Blatt hinter sich spuckte. Dann, durchzogen vom leichten Rausch und der Wärme, die den Körper erreicht, ließ er uns fragen, was wir über das Leben auf den Tonga-Inseln wüßten, denn von dort kämen seine Vorfahren. Wir berichteten von der Verteilung des Landes, vom König, von den langen Kanus und den heiligen Stätten, den Maveas. Währenddessen entdeckte der Häuptling das kleine, versiegelte Geschicklichkeitsspiel, das wir ihm mitgebracht hatten: Wie bekommt man durch leichtes Schwenken den Korken auf die Champagnerflasche? Das entzückte ihn, wir wurden zur Nebensache. Immer wieder kam ein sparsames Lächeln über seine konzentrierten Züge, wenn der Korken auf der Flasche saß. Meine Beine waren schon mehrfach eingeschlafen, als sein kleiner Sohn nach ungefähr drei Stunden ins *fale* kam und ihn beim Spielen ablöste. Sein Vater saß uns gegenüber wie einer, dessen Sache nicht das Wort, sondern das stille Beobachten ist. Wir waren gefangen von der Ruhe, der Langsamkeit seiner Bewegungen, die alle etwas bedeuteten, und seinem Schweigen, das keineswegs beklemmend wirkte, sondern auf eine unbekannte Weise wohltuend. Es war, als hätten wir uns schon viele Jahre gekannt und die Dinge des Lebens besprochen. Entspanntheit legte sich über uns. Ruhe, Stille, Schweigen zwischen Menschen, das kannte ich nicht.

Wir hatten viel Zeit, die starke, geschnitzte Balkenkonstruktion zu betrachten, die Pfeile mit den Spitzen aus Menschenknochen, die so schnell in der Wunde des Feindes brechen, die Bögen dazu, die vielen Matten – Geschenke wohl – und die im Fries hängenden Turmerikbündel, die man bei Festen öffnet, um sich damit orangefarben zu schmücken. Nach üppiger Bewirtung, nach etlichen Pfeifen und Nüssen stellte Ariki Tafika seine wohlüberlegte Abschlußfrage: „Gibt es ein Land, wo man das Rauschen des Meeres nicht hören kann?“ „Ja“, antwortete ich, „wo unser *fale* steht!“

Der Häuptling lud uns ein, ihn nochmals zu besuchen und

unsere Musikkassetten aus Polynesien, aus Tonga und den Fiji-Inseln mitzubringen.

Jeden Morgen sahen wir, wie die Leute von Motu Uta einzeln auf das wenig überspülte Riffplateau zwischen Strand und Ankerplatz gingen. Sie hockten sich ins Wasser, verrichteten ihre Notdurft und säuberten sich in den kleinen Brandungswellen. Die große Körperwäsche nehmen sie am Ufer des Süßwassersees mit dem feinen Erdschlamm vor, den man wie Seife auf den Körper schmiert und mit frischem Wasser abspült. Danach wird die Haut mit Kokosöl eingerieben. Bei dem langwierigen Gewinnen des Öls fügen die Frauen duftende Blüten hinzu, wie die des Frangipani-Baumes. So entsteht der aromatische Duft, der die Menschen auf Tikopia nach dem Bad umweht.

Wir brauchten Wochen und viele Gespräche, um die dunklen Seiten im Leben der Tikopianer zu erahnen. Hinter ihren schönen Liedern der Sehnsucht, hinter ihrem Lachen, der Großherzigkeit und Heiterkeit gibt es düstere Zonen, in die ein *papalagi* nicht blicken kann. Vielleicht kam für uns ein wenig Licht ins Dunkel der Unkenntnis, als wir den frühmorgendlichen Gottesdienst in der anglikanischen *fale*-Kirche unseres Freundes, des Pfarrers Nomleas, besuchten, der als einziger Tikopianer jemals im Ausland war. Wir fühlten uns wie in einer mittelalterlichen Abtei, nur durch eine winzige Öffnung fiel Licht. Die Luft war stark weihrauchgeschwängert, beklemmend die Enge, die Hitze und die mystische Art der Liturgie. Hier mischt sich eine abendländische Religion mit den Tabus der alten Tradition – Tabu ist ein polynesisches Wort. Der winzige Einblick, der uns gewährt war, ging auf die Erkenntnis hin, daß das Schamgefühl stark ausgeprägt ist. Wer durch falsches Benehmen ein Tabu bricht, ist verzweifelt und findet in dem engen polynesischen Sittenkodex keinen Ausweg. Ein Mädchen steigt dann hoch in den Berg und springt in den Abgrund; ein junger Mann nimmt sein Kanu, paddelt nachts auf das Meer hinaus, er kommt nie wieder zurück. Wie tröstlich war dagegen die mythische alte Vorstellung, wonach der polynesische Gott Maui jede Insel, so auch Tikopia, an einem Angelhaken festhält und sie so vor dem Versinken bewahrt. Solch ein symbolischer Angelhaken Mauis, geschnitzt aus Muschelschale, hing inzwischen an unserem Hals. Milda trug ihren *lava lava* aus *tapa* und ich meinen Lendenschurz. Wir gingen barfuß und waren *fafine* und *tanaka faka Tikopia.*

Wegen der nahenden Monsunzeit bereiteten wir unsere Freunde und auch uns auf den anstehenden Abschied vor. Zwei Tage nach Vollmond wollten wir absegeln. Am Nachmittag davor begann das Abschiedsfest. Vorab wurden wir vom Bruder des Häuptlings im Gesicht, an Schultern und Oberkörper mit Turmarik dekoriert. Die Kinder hatten für alle Frangipanikränze geflochten. Wir trugen sie wie ein Diadem auf dem Haar. Frauen und Mädchen steckten sich Hibiskusblüten durch das große Ohrloch und die Männer noch zusätzlich einen kleinen Zweig. Ein ganzes *fale* wurde leergeräumt, um dem Clan des Häuptlings Ariki Tafua und uns Platz zu machen. Der Ariki war wieder gesund, das war ein Grund mehr, daß jeder lachte, feixte und scherzte. Streng war die traditionelle Sitzordnung. Der Bruder des Häuptlings servierte den Männern und uns das Essen. Es war unsere letzte *umo*-Mahlzeit. Wir waren viel zu erregt, um sie ruhig zu genießen. Zur Ehre des Tages hatte der Ariki sein Festgewand angelegt. Noch nie hatten wir auf Tikopia ein *tapa* gesehen, das so herrlich mit farbigen Mustern bemalt war. Die langen Haare, seine kräftige Statur, seine lächelnd vorgetragene Souveränität bedurften jedoch nicht des farbigen Fest-*tapas*, um in Würde zu glänzen.

Ich gab ihm als Abschiedsgeschenk das Beste, was ich für ihn besaß, die Meerschaumpfeife meines Vaters, auf die alle Insulaner wochenlang ein Auge geworfen hatten. Noch bevor sein Enkel zur Ukulele griff, hatte der Ariki die Pfeife im Mund, und da blieb sie, es sei denn, er sang. Mit Vehemenz brach urplötzlich eine Komposition des Häuptlings über uns. Es war die Liedinterpretation eines neuseeländischen Kriegsschiffes, das ihm zu Ehren vor vielen Hurrikanen sieben Salutschüsse abgegeben hatte. Danach folgten stundenlang die schmeichelnden Melodien der Polynesier mit Texten über spielende Delphine und das Weben der Matten, über den Fischfang, den Gott Maui, den Bau der Kanus und über den Abschied. Immer wieder wiederholten sie die Refrains. Das Lied vom Abschied schien nicht enden zu wollen, oder wollten sie nicht, daß wir Abschied nahmen? Sie sangen immer kräftiger und gefühlvoller, bis Edward mich bat, näher zum Häuptling zu kommen. Ich kroch zu ihm und sah, daß er weinte. Wir faßten uns bei den Schultern und rieben leicht unsere Nasen aneinander. Dabei hielten wir uns lange fest. Er schniefte mehrfach, Zeichen seiner Trauer. Dann kam der Abschied von Milda. Ich sah, wie jeder im *fale* Tränen in den Augen hatte. Wir weinten auch. Mit der gleichen Umarmung, mit Nasereiben und Schniefen verabschiedeten wir uns von allen. Danach kam schnell wieder Heiterkeit auf. Es wurde wieder gelacht, die Abschiedstrauer hatte – ähnlich wie die Todestrauer – eine Bedeutung von kurzer Dauer.

Am nächsten Tag segelten wir ab. Eine Staude Bananen hing am Achterstag. Wir stellten die Selbststeueranlage ein, gingen in die Kajüte und legten unser neues Tonband mit den Liedern der Sehnsucht nach Tikopia auf. Jeder keilte sich in seine Lieblingsecke, und wir ließen die Lieder wirken, während uns der Atem von *tiritiri-o-te-moana*, des Pazifischen Ozeans, in seinem Rhythmus wiegte.

59.

Auf den Salomon-Inseln wohnen fünf Deutsche. Einer führt einen Eisenwarenladen, einer besitzt eine kleine Seifenfabrik, der dritte führt eine Reederei-Agentur, der vierte lebt im Inneren der Urwaldinsel Choiseul, und den fünften kenne ich nicht. Herr Stenzel ist Vertreter der Hamburg-Süd, die ihr internationales Geschäft unter dem Namen Columbus-Line abwickelt. Er hat ein großes, klimatisiertes Büro in der Hauptstraße der Hauptstadt Honiara. Nach dem Dienst kam er gerne auf ein kühles Bier in den Point Cruz Yacht-Club – der mehr ein Treffpunkt als ein Yachtclub ist.

Herr Stenzel ist Deutscher Konsul. Ein großes, ovales Schild über der Eingangstür verblüffte mich das erste Mal. Beim zweiten

Mal ging ich hinein und stellte mich vor. Ich konnte sein Fax benutzen – eines von sechs Geräten im Lande. Aber was noch viel angenehmer war: Wir konnten uns in seinem großen Büroraum hinsetzen und die Klimaanlage genießen – nur sitzen, ausruhen und die Kühle wirken lassen. Eines Tages sagte Herr Stenzel: „Morgen kommt ein deutsches Schiff, die TANSALIA SAMOA der Columbus Line.“

Einen Menschen wie Claus Stromberg hatte ich lange nicht mehr gesehen. Er war der Kapitän der TANSALIA SAMOA. Im kühlen Büro der Reederei-Agentur telefonierte er mit Hamburg, las gleichzeitig ein Fax, reklamierte, erkundigte sich bei Herrn Stenzel, wirkte streng, konzentriert und Respekt einflößend aus der Sicht eines verschwitzten Seglers. Kapitäne sehen nicht nur im Film gut aus. Herr Stromberg wirkte so, als ob er gleich Golf spielen wollte: Modernes T-Shirt, braun gebrannt, eine schicke Sonnenbrille, leichter Managerbauchansatz. Es fehlte nur noch der anthrazitfarbene Mercedes Kombi vor der Tür – auf zu 18 Loch!

Einem Kapitän entgeht nichts. Bei all seiner Arbeit im Großraumbüro des Gerold Stenzel fing sein flüchtiger Blick Milda und mich auf. Jedenfalls, so halb in einem Nebensatz verpackt, den seine Geschäftigkeit noch zuließ, sagte er: „Kommen Sie doch nachmittags aufs Schiff.“ Ich hatte nicht einmal Gelegenheit zu fragen „Wann?“

Kapitäne besitzen viel Menschenkenntnis und wohl auch eine spezielle Vorsehung – wie konnte er sonst ahnen, daß wir um 16.00 Uhr kommen würden, denn für genau diese Zeit hatte er servieren lassen. Der Steward brachte für Milda deutschen Sekt und für mich kühles Beck's Bier. Ich hatte mich inzwischen dazu erzogen, unseren knappen Biervorrat an Bord wie eine Art Notration zu betrachten. Der Moment, in dem ich eine Dose öffnete, mußte ein wichtiger Anlaß sein, es sei denn, es war die mir zustehende Bierdose am Ende des Tages. Ich trank einige Gläser, achtete aber darauf, daß ich nicht mehr trank als der Kapitän. Jahrelang hatte ich kein deutsches Bier mehr getrunken. Ich genoß jeden Schluck, so wie man einen außergewöhnlichen Wein genießt.

Claus Stromberg erzählte von seiner Frau und den zwei Kindern.

Er hatte nochmals geheiratet. Die drei hatten das Schiff vor einer Woche in Noumea, Neukaledonien, verlassen, weil die Kinder die Malariaprophylaxe nicht vertrugen. Er sprach sehr fürsorglich und liebevoll von seiner Familie, so wie man es besonders bei Männern bemerkt, die zum zweiten Mal geheiratet haben.

Die Tansalia Samoa gehört zur Columbus Line, einer Tochter der Reederei Hamburg-Süd, die wiederum zum Oetker-Konzern gehört. Ich dachte an einen alten Rundfunk-Sketch des Kabaretts „Die Insulaner“: Hafenarbeiter in Hamburg löschen eine Ladung. Sie unterhalten sich über das Schiff, das Oetker gehört, die Reederei, die zu Oetker gehört, die Ladung, die Oetker gehört, und die Bank, die das alles finanziert, die ebenfalls zur Oetker-Gruppe gehört. Die Pointe am Schluß lautete: „... wat, un Backpulver makt de ook?“

Claus Stromberg erzählte von seinen Passagieren. Bis zu zehn Reisende können sie auf ihrer Welttour mitnehmen. Vier Monate dauert sie und kostet ca. 17 000 DM. Ich entnahm dem, daß Herr Stromberg sich ebenso mit seinen Gästen beschäftigen muß wie mit der Crew, dem Schiff, der Navigation, der Routenplanung, der Fracht, dem Bunkern und Löschen, den Hafenbehörden oder der Kommunikation mit seiner Reederei in Hamburg.

„Nein, vielen Dank, auf Eure Yacht komme ich nicht. Die Hitze auf dem Weg zum Büro langt mir.“ Wir trafen uns nochmals mit ihm im Point Cruz Yacht Club. Claus Stromberg erzählte von Hamburg, von Theaterbesuchen mit seiner Frau und von der Kultur, die er nach großer Fahrt braucht, die ihn auffüllt nach Monaten auf See.

Überall wo wir sind, ist Kultur. Sprache, Sitten, Tänze, Gesänge, Gespräche, Geschichte sind Kultur. All das gibt es täglich auf den Inseln um uns herum. Ich hatte oft das Gefühl, in einem Faß von Kultur zu sitzen – manchmal erhielt ich erdrückend viel davon, und ich flüchtete aufs Boot zurück, wollte allein sein und las ein Buch – wieder Kultur! Viele Segler sprechen von der fehlenden Kultur. Sie meinen die fehlende heimatliche Kultur: ihr Opernhaus, ihre Ballettabende, das Theater-Abo, die Szene-Kinos, den Heimatverein, die Karnevalssitzung oder ihr heimatliches Mainz, wie es singt und lacht. Die fremde Kultur ist viel anstrengender als die heimische. Oft sind wir von Ausflügen in Dörfer nach wenigen Stunden völlig erschöpft an Bord zurückgekommen. Die Sprachschwierigkeiten, die vielen Informationen, alle neu und reizvoll, die man hinterfragt, neugierig aufsaugt. Querbeziehungen werden ausgedacht, Symbole analysiert, Erahntes weiterverfolgt – das macht müde wie harte, körperliche Arbeit. Kultur ist in den Tropen anstrengend, weil alles fremd ist.

Claus Stromberg mußte weiter. Er mußte taiwanesische Bleche von der japanischen Fischfabrik auf der Insel Choiseul abholen. Sie fingen bereits vor der Verarbeitung an zu rosten. Dann werden sie in Lai und in Rabaul in Papua Neuguinea laden. Er erzählte uns von der Samarai-Insel, einer fernöstlichen Inselstadt in der China Street im Osten des Festlandes von Papua Neuguinea. Er beschrieb sie wie einen Geheimtip – ich wurde besonders neugierig und notierte mir die Daten. Eines der Versäumnisse unserer Reise war bestimmt der verpaßte Besuch auf Samarai.

60.

Ich liebe Häfen, egal wie neu, wie verdreckt, wie organisiert, wie altmodisch und wie abgesperrt sie sind. Wo ein Hafen ist, ist immer Hoffnung. Häfen stimulieren mich. Ich erinnere mich an Verwaltungsgebäude, die Schiffsrümpfen nachempfunden wurden wie in Vigo. An die vergangene Pracht ganzer Hafenanlagen, als diese noch Bedeutung hatten, wie in Gijon. Oder an tropische Postkartenhäfen, in denen ein riesiges Kreuzfahrtschiff festmacht, wo sich jeder Fremde fragt, wie sind die hier hereingekommen, wie in St. George auf Grenada. An Häfen, die jeder Kapitän allein durch ihren süßlichen Melassegeruch meilenweit erkennt, wie Lautoka. Ich sehe in Häfen Bilder, die es sonst nirgends mehr zu sehen gibt, wie in Djibouti, wo jeweils fünf, sechs Rinder, an den Hörnern mit

Stricken festgebunden, mit einem Kran auf Schiffe verladen werden. Das ZDF wollte das filmen, man lehnte es ab. In Häfen riecht es nach Gerüchen, die es in dieser Vielfalt nur hier gibt: Teer, Holz, Kaffee, Nelken, Vanille, Diesel, trockenes Baumaterial, Kopra, Kohlestaub oder Safran. Häfen sind wie Geschichtsunterricht. Man sieht alte Kräne, wie in Port Sudan, mit den drei Ringen von Krupp und weiß, daß sie das modernste Gerät im Hafen sind. Ganzjährig scheint hier Siesta gehalten zu werden – keiner arbeitet mehr. Der Hafen träumt von der guten alten Zeit, als die Krupp-Kräne noch bewegt wurden. Der Nachbarhafen Suakin ist bereits um die Jahrhundertwende zur Geisterstadt geraten. Bald wird ihn die Wüste erreichen.

61.

Mark Scott langte es nicht, nur aus New York zu kommen, stets sagte oder schrieb er New York, New York – ähnlich wie Baden Baden oder Bora Bora. Mark ist Architekt und hatte sich durch Altbaurenovierungen in der ehemals trostlosen Lower East Side, die jetzt *en vogue* ist, Geld für Boot und Reise verdient. Er kaufte sich in England eine Rival 38, die er konsequenterweise LONE RIVAL taufte, denn er verstand sich als Einhandsegler. Als wir ihn kennenlernten, war er ein Jahr jünger als die große 38 an der Seite seines Bootsrumpfes, die wohl von einer Regatta seines Vorgängers stammte. Mark Scott hat eine sportliche Figur. Er ist nicht groß, hat dichtes lockiges Haar, engliegende Augen und eine große Nase. Immer gut gelaunt, stets strahlend, schien er mit sich den Pakt geschlossen zu haben, nur seine Glanzseiten zu zeigen. Es gab einmal einen amerikanischen Vizepräsidenten namens Hubert Humphrey, der lächelte auch immer. Deshalb konnten sie ihn nie zu einem Staatsbegräbnis schicken.

Nicht einmal ich habe Mark als Einhandsegler erlebt. Immer

hatte er eine Dame an Bord. Ich lernte ihn auf einer SSB-Frequenz kennen. Als ich ihn später zum ersten Mal sah, ruhten meine Augen mehr auf seiner hübschen Freundin aus New York, New York. Wir ankerten in der Hala Vave-Bucht vor Fatu Hiva, sie kamen mit ihrem Dingi vorbei. An Land hatten beide eine geschnitzte Tiki-Figur gekauft. Die Schöne war offensichtlich wortkarg, und sie ruderten weiter. Später erzählte mir Mark, sie hätte Angst vor dem Wasser und Heimweh nach dem „Big Apple“ gehabt.

In Opua traf ich Mark mit der ruhigen, sympathischen Christine, einer Amerikanerin, die das Segeln so sehr liebt, daß sie nur noch auf Schiffen lebt, sich als Crew oder Stewardess ihr Geld verdient.

In Suva hatte der Einhandsegler vier weibliche Boatpeople auf seinem Schiff, die sich gerade von anderen Booten getrennt hatten, deren Vertrag gekündigt oder deren neues Schiff noch nicht angekommen war.

Auf den Salomon-Inseln trafen wir die Seglerin Liz Hammock auf der LONE RIVAL. Die beiden hatten sich vor Jahren auf den Azoren kennengelernt, und Liz kam ins ferne Fiji geflogen, um mit Mark längere Zeit zu segeln. Liz hatte all die Züge, die sich eine Mutter bei einer Schwiegertochter wünscht: Gut angezogen, aber niemals auffallend; hübsch, aber nicht so schön wie Marks Freundin aus New York; sie ließ Mark Freiraum, wußte aber stets, wo er war. Sie war pünktlich, wenn wir uns verabredeten, zuverlässig, wenn sie was besorgte, und – was für Mark besonders wichtig war: Liz ist eine ausgezeichnete Seglerin.

Ich hatte unterwegs zwei Segelpaare getroffen, die sich durch Anzeigen in einer Yachtzeitschrift kennengelernt hatten. Wenn Liz inseriert hätte: „Hübsche blonde Seglerin, gut im Haushalt, sucht Lebenspartner“, volle Waschkörbe mit Angeboten wären bei ihr eingegangen.

Als wir von den Santa Cruz-Inseln kommend in Honiara ankamen, fühlte ich mich schwach. Ich konnte noch das Ankermanöver durchführen, dann legte ich mich für einen Tag in die Koje. Geschafft von der Hitze, der Luftfeuchtigkeit und dem fehlenden Schlaf während der nächtlichen Fahrten durch die Salomon-Inseln. Malaria war es nicht. Wir nahmen bereits die Prophylaxe und hatten uns in der einzigen Apotheke des Landes eine Notration besorgt, falls das australische Medikament versagen sollte. Die Inseln der Salomonen erstrecken sich über eine Länge von 1400 Kilometern. Auf ihnen leben 280 000 Menschen. Das sind etwa so viele wie die Einwohner von Aachen. Sechzig Prozent der Bevölkerung haben Malaria.

Die Stadt Honiara gab es vor fünfzig Jahren noch nicht. Sie ist nicht hübsch und auch nicht häßlich, irgendwie gleichgültig. Meist hielten wir uns im Point Cruz Yacht Club auf. Dort landeten wir zwangsläufig mit dem Dingi, von dort aus hatten wir unsere Yacht im Blick, und dahin kommt jeder, der auf den Salomon-Inseln etwas zu sagen hat. Einige Surfbretter und ein paar Jollen lagen an Land. Der Club ist mehr ein Gesellschaftsclub – wohl der einzige im Land. Vor dem Club ankerten die LONE RIVAL und die AFRICAN QUEEN. Wir waren in Honiara verabredet, um Geburtstag zu feiern. Mark wurde 38, und ich hatte es so eingerichtet, daß ich meinen 50. zwei Tage vorher auf See feiern konnte. Meine runden Geburtstage waren immer Feiern in der Fremde: Meinen zehnten Geburtstag feierte ich in Boston/USA. Meinen zwanzigsten Geburtstag auf einer Autostop-Tour in Rom. Meinen dreißigsten in Las Vegas und meinen vierzigsten auf meiner ersten Yacht in Gibraltar.

Liz hatte eine Torte gebacken, Milda brachte Wunderkerzen mit, und wir tranken australisches Forster Lagerbier. Von der Terrasse aus schauten wir auf Ex-Kriegsschauplätze: Neben uns Hell's Point und die Red Beach (Blut ist gemeint), der Bloody Ridge (Blutiger Bergkamm) lag hinter uns. Der Sund vor uns heißt seit dem Zweiten Weltkrieg Iron Bottom Sund, es soll der größte Schiffsfriedhof der Welt sein. Japaner und Amerikaner haben sich hier ihr tropisches Stalingrad geliefert. Bei der Schlacht von Guadalcanal ging es um die Vorherrschaft im Pazifischen und Ostasiatischen Raum. Hundertmal wurden die Schlachten in Büchern und Filmen nachgekämpft. Später auf den Russell Islands, vor dem Örtchen Lingutu, machten wir unsere Leinen zwischen zwei Dalben fest, an denen J. F. Kennedys Patrouillenboot PT-109 hing. Ich kaufte einem Einheimischen zwei alte Coca Cola-Flaschen ab.

Wir trennten uns für einige Wochen von der LONE RIVAL. Sie

segelten andere Routen zwischen den Inseln als wir. In den Russell Islands, einem Kokosplantagen-Archipel des Weltkonzerns Unilever, erlebten wir koloniales englisches Clubleben – vielleicht das letzte seiner Art. Einst lebten hier 25 Weiße mit ihren Familien. Jetzt teilen sich zwei Engländer und ein Australier den Swimming-Pool, den Neun-Loch-Golfplatz, das Clubhaus und die Langeweile. Der enorme Billardtisch ist seit Jahren zugedeckt. Keiner spielt mehr. Das aufwendige Mahagoni-Mobiliar sieht wenig gebraucht aus, die Lederkissen wirken wie neu. Das Bild der Königin Elisabeth II. wacht über der Bar, so als ob sie hier, im fernsten Teil ihres Empires, ihren Untertanen auf den Mund schauen wollte. Aber wieso hängt das Bild schief? Wie ist es möglich, daß die drei so viel Gin Tonic trinken, ohne daß ich ihnen das anmerke? Was machen sie gleich zu Hause, wenn wir zum Boot gehen?

In der Marovo Lagoon trafen wir Mark und Liz wieder. Sie ist die größte, durch ein Riff geschlossene Lagune der Welt. James Michener nannte sie die schönste Lagune der Welt, das Achte Weltwunder. Als meine Mutter geboren wurde, gab es dort noch Kopfjäger. Sie fuhren mit ihren großen Einbäumen zu Nachbarinseln. Am Bug führten sie einen geschnitzten Ngu Ngu-Kopf. Wenn unter dem großen Kopfrelief ein kleiner Menschenkopf eingearbeitet war, kamen sie, um zu töten; war es ein Vogelkopf, dann kamen sie in friedlicher Absicht. Nur zwei Generationen brauchten die Sieben-Tage-Adventisten, um aus Kopfjägern lammfromme Christen zu machen. Wieder einmal auf unserer Reise bekam der Satz Bedeutung: „Die Menschen jedes Landes werden den Menschen jedes anderen Landes immer ähnlicher."

Die Lone Rival und die African Queen ankerten nebeneinander an einem der schönsten und zugleich sichersten Ankerplätze. Buruko heißt der Ort an der winzigen Meeresbucht der Insel Rendova. Wir ankerten in drei Meter Tiefe und machten die Heckleinen an Palmen fest. Eine Wasserleitung von einem Bergbach erlaubte uns, reines Regenwasser zu bunkern. Der Häuptling war unser Gast. Wir erfuhren, daß einmal im Jahr zwei deutsche Drukker aus Frankfurt/Main ihren Urlaub in einer kleinen Hütte auf der Halbinsel verbringen.

In Gizo, der zweitgrößten Stadt der Salomon-Inseln, checkten wir aus. Gizo ist so klein wie das Örtchen Wittlaer, hinter Kaiserswerth, auf dem Wege von Düsseldorf nach Duisburg. Ein Amerikaner erzählte mir, Gizo sei eine *shanty town*. Kommen da die Shanties her? Ich schaute im Wörterbuch nach: *shanty* = Hütte, Baracke, Schuppen. Und so war es auch. Dennoch, eine Hüttenstadt in den Tropen hat immer noch einen Rest von Charme. Vielleicht sind das auch nur Projektionen, ausgelöst durch Filme wie „Die Brücke am Kwai", „Die Reise nach Indien" oder „Key Largo".

Wir segelten zwei Tage vor unseren Freunden aus Gizo ab. Erst in Darwin, im Nordosten von Australien, trafen wir sie wieder. Sie kamen irritiert an, denn sie hatten vor der Einfahrt zu dem Van Diemen-Gulf bei Point Essington ihre LONE RIVAL aufs Riff gesetzt. Am Rumpf war jedoch kein Schaden entstanden. Die Rival 38 ist ein starkes Boot. Sie hat in England einen sehr guten Ruf. Vielleicht baute die Werft zu gut und ging deshalb konkurs. Erst in Darwin erfuhren sie, daß auf genau denselben Felsen beinahe die US-Yacht TAMURE, drei Wochen vor ihnen, aufgelaufen war.

62.

Die Engländer waren die größten Kolonisatoren der Welt. Die Spanier waren lediglich ihr Vorbild. Die Weltsprache ist Englisch, und die halbe Welt wird nach englischer Art verwaltet. Über eine Milliarde Kinder werden nach britischem Schulsystem unterrichtet, und die Elite vieler Länder besucht englische Universitäten. In dieser Zeit, wo für viele das Auto der Maßstab aller Dinge ist, macht vielleicht dieses Beispiel – anhand unserer Route – am deutlichsten klar, wie weltumspannend das British Empire war:

Auf den Cook-Inseln herrscht Linksverkehr, in Tonga, in Neuseeland, auf den Fiji-Inseln, auf den Salomon-Inseln, in Papua Neuguinea; natürlich fährt man auch links in Australien, auch in

Indonesien – obwohl es holländisch war – und auf Sri Lanka. 700 Millionen Inder orientieren sich im Straßenverkehr links, selbst auf der winzigen Hauptinsel Male (Malediven) fahren die wenigen Autos im Schrittempo links. Auch im Jemen, im Sudan, in Ägypten und auf Zypern wird links gefahren, und ich dachte, links fährt man nur noch in England und Irland.

63.

Es muß zwei Tage nach dem Tag gewesen sein, als Milda rief: „Ein Wal!" Der Wal war ein Baumstamm. Im Logbuch steht: 30. 08. 1989, 14. 00 Uhr, Kurs 294°, Wind 4–5 E, 10° 58′ S, 148° 42′ E – ersten Baum gerammt, zweiter Riesenbaum fünfzig Meter quer ab. Der Riesenbaum war groß wie ein Mietshaus mit einem Gewirr von Ästen und Zweigen, jeder selber so stark wie eine deutsche Eiche. Solch einen enormen Baum hatte ich an Land noch nicht gesehen. Er kam wohl aus den Regenwäldern Papua Neuguineas, vielleicht aus dem Fly-River. Wenn wir uns darin verkeilt hätten, dann wären wir mit dem Ungetüm auf eine langsame Drift gegangen. „*Steel is the deal*". Wie hätte hier eine Kunststoff-Yacht oder ein Katamaran ausgesehen? Hilflos, mit einem Schwimmer verfangen, wie eine Fliege!

Zwei Tage nach dieser Begegnung hörte ich auf dem Funknetz einen Segler seine Position durchgeben, auf deutsch mit leicht amerikanischem Akzent. Ich verglich unsere Position und sah, daß er keine dreißig Seemeilen von uns entfernt war. Das Funknetz ist weltweit. Man hört die Partner zu bestimmten Zeiten unter bestimmten Konditionen auf allen Meeren. Und nun segelt einer direkt neben uns. Ich bat ihn, auf UKW zu gehen, so konnten wir uns gut auf Kanal 72 verständigen. Sie segelten in gleicher Richtung von Fiji kommend, fünfzig Seemeilen hinter ihnen sei noch ein Einhandsegler, ein amerikanischer Freund. „Ich heiße Bob, lebe seit zwölf Jahren in Deutschland, meine Frau Ursula ist mit mir an Bord. Laßt uns zweimal am Tag sprechen." Wir vereinbarten die Uhrzeiten und sprachen drei Tage lang mit Fremden. Wir beschrieben unser Boot, unsere Routen, unser Ziel und fingen an, uns selber zu beschreiben.

Wie durch ein Nadelöhr muß die gesamte Schiffahrt vom Pazifik in den Indischen Ozean ein paar Meilen südlich am Leuchtturm von Bramble Key vorbei und dann durch die Torres-Straße hindurch. Routen aus vielen Richtungen treffen sich hier, wie vor Gibraltar. Keine Küste, kein Kap, keine Berge. Nur ein schmächtiger Leuchtturm leuchtet schwache fünfzehn Seemeilen und hat doch für die Navigation die Bedeutung wie der Eiffelturm für Parisbesucher. Wie die meisten Yachten haben wir es so eingerichtet, daß wir ihn nachts ansteuerten, um das Leuchtfeuer als Kennung zu nutzen. Hinter dem flachen, unsichtbaren Inselchen Bramble Key geht es in einer „Linkskurve" gen Süden durch das Gewirr von Inseln, das Luis Vaez Torres 1606 entwirrt hatte, als er die Torres-Straße fand, die komplizierteste Schiffspassage zwischen zwei Ozeanen. Die Ansteuerung, die Konzentration und die Nachtfahrt machten müde. Am Morgen nach der Durchfahrt verabredeten wir uns mit Bob und Ursula an einem fremden Ankerplatz vor Campbell Island. Sie sind neugierig auf uns und umgekehrt.

„Ich hatte ein ganz anderes Bild von Euch. Ich dachte, Ihr wärt dicker. Ihr seht ja ganz normal aus", prustete die Mathematik-Lehrerin von Bord herunter. „Willkommen, Ihr Fremden", lächelte der amerikanische Software-Programmierer aus Freiburg.

Es gibt Menschen, die erfährt man mit dem ersten Blick. Gesichtsausdruck, Physiognomie, Kleider, Haltung, der allererste Satz, man hat wie auf einer Filmklappe „Den Eindruck zum Ersten". Bei Ursula und Bob brauchte ich zwei Klappen *„take two"*.

Ursula und Bob segelten ihre TAKE TWO in zwei Jahren um die Welt. Für diese Zeit hatten sie Urlaub vom Staatsdienst und vom Geschäftspartner erhalten, dann braucht man sie wieder. Sie kannten nur ein paar größere Häfen dieser Welt. Für sie lag der Reiz ihrer Reise im Sportlichen – Bob aufstehen, wir müssen weiter!

Das lange Segeln hatte Ursula eine Erfahrung gebracht, der sie an Land so nicht ausgesetzt worden wäre. Die selbstständige Studienrätin fühlte sich in das Rollenspiel der Unterordnung gedrängt. Es bestimmt der Mann, der Kapitän, es dient die Frau, die Köchin. Das Thema überlagerte ihre Beziehung. Ursula Greulich ist Mathematik- und Sportlehrerin. Sie hatte sich für die Reise gut vorbereitet und beherrschte die Navigation und die Seemannschaft ähnlich sicher wie ihr Mann. Nur das Amateurfunkzeugnis hatte ihr Bob voraus. Der ruhige, sachliche Bob Fitch sah sich als Schiffsführer, aber die temperamentvolle, spontane Ursula mochte sich nicht als Hilfsschiffsführerin unterordnen. So gab es zwei Probleme an Bord: Einerseits zwei Häuptlinge und keine Indianer, andererseits die Querelen um die Überwindung der alten Mann-Frau-Positionen.

Es war erstaunlich für mich als Außenstehenden, das Format dieser Standortbestimmung aus der Mauselochposition mitzuerleben. Bob gab ab, und Ursula bekam neues Terrain hinzu. Es gab Argumente und Diskussionen. Kein Fremder wurde um Partei gebeten. Frau Greulich und Herr Fitch kämpften um ihre Positionen. Es war ein Kampf der Geschlechter auf kleinstem Raum, eine Regulierung von traditionellen Standpunkten. Es war die moderne, intelligente Behauptung der Frau gegenüber den Ansprüchen des Mannes. Dieser Kampf hatte Niveau.

Als sie wieder in Freiburg waren, riefen sie uns an, und Ursula erzählte freudestrahlend: „Ich erwarte ein Kind."

Ursula und Bob lieben deutsche Balladen. Sie hatten einen dikken Band mit Gedichten und Balladen der Klassiker mitgenommen, aus dem sie sich abwechselnd auf ihrer Reise vorlasen. Wir saßen bei ihnen im Cockpit, im feucht-heißen Fischereihafen von Darwin, und sie lasen und rezitierten aus den schönsten deutschen Balladen. Einige davon hatte ich als Schüler auswendig lernen müssen, weshalb ich sie damals haßte, anstatt mich mit ihnen auseinanderzusetzen. Im Hafenbassin von Darwin konnte ich mich noch an viele Passagen erinnern. Ich lieh mir das Buch aus und las einige Balladen aufs neue. Ich war begeistert von dem Sprachvolumen, der Kreativität, der Kunst, die Sprache zu formen, von dem gewaltigen Hintergrundwissen und einem Rhythmus, der auf mich wie Musik wirkte. Am nächsten Abend gingen wir zu viert ins Kino. Jahrelang war ich nicht mehr in einem Kino gewesen, mit Cola, Popcorn und weichen, kuscheligen Sesseln. Es gab ausgerechnet „Dead Poets Society" (Club der toten Dichter).

64.

„Ich sei, gewährt mir die Bitte, in Eurem Bunde der Dritte", das hätte Paul Lutus zu Ursula Greulich und Bob Fitch sagen können. Er war der amerikanische Einhandsegler, der seit Tahiti mit seiner Yacht SELINE hinter ihnen her segelte. Paul gehörte inzwischen ins Cockpit der TAKE TWO, sie wurden Freunde.

Eine amerikanische Redewendung, auf die Europäer etwas irritiert reagieren, fragt unverblümt: *„And now, what's your story?"* Es wird nach der Lebensgeschichte gefragt. Aber bitte ganz kurz, ganz witzig, mit einem Happy End und immer mit einer Prise vom amerikanischen Traum. Pauls Eltern waren arm. Die Eltern zogen viel um. Er landete bei einer Tante und lernte Gitarre spielen. Dann tingelte er. In New York hatte er eine Band. Er sang die Klassiker der Woodstock-Generation. In Oregon zog er sich in ein Haus im Wald zurück – so wie das Vorbild seiner Generation, der Schriftsteller Henry David Thoreau. Thoreau hatte Mitte des vorigen Jahrhunderts zwei Jahre in einem selbstgebauten Blockhaus einsam am Waldensee philosophiert. Paul Lutus wechselte im Waldhaus von der Gitarre zum Computer und beschäftigte sich mit neuen Programmen. Abgeschieden von allen Verführungen entwickelte er das Textverarbeitungsprogramm „Applewriter" für den Apple II-Computer. Er bot es dem Konzern Apple an, und der verkaufte es so oft, bis ein neues Programm sein altes ablöste. Paul Lutus verdiente dabei sechs Millionen Dollar.

Der Einhandsegler Paul ist ein großer, kräftiger Mann, Mitte 40. Er hat rote Haare und weiße Haut. Immer putzte er seine Brillengläser, die wie zwei Vergrößerungsgläser wirkten. Auch bei der größten Hitze trug er lange Hosen. Vermutlich ist noch nie ein Sonnenstrahl an seinen weißen Körper gelangt. Wieso tragen viele Rothaarige mit besonders heller Haut bevorzugt fade Farbtöne wie verwaschenes Grün oder indifferente Braunschattierungen? Paul trug zudem Hosen und Hemden, die wie aus einer Altkleidersammlung eines osteuropäischen Landes aussahen. Während wir seit Jahren barfuß an Bord lebten, steckten seine Füße in dicken Socken und ebensolchen Turnschuhen.

Paul ist ein sehr intelligenter Mann, äußerst belesen, ein hervorragender Mathematiker und mit großer Musikalität begabt. Oft luden wir ihn zum Essen sein. Zum Dank spielte er auf seiner Flöte aus Bachs „Kunst der Fuge". Es war ein Vergnügen, Paul Lutus als Gast an Bord zu haben, denn er war auch höchst amüsant. Ich hatte noch keinen Menschen so schnell sprechen hören wie ihn. Seine Phantasie war so reich, daß er versuchte, all sein Wissen in die gleiche Zeitspanne zu drängen, die andere Menschen für weit weniger Inhalt benötigen. Seine Gedanken rasten und seine Sprache auch. Es war oft schwer, ihm zu folgen. Paul war außerdem Feminist. Er gestand Frauen viel mehr Rechte zu, als sie selbst forderten. Erst als wir uns näher kannten, merkte ich, daß er sich vor Frauen fürchtete, und das lag wohl an seinen Dollar-Millionen.

Pauls Entschluß ganz allein eine Reise um die Welt zu machen, hatte eine Frau ausgelöst. Er hatte sie durch eine Anzeige kennengelernt, sie wohnten zusammen. Er widmete sich seinem Computer, sie ihrem Job. Damit Zahlungen einfacher abzuwickeln waren, überschrieb er eine Amexco-Kreditkarte seines Kontos auf ihren Namen. Einmal hob sie wohl zuviel vom Konto ab, und der hochgradig mißtrauische Paul erlitt sein Trauma. Ich muß alles tun, beschloß er darauf, daß mir kein Mensch mehr Geld abnehmen kann. Am besten erreiche ich das als Junggeselle. Noch besser, ich ziehe mich von den Frauen zurück und denen, die mir ans Geld wollen. In meinem Haus in den Wäldern Oregons ist es noch zu gefährlich, nicht einsam genug. Am besten kaufe ich mir ein Schiff, da kann keiner an mich, an mein Vermögen heran. Als Ausgleich dafür, daß ich vor den Frauen flüchte, möchte ich mich ihnen gegenüber großzügig zeigen. Sie sollen von mir aus noch viel mehr Rechte bekommen, als sie sich selber vorstellen können. Ich liebe Frauen – aber nur aus der Distanz!

Paul hatte sich keine besondere Yacht geleistet. Er wollte das gleiche kleine, schlechtsegelnde Schiff wie der arme David „Clarinet" Clark, eine sogenannte Tahitian Ketch, von 32 Fuß Länge. Sie war vollgepropft mit Elektronik, alles gab es doppelt, zwei Radargeräte, zwei Satnavs, zwei Amateurfunkgeräte. Dabei hatte er sich wirklich großzügig gezeigt. Beim Essen wiederum knauserte er. An Bord verpflegte er sich direkt aus Dosen; an Land, wie in Darwin, aß er nur *junk food*: Pommes, fish and chips, Pommes, fish and chips.

Ab dem ersten Ankerplatz in der Torres-Straße vor Campbell Island segelten die drei Yachten SELINE, TAKE TWO und AFRICAN QUEEN gemeinsam durch den nördlichen Ausläufer des Barrier-Riffs. Die Sicht war diesig. Inselchen zeichneten sich im Dunst ab, nur vereinzelte Garnelenfischer erkannten wir. Wir ankerten gemeinsam vor Dove Island. Auf dem Wege zur Arafura-See hatten die beiden anderen Boote je eine Makrele gefangen. Es war für sie so gut wie der erste Fang, und sie waren nicht vertraut mit dem Ausnehmen von Fischen. Milda bot an, die Fische zu braten. Ich wollte sie ausnehmen. Wir verabredeten uns, hinter Twin Island zu ankern. Dort warteten wir zwei Stunden, bis auch Paul neben uns lag. Die Insel besteht aus zwei Hügeln – daher der Name – und einem flachen Sattel dazwischen. Genau hinter diesem Flachland mußten wir wegen des Riffs ankern. Dort hatten wir kaum Landabdeckung. Keine zehn Meilen weiter wartete der geschützte Ankerplatz von Wednesday Island. Der Passatwind düst zwischen den Landmassen von Australien und der zweitgrößten Insel der Welt, Papua Neuguinea, hindurch. Zusätzlich tunnelt der Wind zwischen den beiden Bergrücken von Twin Island. Der Ankerplatz war schlecht – wir hätten weitersegeln sollen. Mit anderen Booten gemeinsam zu segeln, bedeutet Kompromisse machen. Aber Kompromisse sind beim Segeln niemals gut. Segeln und Zugeständnisse vertragen sich nicht.

Ursula und Bob holten Paul mit ihrem Dingi ab. Wir aßen bei

uns an Bord australische Makrele mit salomonischen Limonen beträufelt, Reis aus Fiji und tranken Wein aus Neuseeland. Paul machte den Vorschlag, nach dem Essen eines seiner einhundert Videos bei ihm an Bord anzuschauen. Wir könnten den Film auswählen. Auf der SELINE hatte er sich einen Kasten für genau hundert Videokassetten eingebaut. Mit geradezu paritätischem Drang hatte er aus zehn Filmkategorien je zehn Videos ausgewählt: die großen Komödien vom Ende der Dreißiger Jahre, die Gangsterfilme der Vierziger, die Color-Dramen der Fünfziger, die besten Western, Musical-Verfilmungen, Piraten- und Kriegsfilme, die witzigsten Kassenschlager Hollywoods, Abenteuer-Filme, Science Fiction und Horror. „Mit Pornos kann ich Euch nicht dienen“, grinste er. Vier Gäste, vier Wünsche – wir endeten wiederum bei einem Kompromiß und schauten uns zu alten, vertrockneten Erdnüssen den Film „Raising Arizona“ an, die Geschichte eines Versagers, der eine Familie gründet und Supermärkte ausraubt. Selten habe ich mich über einen Film so geärgert. Noch ein paar Abschiedsfloskeln, und wir standen alle an Deck. Inzwischen war es stockdunkel. Wegen des Films hatten wir nicht mitbekommen, daß der Wind zugelegt hatte. Der erste Blick galt unserem Boot, auf dem ich das Licht im Salon angelassen hatte: Das Boot war nicht zu sehen!

Menschen, die scheintot waren, und andere, die nach dem klinischen Tod durch Herzmassage oder Elektroschocks wieder zum Leben gebracht wurden, haben berichtet, daß im Moment des Unfalls im Bruchteil von einer kleinsten Zeiteinheit ihr gesamtes Leben an ihnen vorbeigerauscht sei. Sie sahen ihre Eltern, die Ausbildung, vielleicht die Hochzeitsfeier, den letzten Urlaub bis zu dem Punkt, wo der Tod diesen inneren Film abreißen läßt. So ähnlich ist es mir gegangen. Ich sah mich bei meinen ersten Segelversuchen, sah meine drei Boote, sah uns segeln im Pazifik, war Zeuge bei meinem eigenen Autounfall, es knallte. Der Traum vom langen Segeln war schlagartig aus: „Klaus, wach auf. Du hast kein Schiff mehr!“ Wir hatten nur Shorts und T-Shirts an. Alles, was wir besaßen, war an Bord. Fast nackig an Bord eines Kameraden. Nichts, keinen Besitz mehr. Alles ist aus?

Paul holte seinen riesigen Handscheinwerfer. Die TAKE TWO war noch am selben Platz zu sehen. Weit in Lee, circa eine Seemeile entfernt, erkannten wir schwach den weißen Seitenstreifen am schwarzen Rumpf der AFRICAN QUEEN. Dazwischen die weißen Kämme einer rauhen See. Schnell waren wir uns einig: Die Fahrt mit dem Dingi ist zu gefährlich! Mühselig holte Paul per Hand den Anker hoch. Derweil behielt Bob unser Boot im Auge. Endlich motorten wir der AFRICAN QUEEN hinterher. Die Torres-Straße ist flach, bis zu dreißig Meter tief. Unser Anker schleifte über den Korallenboden und fand immer wieder kurzen Halt. Wir holten unser Schiff ein. Bob fuhr uns mit dem Dingi zur Heckleiter. Zwei Stunden brauchten wir danach, um unter Motor gegen Starkwind und Strom zurückzukommen, zum schlechten Kompromiß-Ankerplatz hinter Twin Island. Paul kam allein unter Motor nicht gegenan und mußte mit Motor und unter Segeln hochkreuzen. Zwei Stunden lang versuchten wir, mit dem auf Fiji gekauften Sturmanker Halt zu finden, vergeblich. Schließlich legten wir uns vor zwei Anker. In dieser Nacht erkannte ich, daß der Ankerschaft zu kurz berechnet war. Ich wußte jetzt, daß der Grund hier nur aus Korallen bestand, vielleicht mit ein wenig Sand darüber. Die Ankerwinde war in dieser Nacht kaputt gegangen, beinahe hätten wir unser Schiff verloren.

Es passierte genau an der Stelle, wo der Pazifik endet und der Indische Ozean beginnt. Vielleicht riß sich die AFRICAN QUEEN von ihren Fesseln, weil sie im geliebten Pazifik bleiben wollte?

Wochen später schrieb Paul Lutus in unser Gästebuch:

As long as I live
I won't forget the day
I showed you a movie
while your boat sailed away

Arafura- und Timor-See

65.

Eine Yacht, die in australische Hoheitsgewässer segelt, wird mit dem Flugzeug empfangen. Die Australier haben ihr Revier genau im Visier, gegen weiße Drogenschmuggler und asiatische Menschenschmuggler. Sie flogen auf unser Boot zu, wie Kamikaze-Flieger. Dabei wollten sie über UKW nur einige Daten erfahren: Woher, wohin, Namen, Registrierung, „Düsseldorf in East-Germany or West?" Als wir eine Woche später in Darwin eincheckten, kamen sie mit einem großen, hellen, kurzfelligen Hund an Bord. Er war ein ausgebildeter Drogen-Schnüffler. Sie hoben ihn auf unser Bett, auf die Werkbank, die Salonbezüge und ins Vorschiff. Seine Pfoten suchten Halt auf unserem in Neuseeland achtmal lackierten Teakfußboden. Die Arbeit war dahin, er zerkratzte alles und hinterließ überall seinen Geruch und viele Hundehaare. Es war kein schöner Empfang in Australien.

66.

Piraten kapern vor der Küste Westafrikas Cargo-Schiffe. Piraten jagen in der Straße von Malakka nachts mit Schnellbooten hinter den Containerschiffen her, von denen sie über ihre Mittelsmänner in den Kontoren der Reederei-Agenten in Singapore erfahren haben, daß interessante elektronische Ware an Bord ist. Sie werfen Fangeisen, die sich am Schiff verklemmen, entern an Bord und öffnen mit Maschinengewehrsalven die Schlösser. Piraten gab es auch vereinzelt in der Karibik. Den Törn mit der Charter-Yacht Nordstern IV hatte ich im November 1976 wegen Terminschwierigkeiten absagen müssen. Wenige Monate später ist die rote Yacht des Düsseldorfer Metzgers mit sechs Gästen an Bord in der Karibik verschollen. Piraten raubten früher im Jemen, in Eritrea, im Roten Meer, und heute rauben sie im Süden der Philippinen. Im Chinesischen Meer machten sie Jagd auf die Boatpeople. Auch heute noch gibt es einzelne Versuche, in indonesischen Gewässern Yachten von Fischereibooten aus zu bedrängen.

Im Indischen Ozean, zweihundert Meilen südlich von Sri Lanka, verwechselten wir Gut und Böse. Wir waren 32 Tage auf See, da kam ein völlig heruntergekommener Frachter, der Holz geladen hatte, wie eine schwarze Wand auf Kollisionskurs auf uns zu. Ich meldete mich auf UKW, keine Antwort. Wir schmissen den Motor an und gingen ihm aus dem Weg. Wir segelten nach Norden, der Frachter motorte ganz nah an uns vorbei gen Westen, in die abendliche Sonne hinein. Er war schon aus meinen Gedanken, da zeigte plötzlich sein Bug in unsere Richtung. Nun erkannten wir, gegen die Sonne, dunkle Gestalten an Deck. Das schwarze, alte Schiff sah jetzt noch bedrohlicher aus, und ich bat Milda, sich etwas Langärmeliges anzuziehen. Lächerlich, dachte ich. Das Boot hielt genau auf uns zu. Plötzlich tönte eine nasale Stimme aus dem Lautsprecher: „*Sailing yacht, you need fuel or water*?" Es war die Stimme des indischen Kapitäns. Er hatte geschlafen, man hatte ihn geweckt, und er ließ sein Schiff umdrehen. Er wollte sich nur höflich erweisen und Hilfe anbieten.

Monate davor hatten wir in der Arafura-See in einer Flaute gelegen. Australien lag zweihundert Seemeilen hinter uns, Indonesien zweihundert Seemeilen vor uns. Wir waren schon an Hitze gewöhnt, aber nicht an derartige Hitze. Der Kontinent Australien stemmte sich gegen den Ostpassat und ließ uns in seinem Hunderte von Meilen breiten Windschatten darben. Wir warteten drei Tage und wußten, daß diese Flaute monatelang dauern konnte. Ich spannte einen Sonnenschutz auf, und wir motorten, uns jeweils stündlich am Ruder ablösend, gen Westen zur Insel Timor. In der Ferne sahen wir eines dieser typischen indonesischen Segel aus dünnem, blauen Kunststoff-Tuch, ähnlich einem Spinnaker-Tuch. Das Boot war circa drei Seemeilen entfernt und konnte sich auch nicht bewegen. Ich beobachtete das erste von vielen indonesischen Fischerbooten, die wir später trafen.

Auf unserer Reise hatten wir meist die Luken auf und selten das Boot abgeschlossen, wenn wir es verließen. Zwar waren wir nicht blauäugig mit der Sicherheit umgegangen, waren aber niemals überaus vorsichtig oder gar ängstlich. Wir sind in die armseligsten Viertel Colons gegangen, wo selbst Einheimische uns warnten, noch weiter zu gehen. Wir ankerten vor dem Dschungel-Kaff La Palma in Puerto Darien, tief im Dschungel von Panama. Auf der einen Straßenseite das aggressive Militär, auf der anderen Seite der Provinz-Puff. Die Reise hatten wir mit einem inneren Gefühl der Sicherheit begonnen, mit einer Art Überzeugung, daß uns durch Menschen nichts geschehen würde, und das war fast zum festen Glauben geworden. Nur einmal, als wir im Yacht- und Golf Club von Carraballeda in Venezuela das Boot für drei Wochen unbewacht liegen ließen, weil wir die Motor-Yacht My Way des reichsten Mannes Venezuelas nach Fort Lauderdale in Florida überführten, wurden uns in diesem Millionärs-Club zwei Fender geklaut. Das war die Ausnahme der Regel. Piraten leben heute meist an Land.

67.

Im Hafen von Kupang lagen viele indonesische Frachtensegler. Beim Annähern erkannte ich ein Rigg, das hier nicht hingehörte. Wir legten uns neben das Schiff und begrüßten alte Freunde aus Neuseeland. Das Segelschiff Gullmar aus Stockholm ist 1913 in Martenhoek in Holland gebaut worden. Es ist 38 Meter lang, sechs Meter breit und hat sechzehn Eigner. Vier Eigner waren an Bord: Johann, Erik, Robert und Leif. Der Rest der Crew waren australische Chartergäste. Einer der später zugestiegenen Eigner starb in Port Sudan. Er hatte sich auf der Bootsparty stark betrunken. Als er morgens, auf der Suche nach noch mehr Alkohol, zur Spiritus-Flasche griff, wurde er bewußtlos und war bald darauf tot. Seine Freunde hätten ihn beinahe im sudanesischen Wüstensand begraben müssen, denn einen Leichnam aus dem Sudan heraus zu bekommen, ist schwieriger als ihn dort zu beerdigen.

Die GULLMAR wartete in Kupang auf Diesel, wir wollten einchekken. Wir bauchten zwei Tage, um von 26 uniformierten Männern der Marine, der Hafenbehörde, der Gesundheitsbehörde, der Einwanderungsbehörde, vom Zoll und von der Hafenpolizei ihre Stempel zu erhalten. Sie baten uns um Sexmagazine. Indonesier sprechen über Sex so offen wie wir über Fußball. Zwanzig Prozent der Bevölkerung sind Beamte. Wegen der Bevölkerungsexplosion sind einem Beamten höchstens drei Kinder erlaubt – sonst verliert er den Beamtenstatus. Hätte ich doch bloß ein Dutzend Playboy-Hefte dabei gehabt!

Johann, der Skipper, hatte in der Stadt einen Australier getroffen, der Indonesisch sprach. Der wollte ihnen helfen, Diesel in Fässern zu beschaffen, was es im Hafen zur Zeit nicht gab. John hieß der Australier. Wir trafen ihn unter dem Sonnensegel auf der GULLMAR beim Bier. Ich setzte mich zu ihm, und merkte im Verlauf des Gespräches, daß sein rechter Arm dünn und gelähmt war. Als er vom Pinkeln zurückkam, sah ich, daß er auch einen Gehfehler hatte. John kam aus Melbourne. Er war Grafiker. Ein Auto hatte ihn mit seinem Motorrad von der Straße abgedrängt, er war eine Böschung hinunter gestürzt; 1 500 Australische Dollar Rente erhält er jetzt im Monat. „In Australien lebe ich davon auf dem Niveau eines Sozialhilfeempfängers“, erklärte John. „Hier, in Kupang, bin ich König. Einmal im Vierteljahr fliege ich nach Melbourne. Dann muß ich meine vier Harleys putzen.“ John erzählte von seiner Motorrad-Leidenschaft. Von seinen Touren durch den australischen Busch und von seiner Sportster, seiner Heritage und den beiden anderen Harley Davidson-Typen. Wir tranken das preiswerte indonesische Bier, das es in Ein-Liter-Flaschen mit Spannverschluß gibt, ein Erbe der holländischen Kolonialzeit. Als John merkte, daß ich aufmerksam zuhörte, erzählte er mir eine phantastische Geschichte: „Du weißt, daß Timor die größte der Kleinen Sunda-Inseln ist, und Du weißt, daß bis 1975 Ost-Timor portugiesisch war?“ Ich nickte. „Weißt Du auch“, fuhr er fort, „daß ganz Timor 1942 bis 1945 von japanischen Truppen besetzt war? Daß die Amerikaner Indonesien, also auch Timor, von den Japanern befreit haben? – Weißt Du das? Man kommt nicht leicht in den Osten der Insel, es ist Militärgebiet. Aber ich war da. Die haben gedacht, der Krüppel kann uns doch nichts anhaben." Er lachte. „Jetzt halte Dich fest. In einem katholischen Kloster habe ich die Entdeckung meines Lebens gemacht. Ein Padre nahm mich bei der Hand und zog mich von meinen Begleitern weg in den Keller. Da stehe ich in dem hintersten Gewölbe vor zwei Kisten. Und was ist da drin? Zwei original in Ölpapier verpackte ‚Indian'-Motorräder aus dem Zweiten Weltkrieg, Typ 741 – mit Lederhalfter für ein Thompson-Gewehr. So ein Motorrad kostet heute in den USA locker 50 000 Dollar. Diese sind nie gefahren, in Tarnfarbe gestrichen, ein Schatz, den es auf der Welt nicht mehr gibt. Ich werde den Schatz heben!"

„Indian"-Maschinen kannte ich von den Steilwandfahrern früher auf der Kirmes. Unter Motorrädern sind sie das, was ein Maybach oder Duesenberg unter antiken Autos ist. An diesem Nachmittag unter dem Sonnendach der GULLMAR wurde viel getrunken und noch mehr erzählt, aber diese Geschichte war die beste. Ich sagte John, wenn er den Schatz aus dem Kloster herausbekomme, dann sei er der wahre Indiana Jones. Das schien ihm zu gefallen.

Am nächsten Abend, dem 11. Oktober 1989, hörte ich auf der Deutschen Welle, daß in zwei Tagen ein anderer Weltreisender den Boden von Timor küssen würde. Papst Johannes Paul II. war mit Gefolge angesagt. Hoffentlich findet das Gefolge nicht die zwei Kisten im Klosterkeller irgendwo im Osten von Timor.

68.

Wir segelten zur Insel Sumba. Sumba ist bekannt für gute Pferde und bei Sammlern wegen der Ikatstoffe. Ikatstoffe wurden früher einzig und allein deshalb gewebt und gefärbt – so die Reihenfolge –, um sie den Toten mit ins Grab zu geben. Heute liegen

Ikatstoffe mit ihren morbiden Farben in den Vitrinen der Völkerkundemuseen der ganzen Welt.

Im Hafen von Waingapu lagen nur segelnde Frachter mit ihren typischen Doppelruder-Anlagen. Wir waren die erste Yacht in diesem Jahr. Man hatte wohl dem Hafenkapitän mitgeteilt, daß die Frau an Bord des Bootes aus Jerman blonde Haare und blaue Augen hat. Beim Auschecken sollte ich Milda auf jeden Fall mitbringen, so lautete sein Beinahe-Befehl. Als wir nach einer Woche in seiner kleinen Amtsstube vor ihm saßen, begutachtete er uns sehr lange. Schließlich stellte er mir die erstaunliche Frage: „*Do you have medicine which makes men strong?*" Das war die stärkste Frage, die mir jemals gestellt wurde.

Auf Sumba leben drei Weiße, ein holländischer Missionar und das amerikanische Ehepaar Jeff und Mary Gucker. Wir trafen sie im Sandlewood-Hotel. Der Chinese Titi bediente und führte die Herberge. Seine Eltern waren gerade zu Besuch in Singapore. Ob sie wohl dort ihr Geld anlegten, wie alle wohlhabenden Chinesen im asiatischen Raum? Titi grinste immer. Das Sandlewood-Hotel in Waingapu ist die beste Adresse auf der Insel. Auf dem Wege zur Toilette, zur Küche und zu den Hinterräumen lag ein Haufen Scheiße auf dem Steinfußboden, daneben spielten Kinder. Vorne saßen Jeff und Mary als einzige Gäste und aßen. Seit Jahren schon lebten sie hier, und ich denke mir, daß sie wissen, wo sie essen. „Wie kann man Jahre auf einem Boot leben?" fragten sie. „Wie kann man Jahre auf dieser Insel leben?" erwiderten wir. So kamen wir uns näher. Sie gaben uns Tips, wir luden sie ein, und sie baten uns in ihr Haus.

Wenn man in ein Haus gebeten wird, dann hat man gewisse Vorstellungen: Da ist ein Grundstück mit einem Garten und einer Hecke. Dann ist da das Haus. In dem Haus sind Gardinen, Möbel, Fotos, Andenken, Gesammeltes, Neues oder Antikes. Kaum etwas davon gab es im Haus der Guckers. Sie wohnten am Rande von Waingapu. Jeff holte uns mit seinem klapperigen Jeep ab. Ihr Haus war außen häßlich und innen ärmlich. Es sah so aus, als seien sie nur für eine Woche eingezogen. Eine indonesische Frau kümmerte sich um das amerikanische Kleinkind. Das Essen war indonesisch, aber gemessen an dem Standard, den wir im Lande kennengelernt hatten, einfach.

Jeff war in Taiwan geboren. Sein Vater ist dort Missionar. Marys Eltern sind Kaufleute in Fernost. In Hongkong lernten sich die beiden kennen, sie heirateten und versuchten danach, in seines Vaters Heimat, in Alabama, eine Farm zu bewirtschaften. Mit der Farm wollten sie mehr ihre ökologischen Ideen verwirklichen, als zu Wohlstand zu kommen.

Jeff und Mary lebten bewußt bescheiden. Sie sind religiös. In Alabama schlossen sie sich einer christlichen Mission an, um Armen in Asien zu helfen. Sie sahen ihre Berufung darin, ihr landwirtschaftliches Wissen armen Bauern zu vermitteln. Ihnen zu helfen, das Land gegen Erosion zu schützen, bessere Bewässerung einzuführen, Kooperativen zu gründen, eine Art Flurbereinigung und Hunderte von kleinen alltäglichen Verbesserungen vorzuschlagen. Auf Sumba war mehr Jeffs Geduld gefragt als sein Wissen. Jeden Tag fährt er im Jeep zu den Feldern um Melolo und Rende. Allein der Weg dorthin ist eine Strapaze. Manchmal bleibt er die Nacht dort. Das Entgelt für seine Arbeit ist für ihn der praktische Erfolg. Von materiellen Dingen spricht er nicht. Für ihr Leben bleibt nicht viel übrig, das sieht man.

Die Guckers sind junge Amerikaner. Er hätte auch eine Fotoannahmestelle leiten und sie Krankenschwester sein können. Nichts an ihrer äußerlichen Erscheinung verriet, daß sie all dem Materiellen entsagten, wonach ihre Altersgenossen streben. Sie sprachen auch nicht über ihre Anschauung – sie war präsent. Sie lebten ihre Überzeugung. Beide waren geradezu beseelt von dem Gedanken der christlichen Nächstenliebe. Es ging ihnen um das reine Helfen. Ein Helfen ohne Gegenleistung, ohne Entlohung. Wenn die Nächstenliebe der humanste Gedanke des Christentums ist, dann lebten die Guckers auf Sumba das humanste Leben.

69.

In Waingapu auf Sumba erging es unserem Boot ähnlich wie in Marennes, südlich von La Rochelle, wo wir es gekauft hatten. Wieder hingen die Festmacher an einer Kaimauer und wieder hob eine starke Tide das Boot hoch und runter. Bei Flut kamen wir den fünfzig Männern entgegen, die oben auf der Mauer saßen und darauf warteten, uns näher in Augenschein nehmen zu können. Beinahe hätte man unter ihre Sarongs schauen können. Bei Ebbe entfernten wir uns wieder, und ihr ständiges Gemurmel wurde schwächer. Staub, Steine und Dreck fielen durch sie auf unser Schiff, keinen störte es da oben. Die ersten von ihnen kamen um fünf Uhr früh, und die letzten gingen um zwei Uhr früh. Einige sagten stundenlang kein Wort. Sie starrten nur aufs Schiff, als ob sie, von Betelnuß betäubt, sprachlos wären. Wenige redeten; die aber diskutierten so intensiv, daß es schien, als würden sie sich um unser Boot streiten. Immer neuer Dreck fiel aufs Schiff. Blickte ich hoch, lächelten sie. „*Hey, Mister*“, riefen einige mutig runter.

In meiner Kindheit hatte ich auch einmal „*Hey, Mister*“, gesagt. Das war in der Besatzungszeit, nach dem Krieg. Unvergessen auch der Zusatz: „*Do you have chewing-gum*“? Einige Tage lagen wir so am Kai – unfreiwillig, denn wir wollten, wie immer, ankern. Aber der Hafenmeister wollte uns am Kai unter Kontrolle haben. Seit drei Jahren hatten wir nur zweimal am Kai festgemacht, sonst hundertmal geankert. Das Ankern gab uns das Gefühl von Unabhängigkeit. Es heißt ja auch „frei ankern“. Man hat keine direkten Nachbarn, keine Regulierungen, es braucht keine Rücksichtnahme. Das wurde uns am Kai von Waingapu intensiv bewußt. Unter hundert Augen über uns wurde mir klar, daß das freie Ankern genau so wichtig ist wie die Freiheit des Hochseesegelns selber.

Natürlich war ich erschrocken, als eines Morgens um drei Uhr in der Frühe ein Taschenlampenstrahl durch die Luke schien. „*Hey, Mister.*“ Ich zog mich schnell an und ging an Deck. Oben standen vier Indonesier. Einer war Polizist. Er hielt die Taschenlampe in der Hand und blendete mich, während er sprach. „Was gibt's?" fragte ich auf Englisch. Er wollte mit mir über das Boot sprechen. Ich sollte es ihm erklären. „Nein, morgen, ich bin müde, morgen!" erwiderte ich und legte mich wieder schlafen. Oben, drei Meter über unserer Achterkajüte, sprachen sie weiter, als ob es drei Uhr nachmittags wäre.

Wir verfügen über eine Fülle von Begriffen um Nichtigkeiten wie diesen kleinen nächtlichen Vorfall einzuordnen: Ungezügelte Neugierde, Anmaßung, Ruhestörung, Aufdringlichkeit, Besitzergreifung, Verletzung der Privatsphäre. Ich glaube, mit diesen Begriffen können viele Menschen in den Ländern, die wir bereisten, nichts anfangen. Für sie ist Neugierde etwas Herrliches. Weshalb soll man nicht das Schiff ansehen, wenn man noch nie so eins gesehen und nichts zu tun hat? Wieso soll das die Ruhe des Weißen Mannes stören? Er kann doch später weiterschlafen. Man ist doch nicht aufdringlich, wenn man ihm Interesse zeigt. Wie soll man darauf kommen, daß man seine Privatsphäre verletzte, wenn man doch umgekehrt froh wäre, wenn er einen in Anspruch nehmen würde? In den Jahren unserer Reise lernte ich die Unterschiede zwischen der östlichen und der westlichen Bewertung kennen, zwischen ihrem offenen Entgegenkommen und unserer Zurückhaltung.

Am vierten Tag hatte sich die Neugierde ein wenig gelegt, es fanden sich nur noch halb so viele Männer oben am Kai ein. *„Hey, Mister, my name Baron, I help with laundry.*" Das war der bislang längste englische Satz, zudem mit dem wichtigen Wort *„laundry"*. „Wo kann man hier Wäsche waschen?" fragten wir den schmächtigen Jüngling. Allein diese Frage schien ihn zu berechtigen, sofort vom Kai aufs Schiff zu springen. Da stand er nun. Jung, strahlend, selbstbewußt und vom eigenen Mut überrascht stellte er sich vor: *„My name Baron Hovel*", das klang fast deutsch, schon beinahe adelig.

Baron hatte in der Schule beim Englischunterricht besser mitgemacht als seine Freunde oben auf der Mauer. Er war auch vorlauter als sie. Doch als er seinen ersten Überschwang mit seinem englischen Wortschatz abreagiert hatte, wirkte er zusehends ruhiger, bescheidener und weniger aufgetragen. Jetzt wurde er uns sympathisch. Seine Englischkenntnisse waren sehr schlecht, und unsere indonesischen gipfelten in den Begrüßungsformeln und dem Allerweltswort *bagus* = gut, dufte, stark. Trotz größter Verständigungsschwierigkeiten erfuhr ich von Baron, daß er Waise sei, 17 Jahre alt, mit seinem Bruder bei Verwandten wohne, keine Arbeit habe und bei einem Fischer Geld verdienen wolle, um später ein College zu besuchen. Der junge Baron wurde unser Führer auf Sumba.

Sumba war bei unserem Besuch eine trockene Insel – die regenreiche Monsunzeit würde das erst in zwei Monaten ändern. Am Hafen gab es keinen Wasserkran und keinen Schlauch. Das Land war ausgebrannt, die Häuser und Wege staubig. Was tun mit der Wäsche? Wir hatten einen großen Sack voller schmutziger Wäsche. Es gab nur zwei Möglichkeiten, sie zu waschen. Im Hotel Sandlewood beim Chinesen Titi oder woanders.

Wir fragten Baron, und seine Augen leuchteten auf. Er schien genau die Stelle zu kennen, wo wir unser Problem lösen konnten. Er führte uns zum nahen, kleinen Pendelbus. Beim Marktplatz von Waingapu stiegen wir aus und nahmen einen anderen Pendelbus. Es war sehr heiß, und wir saßen mit Fremden Schenkel an Schenkel. Laute Gamelan-Musik übertönte das Quietschen des alten Toyotas. Alle Passagiere schwiegen, starrten uns an und schwitzten. Ich hatte die Wäschetasche auf den Knien und beobachtete, wie wir langsam auf die Hügel oberhalb der Stadt zu den letzten Häusern gelangten. Als kaum noch Gebäude zu sehen waren, gab Baron dem Fahrer ein Zeichen. Wir zahlten und stiegen aus. Um uns herum sah ich nur Felder und Hügel. Der kleine Baron nahm die Tasche. Er gab eine Richtung an, und wir stiegen auf einem Pfad den Hang abwärts. Unten lagen Häuser. Wir gingen den Landweg weiter und wurden neugierig betrachtet. „*Hey, Mister*“, begleiteten uns die Begrüßungen bis zum Fluß, der nur noch ein Rinnsal war. An der Brücke stiegen wir zum trockenen Flußbett hinunter und gingen zu einer Art Teich im Fluß. Einige Wasserbüffel wateten dort. Weiter flußabwärts standen Pferde. In diesem Tümpel wuschen Frauen ihre Wäsche. Baron deutete auf das Wasser und lächelte Milda an. „*You wash.*“

Wir hatten unsere Wäsche schon oft in Bächen, Tümpeln oder unter Wasserfällen gereinigt. Hier streikte Milda. Sie wollte nicht unsere Handtücher und Bettlaken in einer Mixtur aus menschlichen, wasserbüffeligen und Pferde-Exkrementen waschen. Baron Hovel amüsierte sich zuerst über uns, dann gab er klein bei und fügte sich Mildas Nein. Eine bessere Waschstelle gebe es nicht. Wir schleppten die Tasche zurück, jetzt bergauf. Endlich kam ein kleiner Bus, und wir fuhren zur einzigen Wäscheannahmestelle auf Sumba, dem Hotel Sandlewood. Der Chinese Titi grinste wie immer und verschwand mit der Tasche hinter der Tür, hinter der wir Böses vermuteten. Egal, wir waren müde und bestellten bei Titi etwas zu essen. Alle Wege auf Sumba führen über das Sandlewood-Hotel – wie mir ein Aufkleber von Marco Polo-Reisen verdeutlichte.

Mit Baron Hovel fuhren wir im Landbus nach Rende. Rende ist ein Dorf mit etwa zwölf Häusern, die eine architektonische Besonderheit sind. Sie sehen wie riesige Trichter aus, mit der Spitze nach oben und quadratischem Grundriß. Diese großen Holzhäuser stehen auf Stelzen, wegen der Ratten. Man geht zum Hochparterre einige Stufen hoch und kann auf einer Balustrade, vor der Sonne durch das überhängende Dach geschützt, um das turnhallengroße Haus herumgehen. Die Grundfläche des Hauses ist in viele Zimmer aufgeteilt, alle mit offener Decke und meist offenen Türen und Fenstern. Der Clou des Rende-Hauses ist das natürliche Kühlsystem: Warme Luft steigt durch das Trichterloch nach oben und entweicht. Dadurch entsteht ein kleines lokales „Tiefdrucksystem" im Haus, das von nachströmender Luft durch die vielen offenen Fenster und Türen wiederum gefüllt wird. Das Dach des Hauses gipfelt in dem zehn Meter hohen, offenen Kamin – der Tülle des Trichters. Hier entweicht die warme Luft und zieht eine ununterbrochene Luftzirkulation nach sich. Unter dem Kamin, im Herzen des Hauses, liegt die große Küche. Die Hitze des Feuers wird sofort über die große Esse abgeführt.

1979, als ich mein erstes Boot in Mallorca liegen hatte, besuchte ich einmal eine alte mallorquinische Finca. Auch dort lag über der gesamten Küche der Kamin. In Rende auf Sumba, der südlichsten indonesischen Insel, lag jedoch ein komplettes großes Haus mit vielleicht zwanzig Räumen unter einem Kamin. Wer hier wohnt, lebt ständig im Aufwind.

70.

Der Horizont war immer getupft mit farbigen Segeltüchern. Indonesien besitzt die größte Segelflotte der Welt. Vom kleinsten Einbaum mit Fetzensegeln über die handwerklich aufwendig gebauten und kunstvoll bemalten Ausleger-Fischerboote bis hin zu den dreißig Meter langen Frachtenseglern, den Bugis. Jede Insel hat ihren eigenen Baustil. Aber eines scheinen viele gemeinsam zu haben: das blaue, dünne, spinnakerähnliche Tuch, das sich bei Lateiner-, Gaffel- und Hochsegeln für die meist leichten Winde zwischen den dreizehntausend Inseln bewährt hat.

In Indonesien mußten wir umdenken. War es doch auf unserer Weltumseglung bisher so, daß ein Segel am Horizont gleichbedeutend mit einer Yacht war, genauer gesagt mit eine Fahrtenyacht, mit Menschen von gleichem Interesse wie wir. Nun lernten wir eine andere Art von Seglern kennen. Segler, die hart auf ihren Booten arbeiten und nicht wie wir die Schoten zum Vergnügen bedienen. Wenn wir sie beobachteten, wie sie ihre oft motorlosen zwanzig Meter langen Boote quer zum Wind mühselig mit Warp-Ankern verholten, in Mini-Buchten reinkreuzten, abends an Bord über der offenen Feuerstelle kochten, tags ihre Boote mit großen 200-l-Dieselfässern, die sie durchs Wasser gezogen hatten (Dieselfässer schwimmen), weit über die Wasserlinie beluden, dann kamen wir uns in unserer winschbespickten Yacht wie Rolls Royce-Fahrer vor. Jedenfalls tat es gut, sich in Indonesien zu vergegenwärtigen, wo das Yachtsegeln seinen Ursprung hatte und welche Bedeutung einfache Handhabung und keine mechanische Hilfe ausmacht.

Wir hatten Zeit, konnten beobachten und von den indonesischen Bootsbauern und Berufsseglern viel lernen. Einige europäische Yacht-Konstrukteure – speziell in Frankreich – experimentieren mit zwei Ruderblättern. Auf jedem größeren indonesischen Frachtensegler ist deren Wirkung und geniale Konstruktion zu studieren. Dann das Lateinersegel, bei uns abgetan als das Segel des Altertums. Daß es erhebliche Vorteile der Handhabung gegenüber dem steifen Hochsegel bietet, ist bei uns vergessen. Vor dem Wind steht das Segel quasi auf dem Kopf, die Spitze nach unten, das Achterliek oben. Je höher am Wind, desto dichter wird die Achternock der Rah runtergeholt. Dann ist die Segelspitze vorne und das Achterliek hinten, bei einfachster Bedienung. Auch bei der üblichen leichten Brise ziehen die mit ein, zwei oder drei Mann besetzten Auslegerboote ab wie Hobie Cats. Sie stellen dann ihr breites Achterliek nach oben, denn hier weiß man schon seit Jahrtausenden, daß wegen der Erdreibung in einigen Metern Höhe mehr Wind weht als auf Deckshöhe.

71.

Im Fernglas sahen sie aus wie riesige langbeinige Bachmücken. Als wir näher motorten, sah ich, daß in der Bucht von Sape auf Sumbawa um uns herum Dutzende von großen Fischerbooten ankerten. Weite Ausleger zu beiden Seiten ließen den Rumpf kaum ins Wasser sinken. Neben uns wurde auf der offenen Feuerstelle an Bord gekocht. Die Männer rauchten, kauten Betelnuß, tranken Tee, schwatzten oder starrten unser Boot an. Ich dachte an die Drachen auf der Nachbarinsel Komodo, die wir wiederum angestarrt hatten. Der Mensch starrt gerne. „*People watching*" nennen es die Amerikaner.

Die Drachen auf Komodo leben im Freien. Am Sonntag wird ein Lamm geschlachtet, dann treffen sich Drachen und Menschen zum

Stelldichein. Auf Komodo ist es umgekehrt wie im Zoo – hier stehen die Menschen im sicheren Gehege, und die Drachen bewegen sich im Freien. Der Drache ist der Besucher, der Mensch der Gefangene. Die drei Meter langen Drachen grunzen mit nie gehörtem Urgeräusch, aber nur, wenn sie sich fortbewegen. Ruhen sie, dann zischt ihre dreißig Zentimeter lange, dünne, gelbliche Zunge heraus, die vorne leicht gespalten ist, wie die einer Schlange. Die Legende sagt, daß diese Drachen das Vorbild aller chinesischen Drachen waren. Chinesische Händler hätten die Beschreibung ins Reich der Mitte mitgebracht und den indonesischen Drachen zum chinesischen erkoren.

Ich hatte von meinem sicheren, eingezäunten Gehege aus viele Drachen mit meiner Pocket-Kamera fofografiert, mit einem 35 Millimeter-Weitwinkel-Objektiv. Als ich später auf Bali den Film entwickeln ließ, sahen die drei Meter langen Drachen von Komodo klein, nett und harmlos aus. Es hätte nur noch ein Knopf im Ohr gefehlt – wie Steiff-Tierchen. Anhand meiner Fotos hätte niemand geglaubt, daß vor wenigen Monaten ein Drache einen Jungen im Dorf Komodo zerfetzt hatte. Ich hatte jene Fotos gesehen.

Gleich bei unserer Ankunft in der Bucht von Sape war ich neugierig und ruderte an Land. Der Ort Sape liegt landeinwärts. Ins Meer reicht eine kilometerlange Landzunge, an deren Spitze die kleine Hafenmole gebaut wurde. Beinahe im Kreis ankern die vielen großen spinnenartigen Fischerboote so, als ob sie die Mole gleich einem Kastell bewachen sollten.

Die Häuser rechts und links der Straße sehen den Fischerbooten ähnlich. Bootsbauer scheinen mit dem gleichen Holzmaterial auch diese Fischerhäuschen konstruiert zu haben. Sie stehen auf Holzstelzen, und die Flut spült zur Springzeit den gesamten Unrat unter dem Haus hinweg. Ich wunderte mich, wie wenig sich das große Bugi-Boot, das halbfertig zwischen zwei Häusern steht, von dem Schiff unterscheidet, welches in dem Reiseführer „The Indonesian Survival Kit“ im Kapitel über die Insel Sumbawa abgebildet ist. Es ist dasselbe Schiff und muß schon Jahre an Land liegen – hier mahlen die Mühlen langsam.

Mit drei Indonesiern teilte ich mir das *dokar*, ein Pferdetaxi. Das kleine Pony klapperte uns zum Ortskern von Sape. Vorbei an Reisfeldern, Straßenarbeitern, zarten Frauen im schönen Sarong, sie trugen Baumaterial auf dem Kopf. Im Pferdetaxi war es heiß. Keiner sprach, man duldete die Hitze, beobachtete die anderen und war froh, daß man selber keine Steine auf dem Kopf zu tragen brauchte. Alles erschien mir zierlich und gebrechlich: das Pferdchen, der Wagen, die Menschen, die Häuser, die Boote. Aber ich weiß, daß sich in diesen so feinen Strukturen Stärke verbirgt – eine Kraft, die auf Nachgeben beruht und nicht auf Verdrängen.

Sape ist ein Ort ohne Mittelpunkt; keine Moschee, kein Platz und kein Markt verraten, wo man aussteigen müßte, um sich zentral weiter zu orientieren. Sape ist ein Reihenörtchen, ich stieg irgendwo aus. „*Hey, Mister!*" kamen die ersten Mutigen auf mich zu. Ich suchte Schatten und betrachtete unter einem Wellblechdach die Auslagen eines Chinesen. Er führte den gesamten Grundbedarf vom Topf bis zur Rattenfalle, von der Seife bis zur Corned Beef-Dose. Jeder chinesische Laden ist wie ein kleines Kaufhaus sortiert. Ich suchte Obst und Gemüse. Nein, Gemüse lieber nicht. Die Felder werden seit Generationen mit menschlicher Jauche gedüngt. Bloß keine Hepatitis riskieren. Also Obst. Ich suchte nach einem Obstladen.

Auf der anderen Straßenseite bildete sich vor einem Geschäft eine Traube von Menschen. Ich stand gut geschützt im Schatten und sah, wie sich immer mehr Indonesier um die Menschentraube gruppierten und auf Zehenspitzen stellten, um mehr zu sehen. Da, wo sie standen, war kein Schatten mehr. Ich dachte an mein Obst und ging über die Straße. Was gab es hier? Ich war genau so neugierig wie sie. Vielleicht ein Schlangenbeschwörer, ein Zauberer, Wunderheiler, Wanderprediger? Ich reckte mich und konnte mühelos über die kleinen Indonesier hinwegschauen. Im Schatten vor dem Laden saß eine ältere europäische Frau, die sich ausruhte und mit einem Strohhalm Limonade trank. Allein das langte, fünfzig Männer anzulocken, die ihr zusahen. Alle schwiegen und starrten auf die Frau. Über alle Köpfe hinweg rief ich ihr im Spaß zu: „*Hey, Madam.*" Sie blickte auf und winkte mir zu. Indonesier sind höfliche Menschen, ich brauchte mich nicht durchzudrängen –

man machte eine Gasse frei. Ich setzte mich neben sie und stellte mich vor. Der Schatten tat gut, und ich bestellte beim nächsten Jungen auch eine Limonade. „Jutta heiße ich, ich bin Deutsche. Seit Jahren wohne ich in Paris. Ich komme gerade aus Indien. Hast Du schon die Drachen gesehen? Ich will morgen mit dem Boot nach Komodo, möchtest Du mit?“ Also Rucksackreisende duzen sich auch?

Dr. Dr. Jutta Petersen schätzte ich auf circa 68 Jahre. Mit dem Schätzen des Alters ist es schwierig. Bei uns im Westen zieht man lieber einige Jahre ab, damit man den anderen nicht kränkt – man will ja jünger wirken. Im Osten hingegen addiert man im Geist einige Jahre hinzu und nennt dann ein höheres Alter – man will älter, würdiger erscheinen. Juttas Haltung zum Alter war schwierig einzuschätzen. Sie besaß zwei akademische Grade aus unserem westlichen Kulturkreis. Aber sie hatte auch Sanskrit studiert, mit einem dritten akademischen Grad. Frau Dr. Dr. Petersen bewegte sich auf einem westöstlichen Grat. Als ich mich mit ihr unterhielt, erkannte ich, daß wohl ihre leuchtenden, großen blauen Augen die Zuschauer angelockt hatten. Vielleicht war es auch ihr schönes graues Haar oder ihre Größe – Jutta überragte alle Indonesier – oder der Umstand, daß eine Frau allein in ihrem Dorf auftauchte, noch dazu eine ältere Dame. Aus indonesischer Sicht gab es viele Gründe, Jutta zu betrachten. Ohne Pausen einzulegen, erzählte sie mir aus ihrem Leben. Offensichtlich brauchte sie Zuhörer und liebte Zuschauer. Natürlich war ihr klar, daß ihre Lebensgeschichte schillernd ist. Ich unterbrach sie nicht, und sie erzählte von Paris, von Indien, vom Studium des Sanskrit, von Asien und von Indonesien. Immer war sie der Mittelpunkt: ich und Paris, ich und Indonesien …

Jutta ist voller Wissen und voller Neugierde auf neues Wissen. Trotz der Hitze und ihres Alters wirkt sie begierig, gleich jetzt, gleich bei der nächsten Gelegenheit Neues und Wissenswertes zu erforschen; wie ein Schwamm, der Neues aufsaugt und Altes abgibt. Sie hatte viele Kulturstätten in Java, Bali und auf Lombok gesehen und war auf dem Weg zu anderen Inseln. Sie folgte einem unsichtbaren Kulturpfad fernöstlicher Faszination, der sie erlegen war. Hotels, Touristen und vorgezeichnete Pfade waren ihr ein Greuel. Später erzählte sie uns von Om, dem Atem, den heiligen Sanskrit-Zeilen. In unser Gästebuch schrieb sie:

„O Sonne, Du lehrst uns, die Welt zu schauen. Das blaue Meer, Ozean der Unendlichkeit. Gedächtnis unseres roten Blutes, heilig wie Du, o Sonne, sollen wir werden. Und alle bösen Gedanken vorübergehen lassen, gute Gedanken, gute Worte, gute Handlungen in Deinem Lichte – OM – durch unser Leben gehen lassen ..."

72.

Die ersten zwei Jahre hatten wir selten Radio gehört. Das Neue während der Reise war beeindruckender als die Neuigkeiten aus dem Äther. Erst auf langen Routen im Pazifik suchte ich auf Kurzwelle Sendungen der Deutschen Welle. In jenem Teil der Welt empfängt man die Deutsche Welle besonders gut während der späten Nachmittagszeit und am frühen Abend. Dann war es auch nicht mehr so warm, der Kontrollgang über das Boot war getan, wir waren entspannt und hörten meist um fünf Uhr die ersten Nachrichten. Die unaufhörlichen Negativmeldungen, an die man sich an Land gewöhnt hatte, prallten auf uns mit neuer Härte. Kriege, Anarchien, Aufstände, Seuchen, Katastrophen, Niederlagen, Dementis und Tod bekamen hier die schärfere Eindringlichkeit. Ich glaube, an Land hätte ich beim Ansehen der Fernsehnachrichten vieles ignoriert, weggeschaut oder als nicht so schlimm abgetan. Obwohl die Worte die gleichen waren, wirkten sie in unserer Abgeschiedenheit mit einer Art Brutalität.

Wir erfanden unsere eigenen Nachrichtensendungen. Es war ein Versuch, hinter den Negativmeldungen Zusammenhänge zu finden und sie im größeren Kontext zu beschreiben, den blanken Informationen Hintergrund und Zusammenhang zu geben.

Die Deutsche Welle strahlt meiner Ansicht nach ein konservatives Programm aus. Es scheint für Menschen gedacht, die von Deutschland eher eine konservative, bewahrende Vorstellung haben; die ihr Deutschland so sehen wollen, wie sie es in Erinnerung haben, wie sie es weiterhin idealisiert aus der Ferne betrachten möchten! Sie erkennen nicht die Veränderungen, die jedes Land mitmacht. Trotzdem hörte ich die Deutsche Welle gerne.

Mein erstes Radio war ein Detektor. Im Internat lagen wir nachts unter unseren Decken und suchten auf dem Kristall einen Sender. Wenn wir eine Station auf den Kopfhörern hereinbekamen, dann war das eine kleine Entdeckung. Manchmal war es am anderen Ende der Welt eine ähnliche Fummelei, um eine gute Station hereinzubekommen. Ich war mit dem Rundfunk groß geworden. Erst als ich vierzehn Jahre alt war, begann die Fernsehzeit. Radio hören ist für mich ähnlich intensiv wie ein Buch lesen. Man erfährt das Wort, den Text und hat daneben viel Freiraum, sich die Umstände vorzustellen. Ich habe mich auf der Reise so sehr an den Rundfunk gewöhnt, an die phantasievollere Art, Informationen aufzunehmen, daß ich Fernsehen sehr selten anschaue.

Entsprechend der Größe des ehemaligen British Empire ist die BBC (die British Broadcasting Corporation) wohl die umfassendste Rundfunkanstalt weltweit. BBC bekamen wir überall deutlich und klar rein. Es war immer ein Genuß, den Nachrichtensprechern in ihrem Oxford-Englisch zuzuhören. Sie machen aus dem Gebrauch der Sprache einen Kult, die Hohe Schule der englischen Sprache. Immer, wenn wir die Sender der Deutschen Welle nicht klar empfangen konnten, schalteten wir um auf BBC-Empfang. Leider kam bei der Deutschen Welle neben dem oft schlechten Empfang das Manko der schlechten Sprecher hinzu. Es gab wenig gute Nachrichtensprecher. Einige versprachen sich oft mehrfach in einer Sendung. Ich vermißte Sprecher, die unsere Sprache lieben und beherrschen, die mit der Sprache umgehen können wie ein großer Koch mit seinen Zutaten. Am Schluß meiner Reise schrieb ich einen Brief an die Deutsche Welle, obwohl ich sonst keine Leserbriefe schreibe. Zuerst anwortete der Intendant. Er hatte meine Beschwerde über die sich verhaspelnden Sprecher ignoriert und schickte mir einen allgemeinen Informationsprospekt. Wochen später kam ein Brief vom Chef der Nachrichtenabteilung. Er stimmte meiner Kritik zu. Aber aus Gründen des Proporzes müsse er Rücksichten auf verschiedene Nachrichtensprecher nehmen.

73.

Wir ankerten im engen Naturhafen von Benoa auf Bali. Für eine Woche hatten wir das Boot verlassen, einen Wagen gemietet und die Insel durchfahren. In den Bergen, im Dorf Ubud besuchten wir das Tal, in dem Freunde von mir elf Jahre gewohnt hatten. Am 11. November 1989 waren wir wieder beim Schiff. Der Schwojkreis für unser Boot war nicht sehr groß. An diesem Tag setzte der Wind aus, Ebbe und Flut ließen das Schiff drehen. Wir saßen seit einigen Stunden fest im Schlick. Die ständigen Bewegungen des Bootes, das vor Anker liegend hin un her schwojen kann, waren erstarrt. An Bord war es ein Gefühl, als ob das Boot an Land stehe. Draußen war es bereits dunkel, und ich stellte das Radio an. Soeben berichtet unser Berliner Korrespondent, so hörten wir, daß die Mauer geöffnet ist. Tausende von Ostberlinern strömen nach Westberlin... Wir saßen wie erstarrt im Salon. Weitere Nachrichten folgten. Ich hatte eine Bierflasche geöffnet, und ehe wir dazu kamen, auf die Öffnung der Mauer anzustoßen, hatten wir beide Tränen der Freude in den Augen. Plötzlich, nur wenige Minuten nach den unvorstellbaren Nachrichten über die offene Grenze, drehte sich die AFRICAN QUEEN wieder, als ob sie diese Befreiung nachvollziehen wollte, als ob sie zeigen wollte, wieviel schöner ein freies, tanzendes Schiff ist als ein im Schiet festsitzendes. Als die Kommentare keinen Zweifel mehr ließen, rief ich auf UKW den einzigen Deutschen im Hafen an, den Einhandsegler Gunther Hille. Er ankerte auf seiner kleinen Holzyacht GARUDA nicht weit von uns. Ich erzählte ihm, was er nicht glauben wollte, und wir verabredeten uns in einer der drei *warungs* (Garküchen).

Gunther war in Indonesien verliebt, er hatte das Land mehrfach besucht. Seine Yacht hatte er einem italienischen Botschaftsbeamten in Jakarta abgekauft. Gunther spricht Indonesisch, er bestellte Bier und die Mahlzeit des Tages. Für Licht sorgten zwei Tilly-Lampen. Wir waren die einzigen Gäste. Es gab nur zwei Tische. Wir diskutierten und konnten die Öffnung der Mauer um so weniger begreifen, je mehr wir tranken. Gunther Hille war wissenschaftlicher Assistent an der Hamburger Universität. Er sah eher aus wie aus dem Musical „Jesus Christ Superstar", mit seiner riesigen, blonden Lockenpracht. Es war in dieser Nacht, als er uns offenbarte, er trage Dauerwellen.

Dank Gunther Hille klärte sich ein verschwommenes Bild, das mich seit langem faszinierte: Vor vielen Jahren hatte ich im „Stern" einen Bericht über einen alten Kaufmann aus Hamburg gelesen, der zurückgezogen, quasi paradiesisch auf einer indonesischen Insel lebte. Ein Teil dieser Insel gehörte ihm. Indonesisches Personal besorgte seinen Haushalt, der alte Deutsche trug einen typischen Sarong und genoß offensichtlich sein Leben in der tropischen Üppigkeit, umgeben von einem herrlichen Garten. Gunther hatte diese Insel nördlich von Jakarta besucht und längere Zeit auf der Nachbarinsel gelebt, wo er den Voreigner seiner Yacht kennenlernte. Auf der Nachbarinsel hatte er sich preiswert ein Grundstück gekauft, und dorthin wollte er wieder zurück. Seine Freundin in Hamburg hat sich anders entschieden. Auch auf dem Boot wollte sie nicht leben, und damit kam in die Lebensgeschichte Gunther Hilles eine Kursänderung, die er nicht vorausgesehen und nicht gewollt hatte. Er wurde Einhandsegler.

Gunther Hille verfolgte einen logischen Plan. Mit dem NW-Monsun wollte er über Nordaustralien zu den Salomon-Inseln segeln, um später in der Saison im März/April, wenn der SE-Passat einsetzt, wieder zurückzusegeln ins geliebte Indonesien. Wir gaben ihm Seekarten und Bücher zum Kopieren. Er wollte zwei Wochen nach unserer Abfahrt gen Osten segeln, soweit der Monsun ihn ließ. Ich weiß nicht, ob Gunther ein zufriedener Einhandsegler war. Ich meine, ein überzeugter Einhandsegler, einer, der sein Leben für längere Zeit ganz allein bestimmen will. Solch ein

Mensch wird man meist erst, wenn man älter ist. Nur ältere Solosegler vermittelten mir das Gefühl, daß sie die Einsamkeit suchten. Bei den jüngeren war meist das Schicksal der Weichensteller.

Die Brahmanen sagen: Ein Mensch soll seine Jugend dem Studium, seine reifen Jahre den Pflichten und sein Alter der Meditation und der Selbstfindung widmen.

Indischer Ozean

74.

Unsere Reise von Bali bis Sri Lanka dauerte 36 Tage. Zwölf Tage davon lagen wir in Flauten der Doldrums, dem windarmen Gürtel südlich und nördlich des Äquators. Lange Flauten machen Menschen passiv, sie ergeben sich der Ruhe und dem Warten. Das entspricht nicht unserem Wesen; wir wollen etwas unternehmen, uns fortbewegen, Änderungen bewirken oder Änderungen mit den Augen, den Ohren, mit allen Sinnen erfassen. Der Mensch ist aktiv. Deshalb sind Stürme psychisch leichter zu ertragen als Flauten. Auf einen Sturm kann man sich einstellen. Er kann zum gemeinsamen momentanen Gegner werden: Wir ziehen alle am selben Strick! Alle Mann an Deck! Ganz anders bei Flauten. Sie trennen die Menschen, Aufgestautes wird wach, Aggressionen finden ihren Weg. Lange Flauten können aus Menschen Feinde machen. Stürme schweißen Menschen eher zusammen.

Beide, eine Flaute und ein Sturm auf dem Meer, bringen Bilder der Natur mit sich, wie sie ein Landmensch nicht kennt. Eine tropische Flaute ist in erster Linie eine erlebte Landschaft. Die Thermik schichtet Wolken zu ungewöhnlichen Bildern auf. In der fremdartigen Stille ist ihre Distanz zum Boot oft nicht einschätzbar. Eine Seemeile, drei Seemeilen, zwanzig Seemeilen – wie weit ist diese Wolke, die da hinten aus dem Meer emporsteigt, entfernt?

Flauten ändern gewohnte Empfindungen und Instinkte. Das Zeitgefühl ist gestört, die Wachsamkeit setzt aus, ich lasse Fünf gerade sein, Hunger- und Durstempfinden lassen nach, eine Art von Gleichgültigkeit überkommt mich, die ich aber niemals als unangenehm empfunden habe.

Auf der Oberfläche des Meeres weht kein Hauch, aber in zehn- bis dreißigtausend Meter Höhe toben Stürme. Die Wolkenlandschaften erscheinen alle Stunde wie ausgetauscht, das Meer nimmt jedes Mal eine andere Farbe an: schwarz, grau, grau-grün, grüngelb, blau, tintenblau, blau-schwarz, am Abend scheint es erst gelblich und dann rötlich. Eine besondere Flaute erlebten wir zwei

Tage nach unserer Äquatortaufe, östlich der Galapagos-Inseln. Der Vormittag war windarm, der Nachmittag windstill. Kein Kräuseln auf dem Meer. Nur ein ganz leichtes Atmen des Ozeans war zu erkennen. Gegen Abend zogen Wolken auf. Wir warteten auf Wind. Statt dessen kam Regen. Es war ein tropischer Guß – jemand hatte oben ein Wehr geöffnet. Was wir erst jetzt, nachts, erkannten: Das Meer war voller Plankton. Billiarden Regentropfen schlugen hart auf die See und ließen das Plankton fluoreszieren. Der Ozean leuchtete in kaltem Licht. Er war zu einer weißlich-grünlich-fluoreszierenden endlosen Fläche geworden, die nur durch die Regenwand in 360° begrenzt wurde, die wiederum im Widerschein des Meeres leuchtete.

Die ersten Menschen, die wir nach 35 Tagen sahen, waren singhalesische Fischer, achtzig Seemeilen vor der Küste. Sie fischten in kleinen, halboffenen Booten in den reichen Gewässern südlich Sri Lankas, wo sich die Bengalische See und der Indische Ozean treffen. Dort setzt ein Weststrom bis zu drei Knoten. Wir tauschten mit den Fischern Trinkkokosnüsse und Bananen gegen Bierdosen. Freude auf beiden Seiten.

Wir kamen im Hafen von Galle, im Südwesten von Sri Lanka, nachts an. Ein unbekannter Hafen mit einer uns ebenso unbekannten Bucht davor, von der wir nur eines wußten: daß mittendrin ein Wrack und unbeleuchtete Tonnen liegen. Hinzu kam, daß der Leuchtturm nicht arbeitete und vor dem Hafen Hunderte von kleinen singhalesischen Fischerbooten mit unzureichenden Petroleum-Lampen unterwegs waren. Ich griff zum UKW-Telefon und sprach in Englisch auf Kanal 16, nicht wissend, welche Hafenbehörde antworten könnte. Lange hatte mich keine Stimme so sehr erschreckt wie jene deutsche Stimme: „Seid Ihr die African Queen? Man macht sich hier Sorgen. Sie warten hier schon auf Euch. Alles okay? Mein Name ist Hans.“ Wir waren mit niemandem verabredet, wer also wartete? Hans erklärte uns die Fahrt durchs Dunkel zum Hafenbecken. Später beim nächtlichen Bier hörten wir, daß eine dänische Yacht, die einen Tag nach uns aus Bali abgesegelt war, seit zwölf Tagen hier auf uns wartete. Sie hatte die vielen Flautentage durchmotort. Ein schrecklicher Gedanke.

75.

Der Name des Hafens Galle spricht sich aus wie der des französischen Generals de Gaulle. Galle ist der einzige Naturhafen im Süden Sri Lankas und hatte schon lange eine große Bedeutung. Nach den Singhalesen erkannten das die Araber, die Handelshäuser und Moscheen errichteten. Von ihnen lernten einst die Portugiesen die Navigation, wagten sich damit in den Indischen Ozean und bauten in Galle einen Stützpunkt. Von den Portugiesen wiederum lernten die Holländer, wo der Pfeffer wächst. Sie machten sich unübersehbar breit und legten eine große Festung sowie die Innenstadt an, die heute noch das Bild von Galle beherrschen.

Eine beinahe ebenso beherrschende Erscheinung wie die Festung ist in Galle der Singhalese Don Windsor. Hier die Auflistung seiner Titel und Aktivitäten, eine Zusammenfassung aus den beiden Visitenkarten, die er mir gab:

D. WINDSOR J.P.
Director: DON WINDSOR & CO (PVT) LTD.
Port Officer: Ocean Crusing Club, 6, Creek Road.,
Emsworth, HANTS, U.K.
ASSOCIATE MEMBER, SEVEN SEAS CRUISING
ASSOCIATION
LOUISIANA: U.S.A.
Hony's LOCAL REPRESENTATIVE, CRUISING
ASSOCIATION,
IVORY HOUSE, ST. KATHERINES DOCK, LONDON, U.K.

President: MAGALLE GRAMODAYA MANDALAYA
President: GALLE FISHERMANS CO-OP SOCIETY
President: U.N.P. MAGALLE BRANCH
President: GALLE SHIPPING AGENTS &
SUB AGENTS ASSOCIATION
Past President: ROTARY CLUB OF GALLE

26 Polynesiens letzte *fales* stehen auf einigen der Santa-Cruz-Inseln.

27 Ligatu Island, Salomoninseln: Die AFRICAN QUEEN liegt zwischen denselben Dalben, an denen schon John F. Kennedys Patrouillenboot PT-109 im Zweiten Weltkrieg festmachte.

27

28 Im „Dingi der Zukunft“ überfliege ich . . .

29 . . . Cocoa Island, im Hintergrund unser Boot.

30 Die AFRICAN QUEEN in der Lagune von Manihi.

31 Auf dem Salzsee Lac Assal in Djibouti.

28

29

30

32

33

34

32 Auf den Inseln der Marovo Lagoon, Salomoninseln, hat fast jedes Kind ein eigenes Kanu.

33 Teluseti Lokati, die Tochter unserer tongalesischen Freunde.

34 Als wir Leni Riefenstahl trafen, arbeitete sie mit ihrem Freund Horst an einem neuen Foto-Kunstband über die Unterwasserwelt.

Ich dachte, da fehlt noch ein Titel und vermittelte später über Helmut Bellmer in Cuxhaven, daß Don Windsor auch Stützpunktleiter des Trans Ocean Vereins wird, wohlwissend, daß er nie die Bezeichnung „Stützpunktleiter“ wird aussprechen können.

Don Windsor ist eine lebende Legende und dabei ein gescheiter, beliebter und gewiefter singhalesischer Gentleman. Als ich ihn kennenlernte, war er in den Sechzigern. Er residierte mehr, als daß man es Arbeiten und Wohnen nennen könnte. Nicht weit vom Hafen entfernt, gleich neben dem Haus der Einwanderungsbehörde, circa dreißig Meter vor dem immer schwer bewachten Eingang zum Hafen, liegt sein Haus mit wunderschönen Schnitzereien im alten Holzwerk, einer großen Einfahrt, einem Garten, von dem man nicht weiß, wo er endet, und mit einer unvergeßlichen Veranda. Dort empfängt Don Windsor im Schaukelstuhl. Vor ihm steht stets ein kleiner Beistelltisch mit dem wichtigen Telefon – ein Zeichen des Wohlstands. Am Eingang zu dieser kleinen Stichstraße dominiert groß und fast schon poppig bunt eine überdimensionale Buddhafigur, die Don Windsors Vater einst gestiftet hat.

Don Windsor empfängt Segler, Politiker, Verwandte, Europäer, die in Sri Lanka wohnen, und Einheimische, die sich von seiner Nähe Vorteile erhoffen. Er telefonierte und organisierte Ausflüge, feilschte mit einem Juwelenhändler und befahl, was für die Küche einzukaufen sei; er dozierte über singhalesiche Geschichte, bedankte sich für eine Flasche Whisky, sein Lieblingsgetränk, und informierte Segler über den Papierkrieg bei den Behörden; skizzierte den Hintergrund des Bürgerkriegs und verhandelte gleichzeitig den Preis einer Reparatur, die einer seiner Söhne in der hauseigenen Werkstatt ausführen sollte. Er geriet außer sich bei der Nachricht, daß der deutsch-australische Segler, der während eines achtwöchigen Aufenthalts so etwas wie ein Freund geworden war, die Reparatur an seinem Bukhdiesel nicht bezahlt und sich nachts aus dem Staub gemacht hatte. Er notierte Tischvorbestellungen für das Abendessen in seinem Hinterraum, rezitierte aus Zeitungsmeldungen über Don Windsor und kassierte Tagesgelder für das Benutzen seiner Dusche, bestellte Taxen und Edelsteine, erzählte, orderte, kassierte und dealte von morgens bis abends.

Dons Lieblingsthema war Geld. Nichts hörte er lieber als seinen Spitznamen „Mr. Ten Percent". So hoch war seine Vermittlungsgebühr für seine mannigfachen Dienste. Wer weiß, vielleicht auch noch viel höher? Fast genauso gerne kokettierte er mit der Namensgleichheit zum italienisch-spanischen Höflichkeitstitel „Don" oder mit dem Namen des englischen Königshauses „Windsor". Überall auf seiner Terrasse hängen Bilder von Prinz Charles, Lady Di, Prinz Philip und natürlich vor allem von der Queen. Immer wieder betonte er seine Seelen- und Namensverwandtschaft mit den Windsors. Er sprudelte nur so über von Anekdoten und Geschichten, die meisten erzählte er mehrmals die Woche. Abends war er von seinen Berichten und seinem Rollenspiel so ermüdet, daß er in der Regel der erste war, der sich zurückzog, kein Wunder. Mir erzählte er aus seiner Jugend. Sein Vater war Edelsteinhändler in Kuala Lumpur gewesen, wo Don auch geboren wurde. Die Engländer, die traditionellen Kunden, hätten schon damals kein Geld mehr gehabt, und seine Familie sei ins reichere Singapore gezogen. Viele Jahre arbeitete er dort im Geschäft seiner Eltern. „Wenn Amerikaner den Laden betraten, dann wußte ich, die stehlen uns nur die Zeit. Wenn aber Japaner kamen, dann machten wir stets gute Geschäfte." Auch die Segler spielten in seinen Erinnerungen eine Rolle: „Klaus, ich erinnere mich an die Zeit, als ich ein Kind war. Das war vor dem Krieg. Jetzt kommen hier ja viele Yachten vorbei, aber damals war eine Yacht etwas ganz, ganz Seltenes. Vielleicht wird Dir das besser klar, wenn ich Dir sage, daß ich im Jahr vielleicht einen Rolls Royce sah, aber jahrelang keine Yacht. Wir wußten auch gar nicht den Namen für diese Art von Booten. Weil deren Besitzer unvorstellbar reich sein mußten, nannten wir eine Yacht *Lord's boat.*" Denkt man an die wunderschönen Linien der damaligen großen Vorkriegsyachten, so war das eine vortreffliche Bezeichnung. Don Windsor wäre selber gerne ein Lord gewesen. Nicht ganz so aristokratisch fiel seine doppelsinnige letzte Zeile in unserem Gästebuch aus: *„Good winds from Don Windsor."* Er konnte sich darüber vor Lachen gar nicht mehr einkriegen.

Beinahe auf den Tag ein Jahr später war ich in New York und

telefonierte mit der 22jährigen Tania Aebi, die allein, als jüngste Frau, die Welt umsegelt hatte. Sie erzählte mir freudig, daß sie nach ihrer Rückkehr ihren Segelfreund Olivier, auch ein Einhandsegler, geheiratet hatte und ein Kind erwartete. Ich gratulierte, und wir erzählten von unseren Reisen. Plötzlich, beim Thema Don Windsor, fragte sie ganz aufgeregt: „Weißt Du, Klaus, wo Don Windsors Sohn ist?" Ich fragte zurück: „Meinst Du den älteren, den Stolz des Alten, der in den USA studieren wollte?" „Ja, ja, genau den. Weißt Du, was der hier in New York macht?" Ich wußte es nicht. „Nun, Du wirst es nicht erraten. Er verkauft Porno-Videos in einem der heißesten Läden auf der 42. Straße."

76.

Dominique hatte Fieber, Schüttelfrost, Durchfall und spuckte. Eine Tropenkrankheit, von der wieder mal keiner wußte, wie sie hieß und wie man sie behandelt. Die erste Woche sahen wir ihn nicht. Nur Erika und Erik, Dominiques Freundin und Freund, trafen wir. Beide sehr jung, beide aus Frankreich und beide, durch eine Laune des Schicksals, miteinander namentlich verknüpft. Erik war 26 Jahre alt, in Paris geboren, sein Vater Franzose, seine Mutter ein ehemaliges deutsches Au-pair-Mädchen – daher der Name. Erika war auch 26, in Paris geboren, ihr Vater Franzose, ihre Mutter ebenfalls ein ehemaliges deutsches Au-pair-Mädchen – daher der Name. Verwandt waren sie nicht. Alle drei lebten auf einem kleinen, unscheinbaren, dunkelblauen Aluminiumschiff, dessen Name am Rumpf nicht zu erkennen war. Dominique und Erika schliefen im Vorschiff, Erik im Salon oder noch lieber draußen an Deck. Das Schiff maß höchstens 9,50 m in der Länge. Es herrschte Chaos über Deck und Chaos unter Deck. Keiner fühlte sich aufgerufen, etwas wegzuräumen, und keinen störte das Durcheinander der anderen. Anfangs dachte ich, es läge an Dominiques

Krankheit. Später, als er gesund war, hatte ich mich an ihre Unordnung gewöhnt, so daß ich am Tag ihrer Abreise, als sie alles picobello aufgeräumt hatten, leicht irritiert war.

Drei Franzosen, drei Physiognomien: Dominique dunkel, nachdenklich, sehr schlank; der blonde Lockenkopf Erik kräftig und muskulös und Erika mit ihrer vollen weiblichen Figur stets strahlend. Gemeinsam eigen war ihnen große Herzlichkeit und eine frische, ungebrochene Jugendlichkeit. Wir nahmen im Hafen von Galle für unser Boot eine Muring neben ihnen, waren quasi Nachbarn. Am nächsten Tag saßen sie bei uns im Cockpit, und am Tag darauf waren wir bei ihnen zum französischen Essen eingeladen. Wir fanden die gleiche Krümeltisch-Atmosphäre wie bei unserem Bootskauf in Marennes bei La Rochelle. Das Brot wurde über dem Tisch gebrochen, Weingläser ohne Sets, erst der Salat, dann Fisch vom selben Teller mit demselben Besteck, um uns die Unordnung von wochenlang liegengelassenen Dingen. Kein Platz für Töpfe und den Abwasch. Die Petroleum-Lampe beleuchtete nur das Wichtigste. Wir unterhielten uns auf englisch, deutsch und französisch. Dominique und Erik waren vom Mittelmeer durch das Rote Meer gesegelt. Erika war später in Djibouti dazugestiegen. Mit dem Monsun ließen sie sich über den Indischen Ozean zu den Malediven treiben. Dort fanden sie unter den siebenhundert Inseln ihre Paradiesinsel, unbewohnt. Später zeigten sie sie mir auf der Seekarte. Es war wohl ein Zeichen ihres Vertrauens, mir den Namen preiszugeben.

Drei Menschen in einem kleinen Boot, monatelang – wie geht das gut? Nein, zwei gegen einen, das kannten sie nicht. Dominique: „Wir denken gleich, wir haben das gleiche Ziel, und wie Du siehst lachen wir über dasselbe, essen und trinken dasselbe und haben alle gleich wenig Geld. Jeder von uns braucht den anderen."

In den folgenden Tagen hatten wir weniger Zeit für unsere Nachbarn. Freunde aus Deutschland waren gekommen. Sie wollten Urlaub machen und uns treffen. Am Sylvesternachmittag kamen Francis und Jürgen mit einem Seesack voll deutscher Spezialitäten. Sie waren wohl die ersen Touristen in Sri Lanka, die mit einer Siamkatze in den Urlaub fuhren. Jedenfalls war die Katze bei dem Hotelpersonal interessanter als alle Touristen. Auf ihre Fragen hin einigten wir uns, daß es ein „German Tiger“ sei. Gemeinsam mieteten wir einen Wagen und fuhren ins Innere der Tropeninsel.

In diesen Tagen zog eine Depression über Sri Lanka hinweg. Oben in den Bergen fuhren wir manchmal nur durch Wolken und Regen. Wir sahen uns in Kandhi Volkstanzgruppen an, die beim Treffen von über achtzig Tanzgruppen aus aller Welt in Paris den ersten Preis erhalten hatten. Tagsüber konnten wir zwischen den Wolkenbänken die Frauen in den Hügeln beim Pflücken der Teeblätter beobachten. Auf 1600 Meter Höhe besuchten wir das ehrwürdige englische Clubhotel in Nuwara Eliya mit seinem riesigen Lesesaal mit Kamin – er war menschenleer; ebenso das Restaurant voll aufwendig gedeckter Tische – es waren keine Gäste zu sehen. In den Gängen Pokale, Orden, Fotos und Trophäen von Verstorbenen. 1875 gab es hier die erste Pferderennbahn, 1881 die erste Brauerei und 1889 den ersten Golfplatz. Mir wurde klar, welcher Reichtum aus dem Pflanzen von Tee erwachsen war. Zwei Dinge habe ich diesen reichen Herren hoch angerechnet: den Mut und die Ausdauer, die kleinen Teepflänzchen aus dem entfernten China hoch in die einsamen Berge Sri Lankas zu bringen, hoffend, daß der Tee hier anwachse und besser gedeihe als in seinem Heimatland. Und zweitens, die Geschicklichkeit, mit der die Herren und ihr Gefolge zwei riesige Billardtische, jeder so groß wie ein Zimmer, über die schmalen Wege per Pferdekarren auf 1600 Meter hochbekommen haben.

Der Regen nahm zu, und wir entschieden uns, zurückzufahren. Der Fahrer brachte Francis und Jürgen ins Hotel und uns zum Hafen.

Im Hafenbecken von Galle lagen acht Yachten. Eine ankerte bereits seit einem Jahr. Der englische Eigner war erst in Sri Lanka als Berater für Agrarwirtschaft aktiv gewesen und nun in Somalia tätig. Er erzählte mir, daß er die einzige Yacht in Somalia besitze. Während unserer dreitägigen Landtour hatte sich nichts verändert. Wir lagen noch an derselben Muring. Der Südafrikaner Karl hatte uns vor der nicht ausreichend beschwerten Muring gewarnt, so daß wir noch zusätzlich einen CQR-Anker ausgelegt hatten. Es war unser Reserveanker, den ich mit fünf Meter Vorlaufkette und zwanzig Millimeter starker Ankertrosse auslegte. An unseren Danforth-Hauptanker, eine Spezialanfertigung aus Edelstahl, die wir einem deutschen Segler in Suva abgekauft hatten, ließ ich gerade bei Don Windsors Sohn einen sechzig Zentimeter längeren Schaft anschweißen. Inzwischen wußte ich, daß der zu kurze Schaft der Grund war, daß wir unser Boot in der Torresstraße beinahe verloren hatten.

Nachts hörte der Regen auf. Die Front der Depression zog über den Süden Sri Lankas. Der Wind wurde zum Starkwind und dann für drei Stunden zum heftigen Sturm. Alle Segler standen zu dieser Zeit nachts an Deck. Ihre Toplichter waren an. Man konnte immer wieder dunkle Gestalten nach vorne gehen sehen – zum Bug ihrer Boote, gegen den Sturm gebeugt. Ein Sturm setzt sich aus unendlich vielen Böen zusammen. Sturm ist niemals eine gleiche Kraft, er hat Höhen und Tiefen, genau wie eine Welle. Ich schätzte die Tiefen dieses Sturmes auf 35 und die Höhen auf 50 Knoten. Die erste heftige Sturmwand hatte jede Yacht geprüft, ob ihr Ankergeschirr hält: Hatte der Skipper auch im geschützten tropischen Hafen von Galle seine Hausaufgaben gemacht?

Wir saßen im Cockpit unter der Sprayhood und warteten. Aus dem Grau der Nacht sahen wir etwas Schwarzes auf uns zukommen. Gestalten bewegten sich darauf. Es kam näher, und ich erkannte, daß es das Boot der Franzosen war. Ihr Motor war defekt, sie konnten nicht motoren. Wieder an fremder Muring, schoß es mir durch den Kopf, wieder nachts, wieder ein Sturm, wieder wir. Dominique, Erik und Erika waren nun im schwachen Licht der entfernten Hafenbeleuchtung zu sehen. Ihr Boot hatte keinen Halt, es trieb direkt auf uns zu, genau in den spitzen Winkel zwischen unserer Muringleine und unserer Ankertrosse. Für die drei Franzosen wurden sie Fangleinen, sie brachten sie zum Halt. Jetzt hingen zwei Schiffe an unserem doppelten Ankergeschirr. Im Hafen hatte sich die See aufgebaut, die Franzosenyacht machte Bocksprünge. Das Bocken dauerte nur wenige Minuten, dann war unsere Ankertrosse vom Kiel der Aluyacht zerschnitten. Jetzt nahm die Yacht schnell Fahrt auf und traf auf unsere Steuerbordseite. Dominique wollte sein Boot am Heck von unserem Rumpf abhalten, rutschte dabei aus und fiel einen Meter vor mir ins Wasser. Der Mann gerät mit der nächsten Welle zwischen die Boote und wird zerquetscht, durchzuckte es mich. Dies wußte er auch, und mit Instinkt, Geschicklichkeit und unvorstellbar schnell hantelte er sich mit zwei, drei Griffen über die Heckstufe, den Relingfuß zurück an Bord. Sein Boot prallte gegen unser Dingi, das wir seitlich an der Bordwand festgelascht hatten. In der Dunkelheit erkannte ich noch, wie die Festmacherleine des Dingis zerrissen wurde. Schreie, Abdrücken, Festmacher, Fender – es ging alles zu schnell, um es im Nachhinein zu beschreiben.

Plötzlich mußten wir uns um unser eigenes Boot kümmern. Wir sahen, wie unsere Yacht selber nicht mehr die gleiche Position hielt. Mit der viel zu leichten Muring trieben wir in Richtung der Steinmauer hinter uns. Unser Motor lief. Milda und ich verständigten uns, die Muringtrosse vorne durchzuschneiden. Ein scharfes Messer war in dem alten, wettergegerbten Lederetui an der Steuersäule immer griffbereit. Inzwischen wanderten wir mit der Muringtonne bedrohlich weiter. Es blieb keine andere Wahl. Milda eilte zum Bug, und am Ruck des Bootes merkte ich, daß die Trosse zerschnitten war. Ich gab so viel Gas wie damals in Bora Bora. Nein, nicht noch einmal auf die Steine! Mit Glück und Kaltblütigkeit kamen wir an der treibenden dänischen Yacht LYKKE vorbei. Noch zwei anderen Yachten ausweichen, dann wurde es etwas freier, und wir motorten langsam gegen den Sturm, quer über das Becken, vorbei an anderen Booten mit anderen Schwierigkeiten. An der nördlichen Mole machten wir neben dem einzigen singhalesischen Meeresforschungsschiff fest.

Der nächste Tag war ein Tag wie jeder andere. Die Sonne schien. Die Fischer im Hafen legten ihre Netze aus, so bedächtig, wie sie es seit Tausenden von Jahren tun. Dominique kam mit seinem Dingi. Er hatte unser demoliertes Beiboot im Schlepp. Der Außenborder fehlte. Mittags kam Erik, er hatte den Anker gefunden. Er wollte beide Trossen, die gebrochene und die zerschnittene, spleißen. Blieben noch die Beulen im Rumpf und der verlorene Außenborder. Zwei Tage tauchten Erik und Dominique in dem schlammigen Wasser auf zehn Meter Tiefe. Dann probierte es der einheimische Hafentaucher, doch der Außenborder wurde nie mehr gesehen. Vielleicht hatte ihn bereits in den Morgenstunden ein Fischer im Netz gehoben.

Die drei jungen Franzosen kamen mit kleinen Geschenken und entschuldigten sich. Sie bestanden darauf, 150 US-$ Schadensersatz zu zahlen. Wir tranken Arrak und waren froh, daß Dominique nicht zwischen die Boote geraten war. Lange danach, als unsere Wege sich längst getrennt hatten, bekamen wir Post von ihnen. Sie schrieben uns, daß sie ihr Boot in Cochin, in Indien, gelassen hatten und zum Trekking nach Nepal gereist waren. Dort hatten sie sich mit zwei Bergsteigern angefreundet und sie auf ihr Boot mitgenommen. Zu fünft sind sie dann in ihrem 9,50 Meter kurzen Boot quer über den Indischen Ozean zur Insel Réunion gesegelt. Da leben Dominique, Erika und Erik seither.

Réunion ist ein französisches Département, wie Martinique und Gouadeloupe französisches Staatsgebiet. Ich bin schon seit langem davon überzeugt, daß die Franzosen sich die schönsten Inseln der Welt ausgesucht haben.

77.

In Düsseldorf gibt es an der Rheinfront ein großes Wohnhaus, gebaut um die Jahrhundertwende, das jeder kennt. Die breite Fassade wurde 1973 lila angestrichen, seitdem heißt es „Das Lila Haus“. Mitte der siebziger Jahre wohnte dort der Fotograf Eric Klemm. Er war ein Kind der wilden sechziger Jahre und verdiente sein Geld damit, Mädchen, Fräuleins, Frauen und Models zu fotografieren – mit möglichst wenig am Körper, mit möglichst brauner Haut, vielleicht etwas Sand und einigen Wassertropfen darauf, vor blauem Himmel und mit Palmen im Hintergrund. Einer seiner

Auftraggeber war das Magazin „Playboy“. Eric Klemm war mit seinen Modellen häufiger auf tropischen Inseln anzutreffen als im „Lila Haus“. 1980 entschloß er sich, ein Mann der Tropen zu werden. Er suchte nach einer Insel, um da zu leben und zu arbeiten. Viele seiner Fotoreisen hatte er zu den Malediven gemacht.

Eines Tages ging Eric Klemm auf der Hauptinsel Male zum Touristikminister und bat um die Bauerlaubnis eines Privathauses auf dem unbewohnten Island Cocoa, im südlichen Male-Atoll. Den Namen hat er der Insel gegeben. Er beschreibt sie als einen Witz von Insel: Sie ist klein, mit viel Buschwerk, elf hohe Palmen stehen darauf, in zehn Minuten hat man sie im weißen Sand umwandert; im Osten liegt die flache Lagune, die zur Springzeit trockenfällt, im Westen ein herrliches Korallenrevier, und gen Norden zieht sich eine einen Kilometer lange Sanddüne hin, der Clou dieser einsamen Insel. Eric Klemm durfte dort leider kein Privathaus bauen. Privateigentum, wie Bauland, gibt es auf den Malediven nicht. Alles Land ist nur verpachtet. Die höchste Landerhebung auf allen siebenhundert Inseln ist übrigens drei Meter hoch. Bei einer Eisschmelze in der Antarktis würden alle Inseln unter den Meeresspiegel sinken – auch Cocoa. (Als wir die Malediven besuchten, hielt die UNESCO zu diesem Thema ein Symposium in Male ab.) Der Minister billigte dem verhinderten Besitzer von Cocoa zu, dort ein Resorthotel für Touristen zu bauen. Als Eric zu bedenken gab, daß er kein Hotelier sei, antwortete ihm der Minister: „Dann werden Sie einer.“ Und als der Fotograf ihn fragte, wie klein denn das kleinste Resorthotel sein dürfe, zeigte der Minister auf den Fingernagel seinen kleinen Fingers, maß mit dem Daumen der anderen Hand die Hälfte des Nagels ab und erwiderte: „So klein.“

Ich kannte alle diese Geschichten um Eric Klemm und sein Cocoa. Drei Wochen haben wir vor der Insel geankert. In dieser Zeit überarbeitete ich tagsüber den Text zu seinem Buch „Cocoa, meine Trauminsel“. Eric hatte in den vergangenen zehn Jahren beeindruckende Fotos gemacht: Von den ersten Tagen auf der Insel, von allen Bauphasen, von Stürmen und Hochwasser, von den vielen Maledivern, die ihm beim Bau seiner acht Bungalows und seines Hauses halfen, vom Restaurant, der Bar, die in die Lagune gebaut worden war, und den vielen Nebengebäuden, bis hin zu der kleinen Moschee für die Mitarbeiter. Die Fotos waren alle schwarzweiß gehalten, so, wie ich mir Fotos von einer Tropeninsel vorgestellt hatte. Das Buch ist ein repräsentativer Bildband geworden, etwas, was die Amerikaner ein „*Coffee table book*" nennen – es liegt auf dem Couchtisch und sticht jedem Besuch sofort ins Auge. Inzwischen liegt es auch auf deutschen Couchtischen.

Was für ein Wechsel! Viereinhalb Jahre lebten wir an Bord auf einfachem Niveau: barfuß, in Shorts, von der Arbeit verschmutzt, Fingernägel abgebrochen, Zehen am Schiff verletzt, Schnittwunden von Korallen, blaue Flecken, mit Salzwasser-Seife eingeseift und Salzwasser nachgespült. Drei Monate war unsere Toilettenpumpe defekt, drei Monate die Pütz benutzt; Sonnenbrand auf der Nase, von Sandflöhen zerstochene Beine, auch schon mal Hitzepikkel, Sand im Bett, Ölflecken in den T-Shirts. Manchmal roch es nach Diesel, Farben oder Petroleum. Dann, auf Cocoa die tropische Luxuswelt! Eric und seine Frau Mariette luden uns ein, ihre Gäste zu sein.

Bis Mittag blieb ich an Bord und überarbeitete Erics Manuskript – gekühlt durch den Passatwind, der durch die Luken zog. Gegen ein Uhr aßen wir mit Eric und seiner Frau Mariette unter Palmen neben dem kleinen Restaurant. Weiße Tischdecke, vorab ein Glas Champagner, später französischer Loirewein, drei Gänge, Espresso – alles importiert über Singapore. Danach war Siesta und danach Sportprogramm: Topcat-Katamaran-Segeln, Paragliding, Wasserski, Tauchen, Schnorcheln, Surfen. Nur zum Segeln hatte ich keine Lust. Als ich den Topcat auch noch zweimal umwarf, war die Lust am Segeln endgültig dahin; ich genoß den Luxus und die Open Air-Bar, die auf Holzstelzen in der Lagune steht. Bernhard Paul vom Circus Roncalli, Nena, Roy Black, Hans Hass, Thomas Fritsch, Erich Schellow, Ludwig Hirsch und Boris Becker haben es sich dort schon gutgehen lassen. Das weiß ich alles aus den Unterlagen zu dem Buch, dessen Manuskript ich überarbeitete.

Ich reproduzierte die Gedanken und Erzählungen von Eric. Dadurch lernte ich ihn besser kennen als er mich. Eric Klemm ist ein Mensch der Öffentlichkeit. Er braucht andere Menschen in seiner Nähe. Er ist ein Erzähler. Sein Leben ist reich an Geschichten, denn er hat den Kopf weit aus dem Sand gesteckt und vieles gewagt. Ein Mann mit zwei Karrieren, jeweils umgeben von auf ihn bezogenen Menschen. Erst die Modelle, später, auf Cocoa sind es seine Gäste. Mir schien, Eric suchte sich sein Publikum aus, seine Gäste, die bei ihm so lange blieben, bis sie seine Trauminsel, seine Geschichten und seinen Erfolg kannten. Er konzipierte nicht ein Pauschaltouristen-Resorthotel, sondern eine kleine, exklusive Bungalow-Insel mit exklusiven Preisen für exklusive Gäste. Ob er es bewußt oder unbewußt gemacht hatte? Natürlich war alles bewußt, auch wenn es sich nur peu à peu dazu entwickelt hatte.

Erics Idee war beeindruckend: Ich habe zu wenig Geld, um mir Müßiggang auf meiner Trauminsel zu leisten. Also pachte ich mir eine solche Insel. Meinen Gästen, die auch meine Freunde sind, biete ich die einmalige Kombination vom einfachen Leben in pandanuswedel-bedeckten Hütten mit original Sandfußboden, in tropischer Inselnatur, aber gekrönt mit gastronomischem Service von hohem Niveau.

Die ersten Gäste waren ein gewisser Herr Käfer aus München mit Freunden. Bekannter ist der Herr unter seinem Wahlvornamen „Party Käfer“. Ausgerechnet bei seinem Besuch klappte der Nachschub aus Singapore nicht. Es gab kein Bier auf Cocoa.

Wenn Eric in weißer Hose, mit freiem Oberkörper, einem farbigen Tuch um die Stirn, braungebrannt, mit seiner jungen Frau Mariette, die zart wirkt und stark sein kann, wenn sie in Weiß und er als Inselpirat ihre Lagunen-Bar kurz vor der Dämmerung betraten, wenn Eric die Gäste begrüßte, einen Drink in der Hand, erzählte und entspannte Stimmung verbreitete, dann ging mir oft durch den Kopf, daß alles auf dieser Insel einschließlich des zeitlich limitierten Hochgefühls seiner Gäste, einmal als Idee in seinem Kopf angefangen hatte – nichts ist stärker als eine Idee. Oder wie es in einem Schlager der türkischen Gruppe „Yeni Turku“ heißt: Jeder Anfang hat seinen Sinn.

78.

Am beinahe weißen Strand von Cocoa standen wir uns zum ersten Mal gegenüber. Sie trug einen schwarzen einteiligen Badeanzug. Als Sonnenschutz hatte sie einen Strohhut auf. Zunächst fielen mir ihre straffe Körperhaltung auf und ihre neugierigen blauen Augen. Von Anfang an bestimmte sie das Thema unserer kleinen Runde am Strand, und ich hatte Zeit, über sie zu staunen: Leni Riefenstahl, 89 Jahre alt, bereit für einen Tauchgang mit Flasche, Lungenautomat, Mundstück, Tiefenmesser, Brille, Messer, Unterseekamera und Scheinwerfer. Die Hitze schien sie nicht zu stören. Sie stand vor uns, konzentriert auf das Gespräch und gar nicht abgelenkt von dem, was sie gleich erwarten würde: Ins Wasser zu steigen und die ersten Unterwasserfotos für ihr neues Buch zu schießen. Schließlich entschuldigte sie sich. Wir könnten ja abends weitersprechen; sie stieg ins Wasser, watete zu dem schönen, hölzernen Dhoni, kletterte hoch über das Freibord ins Boot, wie eine junge Frau, und ab fuhren sie zu ihrem Unterwasserrevier.

Leni wollte wissen, wie wir an Bord leben, wie eine Yacht innen aussieht, wo wir schlafen, essen, kochen. Ich holte sie mit dem Dingi vom Strand ab. Am Boot angekommen, mußte sie die steile Heckleiter hochklettern und über die Reling steigen. Natürlich schaffte sie es. Aber noch eindrucksvoller war, wie diese Frau – knapp neunzig Jahre alt – den Willen dazu aufbot. Der stand ihr im Gesicht geschrieben. Sie war neugierig und wißbegierig. Hindernisse waren für sie dazu da, sie zu überwinden.

Leni Riefenstahl schien frei zu sein von der Egozentrik anderer berühmter Leute, sie gab sich ganz natürlich und ließ uns echtes Interesse an unserem Leben spüren. Und: Sie konnte zuhören! Als wir ihr von den Galapagos-Inseln berichteten, von den Tieren, die den Menschen nicht als Feind sehen, von dem Nationalpark über Wasser und ganz besonders von dem unter Wasser, fing sie Feuer und plante spontan, das nächste Jahr zu den Galapagos-Inseln zu reisen. Natürlich wollte sie dort mit ihrem Freund Horst wieder tauchen, um Fotos für ihr Buch zu schießen. Ich erzählte ihr von den sich paarenden Mantas, die wir gesehen hatten, von der Spielkunst der Seelöwen, von den Kormoranen, die nicht mehr fliegen, aber desto besser tauchen können, von den nördlichsten Pinguinen und den Tausenden von Wasserschildkröten.

Leni kann gut zuhören, aber sie kann noch besser erzählen. Ich kannte ihren Film über die 1936er Olympidade, wußte, daß diese Schwarzweiß-Expressionen viele Regisseure und Kameramänner weltweit beeinflußt hatten. Sie erzählte uns von den Mißverständnissen, die ihr Leben im Nachkriegs-Deutschland überschattet hatten. Anlaß waren ihre Privataudienzen bei Hitler – ein blondes junges Künstlertalent mehrfach beim Führer zum Tee, noch dazu unter vier Augen! Sie erzählte uns von diesem Mann aus der Sicht einer Frau, die im Tausendjährigen Reich eine Rolle spielte, es nach zwölf Jahren untergehen sah und davon mitbetroffen war. Sie erzählte von ihren Memoiren und von den Journalisten und Verlegern, die ihr nicht verziehen haben, daß sie einen Kunstfilm über das Nazi-Spektakel der Olympiade gemacht hatte. Leni Riefenstahl ist eine empfindsame Frau. Sie hat unter den Verdächtigungen und dem Mißtrauen der deutschen Presse gelitten. Sie ist verletzbar, aber sie hat sich nicht verletzt zurückgezogen. Neue Interessen gaben ihr neuen Auftrieb. Die Fotografie, Fotoreportagen, Fotobände. Und in einem Alter, als Gleichaltrige sich nach einem Seniorenheim sehnten, lernte Frau Riefenstahl tauchen – mit 72 Jahren. Sie veröffentlichte danach Bildbände von Tauchrevieren im Roten Meer, vor Kenia, Kuba und Mittelamerika. Über ihre zweite Karriere staunten die Älteren. Die jüngere Generation lernte sie durch ihre Bücher und Fotoreportagen erst kennen. Ich erinnere mich noch genau an die „Stern"-Reportage mit den nackten, schwarzen Adonis-Gestalten, den tanzenden Nubas. Es war die eindrucksvollste Fotoreportage, die ich von einem Stamm gesehen habe. Die Fotos zeigten schwarze Gestalten in ekstatischen Tänzen von solch großartigem Körpermaß, daß selbst die antiken griechischen Marmorfiguren, die bei uns zum Schönheitsmaß für den abendländischen Körper wurden, dagegen schwach wirkten.

„Ich hatte mich zwischen die Tänzer treiben lassen", erinnerte sich Leni Riefenstahl, als ich sie nach dem Zustandekommen jener Bilder fragte. „Dann, angestachelt von den Trommeln, dem Gesang, der Hitze, den gestikulierenden Männern und von der Ästhetik ihrer Körper, habe ich selber wie in Ekstase fotografiert. Wir waren tagelang, mit dem Jeep von Kenia kommend, in den Sudan gefahren. Keine zwanzig Kilometer weiter und unser Sprit hätte nicht mehr für die lange Rückfahrt gereicht. Ich war wie magnetisch angezogen von einem unbekannten Ziel, von dem ich nicht wußte, was uns dort erwartet, wer dort lebt und wie man uns empfängt. Ich glaube, es lag an meiner weiblichen Unbekümmertheit, daß die Nubas nicht aggressiv wurden. Es paßte halt alles zusammen. Es war wie eine innere Bestimmung, daß ich zu den Nubas fahren und der Welt diese Fotodokumentation hinterlassen sollte, denn heute leben sie nicht mehr nackig, wollen T-Shirts, Essen aus Dosen und tragen westliche Waffen, um sich gegen die nordsudanesischen Attacken zu wehren."

Als wir Leni Riefenstahl nach unserer Rückkehr in München anriefen, war sie nicht zu Hause. Verreist. Vielleicht fotografierte sie gerade vor einer Galapagos-Insel, dreißig Meter tief, eine endemische Koralle und freute sich über die Entdeckung wie ein kleines Kind.

79.

Eine weniger schöne Entdeckung machte ich selber beim Tauchen in den Malediven. In der Lagune der Insel Furana entdeckte ich, daß der Festmacher unseres Dingis vielfach um die Schraube und Welle verdreht war. Er war halb verschmolzen, wohl durch die hohen Umdrehungen der Welle, als wir uns im Hafen von Galle mit voller Kraft aus dem nächtlichen Wirrwarr von Booten, Murings, Tonnen und driftenden Yachten in Sicherheit gebracht hatten. Ich schnitt die Reste des Tampens ab. Kurz darauf, im Südlichen Male-Atoll, mitten in einer Riff-Passage, wo man den Motor ganz besonders benötigt, blieb die Maschine stehen. Wir mußten segelnd zurück zur Hotelinsel Furana, wo es einen der ganz wenigen sicheren Ankerplätze im Male-Atoll gibt. Der Block der ersten Zylinder-Laufbuchse hatte einen Riß, wir mußten in Deutschland einen neuen bestellen. Wir nutzten die Zeit, um den längst überfälligen Tauchschein zu machen. Wenn wir nicht unter Wasser waren, dann beschäftigte ich mich mit dem Kreuzweg der Portugiesen und Araber, denn deren Austausch von navigatorischem Wissen hatte indirekten Einfluß darauf, daß wir hier ankerten.

Die Malediver sind erst seit 1968 Herr im eigenen Haus. Davor waren sie englisch, davor portugiesisch, davor arabisch. Schon lange bevor Portugiesen und Engländer etwas vom Indischen Ozean und den Malediven wußten, segelten die Araber bereits regelmäßig zu den flachen, sehr schwierig auszumachenden Inseln, zwischen deren Atollen ein starker Strom bis zu drei Knoten steht. Zwischenstation, um von hier aus die Häfen Südindiens, Sri Lankas und Indonesiens anzulaufen. Zu Land war der Weg von Europa nach Indien bekannt, aber zu beschwerlich und lang. In Portugal machte man sich als erstem europäischen Land Gedanken, wie man mit den neuen seetüchtigen Galeeren nach Indien gelangen könnte. Prinz Heinrich „der Seefahrer" gründete in Sagres, an der Algarve, eine nautische Akademie. Sein Hof wurde zum Zentrum geographischer Studien. Seit 1418 ließ er die westafrikanische Küste erforschen. Er war der Initiator der Reise Vasco da Gamas, der zu Unrecht als der „Entdecker des Seewegs nach Ost-Indien" im Brockhaus steht.

Den Weg nach Indien hat ihm vor seiner Abfahrt aus Afrika am 24. April 1498 der arabische Seemann Ibn Majid gezeigt, der ihm als Berater zur Seite stand und die Strecke zuvor gesegelt war. Die beiden Seemänner trafen sich in Malindi, an der Ostafrikanischen Küste, wohin Araber seit dem 9. Jahrhundert mit ihren Dhaus segelten.

Ahmed Ibn Majid kam aus der alten Hafenstadt Sur im Oman. Er war ein *mu'allim*, ein Navigator von höchstem Rang – vielleicht ähnlich einem A6-Kapitän. Vasco da Gama, der Tausende von Meilen entlang der afrikanischen Küste gesegelt war, der das Kap der Guten Hoffnung umrundet hatte, brauchte einen Ozean-Navigator. Denn noch nie zuvor hatte ein Europäer diesen Ozean überquert! Der *mu'allim* Ibn Majid zeigte ihm den Weg von Malindi nach Calicut an der Malabar-Küste, im Südwesten Indiens. Was für den Portugiesen eine Entdeckungsreise war, bedeutete für den Araber eine Routinefahrt wie viele andere vorher.

Die Ägypter beschäftigten sich vor sechstausend Jahren mit der Astronomie und Geometrie. Aus früherer Zeit fand man in Mesopotamien Tafeln mit astronomischen, geometrischen und mathematischen Formeln. Wie selbstverständlich und durchaus logisch erscheint es demnach, daß die Araber, die zum gleichen Kulturkreis zählen, dieses Wissen um die Sterne besaßen – wie auch die Chinesen, Inder oder Perser. Am Ende des zehnten Jahrhunderts beschreibt der Araber Al-Biruni in seinem Buch „kitâb magâlid" die sphärische Trigonometrie, auf der unsere astronomische Navigation beruht.

Die natürlichste Art sich zu orientieren, ist die Beobachtung der Himmelskörper. Die Araber wußten, daß der Polarstern über gewissen Orten und Häfen in einer ganz bestimmten Höhe steht. Schon im 9. Jahrhundert hatten sie für die wichtigsten Häfen im Indischen Ozean und im Golf von Bengalen die Lokalhöhe des Polarsterns ermittelt. Sie brauchten nur soweit Süd – oder Nord – zu segeln, bis sie auf der gleichen Polarsternhöhe waren wie der von ihnen angezielte Hafen, um dann auf der Breite (Polarsternhöhe) bis zu ihrem Zielhafen – östlich oder westlich – weiterzusegeln.

Bereits vor eintausend Jahren besaßen die Araber ein anderes Maßsystem, als wir es heute kennen. Sie zählten in *dubban, isba* und *zam*, wobei ein *isba* der Breite eines Fingers entspricht, ein *dubban* gleich vier Finger. Ein *isba* konnte in acht *zam* unterteilt werden. Der Horizont wurde nicht in 360°, sondern in 32 Abschnitte zu je sieben *isba* = 224 *isba* aufgeteilt. Diese 224 *isba* kann man nun wieder durch die 28 Tage der Mondphasen von Vollmond zu Vollmond teilen – acht mal 28 gleich 224.

Ein *isba* (circa 1°37') entspricht der Breite des menschlichen

Fingers. Dieses menschliche Maß wurde auf die Messung der Polarsternhöhe übertragen. Im 14. Jahrhundert wurden Handelsreisenden ihre Zielhäfen nach der Polarsternhöhe in *isba* angegeben. Die Araber hatten ein einfaches, bewährtes Meßgerät, um den Winkel der Sterne zu ermitteln. Wenn man mit einer flachen Hand bei ausgestrecktem Arm ein entferntes Objekt anpeilt, so bildet der Winkel zwischen der oberen Linie der vier Finger und der auf den Horizont gehaltenen unteren Fingerlinie ein *dubban* = vier *isba* = 6°28′. Mit dieser Methode kann man jedoch schwerlich hochstehende Sterne messen, denn erstens muß der Arm horizontal gestreckt bleiben und zweitens hat eine Hand eben nur vier Meßfinger. Deswegen entwickelten die Araber raffinierte und dennoch einfache Instrumente, genannt kamal, die noch heute in den Malediven bekannt sind.

Es gibt zwei verschiedene *kamals*. Das eine besteht aus neun Holzplättchen, die auf einer Schnur durch die Mitte der Plättchen aufgereiht sind, vom ersten an sind sie je einen Finger breiter als das vorhergehende. Das erste Brettchen ist vier *isba* hoch, das letzte zwölf *isba*. Nimmt man zum Beispiel das Brettchen, das neun *isba* zählt, in die rechte Hand, streckt den Arm aus, findet den Polarstern an der oberen Kante und hält die untere Kante auf den Horizont, so beträgt der Winkel zwischen Auge, Stern und Horizont 14°33′ (neun *isba* × 1°37′).

Das andere *kamal* besteht aus einem einzigen rechteckigen Brettchen, doppelt so lang wie hoch, durch dessen Mitte wiederum eine Schnur läuft. Durch ein Rechenverfahren werden auf der Schnur die unterschiedlichen Abstände von neun Knoten ermittelt. Jeder Knoten steht für die Breite eines vorausbestimmten Hafens. Wenn man zum Beispiel den entsprechenden Knoten der bestimmten Stadt zwischen die Zähne nimmt und das Brettchen am Ende der gespannten Schnur Polarstern oben und Horizont unten berührt, so befindet man sich bereits auf dem Breitengrad, auf dem der Bestimmungshafen liegen muß.

Noch heute heißen die Durchfahrten zwischen den großen Atollen der Malediven „One and Half Degree Channel“, „Eigth Degree Channel“ oder „Nine Degree Channel“. Bestimmt haben die Engländer die Bezeichnungen der Malediver übersetzt – in englischer Sprache und in westliche Maßeinheit. Vielleicht hieß der erste Kanal vor tausend Jahren bereits „Die ein *isba*-Durchfahrt“?

Die Wikinger orientierten sich nach der Höhe des Polarsterns. Auch die ersten Amerikafahrer, die Polynesier im nördlichen Pazifik, die Araber und mit Sicherheit auch die Inder und Chinesen. Bis auf die heutige Zeit ist bekannt, und ein jeder Schiffsoffizier lernt es, wieviel Grad ein Finger, die Faust oder die gespreizten Finger einer ausgestreckten Hand bedeuten. Überall war die Navigation Orientierung nach den Gestirnen und der Natur. Oft reichten jedoch diese Navigationskenntnisse nicht aus. Auf See zu fahren, war immer ein Risiko. Wohl aus dieser Unsicherheit heraus war der allerstärkste Glaube auf See der Aberglaube. Es war die Versicherung, es allen (Göttern) und allem (Kismet) recht zu machen.

Die Helden der Meere waren polynesische, chinesische, indische, arabische und phönizische Seeleute – alles im Westen unbekannte Navigatoren. Geblieben und bekannt sind Namen wie Leif Eriksson, der um das Jahr 1000 Vinland (Amerika) betrat. Magellan, der erste Kap Hornier. James Cook, der größte Entdekker zu Schiff. Von besagtem Ibn Majid oder dem Abenteurer und Seemann Ibn Battuta, der den Indischen Ozean im vierzehnten Jahrhundert bereiste, wissen wir kaum etwas. Als sie ihre Ozeanreisen unternahmen, dachte man in Europa noch, hinter Madeira höre im Westen die Welt auf.

80.

Nach unserer Zeit in den Malediven lernte ich in der Türkei Ingrid Burvingt und Fatih Türküstün kennen. Sie leben entweder auf See, in Paris oder in der Türkei. Ingrid hatte sich ein „Drittes Auge“ auf die Stirn gemalt. Mit ihren schwarzen Haaren, stark geschminkt und mit dem vielen Schmuck, den sie trägt, könnte man vorschnell meinen, sie schwebe auf esoterischen Wolken. Und Fatih? Er darf „Nachts um halb eins“ nicht über die Reeperbahn gehen! Fatih, der Türke mit dem Kapitänspatent, sieht gespuckt wie Hans Albers aus – bis hin zu dessen leuchtend blauen Augen. Beide sind einmal mit dem Zug nach Hamburg gefahren. Ingrid: „Als wir ins Abteil gingen, wäre eine ältere Frau fast in Ohnmacht gefallen. Immerzu sprachen uns Leute an, einige wollten sogar Autogramme.“

In einem Nebensatz eines Seglers hörte ich von ihnen; sie würden über alte arabische Navigationskenntnisse recherchieren. Fatih, der einst das einzige türkische Forschungsschiff als Kapitän geführt hatte und nun den besser bezahlten, aber nur leidlich gelittenen Job als Skipper auf einer Gulet machte, ist ein neugieriger Mann. In mühsamer Recherche fing er in den Museen und Bibliotheken von Istanbul an, Wissenswertes zu suchen. Die Fährte führte ihn und Ingrid in die Bibliothéque Nationale in Paris. Ingrid und Fatih stießen dabei auf die Methode, mit der die Araber Jahrhunderte vor den Europäern auf See ihre Entfernung vom Ausgangspunkt und die Distanz zum Zielhafen errechneten. Und das schier Unglaubliche dabei war, sie konnten ihren Standort auf dem Meer bestimmen. „*Tirfa*“ nannten die arabischen Navigatoren diese Kunst der Navigation – es war eine, und sie ist es heute noch, eine allerdings vergessene Kunst!

Die Araber benutzten eine andere Kompaßrose als wir, eine Stern-Kompaßrose mit sechzehn Sternen. Sie verwendeten die Peilung bestimmter Sterne zum Zeitpunkt ihres Aufganges und ihres Unterganges, so daß sie aus einem Stern zwei Peilungen erhielten.

Die Seeräume, die die Araber befuhren, waren das Rote Meer, der Persische Golf und der Indische Ozean. Für das Rote Meer, das an der breitesten Stelle siebzig Seemeilen mißt, und auch für den Persischen Golf benötigten sie nur die Polarsternhöhe, von der sie wußten, daß sie auch gleich ihrer jeweiligen Schiffsortbreite entsprach. Im Indischen Ozean bereisten sie die Ostküste Afrikas, die Küste Pakistans, die Westküste Indiens, später auch die Ostküste Indiens, die Malediven, Sri Lanka und im Südosten die Inselwelt Indonesiens. Über Sindbad den Seefahrer weiß man, daß er bis nach China gesegelt ist. Um die großen Ozeane zu befahren, Handel zu treiben und die Lehre des Propheten zu verbreiten, brauchten sie eine verläßliche Navigation. *Tirfa* bot den arabischen Kapitänen eine handhabbare Winkelberechnung, deren mathematischer Hintergrund die schon damals bekannte Trigonometrie ist.

Ahmed Ibn Majid brachte mit der *tirfa*-Berechnung Vasco da Gama von Malindi nach Indien. Malindi liegt im heutigen Kenia, circa 3°12′ südlich des Äquators. Bei seinen Navigations-Unterlagen hatte er eine Karte des Indischen Ozeans mit den Auf- und Untergängen bekannter Fixsterne und den dazugehörigen *tirfa*-Faktoren. Dieser Faktor ist das Produkt aus der Winkelberechnung:

$$\text{Faktor} = \frac{1}{\text{Cosinus} \times (\text{rechtweis. Peilung des aufgehenden Sterns})}$$

Wenn eine Dhau mit Elfenbein und Fellen von Malindi ins Südindische Calicut segelte, ersah der Kapitän aus seinem Sternen-Kompaß, daß über Calicut (Breite: 11°20′ N) der Stern Arcturus aufgeht. Seine Tabelle für die verschiedenen Häfen mit den über ihnen aufgehenden Sternen zeigte ihm für Calicut den Koeffizienten 2,67 an. Gemäß unserer heutigen Berechnung wäre das eine rechtweisende Peilung von 67°58′. (Das folgende Beispiel geht von 68° aus – die Azimute haben sich in den Jahrhunderten durch die Präzession, eine Art von Taumelbewegungen der Erdachse, geringfähig geändert.) Stellen wir uns nun vor, daß die Dhau einige Tage von Malindi aus durch den Indischen Ozean Richtung Südindien unterwegs ist. Wenn der Kapitän in der Abenddämmerung zum ersten Mal den Polarstern sieht (der am Äquator zwar nicht zu sehen ist – hier ist die Polarsternhöhe null –, aber mit jedem Grad N, den das Boot macht, besser und höher erkennbar wird), macht er jetzt folgende Berechnung: Er mißt die Polarsternhöhe, die mit seiner Schiffsbreite identisch ist. Diese muß er mit dem Faktor des Sterns (Arcturus) seines Zielhafens multiplizieren. Das Rechenergebnis ist seine zurückgelegte Strecke. Da er aus seiner Tabelle außer dem Faktor auch die Länge der Gesamtstrecke Malindi–Calicut kennt, braucht er nur noch die errechnete, zurückgelegte

Strecke von der Gesamtstrecke abzuziehen und kennt demnach die Reststrecke, die noch vor ihm liegt. Durch die Polarsternmessung ist ihm zusätzlich sein Breitengrad bekannt. Mit all diesen Daten kann er seinen Schiffsort festlegen, so wie wir es heute nach Breite und Länge gewohnt sind.

Vorher allerdings hatten die Mathematiker des „Arabischen Hydrographischen Instituts" folgende Rechnung aufgemacht: Calicut, der Hafen, über dessen Dächern der Arcturus in einem Azimut (Peilung) von 68° aufgeht (von Malindi aus gesehen), liegt auf einer Breite von 11°15′. (Der Name Azimut kommt aus dem Arabischen: *al semt* = der Winkel). Also wendeten sie die ihnen bekannten Winkelberechnungen an, um die Strecke Malindi–Calicut zu ermitteln:

$$\frac{1}{\text{cosinus} \times (\text{Azimut Arcturus})} = 2{,}67$$

Diesen Faktor multiplizierten sie mit der Höhe des Polarsterns von Calicut und erhielten so die Entfernung zwischen den beiden Häfen (11°15′ = 675 Minuten + 3°12′ = 192 Minuten, die Malindi südlich des Äquators liegt = 867 Minuten × 2,67 = 2314 Seemeilen). Da der Faktor von 2,67 für die gesamte Strecke von Malindi nach Calicut gilt, mußten die Kapitäne unterwegs nur die abendliche oder morgendliche Polarsternhöhe messen, diese zu der südlichen Breite 3°12′ von Malindi addieren und das Ganze mit dem Koeffizienten 2,67 multiplizieren. Das Ergebnis: Ihr Schiffsort – nach Richtung und Entfernung.

Die Araber gingen von dem Erfahrungswert aus, daß eine Dhau pro Tag circa ein *isba* zurücklegt. Ein *isba* beträgt 1°37′, das sind 97 Minuten als Winkeleinheit = 97 Seemeilen als Längenmaß. 97 Seemeilen geteilt durch 24 Stunden ergeben circa vier Seemeilen pro Stunde, eine angemessene Durchschnittsgeschwindigkeit für schwere Dhaus mit wenig Segelfläche (Lateinersegel).

Jetzt das Ganze arabisch gerechnet: Die Polarsternhöhe bei Calicut (11°15′N) beträgt circa sieben *isba*. Dazu muß die südliche Breite von Malindi (3°12′S) von circa zwei *isba* addiert werden, so daß die Breitendifferenz neun *isba* beträgt. Das schon genannte „Arabische Hydrographische Institut" brauchte lediglich die neun

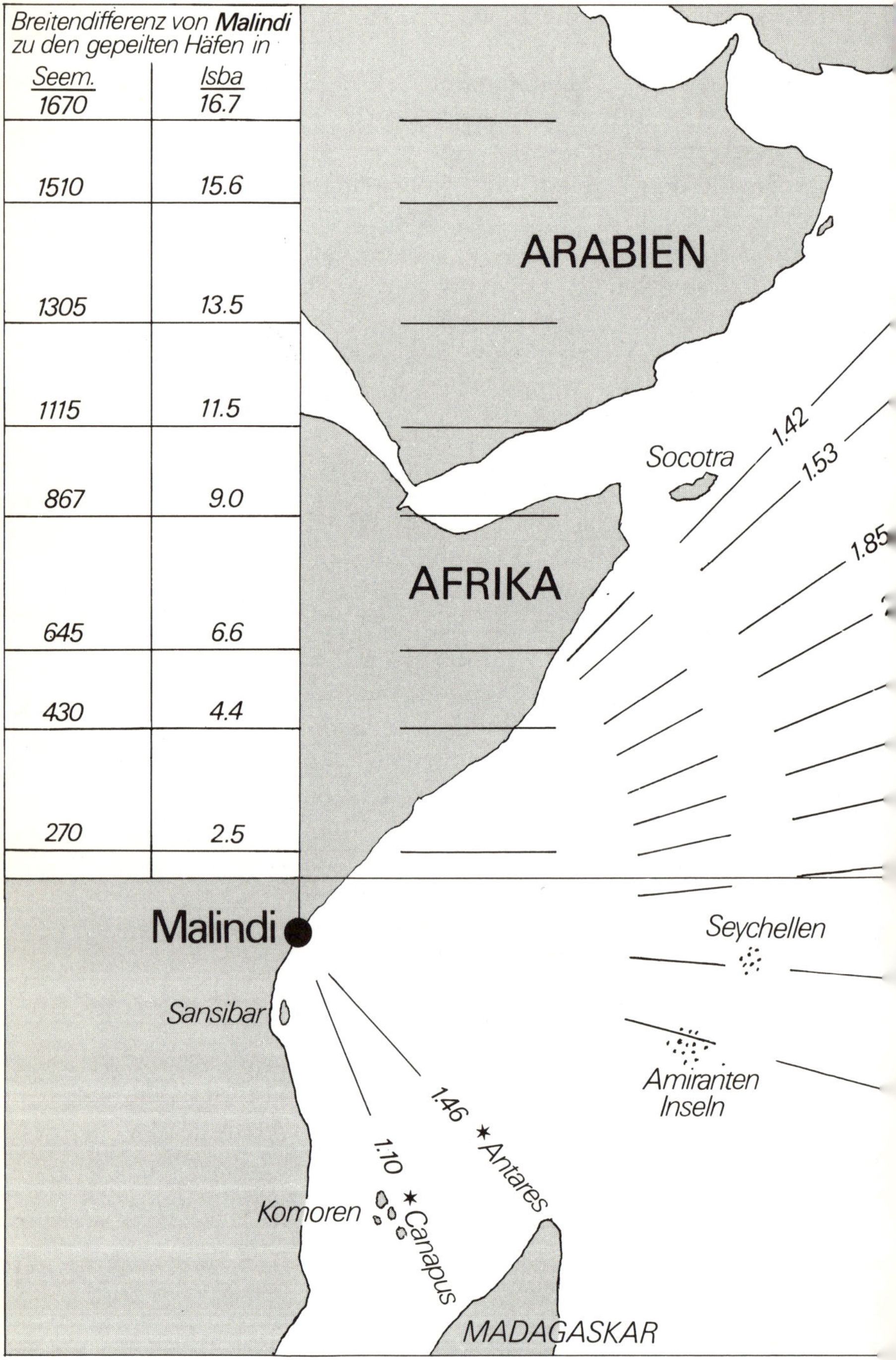

Breitendifferenz von **Malindi** zu den gepeilten Häfen in

Seem.	Isba
1670	16.7
1510	15.6
1305	13.5
1115	11.5
867	9.0
645	6.6
430	4.4
270	2.5

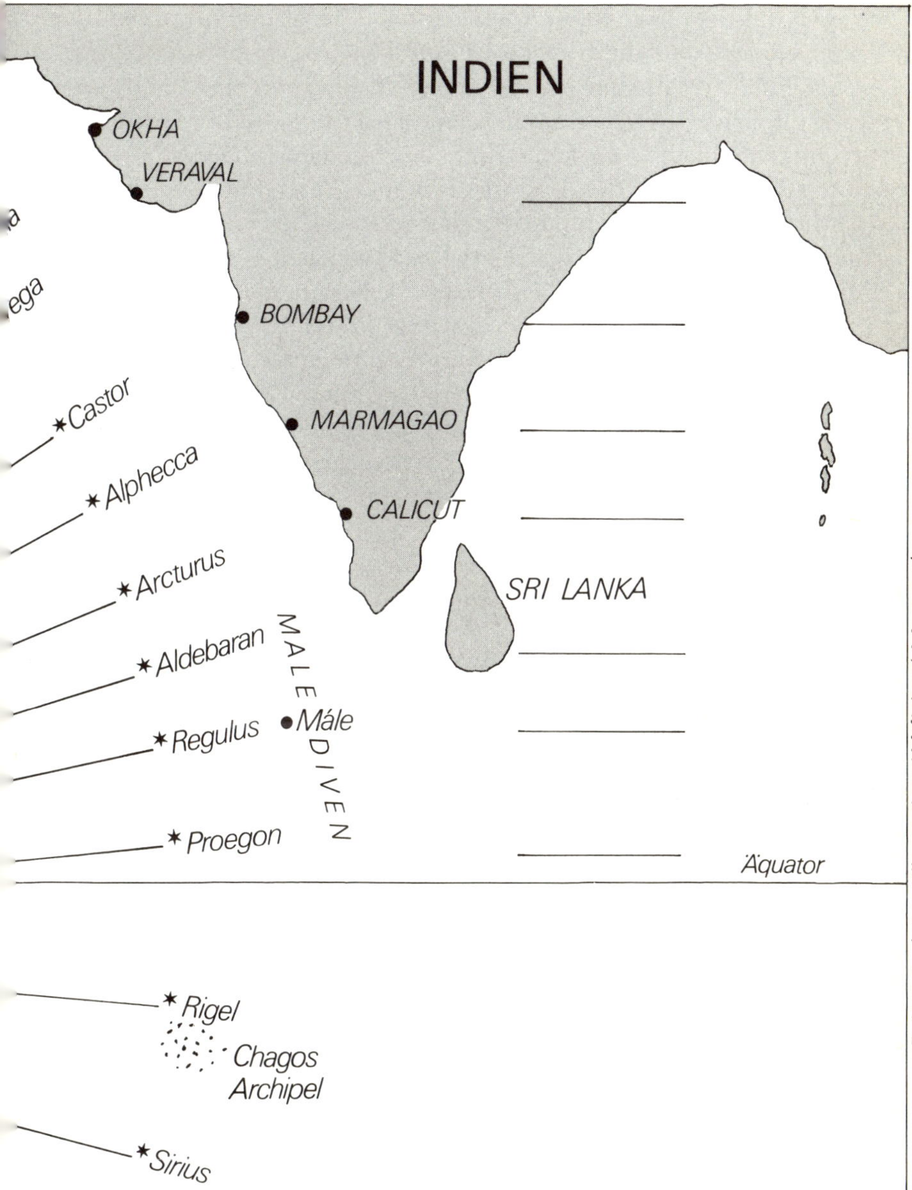

Arabische Seekarte zur
ASTRONOMISCHEN NAVIGATION
um das Jahr 1000

Rekonstruktion / Illustration: K. Michael Marquadt

isba mit dem bekannten Koeffizienten 2,67 zu multiplizieren, um zu wissen, daß die Strecke Malindi–Calicut 24,03 *isba* beträgt. Rechnen wir mit unserer Maßeinheit, dann ergeben 24,03 *isba* multipliziet mit 97 Seemeilen eine Distanz von 2331 Seemeilen. Die tatsächliche Strecke beträgt 2304 Seemeilen. Die Araber hätten sich demnach bei ihrer theoretischen Berechnung der Strecke Malindi–Calicut, die quer durch den Indischen Ozean führt, um ganze siebenundzwanzig Seemeilen verschätzt, verrechnet – oder wie soll man es nennen? Die arabische Navigation nach dem *tirfa*-System entstand vor circa eintausend Jahren. Eine vergleichbare Präzision in der Standortberechnung erreichten europäische Astronomen erst um 1820, als es die ersten genauen Uhren gab und die Vorausberechnung der Gestirne in den Ephemeriden (Nautischen Jahrbüchern) für einen Kapitän nachvollziehbar wurde.

Die arabische Seekarte des Indischen Ozeans war früher sternförmig durchzogen mit verschiedenen *tirfa*-Linien, die zu den wichtigsten Leitsternen über bekannten Häfen führten. Neben den Linien stand der jeweilige Koeffizient des aufgehenden Sterns, über den Häfen die Namen der Sterne.

Für die Reisen auf dem Indischen Ozean gab es wohl drei Arten der Ganzheits-Nautik. Die Küstenfahrt, die Ozeanüberquerung nach der Nordsternbreite und die *tirfa*-Navigation. Segelte ein arabischer Navigator zum Beispiel vom afrikanischen Mogadishu (nördlich von Malindi) nach Calicut in Indien, dann verfuhr er wie folgt: Er weiß aus seiner Berechnung den Faktor für seinen Zielhafen Calicut und die Peilung des darüber aufgehenden Sterns Arcturus von 73° (in Malindi waren es 68°). Und er kennt die Entfernung von Mogadishu nach Calicut. Auf dem Weg dahin mißt er dann nur noch die Polarsternhöhe und multipliziert sie mit seinem Routenfaktor. So weiß er jeden Tag seinen Schiffsort.

Es waren Araber, die schon mit den Sternen rechneten, als wir noch, halb im Mittelalter, unsere Astronomen Kopernikus und Galilei verkannten und verbannten. Während die Araber Handel mit den asiatischen Ländern trieben, Millionen Menschen im Osten des Indischen Ozeans zum Islam bekehrten und diese Reisen mit Schiffen durchführten, die sich noch heute bewähren, und das mit einer Navigation erreichten, an die in Europa keiner dachte, suchten unsere Kapitäne noch nach Zenit-Sternen. Sie benutzten die Venus als Morgen- oder Abendstern zur Orientierung und peilten höchstens mit dem Jakobsstab den Polarstern, um ihre Breite zu ermitteln.

Tirfa, die alte Kunst der Navigation, ist vergessen. Geblieben sind die arabischen Namen der meisten Sterne, die wir immer noch für die Navigation verwenden. Verwunderlich ist, daß wir in diesen Tagen einen Navigator feiern, der bei weitem nicht dieses Wissen besaß und der sich letzlich verirrte: Christoph Kolumbus.

81.

Als 1869 der Suezkanal eröffnet wurde, verkürzte sich der Weg von Europa nach Indien, China, Indonesien oder Japan schlagartig um 5800 Kilometer. Segelschiffe wurden durch Motorschiffe abgelöst. Man motorte von Kohlestation zu Kohlestation. Aden am Südtor des Roten Meeres war bis vor kurzem solch eine strategisch wichtige Bunkerstation. Sie gehörte zum British Empire. Die Kolonialmacht Frankreich brauchte ein Pendant und entschied sich im 19. Jahrhundert für den Ort Obock auf der Aden gegenüberliegenden Seite des Golfs, also auf afrikanischem Boden. Obock ist eine Oase am Meer, Wüste drumherum, kahle Berge im Hinterland. Schon bald verlegten die Franzosen ihre Kohlestation auf die andere Seite des Golfe de Tadjoura, nach Djibouti.

Es gab Hafenstädte, die wegen ihrer Frauen besungen wurden, wie Rio oder Honolulu. Und es gab Häfen, deren tropisches Nachtleben legendären Ruf besaß, wie Havanna oder Saigon. Die Zeit hat diese Städte verändert. Rio macht durch Kriminalität von sich reden, Honolulu ist eine Business-Metropole geworden, Havanna, das war mal, und in Saigon herrscht der dröge Charme der Funktionäre. Djibouti war die einzige Hafenstadt auf unserer Reise, die noch spüren ließ, was einst den Reiz der vielbesungenen Häfen ausgemacht hat. Ohne mit ihnen in Konkurrenz zu liegen – denn Djibouti ist noch nicht einmal ein Geheimtip.

Vor hundert Jahren war Djibouti ein Marktflecken, wo sich die Stämme der Afar und der Issa trafen. Hierhin kamen die Dhaus der Araber von Mokka durch das Bab-el-Mandeb, das Tor der Tränen, die Meeresenge im Süden des Roten Meeres; von Salalah und Masqat im Oman, quer durch den Golf von Aden, um Handel zu treiben. Dann bauten die Franzosen die neue Kohlestation, den Hafen, die Stadt und die Eisenbahn nach Addis Abeba – oder waren das die Italiener? Djibouti wurde für die Franzosen zum strategischen Stützpunkt für den Indischen Ozean. Die Fremdenlegion nutzte das Steppen- und Wüstenhinterland als vorzügliches Trainingsgelände für Einsätze in heißen Ländern wie Algerien, Vietnam, Tschad. Wer sollte Tausende von Legionären, Seeleuten und Verwaltungsbeamten versorgen, bedienen und verwöhnen? Djibouti wurde ein Magnet am Horn von Afrika. Araber erkannten die größeren Geschäftschancen, französische Händler und französische Beamte siedelten sich an. Es kamen Nomaden und Halbnomaden der verschiedenen Stämme Somalias aus dem Süden. Mit der Bahn aus Addis Abeba oder mit Karawanen folgten die Amharas, die Tigris und später, als die Bürger- und Befreiungskriege nicht mehr von Stammesfehden zu unterscheiden waren, kamen die Eritreaer. Koptische Christen, Katholiken, protestantische Äthiopier, Muslims, Juden, Heiden, Animisten – alles das prallte in der kleinen Stadt Djibouti mit nicht mehr als 160 000 Einwohnern aufeinander.

Djibouti ist aus dem Stoff, der zu Film-Drehbüchern inspiriert. Es ist westlicher und östlicher Diwan zugleich. Ein bißchen Tunis und Paris, Timbuktu und Pigalle, Dubai und Marseille. Eine vergessene Oase des Handels, des Lasters und der Lüste.

In Djibouti sah ich Gesichter, Physiognomien, schön, fein und glatt wie Ebenholz, wie nirgends in der Welt. Die Köpfe der Somalier und Äthiopier mit den geraden edlen Nasen, dem vollen Mund und den großen Augen, die alles zu verstehen und nichts zu verzeihen scheinen. Sie blicken einen stolz an, ihr Blick weicht nicht zurück. Die Frauen wickeln sich in bunte zarte Batiste. In leichtem Gegenlicht erkennt man ihre vollen Brüste, die im Kontrast zu ihrer schlanken Figur stehen.

Ich traf den englisch-arabischen Händler Michael, er ist Stoffvertreter einer Firma in Manchester und bereist Ostafrika. In Djibouti hat er starke Konkurrenz. Die Frauen akzeptieren nur das Beste, und das kommt in erster Linie aus der Schweiz. Leicht, transparent, atmungsaktiv, aber immer mit den allerschönsten farbigen Mustern wünschen sie die Stoffe. Zweimal im Jahr verlangen die Händler leicht variierte Dessins. Wir verstehen Mode als mehrfach jährlich wechselndes Prêt-à-porter, als Haute Couture, als Winter- und Sommermode. Unsere Modezentren Paris und Mailand und New York. Jakarta, Papeete, Madras – nein, nein, das ist nicht Mode, das ist Exotik. Die indonesische Mode mit kostbaren Seidenblusen, edlen Röcken, goldfädendurchwirkten Westen, mit Farben, die man nirgendwo sonst zu Gesicht bekommt, mit Stoffen, die in Europa keiner weben kann. Und was ist mit den polynesischen Pareos, die Männer und Frauen so provozierend gut aussehen lassen? Was ist mit den Seidensaris der Inderinnen und den auf Figur maßgeschneiderten Stehkragen-Anzügen der Inder? Mit den weißen Gewändern der Araber, aus edelstem Tuch geschnitten? Allein für den Turban verwenden sie fünf Meter Stoff! In diesen Ländern entstand eine Landestracht, durch Anpassung an die Umwelt und bestimmt durch eine traditionelle Ästhetik. Sie unterliegt nicht dem Zwang des ständigen Wechsels, der Mode.

Djibouti ist nachts ein Treffpunkt auf der Flucht vor der Hitze und der Suche nach Entspannung. Bar reiht sich an Kaffeehaus, an Restaurant, an Bar. Sie sind nicht durch grelle Neonschilder gekennzeichnet, sondern durch starken Besuch. Djibouti ist nachts kein Inferno, sondern ein *„melting pot“*. Die Neugierde treibt die Menschen zueinander, mehr als die Frage nach Profit und Erfolg. Djibouti spielt – gemessen an Städten wie Singapore, Havanna oder Saigon – in der Amateurliga und ist deshalb erfreulicher, besser, liebenswerter.

Es gibt einen törichten Spruch unter Seglern: Gott behüte mich vor Sturm und Wind und Deutschen, die im Ausland sind. In

Djibouti lernten wir Deutsche kennen, deren Hilfsbereitschaft diesen Spruch wunderbar widerlegte. Sigi, Peter und Kapitän Erhard Schüler – sie arbeiteten bei der GTZ (Gesellschaft für Technische Zusammenarbeit). Und wir lernten die vom Militär kennen: Oberstleutnant Willers, die Hauptfeldwebel Klaus, Erwin, Dietmar und Eckard Minkus mit seiner Frau Carmen, die allein die deutsche Kolonie in Atem hielt. Die einen arbeiteten für die Hafenbehörde, die anderen unterstützten die Polizei. Acht deutsche Fachleute, die sich in einen Hafen am Rande der Wüste versetzen ließen, dahin, wo wegen der Hitze um ein Uhr mittags die Arbeit für den Rest des Tages eingestellt werden muß, wo die Pause am Nachmittag ein Naturgesetz ist, das nur die Legionäre durchbrechen, wo kein einladendes Hinterland Abwechslung verheißt und nur die Nächte die Temperatur abkühlen lassen, aber nicht das Temperament.

Man sagt hier: Wer eine Woche in der Stadt lebt und ein Bier bestellt, in dem eine Fliege schwimmt, der ruft den Kellner und verlangt ein neues Bier. Ist man hingegen zwei Wochen dort und findet eine Fliege im Bier, dann fingert man sie heraus und trinkt das Glas aus. Bist du drei Wochen hier und entdeckst eine Fliege in deinem Glas, dann schüttest du das Bier weg und ißt die Fliege.

Die Hauptfeldwebel Dietmar und Erwin halfen uns nach Feierabend, nach der größten Mittagshitze, den Motor zu reparieren. Dietmar ist ein sehr erfahrener Monteur; es gibt wohl kein mechanisches Problem, was nicht schon durch seine Finger gegangen wäre. Er könnte in der Aralwerbung den verläßlichen Tankwart spielen. Der jüngere Erwin, ein Oberhesse, ist intuitiv, kreativ und findig. Stets schwitzte er vor Erwartung. Die beiden sind ein Duo wie die Streifenpolizei-Paare – der Ältere erfahren und besonnen, der Jüngere ehrgeizig und neugierig. Das Haus von Carmen und Eckard Minkus, dem Hochfrequenztechniker – er hilft, die UKW-Relaisstationen für die Polizei aufzubauen –, war unser ländlicher Stützpunkt. Bier, Video und Kartenspiel. Die Hitze ließ keine großen Alternativen zu. Abends trafen wir uns beim Vietnamesen, im Restaurant der Fremdenlegionäre oder beim Jemeniten, wo wir Ofenfisch aus braunem Packpapier aßen.

Einmal fuhren wir mit Eckard, Klaus und Carmen zum Lac Abé, dem großen Grenzsee zwischen Djibouti und Äthiopien. Nur vom See sieht man nichts mehr. Er ist ausgetrocknet. Ein Felsen, hoch wie ein Berg, ragt aus dem versandeten See heraus. Daneben liegt ein Tümpel. Der Rest des Sees. Ein paar Kamele, ein bißchen Grün, ein Nomade steht auf einem Bein. Der Stab, den hier jeder trägt, ersetzt das Ruhebein. Aus dem Felsenberg gluckern Schwefelquellen. Sie machen die feucht-heiße Luft noch unerträglicher. Wie lange kann ein Mensch bei dieser Hitze auf einem Bein stehen, und sei es mit einem Stock? Die deutschen Montagearbeiter in Afrika und Arabien nennen die Sonne „die gelbe Sau".

Zwei Jungen, vielleicht dreizehn Jahre alt, näherten sich und boten mir eine Kalaschnikow zum Gegenwert von 400 DM an. Es ist wohl so: Das einzige Produkt von Weltniveau, daß die Russen hergestellt haben, ist die Kalaschnikow. Ich fand 400 DM nicht zu viel für Weltniveau. Wir fuhren durch die Steppe zurück und begegneten zwei Kamelkarawanen, die nach Äthiopien zogen. Salz oder Kalaschnikows?

Erhard Schüler ist A6-Kapitän und lebt seit fünfzehn Jahren in West- und Ostafrika. Bei Bremen besitzt er ein schönes Einfamilienhaus, dort warten seine Frau und seine drei Söhne. Er bekommt sein Gehalt von der GTZ. Was diese Gesellschaft im Ausland zahlt, kann Kollegen in Deutschland neidisch machen. Erhard ist ein „normannischer Kleiderschrank". Er bildet Schlepperführer für den Hafenbetrieb aus. Uns nahm er in seinem Peugeot mit zum Lac Assal. Auch in diesem See sieht man kein Wasser, es ist ein Salzsee. Die Fahrt führt über eine hervorragend ausgebaute Straße durch die Steppe. Kamele zupften an den wenigen Gewächsen. Manchmal sah man eine Ziege hoch oben in den Zweigen eines Baumes, am letzten Grün. Gestiftet wurde die Straße von den Saudis, wie die Inschrift über einem Rundbogen am Beginn der Straße anzeigt. Gebaut haben sie Sträflinge, die die Baufirma aus Jugoslawien mitbrachte. Sicherlich hatten die Araber die Straße bis zum Salzsee bezahlt. Aber sie endete vorher in einem Feldweg.

Hauptfeldwebel Dietmar Hanslik fragte uns, ob wir 5000 Dollar verdienen wollten. Drei deutsche Amateurfunker suchten einen Transfer zur Insel Suyul Hanish, der südlichsten Hanish Insel im Roten Meer, um dort eine Woche lang mit aller Welt zu funken. Die Insel sei eine Art Niemandsland, sie gehöre weder zum Jemen noch zu Äthiopien. Wir sagten ab, denn unser Motor tat es immer noch nicht. Später lernten wir die Amateurfunker kennen. Ihr Kick war, von möglichst einsamen Plätzen der Welt mit möglichst vielen Amateurfunkern in aller Welt zu funken, um möglichst viele QSL-Karten (eine Art von Bestätigungskarte) zu erhalten. Es ging dabei um einen weltweiten Wettbewerb unter Amateurfunkern. Sie waren mit den teuersten Hochfrequenzgeräten ausgerüstet, mit integrierter, automatisierter Computer-Frequenzwahl. Einer der Funker war Diplom-Ingenieur bei Siemens. Ein anderer war einer der überlebenden Funkamateure, die auf dem Weg zu den Spratly Islands, die zwischen Vietnam und den Philippinen liegen, von einer Insel aus auf dem gecharterten Katamaran beschossen wurden. Zwei Amateurfunker starben damals. Die Yacht brannte aus. Die Überlebenden retteten sich ins Dingi und trieben so tagelang ohne Trinkwasser und Nahrung im Meer. Alle hatten Schußverletzungen. Ob wir sie bei intakter Maschine zwischen die Fronten der Jemeniter, der Eritreer und Äthiopier gebracht hätten? Ich glaube nicht.

Tag für Tag kommt ein Flugzeug aus Äthiopien und bringt den Djiboutis einige Tonnen Kat-Blätter. Fünf bis zwölf grüne Blättchen von der Größe eines Buchenblattes hängen an kleinen Zweigen. Ab zehn Uhr früh ist das Kat in Hunderten von Verkaufsstellen in der Stadt und bis Mittag im ganzen Land verteilt. Die Händler hocken am Straßenrand und schützen die Blätter mit feuchten weißen Tüchern gegen die Hitze. Die Blätter werden gekaut, der Brei wird in eine Backe geschoben, er hat die Größe eines Tischtennisballes. Es gehört zum Straßenbild, daß um die Mittags- und Nachmittagszeit Männer eine dicke Backe haben. Vom Kat leicht berauscht, lungern und dösen sie herum, verkaufen und schwatzen und machen alle Arbeiten, die sie auch sonst erledigen würden – genau so langsam. Nur einen Taxifahrer mit dicker Backe sollte man meiden.

Jeden Mittwoch kommt der Zug aus Addis Abeba, vollgeladen mit Obst und Gemüse für den großen Zentralmarkt an der Moschee, für alle Läden und alle Landesmärkte. Eine Stadt und ein Land ernähren sich von einem Güterzug, der aus einem Nachbarland kommt, in das die westliche Welt jährlich Millionen für die Hungernden schickt. Weshalb hungert der eine Teil Äthiopiens und der andere Teil liefert Ware im Überfluß ins Ausland? Ich frage die Deutschen. Die Antwort ging am Problem vorbei: „Dieser Karl-Heinz Böhm! Wir haben ihm seine Sendungen aus den Schiffen geholt, sie durch den Zoll gebracht, zu den wartenden Flugzeugen geschafft, wir haben uns für diesen Lackaffen krummgelegt. Meinst du, das Arschloch hätte sich jemals bedankt?" Nein, ich konnte sie nicht umstimmen.

Am Anfang machten wir noch einen Bogen um das Café Historil, in dem bei einem Bombenattentat 1985 zwölf Menschen starben. Auch vier Deutsche vom Forschungsschiff METEOR waren darunter. Das Attentat war vergessen, das Historil gut besucht. Auf dem Weg zum Hafen machten wir dort oft halt und tranken ein, zwei Ricard. Später, wir waren bereits in Zypern, hörte ich auf der Deutschen Welle, daß auf das Café erneut ein Bombenattentat verübt worden war. Wieder gab es Tote im Historil. In Djibouti hatte man mir erzählt, man habe die Täter von 1985 zwar verhaftet, es seien Libyer, der Staatsanwalt scheue jedoch den Prozeß, denn man befürchte fürchterliche Rache. Jetzt kam die Rache, schneller, als man sie erwartet hatte. Djibouti ist ein Pulverfaß. Aufregend, exotisch und gefährlich.

82.

Im Restaurant trafen wir den pensionierten amerikanischen Piloten Lionel mit dem jungen Engländer Alan, der ihm als Deckshand die Arbeit abnahm. Mit ihnen waren wir die einzigen Gäste des

Club-Restaurants im ersten Stock. Der an drei Seiten offene Raum, ohne Mauern, ohne Fenster, bietet den Blick vom Präsidentenpalast über die große Ankerbucht bis hin zum Golfe de Tadjoura; leider kann man nicht in den alten Handelshafen von Djibouti mit den Dhaus aus Oman und dem Jemen sehen. Lionel hatte eine Thrombose im Bein. Alan kommentierte: „Der rechte Fuß muß wohl amputiert werden. Er hat in seinem Leben zu viel getrunken." Es war am ersten Tag nach unserer Überfahrt über den Indischen Ozean, als wir die zwei trafen. Jeder von ihnen hatte eine leere Weinflasche vor sich stehen. Alan bot sich an, nach unserem Motor zu schauen. Er war Volkswagen-Mechaniker in England gewesen. Wieso nicht gleich bei Volvo, fragte ich mich, denn so einen benötigte ich. Schon am ersten Tag war zu spüren, daß zwischen beiden eine Art Haßliebe bestand. Der eine brauchte das Geld des anderen und der dessen Arbeitskraft. Der Stärkere konnte den Schwächeren in der Öffentlichkeit hänseln, und der Schwächere rächte sich in Abwesenheit des Skippers mit der Preisgabe von Interna.

Lionel mußte Alan versprechen, keinen Tropfen Alkohol auf ihrer Fahrt durchs Rote Meer an Bord zu nehmen. Er versprach es; wohl mehr unter dem Eindruck, daß er beinahe schon im Flugzeug nach Singapore gesessen hätte, wo sein rechter Fuß amputiert werden sollte. Die französischen Ärzte schafften es jedoch, sein Bein wieder zu beleben, und irgendwann machten sich die beiden nach uns auf den Weg, die vier Jahre alte Taiwan-Ketch mit randvollen Tanks nach Norden zu motoren – an Segeln oder Hochkreuzen dachten sie nicht.

Lionel war einer von vielen Piloten, die ich unterwegs traf. Wieso segeln ausgerechnet Piloten so häufig auf Fahrtenyachten? Er gab mir endlich die schlüssige Antwort: „Das Element Wind ist das gleiche. Aerodynamisch gesehen kann man die Wirkung eines Segels mit der von Flugzeugflügeln vergleichen, auch navigatorisch ist vieles ähnlich. Piloten verdienen gut und haben genug Freizeit, um zu segeln. Und dann ist da noch der Kitzel, daß beim Segeln wie beim Fliegen immer etwas schiefgehen kann."

Die zweite Yacht, die fünf Wochen neben uns ankerte, war die zwölf Meter lange Aluminium-Yacht Elaeis. Majy und Daniel starteten vor zehn Jahren in Belgien. Unterwegs wurde der Blondschopf Damien geboren. Er war damals, als wir uns trafen, acht Jahre alt, ein hübscher Bursche. Leider war er das, was man altmodisch als obstinat bezeichnet. Er weigerte sich, auch nur eine einzige Schulaufgabe der Korrespondenzschule zu machen. Weder seiner Mutter noch seinem Vater gelang es, ihn zum Lernen zu bringen. Offensichtlich hatte Damien es satt, immer neue Spielkameraden für ein, zwei oder drei Wochen zu haben, um sich dann wieder verabschieden zu müssen. Er mußte stets *au revoir* sagen und wußte, daß es kein Wiedersehen geben würde. Damien wollte in eine Schule mit Klassenkameraden, die jahrelang um ihn sein sollten. Damien sucht Beständigkeit. Majy fertigte schöne, dicht gereihte Perlenketten für die gelangweilten Frauen des französischen Offizierskorps und die Damen der Verwaltung, Daniel führte seinen sechzehn Millimeter Reisefilm vor, wie er es schon Dutzende von Malen anderswo gemacht hatte. Er zeigte den Film in Schulen, im Offizierskasino, bei den Frauen der Offiziere, den Diplomaten, den Legionären, den Krankenschwestern ... insgesamt an die zwanzig Mal. So verdienten sie sich seit vielen Jahren ihr Geld. Und so hätten sie noch lange Zeit weitersegeln können. Aber nun mußten sie wegen Damien zurück, um ihn einzuschulen. Der Sohn hatte bereits das Kommando über die ELAEIS übernommen.

Die dritte Yacht gehörte einem nervösen französischen Ehepaar. Es war eine GFK-Yacht, wie sie zu Hunderten im Chartergeschäft eingesetzt werden. Sie hatten das Boot in Djibouti gebraucht gekauft. Sie hatte Angst vor dem Wasser, und er redete ununterbrochen so, als ob er auch Angst hätte. Drei Tage nachdem sie abgesegelt waren, kamen sie bleich und übernächtigt zurück. Ihre einzige Genua hing noch in wenigen Teilen am Vorstag. Sie riefen sofort eine Überführungscrew in Frankreich an und flogen so schnell wie möglich in ihre Heimat zurück. Dabei waren sie noch nicht einmal zum „Tor der Tränen“ am Eingang des Roten Meeres gekommen.

Rotes Meer

83.

Es gibt Stimmen, die vergißt man sein ganzes Leben nicht. Sechzehn Seemeilen vor der Hafeneinfahrt dieser nordjemenitischen Stadt erklang aus dem UKW-Lautsprecher die deutsche Stimme: „Hier ist die Segelyacht GRUSCHE. Wir ankern vor der Hafeneinfahrt von Hogeidah. Können wir euch helfen?“ Die Stimme klang jung. Dennoch wurden die drei Sätze so bedächtig und ruhig gesprochen, als kämen sie von einem älteren, erfahrenen Kapitän. Ich schilderte unsere Situation. Er erklärte, wo er ankerte, und wir vereinbarten, uns dort zu treffen. Als wir drei Stunden später bei ihm waren, zog uns Ralf Sander gegen den Starkwind mit seiner neunzehn Jahre alten Yacht bis an die Kaimauer von Hogeidah. Wir legten uns direkt hinter das Heck des Hafenschleppers FAST FOX, die GRUSCHE und die AFRICAN QUEEN im Päckchen.

Am Abend zuvor hatten wir, als der Wind querab der Zabair-Inseln einschlief, den Motor starten wollen – er tat es nicht. Wir entschieden uns, ins vierzig Seemeilen nahe Hogeidah zu segeln, um den Motor dort zu reparieren. Nach der abendlichen Flaute kam der nächtliche Landwind auf, und wir segelten durch die Nacht in Richtung Nordjemen – das Land, dessen Visum wir nicht besaßen. Erst später erfuhr ich, daß der zehn Seemeilen vor dem Hafen hellbeleuchtet liegende Tanker das schwimmende Öllager des Staates war. Dieser Tanker hatte uns die ganze Nacht irritiert. Bei Tageslicht briste der Wind auf, und ich wußte, daß die acht Seemeilen lange, sehr schmale Einfahrt, aus der jetzt der Starkwind düste, schwerlich hochzukreuzen war. Ich versuchte, auf Kanal 16 den Hafenkapitän anzurufen, ob sie uns ohne Visum hineinlassen würden. Drei, viermal probierte ich, den Ruf abzusetzen. Es war heiß, wir waren übermüdet und segelten so hoch am Wind wie möglich. Dann hörte ich die Stimme von Rolf Sander, sie wirkte wie ein Labsal.

In Hogeidah, später in Port Sudan und auf Zypern, lernten wir Ralf Sander und seine polnische Freundin Grazyna Gil gut kennen.

Beide studierten und studieren inzwischen wieder in Berlin. Er Bildhauerei. Als sein Vater starb, verfügte Herr Sander Senior in seinem Testament, daß seine elf Meter lange französische Euros-Yacht nicht verkauft werden, sondern im Familienbesitz bleiben sollte. Ralf nahm das Schiff als Basis für ein Zubrot, er vercharterte auf der Ostsee und gab zusätzlich Segelunterricht.

Wenn Ralf erzählte, dann so betulich und langsam, wie es sein Berliner Landsmann Sten Nadolny in seinem Buch „Die Entdekkung der Langsamkeit" als Eigenart des englischen Admirals Franklin beschreibt. Diese Bedächtigkeit, die so wenig seiner Jugend entsprach, ließ ihn um Jahre älter erscheinen. Ralf hatte im Chartergeschäft 10 000 DM gespart. Die Summe langte ihm, sich eine Reise um die Welt vorzustellen. Er und Grazyna wußten, daß es nur eine ganz schnelle, sportliche Reise sein konnte, bei der sie sich auf wenige Wochen an jenen Plätzen beschränken mußten, wo der Lebensunterhalt unter Weltniveau liegen würde. Also eine Fahrt zu Ländern der Dritten Welt.

Ralf Sander hatte sich seine eigene Windfahnensteuerung gebaut. Er benutzte Reifen statt Fender, verzichtete auf einen Außenborder, auf eine Ankerwinde – er holte die Ankertrosse mit dem kurzen Kettenvorlauf mit Grazyna gemeinsam per Hand ein. Er riskierte es, diese Reise mit einem neunzehn Jahre alten Renault-Dieselmotor und den Segeln der ersten Stunde anzutreten. Ihr Jahresetat betrug 5000 DM, ihr tägliches Budget knappe 14 DM. Viel konnten sie auch gar nicht ausgeben, da sie die meiste Zeit auf dem Wasser verbrachten. Die längste Zeit lebten sie in Papua Neuguinea, Indonesien und Malaysia, wo das Bier keine Mark kostet und Reis, Früchte und Gemüse mit Pfennigen berechnet werden.

Die Reise der GRUSCHE steht für die Reisen der kleinen Boote mit der kleinen Ausrüstung, die große Fahrten machen, von denen es viel zu erzählen gibt. Das Vorschiff war voll von Masken, Schmuck, Trommeln, Kulturgegenständen, Muscheln und Stoffen – Zeugnisse der Landabenteuer des Skippers. Der Bildhauer Ralf Sander war fasziniert und inspiriert von der primitiven Kunst. Er war sechsundzwanzig Jahre alt. Mit seinem eigenwilligen Bartwuchs sah er aus wie ein blonder Bruder des jungen Abraham Lincoln. Grazyna, kaum älter, könnte eine Balletteuse sein, wenn sie ihr Haar leicht straff zurückgebunden hätte. Die beiden waren Verkleidungsfetischisten, jedenfalls was die Kopfbedeckung betraf. Mal erschien er wie Lawrence von Arabien, oft sah ich ihn im Piratenkopftuch, dann wieder mit einem bunten malaiischen Stoff, und irgendwann sah er aus, als ob er eine Kopfverletzung hätte. Grazynas Lieblingshut war ein übergroßer indonesischer, wie ihn die Frauen bei der Reisernte tragen, um nicht nur dem Gesicht, sondern auch dem Körper Schatten zu spenden.

Grazyna hatte keine große Segelerfahrung. Sicherlich vertraute sie auf die Seemannschaft ihres Segellehrerfreundes. Aber sie wird Ralf nicht blindlings gefolgt sein. Wie viele Frauen sah Grazyna im Segeln eine neue Lebensform, weniger das männliche Abenteuer. Männer denken bei der Frage nach den Vorbereitungen zu einem Welttörn an die Beherrschung der Technik, an ihr Segelvermögen, an die Navigation. Für Frauen muß das nicht zutreffen. Für sie zählt eher die innere Einstellung – bin ich stark genug, traue ich mir das zu, ist das wirklich mein Wunsch? Das entscheidende Ja haben sie irgendwann einmal an Land ausgesprochen. Grazyna: „Ich habe mich psychisch auf diese Reise vorbereitet." Es ist meist die Frau, die von Seemannschaft weit weniger als der Mann verstehen mag, die dem Mann aber den Halt gibt, ihn unterstützt, die große Reise zu unternehmen. Ohne die Frau an ihrer Seite würden die meisten Männer nicht auf Weltreise unter Segeln gehen.

Die Motive für eine Reise um die Welt sind so unterschiedlich wie die Boote, auf denen sie unternommen werden. Ich traf Segler mit sportlicher Motivation. Wenige, die das reine Abenteuer suchten. Andere wollten reisen und dabei billig leben können, wieder andere suchten eine unendlich große Neugierde zu befriedigen, die Einsamkeit zu genießen und die Auseinandersetzung mit der Natur zu suchen; sie wollten das ewige Fernweh befriedigen oder wie Ralf und Grazyna ihre Phantasie ausleben, oder es ging ihnen um die persönliche Herausforderung. Auch der Überdruß an der Zivilisation spielt eine Rolle. Ich traf Segler, die ihre Unzufriedenheit mit der Technik, mit der Anonymität oder der Entfremdung im

Großstadtleben vergessen wollten. Ein Freund beschrieb seine Vision so: „Jahrelang habe ich davon geträumt, aus einem Hafen hinauszumotoren, die Segel zu setzen, dieses entsetzliche Motorgeräusch abzustellen und endlich eine neue Ruhe zu genießen, für Tage, Wochen und Jahre."

84.

Wer in den Hafen von Hogeidah will, muß acht Seemeilen lang durch ein zum Teil aus dem Riff der Lagune gesprengtes, betonntes Fahrwasser fahren. Vorbei an vielen Riffen und Untiefen. Die Großschiffahrt fährt hier mit dem Lotsen mühelos hindurch. Hogeidah ist der einzige Hafen des Nordjemen. Weiter südlich liegt das kleine Mocca, aber dort wird kaum verladen. Lange vorbei ist die Zeit, als Mocca der Handelshafen für die gleichnamigen Bohnen war. Um die großen Containerschiffe, die oft nur drei Stunden am Kai liegen, im engen Hafenraum zu bugsieren, braucht man einen starken Schlepper mit einem erfahrenen Kapitän und einem guten Ingenieur. FAST FOX heißt der einzige Schlepper. David ist der englische Kapitän und Patrick O'Riordan der irische Ingenieur, genannt Paddy (wie der irische Whisky). Auf David warten Frau und Kind in Bahrain, Paddy hat niemanden, der ihn zu Hause erwartet. Sie sind hier des Geldes wegen, beide Anfang vierzig. Sie arbeiten, leben und essen an Bord. Ein paar Filipinos erledigen die Hilfsarbeiten, die auf dem Schlepper anfallen.

Der Hafen ist Militärgebiet, abgezäunt und schwer bewacht. Wer ihn verlassen will, braucht einen Passierschein. David und Paddy wollten ihn nicht verlassen. Sie besaßen diesen Ausweis nicht. Nur einmal in den letzten sechs Monaten hatten sie ihre FAST FOX mit dem wundersamen Leben der Stadt Hogeidah vertauscht. Immer nur ihr winziger, schummriger Fernsehraum, ständig auf dem

Schlepper dieselben Videos, Tiefgefrorenes aufgewärmt auf Papptellern, dazu das geschmuggelte Bier. Überall im Schiff die schmuddeligen Resopalwände mit den Abdrücken öliger Finger – sechs Monate lang dieselbe Umgebung! Die Klimaanlage hielt sie alle ans Schiff gefesselt. In Hogeidah wird es tagsüber so heiß, daß vieles erst nachts ab 21.00 Uhr erledigt werden kann. Der Basar, der ein ganzes Altstadtviertel füllt, ist tagsüber fast menschenleer. Nachts herrscht dort eine Kauflust wie am ersten Tag des Sommerschlußverkaufs bei uns.

Wir konnten die Dusche, die Werkstatt und den Kühlschrank der Fast Fox benutzen, und Paddy demontierte währenddessen die Einspritzpumpe der African Queen. Als Dankeschön luden wir beide in die Altstadt ein. Die Nächte dort sind noch so warm wie bei uns heiße Sommertage. Das Taxi lud uns vor einer belebten Straße ab. David erinnerte sich an seinen einzigen Ausflug und sagte: „Ich glaube, wir müssen uns nach rechts halten." Das stimmte. Wir kamen zum Suk, dem Basar, in das Viertel, wo die Menschen entweder schwarz oder weiß gekleidet sind, die Frauen nur ihr Gesicht oder gar nur ihre Stirn zeigen, wo jeder Mann einen großen schönen Krummdolch trägt, der in einem breiten bunten Gürtel auf der Höhe unter dem Bauchnabel steckt. Die weißen *maktab*, die Gewänder der Männer, sind aus teuerstem Tuch gefertigt, raffiniert bestickt, quasi Weiß auf Weiß. Jeder trägt ein geringfügig abgewandeltes Gewand, und alle gleichen sich doch. Die Männer wirken in ihrer gestreckten Haltung und mit ihrem unübersehbaren *dschambija* (Krummdolch) autark und unangreifbar. Ihr Wort gilt – basta. Wie kraß änderte sich das Bild um Mitternacht: Das Kat in den Backentaschen hatte viele dösig gemacht, manche wirkten wie abwesend. Auch der Tee in den vielen Teestuben konnte sie nicht aufmuntern. Nur die Händler waren noch aktiv, palaverten und verkauften. Die meisten Männer hatten sich ihrer Trance hingegeben, zu einem Backgammon-Spiel ist kaum einer fähig.

Im Basar gingen wir durch die Gassen der Tuch-, Gewürz- und Goldhändler (die belebteste Gasse), der Krummdolchhandwerker, an den Läden der Elektriker, der Messinghandwerker und der Gürtelhersteller vorbei, wir landeten schließlich wieder an dem

Platz, wo Obst und Gemüse und Kat-Blätter direkt vom Boden, ohne Stände, verkauft werden. Dazwischen Kebab-Stände, Teestuben, Feilscher, Gaukler, fliegende Händler. Es wurde geschachert, geschrien, gepriesen und gebettelt. Wir bewegten uns unter Adleraugen, die uns aus den scharf geschnittenen Gesichtern der Männer beobachteten, und den Augen der Frauen, die uns über den *sheder* anblickten. Es sind nicht die schüchternen, weiblichen Augen, die einem Männerblick ausweichen, gar wegschauen, sondern neugierige Augen, die begutachten und bohren, und wenn ich nicht zu falsch empfunden habe, manchmal einen Funken von Flirt ausdrücken.

Wir aßen um ein Uhr in der Frühe zu Abend, kauften zwischen zwei und drei Uhr morgens Obst und Gemüse und machten uns danach auf den Weg zurück zur FAST FOX und zur AFRICAN QUEEN. In dieser Nacht konnte ich schlecht einschlafen. Ich überlegte noch lange, weshalb David und Paddy nur einmal in sechs Monaten im Basar von Hogeidah waren.

85.

Nach dem Frühstück setzte ich mich unter das Sonnendach und schaute mir die Szene im Hafen von Port Sudan an. Neben uns lag die in der Türkei gebaute Gulet TUKEYA mit französischen Eignern. Jacques hatte in einem Sturm erst die beiden Masten verloren, danach fiel der Motor aus, und als er einen sowjetischen Frachter um Schlepphilfe bat, prallte das Holzschiff so stark gegen den Frachter, daß das Deckshaus zerbarst. Auf der deutschen Yacht CETANA nähte Jürgen zwei gerissene Vorsegel. Der australische Einhandsegler Warren war zurück in den Hafen von Port Sudan gesegelt, weil sein Motor ausgefallen war. Am letzten Ankerplatz mußte er in einem Sturm Kette und Anker aufgeben. Auf der roten australischen KETCH UP wurden auch die Segel genäht, bei der

KAREONA M war das Vorstag gerissen. Der französischen BERMER war die Genua zerfetzt, und wir lagen hier mit defektem Motor. Ein Engländer behauptete einmal: „Wer in der Nordsee segeln gelernt hat, der kann auch in der ganzen Welt segeln." Seitdem ich das Rote Meer kenne, sage ich: „Wer im Roten Meer segeln kann, der kann auch in der Nordsee segeln."

Eine weitere Yacht kam in den einzigen Hafen des Roten Meeres, in dem man Obst und Gemüse auf dem überquellenden Markt kaufen kann, mit Mühe auch Trinkwasser erhält, aber keinen Diesel. In Militärstaaten gab es selten Diesel! Was wohl diese Yacht an Schäden mit sich bringt? Die britische Ketch JANE ANNE motorte nahe an uns vorbei. Es blieb nicht mehr viel Platz zum Manövrieren in dem begrenzten Ankerplatz. Drei junge Männer standen auf dem Vordeck. Ein grauhaariger führte das Ruder. Noch nie wurde mein Gruß so mürrisch erwidert wie von ihnen. War es der fehlende Schlaf des Nachttörns, oder hatte das Rote Meer auch ihnen ein Opfer abgefordert? Die JANE ANNE kam aus Kenia. Der Eigner, Mike Pilling, hatte sie mit Freunden aus England nach Afrika gesegelt und wollte sie nun mit seinem Sohn und dessen Kumpeln zurücksegeln. Auf der Reise merkte der Ingenieur, daß ihm die Jugend zu lässig, zu lustig und zu unternehmungsfreudig war. Chris, der Sohn, Nick und Stephan konnten nicht an Land, wann sie wollten. Man stritt sich um Kleinigkeiten. Disziplin wurde gefordert, wo eine lockere Hand angebracht gewesen wäre – jedenfalls hatten sich die Fronten verhärtet. Lange hatte ich nichts mehr von Fehden und kämpfenden Parteien an Bord gehört. Im Pazifik und im Indischen Ozean waren die Zweiercrews und Familienteams zusammengewachsen. Und hier, in Port Sudan, hatte jedes Boot mit technischen Problemen zu tun – keine Zeit für Fehden.

1981, vor unserer Reise, hatte ich Paul Termann und seine Freundin Dorothea Permin kennengelernt. Er sitzt inzwischen lebenslänglich in einem norddeutschen Gefängnis. Ich traf die beiden im Hafen von Pasito Blanco. Sie war eine nette, ruhige Friseuse aus Hamburg, er der Typ bärtiger Bär, unterhaltsam, höflich und hilfsbereit. Damals war ich auf dem Weg in die Karibik. Ich lud sie abends ins Cockpit auf ein Glas Wein ein. Paul und

Dorothea kamen gerne, denn auf der ORION, auf der sie einen Welttörn – über eine Anzeige in „Bild“ – gechartert hatten, hing der Bootssegen schief. Als ich damals für sechs Wochen nach Deutschland zurück mußte, bot Paul sich an, die Batterien auf meinem Boot zu warten und das Holz noch einmal zu lackieren. Sechs Wochen später kehrte ich zurück. Da hatten sie ausgerechnet am Vortag die Kanarischen Inseln Richtung Karibik auf der Yacht APPOLONIA verlassen. Mit an Bord waren der Krefelder Eigner Herbert Klein, seine blonde Freundin Gabriele Humpert und zwei Studenten aus Konstanz. Paul sollte die Navigation übernehmen, denn der Eigner war noch unerfahren. Der Ex-Bundeswehr-Ausbilder Paul Termann stellte schnell fest, daß an Bord nicht die Disziplin herrschte, die ihm auf Kasernenhöfen eingebleut worden war, die er mit seinen Untergebenen exerziert hatte und die nach seiner Vorstellung an Bord einer deutschen Hochseeyacht zu herrschen hatte. Da wird nicht die Zigarettenkippe auf dem Teakdeck ausgedrückt, Wasser darf nicht verschüttet werden, Wachen müssen pünklich abgelöst und die Backschaft exakt eingehalten werden. Paul Termann verstand die Welt nicht mehr. Er lehnte sich gegen den Skipper auf, seine Anschuldigungen eskalierten in Handgreiflichkeiten und schließlich im Griff zur Pistole. Dreihundert Seemeilen hinter ihnen segelnd hörten wir über Amateurfunk, daß Paul Termann Gabi über Bord geworfen hatte. Wochen später, als wir neben der APPOLONIA in Barbados lagen, erfuhren wir die ganze Tragik dieses Hochseedramas: Termann hatte den Eigner erschossen und den Studenten Miachel Wünsch durch einen Lungenschuß lebensgefährlich verletzt. Gerhard Mauz kommentierte den nachfolgenden Prozeß im „Spiegel“ abschließend so:

„Dem Bremer Urteil liegt zugrunde, daß sich am 13. Dezember 1981 auf der APPOLONIA erwiesen habe, wozu Paul Termann fähig ist (daß sich erwiesen habe, wie er wahrhaftig ist). Doch die Wahrheit ist, daß es Menschen gibt, mit denen man an Land gut Freund in allen Lebenslagen sein kann, ohne auch nur das Geringste von ihnen fürchten zu müssen; daß man jedoch nicht mit ihnen für Wochen in der engen, ausweglosen Situation einer Yacht auf See gehen darf.“

Auf der JANE ANNE gab es nur ein Vater-Sohn-Problem. Mürrische Gesichter und Unverständnis auf beiden Seiten. Es war nach Jahren die erste Yacht, auf der man die dicke Luft an Bord spürte. Aber die Engländer sind aus anderem Holz als ein Paul Termann geschnitzt. Sie können sich eher am Zügel reißen, ihre Gefühle beherrschen und auch mal lächeln, wenn es nichts zu lachen gibt. Mir hat ein Engländer diese Selbstdisziplin einmal so erklärt: „Viele Jungs verlassen früh die häusliche Umgebung, die Nestwärme und verbringen ab ihrem zehnten Lebensjahr die Schulzeit im Internat. Das härtet ab. Und diese früh gelernte Lebenshärte erwarten sie auch von anderen."

86.

Mike Pilling war unser Mann. Er war Ingenieur. Diesel-Motoren waren sein Metier. Mike war zwischen fünfzig und sechzig Jahre alt, er war schlank, hatte blondes Haar, das mit grauem durchsetzt war, so daß man nicht sagen konnte, ob er noch blond war oder schon grau. Mike war froh, daß er uns helfen konnte und einen guten Grund hatte, sein Schiff mit der ihm unverständlichen Jugend zu verlassen. Als er bei uns war, hörte ich von seinem Schiff Gelächter und sah regen Dingiverkehr zwischen ihnen und der roten KETCH UP aus Australien, die voller internationaler junger Segler war. Stunden- und tagelang saßen Mike und ich einander gegenüber, er auf dem Boden des Waschraumes, den Oberkörper ans Klo gelehnt, an der Steuerbordseite des Motors, ich im Gang zur Achterkajüte mit dem Rücken zur Werkbank, an der Backbordseite. Um an die Einspritzpumpe und die Regelstange heranzukommen, die über eine Fliehkraftkupplung vom Motor gelenkt die Kraftstoffzufuhr regelt, müßte man eigentlich den Motor ausbauen – das ging aber nicht. Also behalfen wir uns mit Tasten, Spiegeln, Taschenlampen, neuverformten Hilfswerkzeugen und Einfallsreichtum.

Mike war deshalb unser Mann, weil er gelernt hatte, unter schwierigen Umständen zu improvisieren. Nach seinem Studium in England führten ihn als jungen Ingenieur seine ersten Berufsjahre auf verschiedene Teeplantagen nach Indien. Dieselaggregate waren seine Spezialität. Später baute er komplette Selektionsanlagen, die automatisch Teeblätter nach Größen trennen und sortieren. Indien, Sri Lanka, Moçambique und Kenia waren seine Arbeitsstationen. Dort kann man bei Schadensfällen nicht jedesmal schnell nach hinten ins Ersatzteillager gehen – die Läger sind leer, man muß improvisieren. Wir drehten Rückholfedern aus speziellem Stahldraht, schnitten Dichtungen aus Postkarten oder klebten Zweikomponenten-Kleber auf die Fingerkuppen, um Teilchen, die ins Motorgehäuse gefallen und für uns nicht mehr zu erkennen waren, herauszuholen. Mike Pilling war unser Ingenieur, Improvisator und später, als wir Hunderte von Meilen getrennt segelten, unser technischer Berater auf Kanal 72. (Die Reichweite der Bodenwellen für die UKW-Telefonie beträgt auf der Erde circa 30 Seemeilen. Im Roten Meer haben wir uns mit anderen Yachten bis zu 360 Seemeilen Distanz unterhalten, auch später hörten wir an der Südküste der Türkei noch die Lotsen von Haifa in Israel und von Port Said in Ägypten.)

Mike Pillings Traumboot war nicht seine GFK-Yacht vom Typ Oyster 42. Er besaß im englischen Hull einen dänischen Fischkutter, den er sich von Grund auf ausbauen wollte, um dann Chartertörns für Taucher vor der ostafrikanischen Küste durchzuführen. Er, der ein penibler, strenger Skipper ist und nicht einmal mit dem eigenen Sohn auf dem engen Raum des Bootes zurechtkam, täte sich dann etwas an, was nicht zu ihm paßt: Er nähme freiwillig fremde Menschen an Bord, von denen er oft schon am ersten Tag wünschen würde, daß sie möglichst bald sein Schiff verlassen.

Eines der poesievollsten Bücher über das Hochseesegeln, über die Natur, das Meer, über Meerestiere und das Leben allein an Bord ist „Der verschenkte Sieg“ von Bernard Moitessier. Als er nach elf Monaten und einer Reise anderthalb Mal um die Welt in Tahiti ankam, hielt er fest:

„Der Anker ist gefallen. Eine lange Leine fliegt zum Kai hinüber.

Ich erkenne vertraute Silhouetten wieder. Dann Gesichter von Kameraden. Unbeweglich bilden sie eine Gruppe für sich, ein wenig abseits der Neugierigen. ‚Wie geht's, alter Bruder?' ‚Es geht, Jungens ...' ‚War's nicht so schlimm?' ‚Nicht zu sehr; fein, daß ihr da seid ...' ‚Gut, daß du angekommen bist.'

Jäh kommt es mir zum Bewußtsein, JOSHUA ist seit heute morgen in Tahiti. Ich strecke die Glieder und warte ein wenig. Irgend etwas Ungeheures erfüllt meine Brust. Einen Augenblick später bin ich wieder eingeschlafen. Dann stehe ich auf, mir einen Kaffee zu machen, ganz wie auf See. Die Kameraden sind fortgegangen, während ich schlief. Den ganzen Abend umgab mich ihre Wärme in der Kajüte. Man plauderte von kleinen Nichtigkeiten. Und auch von ernsten Dingen. Ich schlummerte häufig ein, aber das spielte keine Rolle. Wichtig war nur, daß sie da waren und daß man sich gut miteinander verstand. Ich frage mich, wann wohl der letzte gegangen ist."

Moitessier hat in seinen Büchern oft von Kameraden gesprochen. Kein Mensch an Land spricht noch von Kameraden, das Wort ist out, altmodisch. Man hat höchstens einen Freund, einen Kumpel. Das Wort Kamerad hat aber für mich an Ankerplätzen und in Häfen eine Bedeutung bekommen, die ich vom Landleben her nicht kannte. Das hat mit der Hilfsbereitschaft zu tun. Der eine Segler kann besser mit Elektronik umgehen und hilft dem anderen. Ein anderer leiht seinen Generator, dieser sein Spezialwerkzeug, jener hebt den Fisch für seinen Nachbarn im Tiefkühlfach auf oder taucht nach dem Anker des Nichttauchers – die Liste der Beispiele ist endlos, und jeder größere Liegeplatz hat seine eigenen Geschichten. „Segelkamerad" ist ein ganz modernes, sinnvolles Wort. Mike Pilling war solch ein Kamerad. Bei seiner Rückkehr in England erwartete ihn eine Kiste mit Wein aus Rheinhessen, von dem er im muslemischen Sudan so sehr geschwärmt hatte.

87.

Marsa ist ein arabisches Wort und heißt Bucht. Hinter unbewohnten Inseln und Sandbänken, hinter Hunderten oder Tausenden von Riffen liegen diese *marsas*. Wer zu ihnen will, muß Hindernisse überwinden. Oft steht der harte Nordwind drei, vier Tage durch. Danach kommt eine Periode von schwächeren Nordwinden. Das war die Zeit, aus einer geschützten *marsa* gen Norden zu segeln, möglichst zwischen dem Festland und den Riffen, bis wir am Nachmittag in einer neuen *marsa* ankerten. Die schönsten *marsas* gibt es im größten Lande Afrikas, im Sudan. Sie reichen wie Finger ins Innere der Wüste. Mit halbem Wind, geschützt durch die Sandböschung des Einschnittes, segelten wir in die oft bis zu drei Seemeilen langen *marsas*. Die Sicht durchs klare Wasser ließ Hindernisse gut erkennen, solange man nicht nach 16 Uhr segelt, gegen die absinkende Sonne und deren Reflektion im Wasser.

In der *marsa* Chor Shinab suchten wir uns gleich hinter der Einfahrt einen Ankerplatz. Aus über fünfzig Metern Tiefe steigt der sandige Untergrund so steil hoch und geht direkt in die Wüste über, daß an ein Ankern im Wasser nicht zu denken war. Wir fuhren das Schiff auf den Sand, ließen Anker und vierzig Meter Kette herunter und trugen das Ankergeschirr in die Nubische Wüste.

Die flache Wüste endet im Westen in Hügeln. Dahinter flimmerte eine Bergkette, und wenn an wenigen Tagen die Sicht sehr gut war, erkannten wir das große Gebirge. Es war nicht auszumachen und kaum zu schätzen, wie weit die Hügel, die Berge und das Gebirge von uns entfernt lagen. Ich habe einen guten Orientierungssinn und kann auch Distanzen sicher abschätzen. Aber hier versagten meine Sinne. Im Wasser zu ankern, war uns vertraut, nicht aber in der Wüste. Wo leben die nächsten Menschen? Woher bekommen sie ihr Wasser? Ist es oben im Gebirge, da, wo sich die wenigen Wolken fangen, so grün wie in den höheren Regionen des Oman oder im Jemen? Wie weit ist es zu den Bergen? Wir gingen auf die ersten Hügel. Nur Sand und Steine. Ein Wadi erinnerte am

Ende der *marsa* daran, daß die Bucht einst durch eine Flußmündung entstanden ist. Keine Menschenspuren. Unser Boot wirkte wie ein Fremdkörper zwischen Wüste und Meer. Die Stille, das Ungestörtsein und das Alleinsein mußten wir wieder lernen. Das einzige, was hier stören könnte, ist die eigene Ungeduld. Noch einmal erleben wir den Rhythmus der Natur, dem sich der Mensch angleicht und unterordnet: Morgens die Arbeit am Boot, danach das Erkunden der Nebenbuchten, mittags die Pause, danach die Erfrischung beim Tauchen. Am späten Nachmittag lesen, Holz sammeln (Strandgut) und kurz vor der Dämmerung mit der Schleppleine vom fahrenden Dingi aus Makrelen fangen. Ein Kronenbourg-Bier aus Djibouti trinken, Feuer machen, grillen, auf dem Rücken in der Wüste liegen und den Nachthimmel betrachten.

Wir ankerten seit einer Woche in der Marsa Chor Shinab. Morgens, als der erste Rundblick dem Dingi, dem Anker, dem Wind und der Sichtigkeit galt, sah ich auf dem Hügel über dem südlichen Ufer einen Mann stehen. Er schaute zu uns herüber. Seit Djibouti weiß ich, daß es ein Nomade sein mußte, denn jeder, der durch Steppen und Wüsten geht, besitzt einen Stock. Der Mann stützte sich auf seinen Stab, bewegte sich nicht und blickte zu uns herüber. Immer wieder schauten wir zu ihm. An seiner Haltung änderte sich nichts. Ich blickte auch zu den anderen Hügeln hinter uns: Waren da vielleicht noch mehr? Wir aßen zu Mittag und redeten über ihn. Nach dem Essen galt unser erster Blick dem Fremden – er war verschwunden. Fünf Stunden hatte der Mann auf seinen Stock gelehnt gestanden und uns beobachtet. Als wir uns fragten, wo kam er her, wo ging er hin, merkten wir, wie fremd uns selbst schon der Rand der Nubischen Wüste war. Ich erinnerte mich dabei an eine Reportage mit herrlichen Farbfotos von einer Expedition des Bergsteigers Reinhold Messner. Er beschrieb einen noch von keinem Bergsteiger eingeschlagenen Weg und Aufstieg zum Mount Everest über tibetanisches Gebiet. Ein Kernsatz lautete so ähnlich wie: Wir kamen durch Täler, die noch kein Europäer betreten hatte. Zwei Ausgaben später las ich folgenden Leserbrief: Ich wohne hier in Pronsfeld in der Schnee-Eifel. Nachdem ich Ihren Messner-Artikel gelesen hatte, fragte ich meine

Eltern, meine Großmutter und meinen Urgroßvater. Keiner konnte sich erinnern, jemals einen Tibetaner durch unser Tal ziehen gesehen zu haben...

Seit den Malediven segelten wir erzwungenermaßen ohne Rückgriff auf unseren Motor; durch den Indischen Ozean, durchs Rote Meer, später bis nach Zypern und in die Türkei. Eine Weltumsegelung ohne Motor – ich kann sie mir vorstellen. Während wir ohne Dieselhilfe an der afrikanischen Küste entlang segelten, überkam mich die Vorstellung, daß die AFRICAN QUEEN nicht nach Afrika wollte – ihre ständigen Motorpannen machten das deutlich. Das schwarze Schiff verweigerte sich dem Schwarzen Kontinent. Vielleicht sollte man Schiffe wirklich nicht umbenennen, wie wir es getan hatten?

Hier, am äußersten Rand der Nubischen Wüste, wurde mir klar, daß die Reise zu Ende ging. Denn zum ersten Mal seit Jahren befaßte ich mich mit dem, was danach kommen würde. Und: Mein fünfundzwanzigjähriges Berufsleben kam mir kürzer, nichtiger vor als die viereinhalb Jahre dieser Reise.

88.

Nach einem Unwetter im Roten Meer lernten wir Jürgen und Helen aus Australien kennen, die auf der CETANA reisten. Wir lagen die Nacht beigedreht und konnten in den pausenlosen Blitzen deutlich die Gebirge Eritreas und des Sudan im Westen sehen. Im frühmorgendlichen Grau tauchte, eine Kabellänge entfernt, das Licht einer Yacht neben uns auf. Sie riefen uns, wir riefen sie, erst auf Englisch, auf Kanal 16, dann einigten wir uns schnell auf Deutsch und schalteten auf Kanal 72. Danach segelten wir zwei Tage gemeinsam nach Port Sudan.

Hier lernte ich Jürgen besser kennen. Man kann ihn als eine Art Bilderbuch-Hamburger beschreiben: blond, blauäugig, sportliche

Figur ohne ein Gramm Fett; immer auf eigene Beine gestellt, kennt die Welt, spricht fließend Englisch und Französisch, ist ungebunden und dem Typ nach ein Einhandsegler: eigenwillig. Mit alten Lkws, die er selber nach Afrika fuhr, hatte er gut verdient. Was andere als Nervenkitzel veranstalten, eine Fahrt durch die Sahara, das war für Jürgen die Geschäftsfahrt zu seinem Arbeitsplatz. Der lag zuletzt in Kamerun, wo er seine Geschäfte konzentriert hatte. Dort sah er dann auch seine Traumyacht, eine 13,50 Meter lange, sperrholzverleimte französische Ketch. Achtzehn Jahre alt, klassisch in den Linien, mit leichten Überhängen, ganz im Stil der damaligen Zeit, mit einem kleinen, schön integrierten Decksaufbau. Es war Liebe auf den ersten Blick. Schnell hatte er den Namen des Eigners gefunden, was nicht schwierig war, denn in Kamerun liegen höchstens ein halbes Dutzend Yachten. Schwieriger war es, den Eigner im Dschungel des riesigen Staates zu finden. Er brauchte etliche Monate, wurde sich mit ihm dann aber rasch handelseinig und zahlte 50 000 DM für viel Schiff.

Der Kauf zum Niedrigpreis sollte Jürgen noch teuer zu stehen kommen. In der gesamten Holzstruktur der Decksbalken hatte sich ein tropischer Pilz eingenistet – das Holz war zum Teil morsch, es war rott. Jürgen, der Selfmademan, zog neue Balken ein, bekämpfte die Stellen mit Epoxy und investierte ein kleines Vermögen an Geld und Zeit. Es war sein erstes Boot, und er zahlte viel Lehrgeld. Jeden Schäkel, jeden Farbtopf, jeden Schalter und jede Niroschraube mußte er aus Deutschland kommen lassen. Fehlte ein wichtiges Teil, ruhte für Wochen die Arbeit. Irgendwann gab er sich den berühmten Ruck. Er sagte sich, wenn ich jetzt nicht losfahre, dann komme ich nie weg. Viele Eigenbauer und Fahrtensegler kennen diesen Punkt: Noch ist das Schiff längst nicht fertig, aber die Restarbeiten ziehen sich und ziehen sich hin …

Jürgen segelte los. Über St. Helena im Südatlantik ging es nach Kapstadt, Südafrika, wo er wieder dazu verdammt war, gegen den Rott anzukämpfen. Ein halbes Jahr, jeden Tag zwölf Stunden malochte er. Als Jürgen weitersegelte, hatte er – alles zusammen – 150 000 DM in das vermeintlich preiswerte Boot gesteckt. Mit wechselnden Freunden, zahlenden Gästen und Crew segelte er über Madagaskar und Mauritius nach Sri Lanka. Das Geld wurde knapp. Australien, ursprünglich sein Ziel, schlug er sich aus dem Kopf. Dafür nahm er Helen, einen australischen Gast, an Bord und segelte mit ihr zurück nach Westen. Inzwischen war er frustriert. Zu viel Zeit und Geld hatte ihn das Schiff gekostet. Was ihn endgültig zermürbte: Er mußte einsehen, daß sein Kampf gegen den Rott ein Kampf gegen Windmühlen war. Sein Traum von der großen Freiheit auf den Weltmeeren war ausgeträumt. Die kalte Realität hatte bei diesem Romantiker die Oberhand gewonnen. Er träumte, als wir ihn trafen, nur noch vom schnellen Verkauf, um wenigstens einen Teil seiner Investitionen zurückzubekommen. Die Yacht wollte er nur noch geschwind streichen, optisch top machen, und dann nichts wie weg damit, an den Erstbesten. Zypern oder Israel – ein Geheimtip unter Fahrtenseglern – waren sein Ziel. Das waren seine Vorstellungen, als wir uns in Port Sudan trafen und beschlossen, gemeinsam weiterzusegeln.

Im Sudan ankerten die CETANA und die AFRICAN QUEEN hinter Riffen und Inseln, hinter einem riesigen Wrack bei Schaab Kumeira und in verschiedenen *marsas*. Wir segelten mit unserem defekten Motor, und Jürgen und Helen schleppten uns bei Bedarf zum Ankerplatz. Vor einer *marsa* wurden wir Schicksalsgenossen, denn auch ihr Motor streikte. Ohne Ersatzteile war auf seinem Boot nichts auszurichten. Wir beschlossen, keine Buchten mehr anzulaufen und so weit wie möglich gen Norden zu segeln. Die Südspitze der ägyptischen Halbinsel Sinai war unser Zwischenziel. Dort wollten wir uns mit der englischen Yacht JANE ANNE, mit Mike Pilling treffen. Nach sechs Tagen lagen, wie geplant, die drei Yachten hinter den Riffen von Ras Muhamad vor Anker. Wir genossen die biblische Silhouette der Bergketten des Sinai und planten den Resttörn durchs Rote Meer, die Fahrt durch den wind- und sturmreichen Golf von Suez. Mike wollte sein stark motorisiertes Dingi hinterherziehen, um uns notfalls schneller helfen zu können. Frühmorgens um 5.00 Uhr ging es Anker auf. Von Beginn an kreuzten wir gegen den starken Norder. JANE ANNE mit vier Mann, wir dichtauf, und Jürgen und Helen hinkten mit ihrer Yacht etwas hinterher. Jürgen segelte mit größtem Handikap: Motor kaputt,

Satnav kaputt, Generator kaputt, was keinen Strom bedeutet, wodurch er wiederum die UKW-Gespräche mit uns einschränkte. Sein größtes Handikap war aber dies: Er war Einhandsegler. Aufgrund schlechter Erfahrungen mit Mitseglern traute er keinem Nichtsegler. Helen hatte er wie eine Landratte behandelt und war auch niemals gewillt, ihr etwas beizubringen, obwohl sie bereits zwei Monate an Bord war.

Mit der Nacht legte der Wind zu. Zehn Kreuzschläge lagen hinter uns. Jetzt wurde es richtig eng zwischen dem Fahrwasser im Westen, dem Ostufer und den verbotenen Ölfeldern sowie den verstreuten Ölbohrtürmen mit ihren Pumpen in der Mitte. Wir mußten alle dreißig Minuten über Bug gehen. Um 23.00 Uhr blies der Norder mit über dreißig Knoten – genau aus der Richtung, in die wir wollten –, und es wurde im unbekannten Lichtermeer so eng, daß wir beidrehten.

Kurz vor Mitternacht schrie eine hysterische Stimme auf Kanal 72: „*Klaus, where are we?*" Es war Helen auf der CETANA. Ich wollte meinen Ohren nicht trauen. Woher sollte ich wissen, wo sie waren? Kurz darauf die coole Stimme von Jürgen: „Scheiße, wir sitzen auf. Keine dreihundert Meter von uns entfernt steht ein hellerleuchteter Ölturm, und ich hatte den im tiefen Wasser vermutet." Nach kurzem Hin und Her empfahlen Mike und ich ihm, Mayday abzusetzen. In der Aufregung erging der Notruf ganz anders als in den Lehrbüchern, aber ich möchte denjenigen sehen, der als Nicht-Funker diesen Notruf in solcher Situation korrekt durchgeben kann. Egal – niemand hat sich daran gestört. Im Gegenteil. Als ob man darauf gewartet hätte, wollten viele Stimmen auf einmal wissen: Welche Position, Bootsname, Art des Schiffes? Auf Kanal 16 brach ein Chaos aus. Alles spielte sich auf englisch ab, mit zum Teil grauenhaftem ägyptischen Akzent. Pausenlos mußte Jürgen seine ungenaue Position wiederholen. Die Haie wollten alles genau wissen. Dahinter stand die Frage, ob es sich lohne, nachts bei dem Wetter zum Bergen zu fahren; vierunddreißig Großschiffe hatten 1988 im Golf von Suez Havarien – kein Wunder, denn mitten im Fahrwasser stehen diese Ölbohrtürme. Es mußte ein gutes Jahr für die Kapitäne der Schlepper und der Versorgungsschiffe für die vielen Öltürme gewesen sein. Aber eine kleine deutsche Yacht – unversichert – zu bergen, das lohnte sich nicht. Immer neue Frager tauchten auf. Ich bewunderte Jürgen, seine Stimme hielt lange durch. Wir konnten diese Geier nicht mehr hören und schalteten Kanal 16 ab, blieben aber auf Kanal 72 und warteten beigedreht, motor- und sprachlos auf den Tag. Inzwischen wußten wir, daß Jürgen und Helen nicht in Lebensgefahr waren, denn über das flache Riff hätten sie bei Ebbe das nahe Land erreichen können. Deutlich konnten wir die Position der CETANA sehen, wo Jürgen ständig Rot schoß.

Auf 28°10′N, 33°39′E war die CETANA aufs Riff gesegelt. Das Riff, auf dem sie aufsaßen, liegt vor der Bucht Sheik Ryan, in die wir am nächsten Tag reinsegelten und neben der JANE ANNE Anker warfen. Die Seekarte sagt: Zwei Palmen. Ich sah keine Palmen, nur Wüste. Direkt neben uns war der riesige mobile Bohrkoloss VANGUARD MAERSK verankert, ein Däne in ägyptischen Diensten. Das war der Turm, den Jürgen im tiefen Wasser vermutet hatte. Ironie des Schicksals: Erst sieben Stunden vor der Havarie war die VANGUARD in die Bucht gezogen worden, um Reparaturarbeiten durchzuführen.

Die Brandung, unterstützt von der Flut, hatte die CETANA in voller Breite aufs Riff gesetzt. So verständlich wie vergeblich waren Jürgens eigene Rettungsversuche. Erst versuchte er mit dem Dingi und dem 5-PS-Außenborder nachts das Schiff gegen Wind und Brandung wegzuziehen, wobei sich das Dingi mehrfach überschlug. Dann fuhr er per Dingi einen Anker aus, an dem er das Vorfall befestigte. Er versuchte, das Boot zu krängen. Alles vergeblich. Waren es 50° oder über 60° Schräge, in der die CETANA auf den scharfen Korallen lag? Eine Yacht in der Brandung auf dem Riff wirkt immer wie ein Käfer auf dem Rücken. Als zappelte sie um ihr Leben. Jede Brandungswelle erschüttert den Rumpf und läßt das Rigg vibrieren. Tief aus dem Holzrumpf der CETANA kamen Geräusche wie von einem sterbenden Wesen. Im Boot schwamm der ganze Kram, gekrönt von einer Ölschicht. Die Taucher Mike und Steve inspizierten das Loch, es hatte das Format eines Buches. Jürgen und Chris pumpten den Diesel ab. Nick baute Anker und

Kette ab. Helen und ich leerten die Wassertanks und retteten mit Milda, was zu retten war. Jürgen legte die Ankertrosse von den Winschen über die Schotblöcke nach vorne, auf die Klampen und von da zu einer Bucht, wo die Schlepptrosse eingreifen sollte. Mit Chris lotete ich das Riff Richtung Seeraum aus. Auf sieben und vierzehn Meter Tiefe verankerten wir Fender zur besseren Orientierung des Schleppers. Jürgen hatte mit dem honduranischen Kapitän des Versorgungsschiffes (Schlepper) für die VANGUARD vereinbart, daß sie ihn am nächsten Tag kostenlos vom Riff ziehen sollten. Erschöpft kehrten wir auf unsere Boote zurück. Helen, Jürgen und seine Bordkatze Minke aus Madagaskar schliefen bei uns. Die Decks beider Yachten waren vollbeladen mit Abgeschraubtem, Reingestopftem und Wasserdurchtränktem.

Am nächsten Morgen wurde so ausführlich gefrühstückt, als wenn nichts Wesentliches geschehen wäre. Jürgen erzählte, daß er den Wecker in der Unglücksnacht auf alle zehn Minuten gestellt hätte... In mir kribbelte es, und ich schlug vor, ob wir nicht mal langsam alles zusammenstellen sollten, was wir für die Rettung brauchten. Bewegung kam in die Runde, und beide Dingis wurden mit Trossen, Schäkeln, Pützen, extra Benzinkanistern für die Außenborder, Messern, Holz und Werkzeug für das Loch im Rumpf beladen. Heute mußte es geschehen, denn abends mußte der Schlepper zur Basis ans andere Ufer zurück.

Unser Plan war, der CETANA Holzbalken unter den Bauch zu schieben, die wie Schienen wirken sollten. Wenn das Boot sich aufrichten würde, wollten Mike und Steve vom Dingi aus tauchen und mit dünnem, biegsamem Speerholz das Loch vernageln. Jürgen sollte an Bord bleiben, um die Trossen zu prüfen. Chris und Nick wollten im schnellen Dingi die Trosse zwischen Schlepper und Yacht verbinden, Helen und ich mit der Pütz arbeiten. Um es vorwegzunehmen: Jeder tat sein Bestes, aber das Beste war nicht organisiert. Was aber noch viel schlimmer war: Das Schicksal war gegen uns. Die mobile Pumpe des Schleppers war kaputt. Schwimmkörper waren nicht vorhanden. Viermal riß die teure Trosse der JANE ANNE. Was zum Ankern für eine Yacht reicht, genügt noch lange nicht, ein vierzehn Tonnen schweres Boot vom beinahe Trockenen ins tiefe Naß zu ziehen. Erst die faustdicke Schwimmtrosse des Schleppers erfüllte den Zweck. Vier Stunden arbeiteten wir daran, um die Schiffe immer wieder mit den Leinen zu verbinden. Der Kapitän handelte auf eigenes Risiko und wollte deshalb nicht zu nahe ans Riff – verständlich. Dadurch blieb jedoch der Abstand zwischen beiden Booten sehr groß und das Ausbringen der Schlepptrosse bei Seitenwind äußerst schwierig. Als dann endlich Goliath den David vom Riff zog, ging das so schnell, daß unsere Taucher im starken Schwell nicht an die Yacht herankamen. Was mit Freudenschreien begann: „Sie schwimmt, sie ist gerettet, wir haben gesiegt!" erstickte in Minutenschnelle. Kein Taucher, keine Pumpe, keine bessere Organisation, allenfalls Schwimmkörper hätten die CETANA noch retten können. Der Schlepper hatte offensichtlich das kleine Loch im Rumpf noch weiter aufgerissen. Sie sank, und das internationale Rettungsteam verfolgte bestürzt, wie sie schnell, zu schnell sank. Die letzte Möglichkeit, die CETANA mit schweren Trossen längsseits des Schleppers zu nehmen, fiel auch ins Wasser. Ägypter, Engländer, Deutsche, eine Australierin und der Kapitän aus Honduras konnten nicht so schnell reagieren, wie das Wasser in den Rumpf eindrang. Nur Jürgen, allein auf dem randvollen Schiff, gab noch nicht auf. Er eimerte wie ein Wilder das Wasser aus dem Cockpit. Vom ersten Zug auf die Trosse und dem Ausrichten des quer liegenden Schiffes in Zugrichtung, vom schnellen Aufrichten der Masten in die Vertikale bis zur Übernahme Jürgens ins Dingi und dem Moment, als die CETANA im eigenen Strudel versank, dauerte es nur fünf Minuten. Nur ein Meter ihrer Mastspitze ragte am Schluß noch auf, als sie auf Grund lag. Wie ein Grabstein. Schweigen bei den Zeugen. Tränen bei den Hartgesottenen. Ein Gesicht wie Stein bei Jürgen. Er stand unter Schock.

In jener Nacht stand alles gegen Jürgen aus Hamburg. Der harte Starkwind direkt auf die Nase. Zwei weit auseinanderstehende Leuchtfeuer am Westufer ergaben einen nur sehr stumpfen, ungenauen Peilwinkel; ein Meer von Lichtern, kein Satnav, kein Motor, kein Vertrauen in seine Mitseglerin, enges Manövrierwasser, unverkartete Ölbohrtürme, die verhängnisvolle Verwechslung eines Ölturms, den er im tiefen Wasser vermutete. Er selber war geschafft von der Tageshitze, und dann noch ein Zehnminutenschlaf im falschen Moment.

Noch am selben Abend verließen Jügen und Helen mit nichts weiter als ihrem Handgepäck auf dem Schlepper die Stelle, an die sie Zeit ihres Lebens denken werden: Sheik Ryan. Zwei Palmen am Strand, wo gar keine stehen…

89.

Scott Kühner ist ein typischer New Yorker, obwohl er nicht in der Stadt wohnt, sondern jeden Tag mit dem Zug eine Stunde von seinem Haus am Long Island Sound zur Grand Central Station fährt und keine fünf Minuten zur Bank geht, in der er arbeitet so wie viele New Yorker. Scott ist jetzt wieder Banker, nachdem er drei Jahre lang die Welt umsegelt hat. Scott und Kitty Kühner hatten ihren beiden Söhnen Alex und Spencer die Welt zeigen wollen, die sie auf ihrem ersten Trip um den Globus entdeckt und erlebt hatten. Damals, zu Beginn der Siebziger Jahre, hatten sie auf ihrem Zehn-Meter-Boot allen Platz für sich, die Kinder waren noch nicht geboren. Scott: „Wir brauchten uns damals nicht sonderlich auf die Reise vorzubereiten. Unsere Wohnung war noch kleiner als das Boot, und wir lebten bereits aus Dosen."

Kitty Kühner sieht mit ihrer schlanken Figur, mit ihrem dunklen Haar und den strahlenden Augen heute noch besser aus als auf dem Gruppenfoto in Carla Schenks Kochbuch; damals als die amerikanischen Kühners die deutschen Schenks und Kammlers unterwegs trafen. Kitty verlor niemals ihre Contenance, ihre Selbstbeherrschung. Dabei habe ich sie unterwegs in Situationen getroffen, wo gezeigte Gelassenheit kaum angebracht war; wie zum Beispiel in Larnaka, als sie zum dritten Mal ihr Getriebe ausgebaut hatten und es wiederum nicht funktionierte. Scott war außer sich vor Wut, den Tränen nahe, aber sie behielt die Ruhe und zeigte immer noch ihr leichtestes Lächeln.

Wenn Scott einen Bekannten kommen sieht, spitzt er sofort seinen kleinen Mund, bereit, jede Gelegenheit wahrzunehmen, um am Dingi-Dock, vor irgendeinem Klo, an einer Theke oder in einem Cockpit seine Geschichten zu erzählen. Meist von seiner ersten Weltumsegelung, denn diese Geschichten kannte kaum einer. Er hat sie aber wohl schon ein dutzendmal in seinen Dia-Shows in den USA zum besten gegeben. Er steckte voller Stories und eröffnete gerne mit dem Satz *Here is another story:* „Wir hatten ein neuseeländisches Ehepaar in unseren Reihen. Beide hatten keinen blauen Dunst vom Segeln. Wie die es von Kalifornien nach Neuseeland geschafft haben, war uns allen ein Rätsel. Jedenfalls lagen wir eines Tages in Rarotonga, als sie hereinkamen. Er stand vorne am Bug und war bereit, den Anker fallenzulassen. Sie stand hinten am Ruder und bediente die Maschinen. Jedenfalls sollte sie das als Rudergängerin tun. Als er ‚Vorwärts' rief und sich umdrehte, verwundert, daß sich das Schiff nicht vorwärts bewegte, stand sie direkt hinter ihm."

Scott webte Erzählstoff aus anscheinend endlosem Garn. *Klaus, here is another one:* „Wir lernten Otto und Helmut kennen, zwei Lkw-Fahrer aus Deutschland. Otto hatte ihr kleines 24-Fuß-Boot aus GFK und Stahlverstärkungen gebaut. Es war stark wie ein U-Boot. Innen war es spartanisch – nur zwei Holzbänke ohne Matratzen. Ein Dieselmotor stand mitten in dem kleinen Raum, und dann gab es noch einen Papageienkäfig. Den Motor brauchten sie bei ihrer Fahrt auf dem Amazonas. Dort kam ihnen eine treibende Insel entgegen, auf der Insel stand ein Baum, und in dem Baum saß ein Affe. Otto zu Helmut: ‚Geh ins Dingi und hol den Affen.' Helmut: ‚Ja!' Der Affe biß und spuckte. Trotzdem brachte Helmut den Affen an Bord. Otto fütterte ihn mit Milch und Bananen. Von da an liebte der Affe Otto und haßte Helmut. Die beiden hatten kaum Geld. Otto bekam 100 DM pro Monat von seiner Heimatzeitung, für die er schrieb. Auf der langen Route zu den Marquesas-Inseln kamen sie tagelang in die Doldrums, die Windstillen. Sie beschlossen, den Motor anzuwerfen und gen Süden zu motoren, bis sie schließlich die Passat-Zone erreichten. An diesem Tag schlief Helmut unten und Otto hielt Wache. Unten wollte der Affe mit dem Papagei spielen. Er streckte die Finger durch den Käfig und der Papagei biß wohl heftig in den Affenfinger. Der Affe öffnete wütend die Käfigtür, um sich an dem Vogel zu rächen. Der war schneller und sprang heraus. Als Otto ihn am Niedergang sah, rief er Helmut. Da war der Vogel bereits in der Luft. Otto startete die Maschine, sie motorten dem Vogel hinterher. Den ganzen Tag tuckerten sie hinter ihrem Papagei her – immer Richtung Norden, zurück zu den Doldrums –, bis ihr Motor am späten Nachmittag stoppte. Kein Diesel mehr! Der Vogel verschwand, und sie lagen wieder in der Flaute – dreißig Tage lang. Als sie nach sechzig Tagen bei den Marquesas-Inseln ankamen, besaßen sie so gut wie kein Wasser mehr und hatten nur noch eine Handvoll Reis. Sie waren so dünn geworden, daß ihre Hosen nicht mehr paßten, sie mußten sie mit einem Tampen festknoten. Nein, den Affen hatten sie nicht gegessen – es war aber wohl ganz kurz davor.“

„Du erinnerst dich, Klaus, an den Hurrikan Bebe, in Fiji. Bobby Schenk hat in Deutschland darüber geschrieben. Es war einer der fürchterlichsten Hurrikane des Pazifiks. Karlas und Bobbys Boot wäre beinahe von einem treibenden Arbeitsboot zerquetscht worden. Es war eine fürchterliche Nacht für die beiden. Wir hingegen lagen herrlich geschützt tief in den Mangroven. Als sie bei uns morgens völlig erschöpft Schutz suchten und ich im Nachthemd am Niedergang erschien, so als ob ich aus meinem Schlafzimmer zu Hause käme, muß dieser Anblick Bobby den Rest gegeben haben.“ Scott war eine Art Scheherazade der Segelreviere. „Hier ist noch eine deutsche Geschichte aus den alten Tagen. Ich habe dir doch Peter Kammler in der Bay of Islands vorgestellt. Nun, seine Frau Beate war damals der absolute Schönheitsstar unter allen Ladies. An einen Satz von Peter erinnere ich mich noch sehr gut. Er machte damals die Runde: Wenn der Anker hochgeht, geht die Libido runter.“

Die Vorfahren von Scott Kühner haben den deutschen Umlaut auch in Amerika im Namen belassen. Das kommt selten vor. Ob die Söhne das wohl auch so halten werden? Alex und Spencer hatte ich in den Jahren als ruhige, vielleicht zu ruhige, rotblonde Jungen in Erinnerung. In Robayton/Connecticut, zurück auf heimischem Boden, kamen sie mir selbstbewußt, gefestigt, gesprächig und erwachsen vor. Sie erzählten mir, daß ihre dreijährige Korrespondenzschule an Bord sehr gut gewesen sei, denn sie seien wieder in dieselbe Schulklasse eingestuft worden. Sie hätten ihre alten Freundschaften wieder aufgenommen, und hier sei alles so, wie sie es verlassen hätten. Allerdings wurden sie im Unterricht, zum Beispiel in Geographie, jetzt viel um Rat gebeten. „Natürlich erwarten die von uns am Wochenende, bei den Regatten in Larchmont, bessere Leistungen als von den anderen."

„Als wir unsere erste Weltumsegelung planten", so Scott Kühner, „rechneten wir für uns zwei mit einem Jahresetat von 3000 Dollar. Diesmal, mit unseren Söhnen Alex und Spencer, gaben wir 30 000 Dollar pro Jahr aus. Damals haben wir, außer im Panama-Kanal, nirgends Gebühren fürs Boot bezahlt. Heute fast in jedem Land. Damals hatten wir einen Sextanten, eine Uhr, ein Radio und ein Schlepplog. Heute kostet allein unsere Windanzeiger-Anlage so viel wie das alles zusammen. Egal, wir haben es wegen der Kinder gemacht. Und das war eine sehr gute Entscheidung."

Ich habe Kitty, Scott, Spencer und Alex Kühner in ihrem schönen, typischen Holzhaus in Robayton in Connecticut besucht. Ihr Boot liegt keine dreihundert Meter entfernt an der Muring eines Freundes, in einem kleinen Nebenarm des Long Island Sound. Das Haus war genauso unaufgeräumt wie ihr Schiff. Kitty trug dasselbe T-Shirt wie bei unserem Abschied auf Zypern. Scott erzählte von seinem neuen Job und seinen Plänen. Der ehrwürdige American Cruising Club habe ihn zu einem Vortrag eingeladen. Das ganze sollte in den heiligen Hallen des vornehmen New York Yacht Club an der Madison Avenue stattfinden. Ob er denn Mitglied sei, fragte ich ihn. „Nein, noch nicht. Die wollen mich aufnehmen. Dazu wird man von zwei Mitgliedern aufgefordert. Man braucht zwei Voraussetzungen: Viel Segelerfahrung, und man muß ein Gentleman sein."

Ich glaube, es war in Darwin, Australien, wo mir Scott, der Geschichtenerzähler, der Banker, der zweimalige Weltumsegler und Gentleman erzählte, daß er auch ein abergläubischer Mensch sei. Oder war das nur wieder eine seiner Geschichten? „Jedes Mal bevor ich ablege, ziehe ich mir vorher meine Hosen umgedreht an, gehe nach vorne zum Bug, drehe mich dreimal links herum, werfe eine Prise Salz über meine rechte Schulter, spucke kräftig ins Meer und schreie so laut, wie meine Lungen es erlauben:

NEPTUNE OH NEPTUNE GREAT GOD OF THE SEA,
LOOK AFTER OUR BOAT AND LOOK AFTER ME!

Auch bei der größten Hitze sah ich Scott Kühner meist in langen Hosen, selten mit freiem Oberkörper. Auf seiner ersten Weltreise hatte er, von der Natur mit nur wenigen Pigmenten ausgestattet, auf dem Rücken Hautkrebs bekommen. Nach der Operation blieb eine zwei Handflächen große Narbe zurück.

Fahrtensegler werden selten krank. In den knapp fünf Jahren unserer Reise bin ich nur dem Belgier Jan mit seinem Herzleiden und dem Ehepaar Karl und Pery McIlroy aus Juneau in Alaska begegnet, die krank wurden. Karl und Pery lagen in Papeete mit ihrer schwarzen Yacht KUKARU neben uns. Wenn wir gegen sieben Uhr frühstückten, kam Pery bereits durchschwitzt vom Morgenlauf zurück. Sie erzählte uns von ihrem täglichen Fitness-Programm, morgens Laufen und abends Turnübungen. Ich dachte an die Hitze und bewunderte sie. In Alaska, so erzählten sie mir, hätten sie hinter ihrem Haus ein Gewächshaus gehabt und sich nur von frischen Gemüsen, Kräutern und Salaten ernährt. Unterwegs zogen sie Kresse und andere Kräuter und täglich setzten sie frischen Yoghurt an. Pery hatte in Papeete viel Zeit, uns die Geschichten von ihrem gesunden Leben zu erzählen, denn Karl lag krank im Salon. Er hatte Gelbsucht. Schließlich wurde es so schlimm, daß die Ärzte ihm rieten, in die USA zu fliegen. Bereits in Mexiko hatte auch sie Gelbsucht gehabt, und später, in den Salomon Inseln, hatte es Karl erneut erwischt. Dieses Mal mit Dengue-Fieber, eine Art „kleine Malaria“: tagelang starkes Fieber, heftige Gelenk- und Muskelschmerzen. Weshalb die Engländer dieselbe Krankheit Dandyfieber nennen, weiß ich nicht. Ausgerechnet die wurden krank, die in ihrem Leben alles darangesetzt haben, besonders gesund zu leben.

Viele Weltumsegler sind Fatalisten – viele sind nicht versichert.

Die Versicherung ersetzt der Glaube: Wo es keine Ärzte gibt, da gibt es auch keine Krankheiten.

Ich war erst vier Wochen wieder in Deutschland, da spürte ich ein unangenehmes Ziehen des Atems, wenn ich lief. Nicht krankenversichert, ging ich zu meinem Arzt. Er untersuchte mich und meinte: „Es sind die Bronchien. Sie waren zu lange in zu gutem Klima!"

90.

Damals, vor meiner Abreise, erfand ich vor mir selbst immer neue Ausreden, die geplante Weltumseglung nochmals zu verschieben: wegen der Familie, wegen der Firma, wegen der Hypotheken, wegen der Bindungen zu meinen Freunden, wegen vielerlei Verpflichtungen. In jener Zeit des Hin- und Hergerissenseins hatte ich täglich mehrmals eine alte gerahmte Stickerei vom Londoner Flohmarkt vor Augen. Sie stammt wohl aus der Mitte des vorigen Jahrhunderts und hing bei mir an dem Ort, den man täglich mehrmals aufsuchen muß. Die bunte Stickerei zeigt im Hintergrund einen unter Segeln stehenden Rahsegler. Das Schiff hat, vom Betrachter aus gesehen, auf Reede gelegen und geht unter Segeln gerade Anker auf. Groß im Vordergrund die gestickten Zeilen:

Don't wait for your ship
to come in.
Row out and meet it.

Damals habe ich diese Zeilen für mich schließlich so interpretiert:

Warte nicht, bis das Schiff zu dir kommt.
Unternimm alles, damit du zu deinem Schiff kommst.
Segle weg.